ナラティヴ・ポリティクスとしての異人論

不寛容時代の〈他者〉をめぐる物語

山泰幸
西尾哲夫 編

臨川書店

目次

第四部　ナラティヴ・ポリティクスを超えて

序章　ナラティヴ・ポリティクスとしての異人論

山　泰幸

一　不寛容時代の異人論

グローバル化が進展し、人間の移動が激しさを増すとともに、多文化的状況が今後さらに拡大していくことが予想される。このような状況では、〈他者〉と接触し交渉する機会が格段に増えることになり、それにともない〈他者〉に関する情報も質量ともに増加し、また交流によって獲得される体験的な知識、人的ネットワークも増加していくことになる。そうした流れのなかで、一方では、〈他者〉に対する理解が深まり、偏見や差別が次第に解消されていくかのように思われるが、一方では、むしろそれとは逆に、大小さまざまなコンフリクトが発生し、〈他者〉に対する偏見や差別を煽り、排除する動きが世界中の至るところで激しさを増し、不寛容時代に突入しているように見える。

本書の出発点となった共同研究が始まった頃、映画監督の森達也著『不寛容な時代のポピュリズム』（二〇一七）をはじめ、西田亮介著『不寛容の本質　なぜ若者を理解できないのか、なぜ年長者を許せないのか』（二〇一七）、相模原事件を扱った雨宮処凛編著『この国の不寛容の果てに：相模原事件と私たちの時代』（二〇一九）、谷本真由美著『不寛容社会　「腹立つ日本人」の研究』（二〇一七）など、「不寛容」をタイトルに冠した書籍が続々と出版され、「不寛容」は時代を映すキーワードとなっていた。その多くは不寛容な時代、社会のあり方に違和感や危機感を抱き、批判的に検討する議論となっているが、一方で、政治学者のウェンディ ブラウン（Wendy Brown）の『寛容の帝国：現代リベラリズム批判』（二〇一〇）のように、むしろ「寛容」を強制する現代社会に警鐘を鳴らす議論もいち早く登場している。これは言い換えれば、不寛容であることに対する不寛容の問題と捉えることもでき、不寛容の問題が一筋縄ではいかない問題であることを示している。

その後、コロナウィルスが世界的に流行し、中国武漢で発生したとされる報道によって、欧米では中国系住民を中心としたアジア系住民が新型コロナウィルスを持ち込む存在として忌避され、感染への恐怖と不安があいまって、アジア系住民に対する暴言や暴行によるヘイトクライムが横行した。平常時においてはあからさまには見えなくなっている〈他者〉に対する偏見や差別は、じつは潜在化しているにすぎず、戦争や災害、感染症などの危機的状況に際しては、〈他者〉に対する偏見を助長し、〈他者〉を敵視し排除する言動を正当化しようとするナラティヴが増殖し席巻するようになる。実際、国際政治の舞台では、真実かどうかわからない情報、あるいはフェイクニュースで溢れかえっており、互いが自己を正当化し、相手を排撃するプロパガンダによる熾烈な駆け引きが行われている。「ポスト真実」が叫ばれる現代社会はまさに、真実を争って〈他者〉をめぐるナラティヴがせめぎ合う、不寛容時代に突入しているといえるだろう。ＳＮＳの発達やＡＩ技術の進化によって、今後さらにナラティヴによる闘争は加速的に激化していくと思われる。このような現代的な状況に人文学はどのように向き合っていけばよいのだろうか。そこで本書が手掛かりにするのが、「ナラティヴ・ポリティクス」という視点である。

このような現代的状況を背景として、欧米では「ナラティヴ・ポリティクス（Narrative Politics）」という用語をタイトルに含んだ研究書が現われており、Journal of Narrative Politics という専門学術誌も刊行されている。これらは政治家の言動や政策のプロパガンダなど、狭義の政治的な物語（Political narrative）を取り上げて、物語理論を応用しつつ、政治学的な立場から研究するだけでなく、文学、哲学、美学、倫理学、社会学、文化研究など人文社会科学の多様な立場から、語りや物語の政治性やナラティヴをめぐるせめぎ合い、すなわち「ナラティヴ・ポリティクス（Narrative Politics）」を読み説くような学際的研究が行われている。このようにナラティヴ・ポリティクスという用語は、現在、広く使用されるようになっている。

しかし、本書におけるナラティヴ・ポリティクスという視点は、直接的には、「異人論」から着想を得たものである。文化人類学や民俗学の学問的伝統においては、村落共同体＝民俗社会の外部から訪れる〈他者〉、すなわち「異人」に対する歓待や排除、蔑視あるいは畏怖や憧憬などの観念や行動をめぐって、「異人論」と称される研究蓄積がある。

異人論は、一九七〇年代以降、構造主義や記号論などが隆盛した時代に、文化人類学者の山口昌男の「中心と周縁」論の問題圏のなかから浮上し、分野を超えて同時代の多くの研究者の関心を集めた（山口 二〇〇〇〈一九七五〉）。異人論に対する関心の高まりにともない、異人論の嚆矢となった岡正雄の論文「異人その他」をはじめ、柳田國男の山人論、折口信夫のまれびと論など、先行する議論が改めて注目されることになった。「異人」は時代を映すキーワードとなり、「異人」に言及した歴史学者、国文学者や英文学者、社会学者などを挙げれば、枚挙にいとまがないだろう。なかでも異人論の代表格と呼ぶべき成果が、赤坂憲雄の『異人論序説』と小松和彦の『異人論』である。たとえば、赤坂はさまざまな分野で取りあげられていた問題群を、異人をキーワードに統一的に整理し把握し、異人論の一般理論を構築している（赤坂 一九九二〈一九八五〉）。

これらの異人論の多くは、人間社会を宿命づけている差別や排除のシステムを明らかにし、これを繰り返し告発するような議論になっている。では、異人論の多くは、歓待の方ではなく、なぜ排除に着目してきたのか。歓待と排除とでは、一見、正反対の態度に見えるが、異人論が関心を持ってきたのは、異人を歓待する態度の背後に、異人を恐れるがゆえに丁重に迎えて、送り出すことで、災難を避けようとする心性の方だったからである。つまり、歓待もまた排除と根っこでは繋がっており、それゆえ歓待と排除を表裏一体と考えてきたからである。先に触れた寛容と不寛容の関係性にも通じる問題が扱われてきたともいえる。

もちろん、地球規模の社会環境の変容にともない、誰もが「異人」となる経験を持つことは当たり前となっており、異人を迎える側の経験もまた、その質と量において、かつての異人論が想定していた状況と大きく異なっている。しかしながら、かつて異人論が提起した排除の問題は解消されるどころか、むしろ激しさを増しているように思われる（山・小松 二〇一五）。

本書が、あらためて「異人論」を手掛かりにしようとするのも、この点に理由がある。

二 ナラティヴ・ポリティクスという視点

もう一つの異人論の代表格である小松和彦の『異人論』は、小松が「異人殺し」と名付けた、村人が旅人を殺害してその所持金を強奪する伝説を分析した論文を中心に構成された論文集であり、いわば異人論の「各論」を目指したものである（小松 一九九五〈一九八五〉）。小松の異人論もまた民俗社会＝村落共同体の排除のシステムを抉り出している点で、その他の異人論と共通関心を持っているといえる。

「異人殺し」伝説とは、定期的あるいは不定期的に民俗社会＝村落共同体を通過していく六十六部、山伏、高野聖、巫女、遍路、座頭などの旅人、宗教的遊行者、すなわち「異人」をめぐる多種多様なフォークロアの一部である。「異人殺し」伝説の理念型は、およそ次のようになる（山 二〇〇八）。

A1、ある日、旅人（異人）が村を訪れ、ある家に宿泊する。
 2、その家の主人は旅人をだまして殺害し、その所持金を奪う。
 3、その家は奪った金品を元にして、富を殖やし、栄える。
B4、しかし、ある時、ある家の子孫に何らかの不幸が起きる。
 5、（シャーマンの託宣によって）不幸の原因が、殺された異人の祟りとされる。
 6、異人の祟りを鎮めるために、異人の怨霊が祀りあげられる。

伝説の基本構造は、AとBの二つの部分から構成されている。伝説の主要部分は、ある家が急に富を蓄積した理由を、異人を殺害し、その所持金を奪ったからであると説明するAの部分である。ところが、Aの部分は、シャーマンの託宣によって、Bの現実に起きている不幸の原因の説明として語り出されたものである。したがって、Aは、人々にとっても、初めて聞く話であり、必ずしも実際に起きた「歴史学的事実」ではない。Aは、Bの部分の不幸が起きている村や家などの固有名詞と結びつくことによって、連続したものとして語られることで、伝説として、つまり当該社会の人々にとっての「歴史的事実」となるのである。

この伝説には、顕在的／潜在的な二つの機能があるとされる。顕在的には、村落共同体内部に現実に起きている不幸による混乱を鎮める機能がある。人々は、シャーマンの託宣によって、不幸の原因が、殺された異人による祟りであることを突き止め、その怨霊を祀りあげることで、共同体の秩序を回復する。これは伝説が語る通りである。

一方、潜在的には、貨幣経済の浸透にともなう共同体内部に起きた「富」の不均衡による混乱を解消する機能があるとされる。つまり、ある特定の家が急速に成り上がったことを説明すると同時に、殺人者の家として排除し、共同体内部にくすぶる不満を解消する機能がある。「異人殺し」伝説は、「物語の内部」において、訪れた異人を殺害することによって、「物語の外部」にある急速に成り上がった特定の家を、いわば共同体にとっての異人と見なして排除しているのである。二重の位相において、異人を排除し、「村落共同体の統合」という機能を果たすことになる。

ここで注目したいのは、小松の異人論における「語り」や「物語」、すなわちナラティヴの捉え方である。一つは、不幸の原因を説明し、混乱を回収する機能を果たすものとして、シャーマンの託宣を通じて、「異人殺し」という物語が生成されている点である。小松の異人論は物語生成論でもある。多くの物語は、祟りをなした悪霊が憑いて語ったものなのである（小松　一九九七〈一九八九〉）。

もう一つ注目したい点は、「異人殺し」伝説は、時と場合によって、「異人歓待」の話に変形されて語られること、特に部外者向けには、異人歓待の美談として変形され語られるとされる点である。共同体の周囲の家の者たちから、「異人殺し」を噂されている家の者にとっては、「異人歓待」の話に変形して語ることは、自己に向けられた否定的なイメージに対抗するためのカウンター・ナラティヴとしての意味をもっている。一方で、共同体の周囲の家の者たちは、「異人殺し」を噂することによって、くすぶる不満を解消しようとする。言い換えれば、「歴史的事実」をいかに語るかをめぐっての激しいせめぎ合い、まさにナラティヴ・ポリティクスが繰り広げられているのである。

また、「異人殺し」伝説は、特定のコンテキストを離れれば、どこにでも当てはめられる話として流通する点も重要である。シャーマンが語り出していたように、「異人殺し」の話の運搬者の多くは遊行的宗教者であり、彼ら自身が異人であったと考えられる。外部から訪れる旅人を歓待した者は幸福となり、排除した者が不幸になるという説話は広く見られるが、このような物語を背景にして、祟りを恐れ、罪悪感に脅える人々の心情に訴えて、異人たちは物乞いをしながら旅を続けていたと考えられる。「異人殺し」の話もまた、異人自身が自己イメージを戦略的に操るために用いられたナラティヴ・ポリティクスの産物でもあるだろう。

つまり、受け入れる側の共同体が〈他者〉すなわち「異人」をめぐって、どのような物語を有し、どのような物語が支配的なのかによって、共同体内部の力学が変わり、どのように異人を物語るかによって、訪れる異人に対する認識や対応も変わる。また、異人の側もまた自ら語りを操ることによって、その生存をかけて接触・交渉を行ってきたのである。これは「寛容性／非寛容性」の境界線上で繰り広げられる、語りによるせめぎ合い、ナラティヴ・ポリティクスにほかならない。

本書は、寛容性／非寛容性をめぐるナラティヴ・ポリティクスという視点から、異人論の可能性を引き出すことで、現代的課題に応える理論として、ヴァージョンアップしようという試みである。従来の口承性や書承性を超越するメディア環境の変容を視野に入れながら、異人論という視点や方法を再考し、鍛えなおすことで、人文学の立場から現代的問題の解決の糸口を探ることを目的としている。

異人論を、ナラティヴ・ポリティクスという視点から再構成することが可能とすれば、現代社会に流通する支配的なマスター・ナラティヴが視野に入ってくるだろう。たとえば、グローバル化とメディア環境の変化を背景にして激しく揺れ動く〈他者〉をめぐるナラティヴと、伝統的な異人をめぐる説話や民話との相互影響関係を解明し、統一的な視座のもとで把握することが課題となるだろう。さらに、グローバル化とメディア環境が激変する現代におけるナラティヴの伝承形態の解明も視野に入れながら、異人をめぐる説話・民話の現代社会的機能を解明し、その潜在的可能性を引き出すことによって、まさしく不寛容時代に向き合うためのカウンター・ナラティヴとして、これを人類社会共存のための文化遺産として再活用するための道筋を見出すことも課題となるはずである。その過程で、従来的な説話・民話にとどまらず、新たなメディア環境における物語表現、マンガやアニメなど、広く社会的に影響をもつ物語作品のなかでの異人をめぐるナラティヴも視野に入ってくるだろう。

本書は、不寛容時代を迎えている現在において、異人をめぐる説話や民話を含む、広く〈他者〉をめぐる物語や語りを、ナラティヴ・ポリティクスという視点から読み直し、現代的な課題に向き合うための手掛かりを探る試みである。

三　本書の構成

本書は四部構成となっている。第一部「〈他者〉をめぐる物語としての異人論の現在」では、三つの章と補論を収録している。西尾論文（第一章）では、アラビアンナイトを取り上げて、そこに描かれた異人としての魔人や異世界について考察を加えながら、コロナ禍を経験し世界の至るところで不寛容さが増していくグローバルデジタル時代を生きる現代人にとって、多元的価値共創空間としての地球社会を構築するためのコミュニケーション空間に相応しい、人類文化遺産としての〈他者〉をめぐる物語を再活用した新たな異人論の必要性について論じている。君野論文（第二章）では、異人としての「渡し守」が描かれる古今東西の文学作品を取り上げて、「渡し守の文学」を構想しようと試みている。興味深いのは、「渡し守」とその「客」である二種類の異人が登場し、異人が異人を渡すとき奇蹟が生じる点に着目していることである。渡し守と客との関係は、異人殺し伝説でいえば、宿の主人と客との関係に相当する。異人が異人を泊めると、異人が黄金に変わるという奇蹟を語る「大歳の客」という異人歓待の話や、殺された異人の怨霊が殺害者である主人の息子に生まれ変わって（あるいは憑依して）祟りをなす「こんな晩」という話もあるように、いずれも異人殺し伝説の変形とされるが、これらの話とも一脈通じているように見える。このことは、川島論考（補論二）において、磯や浜に異物や遺体が流れ着いたという出来事に絡めて語られている祭祀伝承の一つ、「六さん」と呼ばれる祭祀伝承を取り上げて、「六部殺し」や金品目当てに旅人が船頭に殺される「船頭殺し」の世間話との影響を示唆しているように、船頭すなわち渡し守の話と異人殺しとは、その裾野はつながっている。山口昌男によれば、異人はまずもって「脆弱性（ヴァルネラヴィリティー）」に特徴づけられるが（山口 二〇〇〇〈一九七五〉）、君野論文が取り上げるレヴィ＝ストロースの「傷つきやすい渡し守」という見方も同様に、もう一人の異人である渡し守の場合もその傷つきやすく揺れ動く不安定なあり様が、多様なナラティヴを誘発する要因になっているともいえ、異人をめぐるナラティヴが、多様なナラティヴがせめぎ合う、ナラティヴ・ポリティクスを引き寄せてしまうことをよく示している。

ところで、小松和彦が「日本の近代化は、そうした神話的・民俗的異人観の解体・革新という作業を含んでいたが、その一方で、国家的レベルでの新たな（やはり神話的・民俗的といってもいいものであるが、そうとは気づかない）異人観＝コスモロジーを作り出して、近代国家という共同体を編成し強固にしていった」と述べるように（小松一九九五）、このテーマは、オリエンタリズム批判以降、盛んに研究が行われ、多くの蓄積がなされているのは周知の通りである。たとえば、西尾論文（第一章）で言及したアラビアンナイトはそのようなオリエンタリズム的な物語空間を構成する基底をなしている。アラビアンナイトは、一八世紀にフランス語訳されて、欧米・日本に受容され、さらに中東イスラム世界に再受容されて世界文学化して現在に至っているが、重要なのは、オリエンタリズムを代表する文学作品とみなされてきたアラビアンナイトが、文明間の交流を通じて世界各地に受容されて、物語の舞台設定を変えながら、〈他者〉をめぐる物語を提供し続けながら結実した点であり、人類共存社会を実現するうえで貴重な人類文化遺産として捉えられることである。アラビアンナイトをはじめとする、不寛容時代に向き合うための手掛かりとなる膨大な数の〈他者〉をめぐる物語が人類文化遺産として存在しているのである。現在、これらを再活用するための道筋を見出すことが求められているのである。

以上のような問題関心にとって興味深いのが、カルディ論文（第三章）である。東アジアの民話に登場する狐のイメージが、アメリカに流入し、アジア女性の表象に流用されたりしながら、やがてアメリカのアジア系の作家たちがその作品のなかで、そのアイデンティティ形成に関わって、オリエンタリズム的まなざしを受け入れたうえで戦略的に用いていく、まさにナラティヴ・ポリティクスの文学的実践を論じている。異人をめぐる民話が形を変えながら人類文化遺産として果たしている現代的役割を照らし出している。

第二部「フィールドから照射するナラティヴ・ポリティクス」では、四つの章を収録している。一九世紀後半〜二〇世紀前半にかけて、広東省の「客」がナラティヴ・ポリティクスを通して、自己イメージを野蛮な異人から中華文明の申し子（＝客家）へと転換させていった歴史について論じたのが、河合論文（第四章）である。異人とされてきた側が、いかにして自らの社会的立場の転換を試みてきたのか、そのナラティヴ・ポリティクスの歴史を詳細に明らかにした好例といえる。一方、族譜と呼ばれる中国の漢族の父系親族集団の歴史的ナラティヴにおける女性に対する記述が、女性のライフステージ、主流社会のモラルやジェンダー規範、女性の教育水準、社会進出、国の人口政策や少子化など社会状況の変化と関連して、女性を包摂するナラティヴに変化していることを明らかにしたのが、韓論文（第五章）である。〈他者〉とされてきた女性の社会的地位や社会状況の変化に応じて、受け入れる側の父系親族集団がその延命をかけて、じつにしたたかに新たなナラティヴを捻り出して包摂しようとするナラティヴ・ポリティクスの好例といえる。

フィールドワークの現場から、「ヒジュラ」と呼ばれる、男性としての生き方を捨てて、母神に帰依する者となり、世俗の人々に対して呪言を行うインドの「マレビト」を取り上げたのが、國弘論文（第六章）である。ヒジュラとなるために行われる去勢儀礼、ヒジュラの死を嘆く儀礼を検討しながら示されるのは、親族関係を持たず、俗世界から切り離されているヒジュラたちが、ヒジュラたちの間や地縁の〈村〉との間で、生活者としての地位を確保し、生きていくための実践である。ここで示されているように、儀礼的行為の核心に儀礼的ナラティヴがあることを考えれば、儀礼もまた、異人とされてきた側が生存をかけて、その社会的立場の転換を試みるために編み出してきた伝統的な実践であり、ナラティヴ・ポリティクスの実践と捉えることができるだろう。同様に、イランの祭りであるモハッラム月の服喪儀礼を取り上げて、その儀礼的パフォーマンスをナラティヴ・ポリティクスとして捉えて論じているのが、竹原論文（第七章）である。スンニ派を糾弾する非寛容性が目立つとされながらも、しかし、その儀礼的パフォーマンスには、異民族、死者、妖怪を含む異人を受け入れる寛容性を見出すことができるように、ナラティヴ・ポリティクスの儀礼的実践としての側面を浮かび上がらせている。

第三部「異類あるいは異なるものをめぐるナラティヴ・ポリティクスでは、四つの章を収録している。異人論は、広い意味での〈他者〉表象に関する学的議論の一部を構成するものであるが、これらと一線を画しているのは、「異人」とは、〈自己〉に対する〈他者〉のような明確な輪郭をもった対象ではなく、迎える側もまた明確に〈自己〉の輪郭が描きえないような状況においてイメージされるような、馴染みがなく、奇妙な、違和感を抱かせるような〈他者〉、すなわち異人を扱っている点である。それは異人を人間以外の存在である「異類」（動物や神霊・妖怪など超自然的存在を含む）と重ね合わされながら観念されるものとして扱っている点によく表れている。

動物の皮を素材にした美術作品を取り上げて、異類をめぐるおとぎ話をインターテクストとして読み解き、作品との対話を通じて、言葉のみに縛られたコミュニケーションの限界を押し広げようとする村井論文（第八章）は、自然と人間の関係性を再考・再構築し、新たな「異類婚姻譚」を創造する実践的な試みとなっている。一方、現代都市生活におけるスズメバチの「害虫」化を扱っているのが、及川論文（第九章）である。昆虫という異類そのものを取り上げている点で、本書のなかでは異色の論考となっている。しかし、スズメバチの害虫化は、現代社会を覆う異質なものに対する不寛容の傾向と無関係ではなく、寛容性／非寛容性をめぐるナラティヴ・ポリティクスの射程を広げてくれている。

以上に加えて、「〈異〉なるもの」という語を用いて、コロナ禍において、さまざまな存在がどのようにして〈異〉なるものに転じたり遭遇したりしたのか、時事マンガを題材にして、随所に鋭い社会学的な分析を交えながら、〈寛容／非寛容〉の視点から論じたのが、小川論文（第十章）である。誰もが異人になり得る現代の社会状況において、コロナ禍という目下の問題状況について風刺を交えて把握しながら、何とか対応しようと試みたナラティヴ・ポリティクスの同時代的記録として、ここでの時事マンガを捉えることもできるだろう。さらに、見知らぬ他者、すなわち異人を過剰に攻撃する不寛容時代の起源について、迷惑規範の形成過程を取り上げて論じているのが、岩本論文（第十一章）である。迷惑規範が登場してくるのは一九二〇年代以降であり、歴史的に重畳的に折り重なって累積されて、自己責任論などを経て、見知らぬ他者、すなわち異人を過剰に攻撃する現在の不寛容社会につながっていくことを論じている。迷惑が問題化されるのは、まさに寛容性／非寛容性の境界線上においてであり、まさにナラティヴ・ポリティクスの現場であったはずである。

第四部「ナラティヴ・ポリティクスを超えて」では、四つの章と補論を収録している。ろう者の手話民話語りを取り上げて、ろう文化と聴文化の架け橋としての可能性を見出し、二文化共生社会を目指そうと試みているのが、鵜野論文（第十二章）である。ろう者による手話言語を用いた民話語りへの着目は、私たちのナラティヴに対する視野を大きく広げてくれる。それとともに、それ自体が異人とされる側の生きる知恵、あるいは二文化共生社会に向けての知恵が詰まったナラティヴ・ポリティクスの実践と捉えることができるだろう。同様に、発達障害である研究者が当事者として、当事者同士が文学について語りあうことを試みて、これをエスノグラフィーとして提示するのが、横道論文（第十三章）である。横道が「これからは『私』を『異人』として対象化できる研究者が、『異人同士』の研究を試みても良いのではないだろうか」と述べるように、当事者として研究者自身が自らのなかに「異人」を見出し、自ら異人として語るナラティヴのインパクトは圧倒的であり、これまでにないまったく新しい異人論の展開といえる。興味深いのは、文学作品というナラティヴが媒介となって、歯に衣着せぬ「異人同士」の対話が可能となっていることである。既存のナラティヴ環境の中では語ることができない者たちが新たな語りの場を創造している点において、ナラティヴ・ポリティクスの実践報告といえる。また鵜野論文と同様に、ナラティヴの創造的側面を照らし出しているともいえ、従来的な異人をめぐるナラティヴ・ポリティクスを超えていく、転機となるように思われる。

また、九州の筑豊におけるかつての炭鉱労働者を理想の人間として語る地域住民の語りを「寛容のナラティヴ」と捉えて考察しているのが、川松論文（第十四章）である。理想化の語りは、炭鉱者の社会的位置づけの転換を試みるナラティヴ・ポリティクスの実践と捉えることができる。一見ナイーブに見える理想化の語りの背景にある人々の心情をフィールドワークから丹念に読み取り、その可能性を取り出そうとする挑戦的な論考といえよう。

第四部の最後に、補論二として「異人論の過去・現在・未来」と題して、小松和彦氏のインタビューを収録している。本書の背景となる異人論の研究史や課題について知ることができるだろう。

以上、本書に収録した論考を概観してきた。それぞれ論考の題材を列挙すれば、渡し守、族譜のなかの女性、ろう者の手話民話語り、発達障害の当事者、ヒジュラ、炭鉱者、客家、漂着した遺体・異物、スズメバチ、狐、動物の皮、コロナ、迷惑規範、イランの祭り、アラビアンナイトなど、じつに多様な対象を取り上げて議論されていることがわかる。文学作品を取り上げたものからフィールドワークまで、研究分野も文化人類学や民俗学を中心に、言語学、英文学、アメリカ文学、比較文学、社会学などの複数の分野の研究者が参加しており、「異人」、「寛容性／非寛容性」、あるいは「ナラティヴ・ポリティクス」というキーワードを手掛かりに、それぞれがその研究テーマとの間で、何とか接点を模索しながら取り組んでいることがわかるだろう。

これらのキーワードを用いることによって、さまざまな分野で扱われてきた、さまざまな題材が共通の土俵の上で突き合わされて、思いがけない気づきを得たことも多い。もちろん、異人として見なされる側と異人と見なす側との間には権力関係の非対称性が厳然として存在し、そこから発生する構造的暴力があり、これらが容易に克服できる問題ではないことは明らかである。しかし、「ナラティヴ・ポリティクス」という視点を導入することによって、人間社会を宿命づけている差別や排除のシステムを繰り返し告発することに終始していた従来的な異人論に対して、ナラティヴを通して、運命に抗い、生存をかけて接触・交渉し、それぞれの生を全うしようとする人間の姿が垣間見えてきたようにも思われるのである。

最後に、関東大震災において、〈他者〉を敵視し排撃することを正当化するナラティヴが席巻し、支配的なナラティヴが構成されるなか、各地で大規模な殺戮、残虐行為が行われたことに触れておきたい。

関東大震災の混乱した状況で発生した虐殺事件を描いた、森達也監督の映画『福田村事件』は、関東大震災から一〇〇年目となった昨年二〇二三年に公開され大きな話題となり、あらためて福田村事件に関心が集まっている。

事件の概要は、大正一二年九月六日、関東大震災から五日後、福田村（現在の野田市）に、香川から訪れた薬売りの行商人の一行が、村にある神社で休憩していたところ、地元の自警団らに朝鮮人と疑われて襲撃されて、一五人のうち子どもや妊婦を含む九人が殺害されたというものである。この事件の背後には、複合的な差別が存在すると考えられる。一つは、当時の日本が朝鮮半島を植民地化していく過程で生じた屈折した不当で不均衡な関係性がもたらした朝鮮人に対する蔑視や恐怖心が背景にあり、朝鮮人を敵視する流言やデマといったナラティヴが力をもったことがあげられる。もう一つは、行商人に対する蔑視や職業差別がある。当時の防犯ポスターには、「あやしい行商人」をみたら警察に連絡せよというものもあった。被害者たちが遠い関東にまで行商に出かけた背景には、部落差別があり耕地面積も足りず、行商で稼ぐしかなかったとされる（辻野 二〇二三）。

さらに、その深層には村落社会に根強く残っている、「よそ者」すなわち「異人」に対する蔑視と畏怖が入り混じった両義的な意識があり、災害の原因を異人に求めて、異人にその罪を着せて説明しようとするナラティヴが潜在していたと思われる（笹本 一九九四）。東日本大震災や熊本地震においても、関東大震災時と同様の流言やデマが発生し、ナラティヴの亡霊が出現したことは記憶に新しい。

現代社会は、コロナ禍に加えて、自然災害が頻発し、さらには戦争の脅威に晒されている。そして危機が生じるたびに、差別や排除の問題が繰り返し発現している。異人論が提起しているのは過去の問題ではなく、いまだに解決されてはいない現代的課題なのである。

本書は、異人論が提起してきた、いまだに解決されていない、このような現代的課題に対して、「ナラティヴ・ポリティクス」という視点を設定することによって、伝統的な説話や民話、物語や語りを含む、ナラティヴが持つ潜在的可能性を引き出し、不寛容時代に向き合うための手掛かりを探る試みである。この試みが新しい異人論に向けての一歩になることを願っている。


【付記】

本書は、国立民族学博物館の共同研究「グローバル時代における「寛容性／非寛容性」をめぐるナラティヴ・ポリティクス」（二〇一八年一〇月～二〇二三年三月）の成果をまとめたものである。共同研究は、コロナ禍によって一時休止状態となり、再開後も対面での開催は難しく、オンラインでの開催となり、たいへん難しい運営となったが、ゲストスピーカーや国際シンポジウムの登壇者等として、本書の執筆者以外にも、じつに多くの方々に支えていただいた。ここに御名前を記して感謝したい。小長谷有紀、色音、郑筱筠、杜谆、足立重和、周星、島村恭則、関谷雄一、郭莉萍、王鑫、全成坤、鍾以江、Kim Jinah、张健华、袁伟华、张振、孫嘉寧（敬称略）。

参考文献
赤坂憲雄　一九九二（一九八五）『異人論序説』ちくま学芸文庫。
雨宮処凛編　二〇一九『この国の不寛容の果てに：相模原事件と私たちの時代』大月書店。
岡正雄　一九九四（一九二八）大林太良編『異人その他　他十二篇　岡正雄論文集』岩波文庫。
小松和彦　一九九五（一九八五）『異人論』ちくま学芸文庫。

――――　一九九七（一九八九）『悪霊論』ちくま学芸文庫。
――――　一九九五「異人論」『岩波講座現代社会学第三巻　他者・関係・コミュニケーション』岩波書店。
笹本正治　一九九四『蛇抜・異人・木霊』岩田書院。
辻野弥生　二〇二三『福田村事件　関東大震災・知られざる悲劇』五月書房新社。
谷本真由美　二〇一七『不寛容社会「腹立つ日本人」の研究』ワニブックス。
西田亮介　二〇一七『不寛容の本質　なぜ若者を理解できないのか、なぜ年長者を許せないのか』経済界。
森達也　二〇一七『不寛容な時代のポピュリズム』青土社。
山泰幸　二〇〇八「〈異人論〉以後の民俗学的課題」小松和彦還暦記念論集刊行会編、『日本文化の人類学／異文化の民俗学』法藏館、七七―九五頁。
山泰幸・小松和彦編　二〇一五『異人論とは何か―ストレンジャーの時代を生きる』ミネルヴァ書房。
山口昌男　二〇〇〇（一九七五）『文化と両義性』岩波現代文庫。
ウェンディ ブラウン（Wendy Brown）向山恭一訳　二〇一〇『寛容の帝国：現代リベラリズム批判』法政大学出版局。

第一部　〈他者〉をめぐる物語としての異人論の現在

第一章　グローバルデジタル時代の新たな《異人》論へ

西尾哲夫

「あなたは私たちがいるこの時代について、そして人びとがもはや誠実な友愛の情を欠いていることについて、そして地に堕ちた道徳と卑しき人倫について語った。あなたは誠実な友人を求める旅が果てしなく続くことも語った。信頼を裏切らない友人、永遠に続く友情を楽しめる相手を求める人は、まるで迷いながら道を進む人であり、求めて心を砕くほどに目的地から遠ざかってしまう。まことにあなたが語ったとおりである。」（イブン・アルマルズバーン著『衣服を着た多くのものよりもイヌがすぐれている件についての書』より）[1]

一　ジョージ・ミラー監督『アラビアンナイト　三千年の願い』[2]

ジョージ・ミラー監督による最新作『アラビアンナイト　三千年の願い』の日本公開に際し広報用の紹介文を求められて、「最愛の人からのそれも心からの願いを三つ叶えなければ、あなたは幸せになれない。あなたなら何を願われたいですか。シェヘラザードの物語が今あらためて問いかける、混沌とした世界の中で他者と共に生きることの意味。」という短い文を草した。この映画はアラビアンナイト（千一夜物語）にインスピレーションを得て、『マッドマックス　怒りのデス・ロード』で世界じゅうを熱狂の渦に巻き込んだ、鬼才ジョージ・ミラーが作り上げた話題作である。映画の広報誌には、《三千年もの長きにわたって幽閉されていた、孤独な魔人（ジン）と、見果てぬ夢を追い求める女性学者アリシアとが織りなす、時空を超えた魂の旅の物語》とある。主演にイドリス・エルバとティルダ・スウィントンを迎えたことでも話題となった。

古今東西の説話や神話を研究するナラトロジー（物語論）の専門家であるアリシアは、講演のためトルコのイスタンブールを訪れる。バザールで美しいガラス瓶を買い、ホテルの部屋に戻ると突然、そのなかから巨大な魔人が現れた。そして瓶から出してくれたお礼に《三つの願い》をかなえようと申し出る。そうすれば、彼にかけられた呪いが解けて自分も自由の身になれるという。だがアリシアは、その誘いに疑念を抱く。願いごとをかなえるという設定になった物語は、どれも危険なことが起こり、どこにもハッピーエンドなどないことを知っていたからだ。くだんの魔人はアリシアの考えを変えさせようと、紀元前の大昔から三千年にもわたる彼自身の物語を語りはじめる。そしてアリシアは、魔人だけでなく自分自身も驚くことになる願いごとをしてしまう。

二　神秘と科学のあいだで揺らぐ《魔人》という存在

アラビアンナイトには枠物語というしかけがある。冒頭に全体の枠となる話を持ってくることで、多くの物語を一つにまとめてしまうことができる。アラビアンナイトの枠物語には、残酷な王が登場する。その王の名はシャフリヤール、インドから中国に広がる強大な王国を支配する名君だったのだが、愛する妃にうらぎられてしまい、落胆のあまりにすべての女性を信じられなくなってしまう。王は花嫁を迎えて一夜をともにしては、朝になると妃の首を斬ってしまうのだった。こうして花嫁になる乙女の数もつきてしまったころ、宰相の娘シェヘラザードが自らすすんで王に嫁いでいくことになる。才色兼備の彼女は古今東西の物語をことごとくそらんじていた。王の寝室に入った彼女は王に願いごとをする。夜が明けるまでのひととき、ついてきた妹に物語を聞かせたいというのだ。王はその願いをきくことにした。彼女は不思議な話を語りはじめるが、夜明けの光に気づいて口を閉じた。王は話のつづきが気になってしかたなくなってしまう。そこで、次の晩も物語を聞くことにする。こうして彼女は千一日のあいだ、命がけで話を語り続ける。話のたねもつきるころ、王は自らのあやまちに気づいて残酷な習慣をあらためたのだった。

この映画にも枠物語がある。シャフリヤール王とシェヘラザードの代わりに、魔人と女性のアリシアが登場する。シェヘラザードとアリシアが対応していることは理解できる。一方は物語の語り手、もう一方は物語の研究者として。ただし、物語をするのは魔人の役割となっている。またアリシアの心を癒すためではなく、語り手の魔人の願いを三千年もの時を経てかなえて、彼の心を癒すための物語が入っている。

そもそも魔人とは何ものなのか。アラビア語で「ジン」と呼ばれる存在は、日本語で「魔人」「魔神」「精霊」などと訳される。イスラーム世界の伝承によれば、ジンは人間と同じく神によって創造された。人間は土から、ジンは煙の出ない火から創られたとされる。人間と同じように社会を作っており、その頭領はイブリースと呼ばれる。人間にとっては良い存在のものも悪い存在のものもいる。ジンを物語の中心に置いたところが、この映画のこれまでにない特徴だと言える。ここでさらに言っておくと、原典と比べるとエピソードや小道具はアラビアンナイト風なのだが、同じ話はアラビアンナイトには存在しない。空飛ぶ絨毯や魔法のランプなどパーツを組み合わせて自由自在に創作できるのも、アラビアンナイトの特徴だと言える。

昔話はその名の通り昔のことを語るものだが、現在のこと、そして未来のことを考えさせることこそが本来の目的だろう。導入部で、映画をみている私たちの時代が、未来からみた昔話の舞台として設定される。視点操作で、私たちが自らの未来を考えるように仕向ける効果があるかもしれない。物語の舞台は本来のバグダードやカイロではなく、イスタンブールとなっている。オスマン帝国は近代以降のヨーロッパ世界が経験した最大の敵であり、異国情緒あふれる憧れの地でもあった。その都、イスタンブールこそが西洋版アラビアンナイトにとってはふさわしいのだろう。

イスタンブールのバザールで、アリシアはガラスの小瓶を手に入れる。それをホテルの部屋で磨いていると、魔人が登場する。この場面はアラビアンナイトの「漁夫の話」（『ガラン版千一夜物語』西尾哲夫訳、岩波書店、第一巻の第八夜～二十七夜）にある。漁夫が海に網を投げて瓶を引き上げる。それから蓋をとると魔人が現れて、閉じ込められていた腹いせに漁夫を殺そうとするのだが、一計を案じた漁夫によって再び瓶のなかに魔人は閉じ込められてしまう。最後に漁夫は魔人の願いをかなえたお礼に珍しい魚のとれる場所を教えてもらって裕福になるが、魔人がいきなり相手の願いをかなえるという設定にはなっていない。ただしアラジンの話に出てくる魔人だけは、すぐにアラジンの願いを聞くという設定になっている。この映画ではこの二つのエピソードが合わさっているとも言えるだろう。

アラジンに登場する魔人は食べ物を出したり、遠くまで連れて行ってくれたり、たいていの願いは際限なくかなえてくれる。ただし、アラジンが恋した姫の心だけは変えられなかった。ところが、この映画の魔人は女性の心を男性に向けさせることができるのだが、自分が愛してしまった女性の心を自分につなぎとめておくことができない。さらには、女性が本当に心から望む願いを三つかなえないと、魔人は永遠に瓶のなかに閉じ込められたままなのである。この初期設定つまり物語の枠のなかでストーリーが展開することになる。そこにはアラビアンナイトのおなじみのエピソードがかたちを変えて小道具のように挿入されていく。狂人になったムラト王の心を癒すのは、慈愛に満ちた賢人の物語師だった。シャフリヤール王とシェヘラザードのペアの再現だとみなせるだろう。

私たちのまわりのすべての出来事は、一回きり起これば過ぎ去っていく。古から語り伝わる物語とは、その混沌とした世界から選り分けられた道筋をもとに、私たちに来し方からの行く末を教える役割をもっている。魔人とは、混沌とした世界から神秘の知恵を取り出すための窓口を象徴した存在なのである。アリシアは、古の物語が死に絶え、今や科学という新たな物語に人びとが支配されていると宣言する。世界の神秘を魔法で操れるソロモン王の手で、魔人は瓶のなかに閉じ込められる。それでも魔人は瓶から出て来て、世界の神秘をゼフィールに教えようとする。しかしやがて映画の終幕で、現代の科学が人間の頭脳の神秘を、物質を構成する神秘を、そして宇宙の神秘を解き明かそうとしていることを知り、魔人は自らの存在意義を自問しだす。もはや自らが救われる途はないと悟った彼が眠りに落ちた時、何が彼をして三千年の願いをかなえることになったのだろうか。三つの願いが象徴するような、人と人との関係性という物語にほかならない。

三　アラビアンナイトのなかの異世界

アントワーヌ・ガランによるフランス語訳が一七〇四年から一七一七年にかけて出版されると、すぐにヨーロッパ各国語による翻訳版が現れた。(3) ここでは「アラジンと魔法のランプ」に注目してみよう。マルツォルフの研究によると（Marzolph 2009）、アラジンの《文学的な》翻案あるいは脚色版としては、ドイツ人のヨーハン・レオンハルト・ロスト（一六八八～一七二七）が一七三九年に出版したものがもっとも古いらしい。題名は、「アフリカのシャシャ（Xaxa）洞窟のはかりしれない力をもった鍵をめぐる愉快な読み物」となっていて、舞台は中国から中東世界へと変わってきている。ガラン版のアラジンでは北アフリカ（マグリブ）からやって来た魔法使いが登場するが、ここではマテタイという名前の悪意に満ちた残虐なユダヤ人の魔法使いにとってかわられる。(4) ガラン版アラジンにもユダヤ教徒（ユダヤ人）が登場して、アラジンがもってくる銀の皿を安く買いたたくという少し意地悪い役柄、しかし見方によってはアラジンに商売の厳しさを教える役柄になっている。

マテタイはコンスタンチノープル（イスタンブール）でラメトという名の少年を見つける。ラメト少年は魔人からもらった皿を最初に不誠実なユダヤ商人に売るが、このあたりはガラン版のままである。もとの話ともっとも違うところは、ガラン版では不思議なランプ（魔法のランプ）だったが、汚い鍵を開けると魔人が出てくる。このロスト版アラジンは一八世紀のあいだに何度も印刷されて広く読まれ、いわゆるチャップブックにもとりいれられた。一九世紀に入るとロスト版をもとにした口承によるアラジンが流布してくる。グリム兄弟が一八一七年にドイツ北部の町で聞き取ったのが、もっとも初期の記録のようである。(5) 物語はさらに脚色されていて、くだんの少年は親切な魔法使いの見習いになっているし、物語の後半で悪意に満ちたユダヤ人が登場するが、よこしまな性格を強めるねらいがあっただろうか、黒人ともなっている。スイスで採録された版では、貧しい農家の少年が鍛冶屋の名付け親とともに奇妙なかたちの鍵を見つけるが、その鍵には魔力をもった黒人が仕えている。ドイツ東部で採録された版では、主人公の宿敵が妻をさらったあとで鍵をのみこむ。これで誰もその鍵から七人の魔人を呼び出すことができなくなった。主人公はその宿敵の腹を切り裂くことになる。ハインリッヒ・プレーレが採録した「ユダヤ人と鍵」という版では、若くて強い少年が三日三晩の試練をのりこえて、自らに値するものとしての愛する女性や宮殿、そして王国を手に入れる。その後になってからユダヤ人と魔法の鍵が登場して、太陽も月も光輝かない山の向こうにある場所へ宮殿が運ばれることになる。そして最後に主人公を助けるのは、三人の巨人となっている。

ガラン版をもとに書かれた翻案版が文字のかたちでも口頭のかたちでも、それぞれの土地の文化に合うように姿をかえながら伝わってきた。『メルヘン百科事典』のなかでもクルト・ランケがヨーロッパにおけるアラジンの口頭伝承版を四〇ほど分析しているが、基本的にガラン版からの変形ということのようである。これらすべての変形版を仔細にながめてみると、登場人物や魔法の事物の設定が細かいところでバリエーションがあるが、もとのガラン版から最も大きく変更されている点は、物語の舞台である。もとのガラン版の中国のある町ではなく、アラブあるいは中東のある町であったり、さらにはヨーロッパの町であったりする。前者の流れはディズニーのアラジンへと継承されていく。この変更は、不思議なことが起こるファンタジーの舞台をどこにするかという問題と関わっている。

ディズニー映画(6)のアラジンは中東風世界での物語になっているが、児童向けの挿絵は中国風に描かれているものも多く、現在でもイギリスのクリスマス劇では中国風の衣装を着たアラジンが登場する。アラビアンナイト中には、アラジンやこぶ男の物語のように中国を舞台にした物語が少なくない。カマルッザマーンの物語でも主人公は中国の先にあるガユール王の国まで足をのばしている。アラビアンナイトでは、不思議な事象が起こる場所としてイスラーム圏の中心から遠く離れた地が選ばれることが多い。インド、中国、東南アジアなどのように、イスラーム世界から見た辺境の地こそ、不思議で驚異にみちた物語が生起する場所（トポス）と言える(7)。

またアラブ・イスラーム世界から見ると、アフリカは歴史的にも文化的にも北アフリカとサハラ以南に分けられる。中東地域の伝統的な地域概念では、ほぼエジプトを真ん中にして、東のマシュリク（「日が昇る場所」の意味）と西のマグリブ（「日が沈む場所」の意味、マグレブとも）という具合に二分割されており、現在の北アフリカのリビア以西、モロッコあたりまでがマグリブに入る。歴史文献では、ラテン語に由来するイフリーキーヤと呼ばれる範囲とほぼ重なっている。アラビアンナイトが語られた地域はイラクやシリアなどエジプト以東のマシュリクであり、東の果てにある中国と同様に西の果てにあるマグリブは、魔法使いの故郷であったり不思議なことが起こったりする場所（トポス）でもある。

アラジンの物語全体の舞台の変更にともなって、このような物語舞台としてのマグリブ（北アフリカ）の役割が必要でなくなっていくと、ガラン版アラジンで北アフリカからやって来た魔法使いがやっつけられたあと、その魔法使いの弟があだうちにやって来るという物語の後半部分が、ヨーロッパに入った変形版ではまるごと削除されることになった(8)。

このような舞台設定の変更にともなって、異世界からやってくる《魔人》の姿も変わっていく(9)。アラビアンナイトの挿絵の変遷を分析したシロンヴァルの研究によると（Sironval 2005）、初期の挿絵画家はキリスト教の悪魔イメージを転用して、魔人の姿を描いた。ディズニーの『アラジン』に登場するジーニーのように弁髪姿の魔人が描かれるようになったのは、それほど古い時代のことではない。最初期の魔人の姿は、かつての人間が自然に対してもっていた畏怖・恐怖を表象する恐ろしい姿で描かれたが、人間による自然の開拓が進んでこれを統御できるようになると、人間の良きパートナー（召使、黒人）の姿に変わった。この状態がさらにすすめばディズニーの『アラジン』に見るような助言者、友人へと変容してく。ここで《魔人》を自然から富を得るチャンネルあるいは、その富そのものの表象だとみなすならば、文明の発達にともなって自然が操作可能な資源とみなされていく過程を示していると言えるだろう(10)。人智を超えた自然界あるいは宇宙の神秘を知り、人間の運命を操る存在としての魔法使いの姿にも、同様の変化が起こる。太古の呪術者やシャーマンを思わせるようなおどろおどろしいものから、近代の科学者然とした姿へ変わっていくのも、《魔人》の場合と同じ理由によるものだろう。

四　《異人》としての《魔人》

《異人》論は、自然の富を表象していた存在（異類であったり、鬼であったり、神であったり）が、社会経済的な変動にともなって起こった富の源泉の変化によって、特定の共同体の内部における維持・再編、そして外部世界への接合の媒介項として機能する存在となっていく様相を可視化する枠組みである。そしてその思考の先には、人類社会に共通する原理としてのより普遍的な他者との遭遇が問題となってくるはずである。

いかにして人間が富を得て幸せになるかという観点から分析すると、アラジンの物語の基層には自然界とのやりとりによって富を得ていた社会が、都市化などの要因によって商業などの知恵（悪知恵も含む、アラビア語ではヒヤルと呼ぶ）を使い自らも克己して成功する社会へと変容していったという、近代がもつ時代背景がある。自然界からやって来た魔人からたまたま運よくアラジンは富を得る。ただしアラジンは自らも克己して成功をつかむ。そこのところが近代社会の倫理観をつむぐ児童文学にぴったりあっていたのだろう。だが、ガランの創作意図はもうすこし違うところにあったようである。児童向けアラジンの挿絵によく描かれるシーンに、古いランプと新しいランプを取り換えようとたくらむ魔法使いが出てくる。登場する町の人だけでなく、物語をいま読んでいる子どもたちもおかしなことに笑ってしまう。でもまんまとブドゥール姫の心はあやつられてしまう。だれもが、そのようにするだろう。言い方を換えれば、よこしまな魔法使いは通常では起こりえないことをすることで、世の秩序を変えてしまったのである。しかしそのたくらみは成功しなかった。姫の心のうちを操ってその愛を得るというところまでは、いくら魔人といえどもできなかったからである。ガラン版のライトモティーフである女性（あるいは人間）の外面（肉体）と内面（精神）の問題がすこし顔を出す。ただガランの関心は女性のもつ知恵のほうにより向いているようである。

余分なストーリー展開とみなされることの多い後半部では、このよこしまな魔法使いに対立する存在として聖女が登場する。人間の心のうちまでは入っていけない魔法使いに対して、聖女は人びとの心のうちの帳をあけることができる。その聖女を殺めた弟の魔法使いは悪しき知恵に満ちた女性の象徴としての役割をもたされている。聖女の姿に身をやつした魔法使いは、外見を男から女に変えても内面は変えられない。アラジンがその魔法使いを殺めて姫をとりもどすということが意味するのは、魔人ができることが、世界の秩序を自らの意思で操ろうとする人間に介入して手助けすることだけということなのである。だとするとシロンヴァルが指摘したように、人類社会の文明の度合いによって物語に登場する《魔人》（さらには《魔法使い》）の挿絵の変化に対応する役割の変化は、すでにガラン版のなかに用意されていたとも言える。

ここでもう一度、本務的には人と自然にあいだに介在する存在として《魔人》が、「願いをかなえる」ことで人と人とを繋げるために介入することの意味、つまり自然から富をもたらす原初的な《異人》から共同体を維持・再編する《異人》へと変わることの意味について、ガラン版、ディズニー版、そして最近のジョージ・ミラー版に登場する《魔人》を比べることで考えてみよう。ガラン版の「漁夫の話」では、貧しい漁夫が家族を養うために魚をとるため一日四回だけと決めて浜辺で網を打つ。ある日、金属の瓶が網にかかり、なかに閉じ込められていた魔人を助けることになるが、逆に命をとられそうになる。策を講じてもう一度魔人を瓶に閉じ込めると、魔人は神に誓ってもう命を狙わないからという約束で、漁夫はふたたび魔人を開放する。願いをかなえてくれたお礼にと、魔人は漁夫に珍しい魚がたくさんとれる場所をおしえる。この話で魔人が象徴する自然は、命を危うくするほどに恐ろしく厳しい存在だが、知恵を絞ることで自然を操り、そこから富を得る。「願いをかなえる」という点から言うと、魔人の願いをかなえることで、漁夫は危険な目にあいながらも、最後には裕福になるという願いがかなう。同じガラン版でもアラジンの物語はすこし様子が異なる。おじだと名のる魔法使いの口車にのって、アラジンは魔法のランプを取りに人里離れた地下の洞窟へむかう。首尾よくランプを手に入れたが、魔法使いの姦計にはまり洞窟に閉じ込められてしまう。偶然に指輪の精（魔人）に救われ、ランプを家に持ち帰れたが、母親が薄汚れたランプをきれいにしようと拭くと魔人が現れる。その後、アラジンと魔人が出あい、おなじみのストーリーが展開する。魔人はアラジンが食べ物や宝石など欲しいものを何でも持ってきて、何回でも彼の願いをかなえる。ただしアラジンが恋した姫の心は変えられない。姫にふさわしい人間になろうとアラジンは克己するが、姫には近づくことさえできない。そこに介入したのが魔人だった。

ディズニー版では邪悪な魔法使いが舞台から降り、その役を大臣が担うことになる。一方で、「願いをかなえる」ということが、物語の初期設定としてより前面に出てくる。願いは三度まで、人の心は変えられない、というものだ。人の努力で自然から無限の富を得られた（ただし漁夫の心根にあるようにそれを欲してはいけないという自然への畏怖がある）ストーリーは、まさに自然への畏怖を忘れ自由に自然を操り欲望の限りに得ようとする社会の変化に対応するかのように、願いの上限が設定される。そして人と人とのつながり、他者をめぐる関係性へと主題が移ってくる。

ジョージ・ミラー版では、その他者がふたたび魔人となって先祖返りしたかのように思えるが、実はそうではない。ジョージ・ミラーが描こうとした現代社会には、魔人が《異人》として果たすべき共同体はもはやない。個人を包摂すべき共同体はどこにも存在しないのである。そこでは極小化された個人が、極大化された共同体としての地球社会と対峙していると言い換えてもよいだろう。そして宇宙の神秘までも解き明かそうとする人間社会のどこにも、魔人がいるべき異世界は存在しないのである。

五　グローバルデジタル時代の新たな《異人》論

現代のグローバル化とデジタル化の急加速は、グローバルデジタル環境の出現、個人と地球社会の間の空間域の流動化、既存の価値（在来知や文明的価値）の資源化、社会の様々なアクターによる地球社会の構成員化を生じさせている。従来の研究は、人間がいかに自然環境を認識し、その相互作用のなかでいかに個人と個人、個人と共同体の関係が紡がれていき、いかなるメカニズムで継承・変容していくかを明らかにしてきた。人間の普遍的能力に環境（自然・社会・メディア）が変項として人間の内面性を捉える視点や、地域性をミクロな人間の内面性やマクロなグローバル地域との連関で捉える視点から、人と自然の相互作用環の根源的かつ包括的理解に至る方法は未開拓である。

グローバル化やデジタル化によって人と社会と環境の関係性が個人の内縁から地球社会の外縁へと極大化し、予想を超えて直截的になってしまった現在の状況を目の当たりにするとき、両極にある価値を包摂する人間観や世界観をもつ〈知〉の在り方が希求されている。グローバルデジタル社会における多元的価値共創空間としての地球社会を構築するための新たなコミュニケーション空間では、虚構の他者に投影される自己が遭遇する世界の不確実性を可視化するための新たな《異人》論を構築しなければならない。日本のフォークロアに登場する異人をめぐるすぐれた考察『異人論』（小松和彦）は、「「異人」は社会集団との関係のなかに立ち現われてくる」ものと定義して共同体と異人の関係を、（1）ある共同体に一時的に滞在するが、所用をすませればすぐにその共同体から立ち去っていく異人、（2）共同体の外部から共同体にやってきて、そこに定着するようになった異人のグループ、（3）共同体がその内部から特定の成員を差別・排除する形で生まれてくる異人、（4）空間的にははるか彼方に存在しているために間接的にしか知らない、したがって想像の中で関係を結んでいるにすぎない異人、という四つの類型にまとめた。これに従うならば、グローバルデジタル社会における《異人》とは、すべての個人が他者として（1）から（4）の領域の垣根を越えて自由に往復可能になったとも言える。

ジョージ・ミラーが投げかけた、「最愛の人からのそれも心からの願いを三つ叶えなければ、あなたは幸せになれない。あなたなら何を願われたいですか。」という問いかけに対する答えとは、最愛の人がもっとも遠い存在になったときでさえ、換言すれば不寛容な他者に遭遇したときでさえも、それを受け入れる寛容な世界を求めて、私たちは心を砕きながらも用意しなければならない答えなのである。最初に引用したイブン・アルマルズバーンの『衣服を着た多くのものよりもイヌがすぐれている件についての書』のなかの言葉は（西尾 二〇二二：六一二）、一〇世紀のイスラーム社会、特にバグダードを中心とするアッバース朝の世界で急速に都市化が進むなかでイスラーム文明とよべる価値観が形成されていく一方で、かつての砂漠で暮らしていたころの遊牧生活が育んだ価値観が失われていく過渡期における人間社会を背景として、人と人との関係を問い直したものだが、コロナ禍を経験し世界の至るところで不寛容さが増していくグローバルデジタル時代を生きる現代人にも共感すべきものがあるように思われる。

（1）　イブン・アルマルズバーン（西暦九二一年没）と彼の著書『衣服を着た多くのものよりもイヌがすぐれている件についての書』については、西尾（二〇二二）を参照。

（2）　本論考は、国立民族学博物館共同研究「グローバル時代における「寛容性／非寛容性」をめぐるナラティヴ・ポリティクス」（二〇一八年一〇月～二〇二三年三月）における口頭発表「虚構の他者に投影される自己が遭遇する世界の不確実性についての覚書―新たな人間学としての物語論（ナラトロジー）をめざして」（二〇二一年一〇月二〇日、於・国立民族学博物館）のアイデアをもとに、新たに書き下ろしたものである。

（3）　ガラン版の第一巻が出版された二年後の一七〇六年には英語訳、六年後の一七一〇年にはドイツ語訳、一七二二年にはイタリア語訳、一七三二年にはオランダ語訳、一七四五年にはデンマーク語訳、一七六三年にはロシア語訳が次々と出版され、一八世紀が終わるころにはルーマニア語、フラマン語、チェコ語などのほとんどのヨーロッパ語に訳されている（Nishio 2012）。

（4）　中世から近代のヨーロッパ・キリスト教世界におけるユダヤ教徒（ユダヤ人）が、シェイクスピアの『ヴェニスの商人』に登場するシャイロックのように金貸しをなりわいとするようになったのに対して、中東イスラーム世界のユダヤ教徒は商業をはじめとするさまざまな職業に従事していた。ムスリム側からの散発的な暴力事件はあったものの、中世におけるムスリムとユダヤ教徒の関係は穏健かつ安定しており、ヨーロッパで起こったような集団的制度的なユダヤ人への暴力はほとんどなかった（西尾二〇二三：一六四―一六七）。中東世界でユダヤ人差別が顕著になるのは、一六世紀以降にヨーロッパから追放されたユダヤ教徒が移住するようになってからである。一八～一九世紀にヨーロッパからのキリスト教布教団によって反ユダヤ的プロパガンダが移入されると、中東世界でも反ユダヤ的感情が高まっていく。このような中東イスラーム世界におけるユダヤ教徒への歴史的状況に対応して、アラビアンナイトのなかでも後期のエジプト系伝承ではユダヤ教徒への差別的な展開が目立つようになる。

（5）　フローチャー美和子『封印されたグリム童話』（二〇〇四年、三修社）のなかに、「アフリカの洞穴のなかにある宮殿ザツァ」として日本語訳がある。ただし、ドイツ語のSchlossは「宮殿」と「錠・鍵」というふたつの意味を持っているが、マルツォルフの解釈どおりにここでは後者の意味でとるべきであろう。

（6）　アニメ版『アラジン』は一九九二年、その実写リメイク版は二〇一九年に制作。

（7）　後期になって編纂されたテクスト伝承では、物語の舞台となる場所や登場人物に匿名性を付与することで、中国は不思議なことが起こるファンタジーの世界ではなくなり、自らを観照する場所としての匿名性の高い物語空間へと変貌を遂げている。

（8）　中世のアラブ文学で魔法使いとしての役割を担っているのは、アラビア語でマジュースと呼ばれるゾロアスター教徒である。ガラン版では、マジュースという言葉にフランス語の mage が当てられている。新約聖書でおなじみの「東方の三博士」もこの言葉で表現されており、ギリシア語のマゴイがマジュースの語源だろうが、英語の magic や magician も同源の言葉である。アラビアンナイトでは、基本的にイスラームに敵対する人びととして登場する。なかには人身御供にされるムスリムの王子を助ける女性のマジュースもおり、多くはイスラームに改宗して幸せに暮らす。ゾロアスター教は古代イランで興り、イスラームではキリスト教やユダヤ教と同じく「啓典の民」とされたが、アラブ征服後にはシーア派への改宗が進んだ。アラビアンナイトでは、初期のゾロアスター教徒はイスラームに導くべき偶像崇拝者として描かれたが、やがてムスリムを人身御供にする悪逆の徒となる。後期の編集では、この傾向がさらに顕著になる。このような変化の要因としては、現実のゾロアスター教徒との関係性が希薄になり、物語設定のなかでは自己に対峙する他者としての一般的な役割しか与えられなくなったことがあるだろう。中東イスラーム世界におけるムスリムを犠牲にするマジュースという設定は、ヨーロッパ・キリスト教世界におけるキリスト教徒を犠牲にするユダヤ教徒という設定と、歴史心性においてパラレルと言えるかもしれないが、これについての議論は別稿にゆずる。

（9）　中世イスラーム世界の宇宙観では、人が暮らす地上の果てをカーフと呼ばれる山がとり囲んでいる。この伝説上のカーフ山はコーカサスとも言われており、そこはジン（魔人）が生まれる場所でジンの王国があるとも言われる。

（10）　これをアラビアンナイトとヨーロッパとの関係に置き換えるならば、正体がわからず畏怖すべき対象であったオリエントがヨーロッパによって「文明化」され、ヨーロッパ的価値観という統制可能なフレームのなかにおさまっていく過程とパラレルになっている。

参考文献

西尾哲夫　二〇一三『ヴェニスの商人の異人論―人肉一ポンドと他者認識の民族学』みすず書房。
西尾哲夫　二〇二二「イブン・アルマルズバーン著『衣服を着た多くのものよりもイヌがすぐれている件についての書』（研究資料・翻訳注解）」『国立民族学博物館研究報告』四六―四：五九三―六六八頁。
Marzolph, Ulrich　2009　"The Tale of Aladdin in European Oral Tradition." In Aboubakr Chraïbi et Carmen Ramirez (eds.) 2009 *Les Mille et une nuits et le récit oriental: En Espagne et en Occident*. L'Harmattan, pp. 401-412.
Nishio, Tetsuo　2012　"A Bibliography of the *Arabian Nights* in the 18th Century."『国立民族学博物館研究報告』36-4: pp. 561-573.
Sironval, Margaret　2005　*Album Mill et Une Nuits*. Gallimard.

第二章　渡し守の文学・序説
――異人が異人を渡すとき――

君野隆久

一　はじめに

「渡し守の文学」を構想してみたい。渡河したい人間を（基本的には船で）渡す者が「渡し守」passeur であり、渡される者は「客」passager である。両者の関係のあいだにさまざまな物語が生起する。諸作品の中で渡し守はどのような性格をもつのだろうか。またそれらの作品をつらぬく普遍的なモチーフのようなものがあるのだろうか。そしてそれらは文学として読み手の心にどのような波動を伝えてよこすのだろうか。渡し守が登場するいくつかの文学作品から仮説的に「渡し守の文学」の輪郭を描いてみようとするのが小文の目的である。「序説」とは銘打ったものの、総論的な記述をするのでもなければ、歴史的な展開をたどるものでもない。むしろ、川面に露頭した石を、いきあたりばったりに跳び移っていくような探索になるだろう。向こう岸まで行きつけるかどうかは心もとなく、跳びそこねて川に落ちる危険もまたないとは言えない、そのような試みである。

二　「渡し守」と異人

この後でも論じることとなるが、本論に入る前に「渡し守」と「異人」の関係について一言しておきたい。「渡し守」の活動する渡し場が洋の東西を問わず、公権力や世俗の秩序の及ばない「アジール」もしくは「無縁」の場所であったことは指摘されてきている。網野善彦は「橋や津泊・渡・道路等」が無縁の場であったことを指摘し、橋がしばしば種々の伝説で彩られ、「聖なる場所」とみられたことは、そのまま「渡」にも言えるとした[1]。阿部謹也は中世ヨーロッパの橋にみられる公共的性格と宗教的性格のふたつについて指摘したあとで「渡し守」をめぐる当時の法的・社会的性格について述べ、さらに渡し船は冥府に死者を送り届ける役割をもつと考えられていたことから、さまざまな伝説を生み出したとしている[2]。

「無主・無縁」の地でありしばしば「アジール」の役割を担った渡し場や渡し船を生業の場とする「渡し守」たちにとって、川と川辺（渡・津）こそが生活の中心ではあったが、それは共同体に定住する側から見ればあきらかに「境界」を仕事の場とするひとびとであり、そのトポスと職掌の特性がそれにかかわるひとびとを特徴づけた。もちろん赤坂憲雄の言うごとく、「異人」とは実体概念ではなく、「関係概念」であるから[3]、渡し守であればすなわち誰でも異人であるということにはならない。ただその生業を営む場とその社会環境の特性が渡し守たちを「異人」としてみる視線を共同体に呼びこみ、文化的にしばしば「異人」として表象される傾向に与したことはたしかであろう。

三　フロベール「聖ジュリアン伝」

最初の踏み石としたいのは、G・フロベール（一八二一―一八八〇）「聖ジュリアン伝」（Gustave Flaubert, La Légende de Saint Julien l'Hospitalier）である。「聖ジュリアン伝」は一八七七年刊行の『三つの物語』*Trois Contes* に収録された短編小説のひとつである。日本では森鷗外が「聖ジュリアン」として明治四三（一九一〇）年に独訳から重訳しているのが受容の嚆矢であり、爾来、数種類の邦訳を数える。あらすじを述べる。

ジュリアンは美しい山野に囲まれた城に富裕な領主の長男として生まれた。生誕時に母親は謎の隠者から「ご子息はやがて聖者になる」という予言を聞き、また父である城主はジプシーから「ご子息は、おびただしい血と栄誉と帝王を受け継ぐ」という意味の予言を聞く。

何不自由なく育ったジュリアンは動物を殺す快感にめざめ、父から教えられた狩猟にのめりこんでいく。そうしたある冬の朝、狩猟に出かけたジュリアンは鹿の大群に出会い、大殺戮をおこなう。最後に仔鹿とその母鹿を殺したあと、立派な角をもった牡鹿の額に矢を命中させる。鹿はジュリアンを見すえながら、「呪われよ、呪われよ、呪われよ！　おまえはいつの日か、その手で両親を殺すことになるだろう」と告げて息絶えた。

牡鹿の呪いを怖れたジュリアンは狩猟をやめ、城から出奔し、傭兵の一団に加わる。多くの手柄をあげたジュリアンはオクシタニアの皇帝の娘をめとり、娘の母の城を譲り受ける。しばらくは穏やかな生活を楽しみ、狩猟を遠ざけていたが、ある夜、誘惑に負けて狩猟に出かける。それは動物たちがジュリアンを嘲弄する夢幻的な猟行となった。憤怒と殺戮衝動に駆られて帰宅した彼が城のベッドに見たものは二人の男女であった。実はその夜、息子を探して放浪していたジュリアンの両親がこの城にたどりつき、そこに眠っていたのだった。ところが妻が不貞を働いていると誤解したジュリアンは、ベッドにいる両親をめった刺しにして殺す。牡鹿の呪いが成就したことを理解したジュリアンは葬儀の指示をしたあと、修道士となって物乞いをしながら諸国を遍歴した。

村々では自分の身の上を語ると人々から忌避された。苦行をしても罪が心をさいなむばかりだった。ついに自殺の決意をして泉のほとりに立つと、水面に老人の顔が映った。それは父の顔だった。自殺さえできないジュリアンは、とある大川のほとりの荒蕪地帯にたどりついた。一艘の古い小舟を修繕し、渡し場を整備して小屋と渡し場を作り、ジュリアンは渡し守となった。客のなかには食物を与えてくれるものもいれば、口汚く罵る連中もいた。

ある荒天の夜、向こう岸から呼ぶ声がする。対岸にはぼろぼろの布をまとった、ハンセン病 une lèpre に皮膚に覆われた男がいた。風雨のなか苦労してジュリアンは男を渡すと、小屋でその男を介抱した。ジュリアンは「寒い」と訴える男を、ハンセン病の男の指示のまま一糸まとわぬ裸になって、体をぴったりと重ねてあたためた。そのとき、男の姿は変容し、目が輝き髪が伸び息がかぐわしくなった。同時に悦楽と歓喜がジュリアンを包んだ。男は主イエス・キリストその人であり、ジュリアンは主と向かい合ったまま天国へと運ばれていったのだった。

「以上が、客人を手厚くもてなしてやまなかった、聖ジュリアンの物語であり、これとほぼ同じものを、わが故郷の教会のステンドグラスに見ることができる」[4]という一文が結末だが、フロベールの故郷ルーアンの大聖堂のステンドグラスには、たしかに渡し守をする聖者伝が描かれてはいるものの、フロベールの小説の筋書きとは展開がかならずしも一致していない。

キリスト教の聖人伝において、渡し守がモチーフとしてあらわれるのは「聖ユリアヌス」「聖エウスタキウス」「聖クリストポロス」など複数にわたる。研究者はそれ以外にも十指にあまる源泉資料を指摘しているが[5]、そもそもフロベールが聖ジュリアンの物語を最初に耳にしたのが一四歳の少年だった一八三五年にさかのぼるという説がある以上[6]、長い年月にわたる発酵を閲して書かれた小説を個々の源泉資料に還元して考察することは小文では迂路となるばかりだろう。ここではフロベールの「聖ジュリアン伝」を、あらたに創作された聖人伝のひとつであると同時に、洋の東西にわたる普遍的な説話要素がふんだんに盛りこまれている近代文学の作品として見たい。「聖ジュリアン伝」を「渡し守の文学」として捉えるとき、この小説の結末は、「異人である主人公ジュリアンが、もう一人の異人である「ハンセン病者＝キリスト」を渡したとき、奇蹟が訪れ、主人公は救済される」という形に単純化できる。

ジュリアンは生まれながらの「異人」ではない。生誕時に、英雄物語によく見られる予言のモチーフがからむものの、それ自体が異人の徴となるわけではない。ジュリアンが異人になるのは、オクシタニア国の跡継ぎにおさまり、ついに牡鹿の呪い通りの親殺しを成し遂げてしまったあとのことである。彼は両親殺しの罪によって、共同体に所属することのできない流浪の苦行者となる。物乞いをしながら諸国を放浪するが、その身の上が知られると不吉なものとして嫌悪され、排斥される。ジュリアンの身体や出自に異人の徴はないが、呪われた両親殺しの大罪が、そしてその告白と贖罪そのものが彼を「異人」とするのである。

ジュリアンは大河のほとりにたどりつき、そこで渡し守をしようと決心する。渡し守という職掌は基本的に「異人」的な性格を帯びている。多くは共同体の縁辺、もしくは他の共同体との境界領域に位置し、農耕その他の生産の基盤となる定住地をもたないマージナル・マンであり、内部と外部との交通と交易をつかさどるがゆえに超越的な「聖」なる表徴と、また逆に内部からは賤視され生贄となりうる脆弱さという両義性をそなえている。西洋世界ではギリシャ神話に発する地獄の渡し守カローンの姿がまさに異人的風貌をもってくりかえし絵画に表象されている。

日本にあっては渡し守は河原に拠点を置き、特定の主に仕えない「河原者」の一員であった。河原者は特殊な技能を持っているのと引き換えに、しばしば共同体から差別され、賤視された。赤坂憲雄は最上川流域で渡し船の船頭が「タイシ」と呼ばれ、土地を持たない貧しい者が代々引き継ぐ職掌であったこと、また同時に「タイシ」という呼び名が聖徳太子信仰にもとづくことを述べている(7)。同一の職掌にむけられる畏怖と賤視の両義性がそこにはつぶさに見てとれる。

一方、フロベールの小説の中でキリストが仮現したハンセン病者が、洋の東西を問わず歴史の中で差別され忌避の対象となってきたことは周知である。聖ユリアヌスの伝記のみならずアッシジの聖フランチェスコや日本の光明皇后など、ハンセン病者とかかわる聖人伝が東西に共通すること自体が、病理的な観点よりも宗教的・社会的な見地からこの病者がいかにスティグマを背負わされた「異人」であったかを証している。

つまり、「聖ジュリアン伝」の結末をもういちど単純化すれば、「異人である渡し守が、もうひとりの異人であるハンセン病者を客として川を渡したときに、奇蹟（超日常的な、もしくは超越的な出来事）が生じる」とまとめることができる。これをさらに端的に言い直せば、「異人が異人を渡すとき、超越的（非日常的）な事態が出来する」という命題にまで縮減できる。この命題を、「渡し守の文学」を構想するためのひとつの作業仮説として置いた上で、次の石に跳び移りたい。

四　『発心集』巻一、「玄敏僧都、遁世逐電の事」

聖ジュリアンに比肩できる渡し守を、日本の古い物語や説話たちから召喚することができるだろうか。「渡し守」からすぐに名が連想されるのは、八世紀から九世紀にかけて生きた隠者、玄賓である。玄賓が生涯の一時期に「渡し守」をしていたという伝承は各地に伝わる。テキストとして読める説話の代表は、一三世紀前半に鴨長明が撰した『発心集』巻一の巻頭説話に載せられた「玄敏僧都、遁世逐電の事」であろう。以下にあらすじを紹介する。玄賓は『発心集』では「玄敏」という表記であらわれる。

玄敏は興福寺で学んだ博識の学僧であった。しかし世を厭う心が深く、寺を離れ一人で三輪河のほとりに庵を結び隠棲していた。隠棲してはいても、有徳の名声は隠れなく、時の桓武帝・平城帝の信任は厚いものであったが、ある日、庵をも捨てて本格的に姿を消してしまった。かつての弟子たちはほうぼう探索したけれど、玄敏の行方は杳として知れなかった。

何年か後、かつての弟子の一人が所用で北陸辺へ下ることがあった。途中に大河があり、渡し船に乗らなければならなかった。その渡し守の風体はと言えば、頭髪は伸び、汚れた麻の衣をまとっている。弟子はその渡し守が誰かに似ているような気がして見つめているうち、あっと気づいた。何年も前に出奔したかつてのわが師ではないか。どうやら相手の方もこちらに気づいているようだ。弟子は驚き、声をかけようとしたが、人目をはばかり、その場は思いとどまった。弟子は「帰途、あらためて夜などに居処を訪ねた方がよさそうだ」と判断し、その場は終わった。

予定通り、帰途再びその渡し場に来てみると、すでに別の渡し守に替わっていた。弟子は驚き悲しみ、その渡し守に事情を尋ねると、次のような言葉が返ってきた。

「たしかにそういう法師がいらっしゃいました。何年もここの渡し守でしたが、それほどの「下﨟」には見えず、いつも心を澄まして念仏ばかりを唱えていました。船賃を取ることもなく、ただその日に食う物以外のものは欲しがる様子もありませんでした。このあたりの里人からも慕われておりましたが、どうしたことか、先日、かき消すようにいなくなって、どこへ行ったかも知りません。」

それを聞いて弟子はどうしようもなく残念に思ったが、数えてみれば、その渡し守が出奔したのは、自分が見かけたときからすぐのことらしい。おそらく見破られたと思って、またどこかへ去ったのであろう。

以上が『発心集』に載る玄賓「渡し守」説話の主要部である。「近き比《ころ》」の付加的なエピソードとして、三井寺の道顕僧都という人が、この玄賓の話に感動して、「渡し守こそ、げに、罪なくて世を渡る道なりける」(8)と語り、みずからも琵琶湖に渡船を設けたが、その後ことは進まず、舟はむなしく朽ち果てたという話が付加されている。玄賓が渡し守をしたという説話は『発心集』のみならず『古事談』巻三や『三国伝記』巻四の六にも記されている。玄賓が渡し守をしたのはおおむね「越」の地方ということになっているが、岡山県には高梁川で玄賓が渡し守をしていたという伝承があり、それはおそらく北陸地方を舞台にした説話が取り込まれたものとみられている。(9)

名利を厭って漂泊に身を投じた玄賓は、なぜ「渡し守」に従事したのだろうか。道顕上人が語ったという「渡し守こそ、げに、罪なくて世を渡る道なりける」の文言は、この説話における「渡し守」という選択が偶然ではなかったことを示唆している。

仏教において河を渡すという行為は、「到彼岸」pāramitā の象徴であると同時に、他者に福徳を回向する「福《ふく》田《でん》」puṇya-kṣetra の行為として位置づけられていた。福田とは善行の種を蒔いて功徳の収穫を得る田地という意味であり、具体的には社会福祉的実践を伴う。律のひとつである『摩訶僧祇律』には「曠路に好井を作り、園果を種植して施し、橋船もて人民を渡し、布施し浄戒を修し、智慧もて慳貪を捨せんには、功徳日夜に増して、常に天・人中に生ぜん」（大正蔵二一・二六一a）の文言があり（傍線筆者）、また『諸徳福田経』の中には仏陀が天帝に向けて、福田の行いとして、行ずるものは梵天に生ずるであろうとする七つの「法」を告げる場面があるが、その七つのうちに、「園果浴池樹木清涼」や「医薬療救衆病」と並んで「作牢堅船濟度人民」（堅牢なる船を作りて人民を済度す）の文言が出る（大正蔵一六・七七七b）。橋を作ること、また船で人を川の対岸に渡すことは、仏教において端的に「功徳」なのである。

玄賓が修学した興福寺は法相宗である。初期の法相宗には行基やその師であった道昭など、寺院建立のみならず井戸の掘鑿、渡船場の設置、架橋など土木系の社会事業の実践例が多い。玄賓の渡し守伝承の背景には仏教の福田思想と法相宗僧侶の社会福祉実践の系譜が引き継がれている。そして実際、『発心集』のテキストの中には地域住民に感謝されていたことが記されている。

そう考えると、説話のなかで玄賓が渡し守となった動機に、「利他行」の慈悲があることは否めない。人の役に立つからこそ、彼は渡し守をしたのである。この点で玄賓の渡し守説話とフロベールの「聖ジュリアン伝」はその船体を接近させる。フロベールのテキストには、渡し守になろうとするジュリアンの動機として、「自分の生涯を人のために捧げようという考えが浮かんだ[10]」l'idee lui vint d'employer son existence au service des autresという文言がはっきり記されているからである。この一句がなければ、聖ジュリアンの名にl'Hospitalier――歓待者、救護者――という語を付すことはできないだろう。

サルトルはそのフロベール論『家の馬鹿息子』において展開する「聖ジュリアン伝」論のなかで、ジュリアンが渡し守をする動機としての「慈愛」を徹底的に否定し、慈愛どころかエゴイスティックな、神経症的な「どんづまり」の結果としてそれを解釈する。「ジュリアンは信仰の衝動によっても慈愛によっても希望によっても秀でているわけではない。…〔中略〕…では彼の功徳‐価値（メリット）は何か？…〔中略〕…それは自己嫌悪以外の何物でもない[11]」。だがルネ・シェレールはフロベールの「過敏な神経の病状に照明を与えるサルトルの詳細な分析には、そのかぎりで何ら非難するべき点はない。しかし驚くべきことに、この分析では歓待のテーマが消失しているのである[12]」と批判している。そしてユリアヌス伝承をたどりながら、「フローベール《ママ》は歓待の問題を忘れるどころか、はっきりとそれを主題化する。歓待こそがこの物語のリズムとドラマを作っているのである[13]」と記す。西欧語の「l'Hospitalier」と仏教の「利他」や「慈悲」を等しくみるのは単純かつ乱暴ではあるが、他者を受け入れ、福利を願うという点では大きな違いのないものであり、「聖ジュリアン伝」と玄賓の渡し守伝承を結ぶ一本の糸であると言ってもよいと思う。

ただし、玄賓の渡し守説話を「利他」の動機からのみ理解するのではまったく不十分である。もし玄賓の希望が利他のみにあるのであれば、大寺にいても、いやむしろ大寺にいたほうが実現可能と考えるのが合理的かつ現実的ではないか。玄賓の出奔の動機はあくまで明示的には名利を捨てんがためである。天皇から帰依される高僧とは正反対の位置にあるものとして「渡し守」という役割を選んだのだ。

前章においても触れたように、渡し守は「河原者」の一員であった。玄賓が渡し守を選んだ理由には、あきらかに、「やつし」への意志が含まれている。地域住民に感謝されてはいても、その風体は、『発心集』のテキストでは、「頭髪はぼさぼさに延び、汚れた麻の服を着ていた」と描かれている。玄賓は身をやつそうとしてみずから僧団を離脱した「ひじり」であり、ジュリアンは両親殺しのために共同体から離脱せざるを得なかった罪人である。動因としては異なるが、両者とも渡船場という「無主」の場所、共同体のはざまにしか最適の生の場所を見いだせなかった点ではよく似ている。その境界性が両者に、聖なるものへ繋がる要素と同時に、他者から隔離した孤絶もしくは孤独の印象を与えている。

もっとも、前章で提出した「異人がもうひとりの異人を渡すとき、超越的（非日常的）な事態が出来する」という「渡し守の文学」の仮の命題は、玄賓の伝承にはあてはまらない。玄賓の伝承には、もうひとりの「異人」はあらわれない。ジュリアンは主イエスに抱かれて天上へと赴くが、玄賓は弟子に発見された後、ふたたび地平線のかなたへその生を韜晦した。「聖ジュリアン伝」の結末が示す昇天という「垂直性」と、わが玄賓伝承が示す「水平性への韜晦、あるいは消失」の対比は実に興味深いが、ここではそれはかたわらに措き、とりいそぎ次の石に跳び移っていきたい。

五　謡曲「隅田川」

日本文学の中で「渡し守の文学」を探すとすれば、一五世紀前半に世阿弥の子、元雅によってつくられた能「隅田川」（角田川）がその代表として選ばれるのではないか。有名な曲であるが、概要を以下に述べる。

武蔵の国、隅田川の渡し守（ワキ）があらわれる。渡し守は、今日この在所にいわれあって「大念仏」の法会があるから、人々がおおぜい集まるだろうと口上を述べる。都からの旅の男がやってきて、渡し船に急ぎ乗ろうとすると、後方で人のざわめきがする。何事かと渡し守が男に問うと、あれは都から下って来た「女物狂」がおもしろく舞い狂うのを見ている人々のざわめきですよ、と旅の男が答える。

渡し守は船をとどめて、その「女物狂」を待っていると、笠をかぶったその女（シテ）があらわれた。

女の話では、自分は都の北白川に住んでいたが、ひとり息子を人買いにさらわれてしまった。その後を追って逢坂の関をこえて、東に下ってきたのだという。女は船に乗せてほしいと渡し守に頼むと、渡し守は、「都から来た物狂であれば、いまここでおもしろく舞い狂ってみせよ、そうしないと船には乗せまい」という。女は伊勢物語の故事をふまえて、「隅田川の渡し守であれば、『日が暮れるから早く船に乗れ』というべきところを」と反論する。女は川に浮かぶ白い鳥をなぜ都鳥を言わないのか、むかし業平が都の妻を思った気持ちと、私が子を思う気持ちは同じであるのに、と説く。

渡し守は女の風雅に感心して船に乗せた。乗り合わせた旅の男は、向こう岸の人だかりは何ごとかと渡し守にたずねる。渡し守はそれが「大念仏」の法会であることを教え、その由来を語りはじめる。

昨年の三月、都から人買いに買われた一二、三の少年が来た。人買いはさらに奥へと連れていくつもりだったらしいが、少年は困憊してこの川岸で倒れてしまった。人買いは少年を打ち捨てて奥へと下って行った。近所の人々は少年を看病したが、いまわの際に、「私は都の北白川の吉田某という者のひとり息子ですが、父は亡くなって母と暮らしていたものを、人買いに誘拐されてこのようななりゆきになってしまいました。都がなつかしいので、この道のほとりに塚を築いて私を埋葬し、しるしに柳を植えてください」といって念仏してこと切れたのであった。

渡し守はこの話をして乗客に念仏を勧めると、物狂の女は涙して船から下りようとしない。女がその子どもの名前を渡し守にたずねると、「梅若丸」だという。実は梅若丸は女がさがしている当の子なのであった。渡し守は「いたわしいこと」と思って女を見守る。

女は、この塚を掘り返してもう一度あの子の姿を見せてほしいというが、渡し守はそれは無理なこと、ただ念仏をしなされと勧める。女は念仏もできず、ただひれ伏して泣くばかりであった。それでも渡し守の勧めにしたがって鉦鼓を打ち念仏をすると、塚の中から子どもの念仏の声がする。さらに女が念仏を続けると、塚から子どもが姿をあらわし、「母上でいらっしゃいますか」と声を出した。子どもの幻は母と手を取り合うが、だんだん消えていって、夜が明けてみれば塚の上にはただ草が茫々と生えているのみであった。

この謡曲はシテからみればたしかに「狂女」ものだが、ワキに視点を置けば、「渡し守の文学」にほかならない。この曲は、異人である渡し守のワキが、もう一人の異人であるシテ（「女物狂」＝歌舞をこととする芸能者）を渡し、シテの苦悩を受け入れたとき、塚の上に亡くなった少年があらわれるという非日常が現象する話である。前々章で作業仮説として提出した「異人が異人を渡すとき、超越的（非日常的）な事態が出来する」という「渡し守の文学」のかたちをはっきりと満たしているのである。

結末部で梅若丸の声と姿をあらわすことにおいて、子方を使うか使わないかという意見の相違が世阿弥と元雅のあいだにあったことはよく知られている(『世子六十以降申楽談儀』)。しかし子方を出そうが出すまいが、非日常的な結末が演出されることに変わりはなく、それまでの「親子物狂」の多くがハッピーエンドに終わる再会譚であったところをあえて破って悲劇としたことに「隅田川」の能としての革新性が認められるという[14]。ただし梅若丸の声と姿がつかのま顕現はするが、結局は幻影であり、母たる物狂の手をすりぬけて消えてしまうという結末は、「渡し守の文学」の構造を共有しながらも、「聖ジュリアン伝」とはおおいに異なった波立ちを読み手（あるいは観客）の心に与える。西洋の主人公が奇瑞につつまれた昂揚のなかで救済されるのに対し、「隅田川」では朝の訪れとともに母の悲しみがふっつりと途切れるような覚醒感が残る。これは能という芸能の特質でもあろうし、またそこには彼我の宗教性のちがいが反映しているのかもしれないが、とにかく「隅田川」に「聖ジュリアン伝」のような垂直的な超越性がないことはたしかだろう。

一九五六年に来日したイギリスの作曲家ベンジャミン・ブリテン（一九一三―一九七六）が「隅田川」に感動し、翻案再構成したオペラ『カーリュー・リヴァー』Curlew River を作ったことはよく知られている（初演一九六四年、台本は日本で教鞭を取ったことのある詩人ウィリアム・プルーマー William Plomer (1903-73) による）。『カーリュー・リヴァー』の母は失われた子の幻影から「天上」での再会を約束される結末となっている。小文の文脈で見るならば、『カーリュー・リヴァー』は「聖ジュリアン伝」が有していた垂直的な救済を「渡し守の文学」である「隅田川」に復活させた、というより「覚醒」と引き替えに付加した、ということができる[15]。

「渡し守の文学」として「聖ジュリアン伝」と「隅田川」を読みくらべるとき気づくのは、渡し守の性格のちがいである。ジュリアンは客のハンセン病者＝イエスの化身から次々に命令を受けそれを忠実に実行する、されるがままのいわば「弱い」渡し守である。くらべて「隅田川」の渡し守は近在の渡し守の頭領のような地位にあるのか、冒頭で「大念仏」があるので人が集まることに対して「皆々心得候へ[16]」と注意を喚起しているし、またやってきた「女物狂」に対しても、最初は「狂わなければ（＝歌舞を見せなければ）、船に乗せまいぞ」と、からかいにも似たいわば「上から目線」を見せている。言ってみれば、「隅田川」の渡し守は、少なくとも冒頭では

「強い」渡し守なのである。渡し守が両義的な存在である以上、そのような対比を見せることも当然なのかもしれないが、もしかしたら、「渡し守の文学」には、「強い渡し守」と「弱い渡し守」の二種があるのではないか――という一見はかない疑問を抱えたまま、次の石に跳び移りたい。

六　国木田独歩「源叔父」

日本近代文学の石に跳び移ろう。「源叔父」は「武蔵野」や「春の鳥」や「窮死」ほどの代表作とはみなされてはいないかもしれないが、国木田独歩という作家の資質をよく表し、またその執筆歴における最初の小説作品として言及される機会の多い短編小説である。

一種の「枠物語」の形を取ってはじまる小説で、もともとは九州の佐伯に赴任した年若い教師が、海辺の下宿先の大家夫婦からある夏の夜に聞いた話であり、それが数年後に友人への手紙として再話されるという設定を取る。以下に梗概を示す。

源は渡し守で、かたわらに松の木がある海浜の家にひとり住んでいた。かつては結婚していて、妻の名を百合といい、美しい人であった。百合は源が二八、九歳のとき、渡しを頼んできた娘であった。源は腕がよかったが、声もよかった。口数の少ない船頭の歌を聴こうとしてみな源の舟に乗った。

百合と幸福な生活を営み、幸助という子を得たが、二度目の出産で百合は産褥死してしまった。それから源は幸助との二人暮らしを二年続けたが、幸助は一二歳の時、溺死してしまう。港が新設され、汽船が通うようになったが、源の渡しは以前と変わらずに営業していた。しかし幸助の死以来、源は以前にもまして口数が少なくなり、その存在はだんだん忘れ去られていった（＊小説内では、ここまでが教師が聞き知った枠物語の伝聞的内容であり、これ以降は教師がその地を去って一年後の設定の直叙小説となる）。

さて、源の住む城下町の広場には「紀州」と呼ばれる一五、六歳の乞食がいた。紀州は、幸助が溺死した年に日向から来た女乞食が伴っていた八歳ほどの子供だった。母は姿を消してしまい、紀州は町の人間に同情されるが、自宅に引き取ろうとするものはいなかった。町に付属した「品物」のように取り扱われて生きてゆくが、紀州は成長するにつれてだんだんと表情をなくし、最低限のコミュニケーションしか取らない少年になっていった。

ある雪の降る寒い日、源は紀州に握り飯を与え、その夜更け、源は紀州を探して家に引き取った。町の人から「紀州を引き取ったのはなぜか、淋しいからか」と問われると、源は「そうだ」と答えた。町の人々は不審がり、からかいつつも、源の行為を受けとめていた。源は久々に船を漕ぎながら歌う。源には紀州を子どもとして育て、紀州を人間らしい世界に再生させたいという希望が生まれた。

ところが一週間ほどしたある日、帰宅すると紀州がいない。城下町へ行って紀州を発見し、連れ帰る。源は身辺の世話をするが、紀州は一言も言わない。

翌朝、源は風邪を引いて臥し、紀州に物語などしながら睡眠に落ちる。悪夢を見て目覚めると、また紀州がいなくなっている。その日は荒天で、渡しを源に頼む人もいなかった。翌日、源は松の木にてみずから縊れているのを発見された。妻子と並んで葬られた。

紀州は源が死んだと告げられてもその人の顔を打ちまもったのみであった。そして前と変わらず町で乞食をしている。

渡し守である「源叔父」とかかわる「紀州」は、あきらかに異人の表徴をもって描かれている。もともとは母と旅をして町にたどりついた漂泊の「乞食」である。町の人は紀州に最低限生きるだけの食糧を与えはするが、路上生活から家に引きとって養育しようとするものはいない。「物忘れする子なりともいひ、白痴なりともいひ、不潔なりともいひ、盗すともいふ、口実は様々なれどこの童を乞食の境に落しつくし人情の世界の外に葬りし結果は一つなりき」(17)。城下町の人々は共同体としては異人の少年を受け入れたが、家に入れてやしない育むホスピタリティは生じなかったのである。身体的に紀州は成長したが、その心は荒廃を深くしていった。

「源叔父」は、「渡し守が異人を渡す物語」ではない。異人である渡し守が、もう一人の異人である年少の乞食とともに生活を共にしようとして挫折する物語である。そしてこの小説の結末に出来するのは非日常的もしくは超越的なできごとの顕現ではなく、渡し守である「源叔父」の自死であった。近代小説のリアリズムにのっとった作品であるから、超越的現象をそう簡単に描くわけにはいかないにせよ、小説の流れとしてもやや飛躍を感じさせる結末であり（ワーズワースの長編詩「マイケル」（Michael, 1800）が「源叔父」の執筆を触発したというのは定説になっているようだが、「マイケル」の主人公の老翁は自死しない）、またこれまで跳び移ってきた「渡し守の文学」としてもある種の断絶を感じさせる。「源叔父」の自死の動機をめぐっては研究者が種々の見解を発表しており、それぞれに説得力があるけれども、あくまでテキストそのものには主人公が自殺した原因は明示されていないといわざるを得ない。自殺の動機をひとときかたわらに措くならば、この作品で印象深いのは渡し守である源の心の弱さ、感じやすさ、そして他人の心に敏感に反応する動揺しやすさであり、もし前章であった「隅田川」の渡し守が「強い渡し守」とするならば、あきらかに源叔父は「弱い渡し守」なのである。

クロード・レヴィ＝ストロースは、『神話論理』*Mythologique* の第三巻第七部「生きる知恵の規則」の中で、「傷つきやすい渡し守」Le Passeur Susceptible というモチーフを提出している。レヴィ＝ストロースのいう「傷つきやすさ」とは、渡し守役を担う動物たち（たとえばワニ）が、客から渡河の途中に嘘や偽の称賛を受け（それは客たちにとっては渡河の遂行のために必要なのだが）、渡し終わったあとに真実に気づいた渡し守が怒り狂う（M402）というものであったりするのだが、レヴィ＝ストロースは「傷つきやすい渡し守」の諸類型を検討し次のように述べる。


　傷つきやすい渡し守の挿話のさまざまな様式は、現物での支払いから甘い言葉による支払い、そして嘘、侮辱から叩くことまでの漸次的変化を示している。したがって渡し守は傷つきやすいものでなければならない。それは時には身体的な意味であり、北アメリカのいくつかのヴァージョンでは、うなじやひざの傷がちょっとでも触れると耐えられない痛みを催すのであり、またより多くの場合に精神的な意味で傷つきやすいのである。さもなければ、これら以外のタイプの振る舞いとの媒介項となる悪知恵や駆け引きという振る舞いは神話の問題系のなかに入ることができない。しかしこうしたあいまいな行為のみが、大地と空とともに三角形をなす水という要素を具体化する役割を与えられた怪物にとってふさわしいというのだとすれば、こうした体系において水そのものがあいまいな役割を果たしているということになるのではないだろうか。[18]

〔傍点原文のまま〕

「したがって渡し守は傷つきやすいものでなければならない」Il faut donc que le passeur soit susceptible。なぜか。理解した範囲で単純化して述べれば、渡し守の傷つきやすさ＝動揺しやすさこそが広い意味での「交換」もしくは「交通」を促し、神話をさまざまな方向へ動かす原動力となるからである。そしてさらにそれは渡し守がその活動の舞台とする「水」そのものの、揺れてやまないあいまいな役割をその身に引き受けているからである。また別の箇所でレヴィ＝ストロースは「あるものは運び、それ以外は阻止する」「傷つきやすい渡し守」の役割を、「半導体」とも呼んでいる。[19]

これは「渡し守の文学」を考える際に、きわめて重要な示唆であると思われる。水のように動揺しやすいこと、その様態をさまざまに変容させて物語を進展させる蝶番もしくは半導体となるのが「渡し守」の役割であるのであれば、「強さ」に見えるものも実は「揺れ」の一形態であり、それは「傷つきやすさ」に包摂されるからだ（実際、「隅田川」の渡し守は狂女をからかう乱暴な渡し守から急に「もののあわれ」を理解する風雅な渡し守へと変容する）。

レヴィ＝ストロースはもうひとつ「渡し守の文学」を考える上で核心的と思われる示唆を述べている。川を水平に移動するカヌーでの旅は「適切な距離を保たなければならないふたりの旅人を乗せるのに対して、渡河は渡し守〔つまり乗り物〕と客という二名の移動する者をたがいに密着させるのである」[20]。そして、渡し船にあっては「渡し守と旅人の身体的接近がどうしても必要になるが、主人公が大地から水へあるいは水から大地へ移る時越えるべき距離が、小さすぎるか大きすぎるかという状態を避けることで、その危険を遠ざけないかぎり、そこには死の危険がはらまれている」[21]。それはカヌーとはちがって、理に適ったへだたりの規準的な尺度が、舟の内部ではなく外部に移されるということにほかならないからだ、という。

これは「源叔父」を考えるときに意外な方向から照明を与えないだろうか。渡し守である「源叔父」は異人である紀州を渡すわけではないが、家に引き取って「密着」しようとした。それは密着をめざす関係性において、渡し船の「客」とそう変わりがない（さらにいえば、かつて源の渡し船の客であった亡妻・百合の再現でもあった）。ただしそれは両者にとって「へだたり」として唐突であり、現実的な対人関係の距離とは言えなかった。源は失われた家族を再現したいという内的な夢想を性急に「外部」へ移そうとしたのだが、そのときの距離の読み誤りが、「傷つきやすい渡し守」である彼に破滅をもたらしたと読めるのである。

主人公の自死でおわる独歩の小説は、大地への距離の取り方をまちがえた渡し守の悲劇であり、それを中世を舞台にした「聖ジュリアン伝」や「隅田川」とくらべるとき、本来なら聖性や霊的なものが顕現するはずだったところに、脱宗教化した近代社会にあってもたらされた超越的なものが実は「死」であった、という対比を描くだろう。

ここまで、川面に露頭した四つの石を跳び移ってきた。暫定的に振り返ってみよう。「聖ジュリアン伝」から導き出した「異人が異人を渡すとき、超越的（非日常的）な事態が出来する」という「渡し守の文学」の仮説的命題にうまく当てはまるのは「隅田川」のみであり、玄賓の説話と「源叔父」は、その亜型ととらえることができる。玄賓の説話には川を渡される特定の客にあたる人物は出てこないし、超越的な事態が顕現するわけでもない。しかし玄賓のイメージには宗教的な背景と相まって、「渡し守」という職掌がもつ両義性があらわになっているといえるだろう。

「源叔父」では、渡し守とペアになる「紀州」は町に住みついた「乞食」であり、渡し船に乗るわけではない。しかしその異人としての表象は明白であり、渡し守はその異人と共棲（これは川を渡すことの代理行為とみることができる）しようとするが、渡し守が破滅する。異人としての渡し守は、ここではもう一人の異人によってその弱点が拡大され、死に至ったようにも見える。

文学は複数の「ナラティヴ・ポリティクス」が交錯し衝突する場である。「聖ジュリアン伝」は一九世紀の作家の写実的な文体を用いながら西欧中世の聖者伝を再話することによって、情念的負荷とモダンな機能美をそのテキストのうちに両立させる。謡曲「隅田川」は先行する古典の説話的要素を巧みに取り込むことによって異人の存在と超越的現象を際立たせ、卓越した中世宗教劇としての「ナラティヴ」を成立させる。独歩の作品はいっけん読み手の同情を誘う「ナラティヴ」を採用しながらも、異人が抱え込む共同体への疎隔を結末で印象づける両義的な「ポリティクス」を実現している。文学テキストの中で「異人」は先験的に存在しているのではなく、つねに「ナラティヴ」によって立ち上がる何者かであると言えるだろう。

「渡し守の文学」のヴァリエーションはおそらく「歓待」のヴァリエーションでもある。宗教的法悦につつまれる歓待が実現するときもあれば、渡し守が歓待者であろうとしつつみずからの死を招くこともある。「異人が異人を渡す歓待の物語」としての「渡し守の文学」は、あきらかに川面に露頭した石以外にも、眼を凝らすとさまざまな形をした大小の石が水面下に潜んでいるのが見えてくるのではないだろうか。

七　渡し守の再生

「渡し守」はいうまでもなく近代産業社会では消え去っていく運命にある職掌である。しかし現実に渡し船が存在しなくなった現代にあってもその航跡を水面下にたどれることがある。

つげ義春（一九三七―）の連作漫画作品『無能の人』（一九八五）の主人公・助川助三は、一時期は漫画家として盛名を得ていたが、手を出した中古カメラ業、古物商などの商売がことごとく失敗し、今は多摩川の川原で、拾った石を掘っ立て小屋に並べ、それを売る商売をしている。美術品として愛好家に取り引きされる石とはまったく違うただの川原の石が売れるはずもなく、妻に愛想を尽かされながらも諦めきれずに、今日も河原の小屋に石を並べている。助川の夢は一〇年ほど前まで鉄橋の下にあった渡し場（川に板を渡して通行させる形式で、一回二〇円）を復活させることである。川の側には競輪場があり、開催日には一日二〇〇人も利用していたという。ついでに川原の小屋にジュースや甘酒、さらには好きな石を並べ多角経営しようと夢を語る助川に、妻は川渡し人足の方が似合いじゃないのと非難する。そんなある日、川渡しに使われている貸しボート屋のボートが転覆したのを見て、助川は即席のふんどし一枚になって川に入り、一回一〇〇円で人を背負って川を渡しはじめる。

図1　1990年4月、日本文芸社刊／つげ義春『無能の人』p. 33より

おそらく体力のあまりないだろう助川が、人を背負って渡し、岸につくと息切れて倒れつつもまた次の客を背負うために川に入っていく姿は、苦行のニュアンスを帯びる。そしてそれを見ていた水風船を売っているテキヤ風の男は、「ダンナ！」とその行為に驚き、「そりゃあんまりだよう」という声をもらす（図1）。

テキヤ風の男の「そりゃあんまりだよう」というセリフにはおそらく「こんな小銭稼ぎのためにそこまで自分の体を痛めつける苦行をしないでも」というニュアンスが含まれているだろう。身体に鞭打って川に入っている助川の姿は滑稽だが、同時にそこには一瞬の「聖性」が立ち上がる。

『無能の人』第六話「蒸発」には『発心集』の書名が出てきて、作中人物が蒸発譚について語る部分があるので、つげ義春が『発心集』に載せられた玄賓の渡し守説話を読んでいたことはまちがいない。名利を厭うという点でも作中人物の助川は玄賓と重なる要素がある。卑小な小銭稼ぎの動機でなされる川渡しの場面に一瞬の聖性が宿るのは、「渡し守の文学」として見逃せない。

石牟礼道子（一九二七―二〇一七）に『水はみどろの宮』（一九九七）という青少年向けのファンタジー小説がある。九州の山奥を舞台に展開される、渡し守の千松爺と孫娘のお葉をめぐる物語である。

千松爺が住んでいる河原には、村の祭りのときに「山の衆」が小屋掛けする。そのなかには、竹細工をしている人たちがいる（これはあきらかにサンカの人々などの非定住民を示している）。そして千松爺も川の渡しがないとき、かずらの籠をよく編んでいる。山犬の「らん」もときどき船に乗りに来る。らんは気位が高い謎の山犬で、お葉はらんに案内されて山姫さまのところまで行く。それは典型的な異界訪問譚の展開で、アニミスティックなファンタジーを味わえる冒険譚となっている。お葉は山中の聖なる異界へと出入りできる特殊な感受性をもった少女である。渡し守のそばにいる「異人」としての少女という作品設定は、「隅田川」とも、独歩の「源叔父」とも一瞬の交差を見せるモチーフである。

渡し守が庇護する異能をもつ少女という設定は、オダギリジョー監督の映画『ある船頭の話』（二〇一九）にもひきつがれている。橋の建設が進むある山村の川岸の小屋に暮らし、村と町を繋ぐため船頭を続けるトイチが、川を漂流していた少女を助けて保護する。少女は身の上や出自を語らないが、霊的な存在と交感する能力を持ち合わせている。橋が完成し、近代化した青年によって犯されそうになった少女は青年を殺害し、すべてを察した船頭トイチは小屋を火にかけ少女を船に乗せて渡し場を離れる。これは玄賓と同じく水平的な移動で終わる結末である。

大江健三郎の連作小説『静かな生活』（一九九〇年発表）の第三篇、「案内人」は、全編がストロガツキー兄弟原作、タルコフスキー監督の映画「ストーカー」（一九七九年公開）論であるといってよい。「ストーカー」の内容の紹介はここでは控えるが、内心の希望をかなえる神秘的な部屋がその中心にあるものの、同時に一歩まちがえば命を落としてしまう危険な「ゾーン」に人を連れていく主人公「ストーカー」を、大江はその小説の篇のタイトル通り、「案内人」と理解している。もともと「ストーカー」はロシア語にない語彙で、英語から借用した語彙であり、「獲物をそっと追う人」というのが原義である（と大江の小説に説明されている）。

　たしかにタルコフスキーの映画作品のなかで、「ストーカー」は「案内人」ではあるのだが、ここまで露頭する川面の石を跳び移ってきた眼で見ると、「ストーカー」は「渡し守」のひとつの変形にほかならないように思えてくる。そもそもフランス語の「渡し守」passeur には「（国境や禁止区域の人・物の）不法越境案内人」（『ロワイヤル仏和中辞典』）の意味があるではないか。禁じられてはいても、彼岸もしくは内奥の希望の実現を願う他者を強固な動機にもとづいて渡す渡し守。またタルコフスキーの映画の主人公は「渡し守」たる異人性を欠いてはいない。独自の思想と感受性をもつ彼はふつうの仕事には就くことのできない、妻の言葉によれば「呪われた永遠の囚人」である。そして彼はしばしば引き受けた客からののしられ、逆に命令され、激しやすく、さらに疲れやすいという「傷つきやすい渡し守」の性格を十全に体現している。

　映画では、主人公が「ゾーン」から帰還して、迎えに来た妻と足に障害のある娘と帰宅する際に、娘をずっと肩車して歩いてゆく長いシークエンスがある。大江の小説の作中人物がそれについて、「あれは、キリストを背負う人というのがあるでしょう、クリストフォロスだったかな？ あれを暗示しているのじゃないかと思うわ[22]」というせりふを述べる。クリストフォロスは聖ジュリアン（聖ユリアヌス）としばしば混同されることもあるキリスト教の聖人である。大江のテキストはここでストーカーに対する「渡し守」的な性格をはっきりと示唆している。そしてストーカーが肩車する娘は、映画のラストシーンで、列車の騒音とベートーベンの「歓喜の歌」を背景に、超日常的な能力を披歴する。この娘はもうひとりの異人である。大江の「ナラティヴ・ポリティクス」に寄りそうとき、渡し守という異人のそばにいるもう一人の異人、そして非日常的、超越的なものが最後に顕現するという「渡し守の文学」の仮説的命題をタルコフスキーの「ストーカー」はたしかに満たしていると言ってみたくなる。

タルコフスキーの映画は水の表象に満ちみちてはいるものの、もちろんストーカーは川を渡すわけではない。「渡し守」の概念を拡張していくと、このような異世界の案内人や、人や物の運輸に携わる運送者《トランスポーター》との境い目が判然としなくなってくる。そうした物語も水面下では「渡し守の文学」と踵を接しているにちがいない。その広がりに茫然として川の流れのなかに立ちすくむところで小文を終えたい。

(1)　網野善彦　一九八七『増補 無縁・公界・楽 ——日本中世の自由と平和——』平凡社、一六七頁。
(2)　阿部謹也　一九七八『中世を旅する人びと ——ヨーロッパ庶民生活点描——』平凡社、四四頁。
(3)　赤坂憲雄　一九九二『異人論序説』ちくま学芸文庫、二一頁。
(4)　フロベール、太田浩一訳　一九九一『三つの物語』福武文庫、一一七頁。
(5)　Flaubert, G. 1988 *Trois Contes*, ed.Peter Michael Wetherill, Paris, Bordas. pp. 32-46. および Raitt A.W. 1965 "The Composition of Flaubert's Saint Julien l'Hospitalier", *French Studies*, Vol.XIX, Oxford, Basil Blackwell. pp. 358-372.
(6)　Raitt 1965, pp. 363-364.
(7)　「歴史・風土に根ざした郷土の川懇談会—日本文学に見る河川—」第五回（平成一四年六月七日）議事録 国土交通省ＨＰ https://www.mlit.go.jp/river/shinngikai_blog/past_shinngikai/shinngikai/kondankai/bungaku/5/5_index.html（二〇一四年五月二〇日閲覧）
(8)　三木紀人校注『方丈記 発心集』一九七六　新潮日本古典集成、四九頁。
(9)　原田信之　二〇一八『隠徳のひじり 玄賓僧都の伝説』法藏館、一二〇頁。
(10)　太田浩一訳、一一一頁。
(11)　サルトルＪ－Ｐ．　二〇一五　鈴木道彦・海老坂武監訳『家の馬鹿息子4　ギュスターヴ・フローベール論（一八二一年より一八五七年まで）』人文書院。三六七頁。
(12)　ルネ・シェレール　一九九六　安川慶治訳『歓待のユートピア 歓待神（ゼウス）礼讃』現代企画室、二四二頁。
(13)　同右、二四五頁。
(14)　伊藤正義校注　一九八六『謡曲集 中』新潮日本古典集成、四五八頁。

（15）稲賀繁美氏によれば、『カーリュー・リヴァー』を作曲したベンジャミン・ブリテンに能「隅田川」を鑑賞させたのは南アフリカ出身の作家ローレンス・ヴァン・デル・ポスト Laurens van der Post（1906-1996）であるという（ヴァン・デル・ポストは一九二六年、二〇歳のときに日本で「隅田川」を見ている）。ヴァン・デル・ポストの作品『種と蒔く人』*The Seed and the Sower*（1963）の冒頭近くに南アフリカのサバンナで角に畸形のあるカモシカ「ストンピー」が銃殺される場面があるが、そこにはフロベール「聖ジュリアン伝」の牡鹿殺しが投影されているのではないかと稲賀氏は考える。稲賀繁美「「個」に宿す影」―河合隼雄『影の現象学』補注」河合隼雄編『「個人」の探究―日本文化のなかで』ＮＨＫ出版、二〇〇三年、また INAGA Shigemi "Mediators, Sacrifice, and Forgiveness: Laurens van der Post's Vision of Japan in the P.O.W. Camp in Reference to TAKEYAMA Michio and Ghost Plays of the Noh Theater". *Japan Review* 2001, 13

（16）伊藤正義校注　一九八六『謡曲集　中』、一七七頁。

（17）国木田独歩『武蔵野』新潮文庫、二〇一二年改版、一一一頁。

（18）クロード・レヴィ＝ストロース　二〇〇七　渡辺公三他訳『神話論理Ⅲ　食卓作法の起源』みすず書房、五一五頁。

（19）クロード・レヴィ＝ストロース　二〇〇八　吉田禎吾他訳『神話論理Ⅳ-1　裸の人1』みすず書房、三五五頁。「半導体」であるから、「渡さない渡し守」も存在する。安珍・清姫伝説に取材した人形浄瑠璃「日高川入相花王」渡し場の段の船頭は清姫を船に乗せようとしない。これは「渡さない渡し守」の一例だろう。

（20）（18）の文献。五一三頁。

（21）同右。五二六頁。

（22）大江健三郎　一九九五『静かな生活』講談社文芸文庫（底本は一九九〇）、一〇二頁。

参考文献

赤坂憲雄　一九九二『異人論序説』ちくま学芸文庫（原著一九八五年）。

――　一九九九『山野河海まんだら　東北から民俗誌を織る』筑摩書房。

阿部謹也　一九七八『中世を旅する人びと　――ヨーロッパ庶民生活点描――』平凡社。

網野善彦　一九八七『増補　無縁・公界・楽　――日本中世の自由と平和――』平凡社。

出原隆俊　一九九〇「源叔父の方法」『語文』第五五輯、大阪大学国文学研究室。

稲賀繁美　二〇〇三「「個」に宿す影」―河合隼雄『影の現象学』補注」河合隼雄編『「個人」の探究―日本文化のなかで』ＮＨＫ出版。

岩崎文人　一九九二「「源叔父」成立考：〈老翁〉の物語」『近代文学試論』第三〇号、広島大学近代文学研究会。

梅原猛・観世清和　二〇一三『能を読む③元雅と禅竹』角川学芸出版。
大橋絵理　二〇〇二「『聖ジュリアン伝』：ジュリアンの特異性」『大分県立芸術文化短期大学研究紀要』第四〇巻、大分県立芸術文化短期大学。
金崎春幸　二〇一五「フローベールと仏教」『言語文化研究』第四一号、大阪大学大学院言語文化研究科。
君野隆久　一九九四「河を渡す者――フロベール『聖ジュリアン伝』と日本の仏教説話」『比較文學研究』六五、東大比較文学会。
笹淵友一　一九五九「独歩の小説――「源叔父」と「忘れえぬ人々」」『東京女子大學論集』第一〇巻二号、東京女子大学学会。
つげ義春　一九九〇『無能の人』日本文芸社。
出口顯　二〇一三「傷つきやすい渡し守としてのワニ　レヴィ＝ストロースと稲羽の白ウサギ」『現代思想』第四一巻第一六号、青土社。
中尾聡史　二〇一八「日本における土木を巡る心意現象に関する歴史民俗研究」京都大学提出博士論文。
原田信之　二〇一八『隠徳のひじり　玄賓僧都の伝説』法藏館。
樋口まや　二〇〇八「フロベール『純な心』に見られる「無」の文体――フロベールと仏教」『甲南女子大学大学院論集　言語・文学研究編』第七号、甲南女子大学。
福田アジオ他編　一九九九『日本民俗大辞典』上、吉川弘文館。
森栗茂一　一九九〇『河原町の民族地理論』弘文堂。
アリギエーリ、ダンテ　二〇〇八『神曲　地獄篇』平川祐弘訳　河出文庫。
サルトル、J-P.　二〇一五　鈴木道彦・海老坂武監訳『家の馬鹿息子4　ギュスターヴ・フローベール論（一八二一年より一八五七年まで）』人文書院。
シェレール、ルネ　一九九六　安川慶治訳『歓待のユートピア　歓待神礼讃』現代企画室。
バンヴェニスト、エミール　一九八六『インド＝ヨーロッパ諸制度語彙集Ⅰ』前田耕作監訳、言叢社。
レヴィ＝ストロース、クロード　二〇〇七　渡辺公三他訳『神話論理Ⅲ 食卓作法の起源』みすず書房。
――　二〇〇八　吉田禎吾他訳『神話論理Ⅳ-1　裸の人1』みすず書房。
――　二〇一四『月の裏側――日本文化への視角』川田順造訳　中央公論新社。
Flaubert, G.　1988　*Trois Contes*, ed.Peter Michael Wetherill, Paris: Bordas.
Hasumi Shiguéhiko　1974　"Modalité corrélative de narration de thématique dans les *Trois Contes* de Flaubert"『外国語科研究

紀要』第二二巻第四号、東京大学教養学部外国語科編。

INAGA Shigemi　2001　"Mediators, Sacrifice, and Forgiveness: Laurens van der Post's Vision of Japan in the P.O.W. Camp in Reference to TAKEYAMA Michio and Ghost Plays of the Noh Theater" *Japan Review* 13

Raitt A.W.　1965　"The Composition of Flaubert's Saint Julien l'Hospitalier", *French Studies*, Vol.XIX, Oxford: Basil Blackwell.

「歴史・風土に根ざした郷土の川懇談会―日本文学に見る河川―」第五回（平成一四年六月七日）議事録　国土交通省ＨＰ
https://www.mlit.go.jp/river/shinngikai_blog/past_shinngikai/shinngikai/kondankai/bungaku/5/5_index.html（二〇二四年五月二〇日閲覧）

第三章　異人としての狐

――アメリカのナラティヴに変容する東アジアの民話――

カルディ・ルチャーナ

一　東アジアの民話の再話とカルチュラル・ナラティヴ

ここ数十年、東アジアの民話や伝説に登場する妖怪は、アニメ、漫画、映画、ゲームなどの様々なメディアによって取り上げられ、グローバルな舞台で注目を集めている。その妖怪のなかでも人間に化ける狐、「妖狐」は、アジアの境界を越え、英語圏の国々の大衆文化に入り込み、再創造される傾向が見られる。現代文学においてもこの妖狐の姿はキジ・ジョンソン（Kij Johnson）[1]、ノラ・オクジャ・ケラー（Nora Okja Keller）、ヒロミ・ゴトー（Hiromi Goto）などの様々なアメリカ人及びカナダ人作家の作品に登場している。この現象は、日本のアニメと漫画の影響によって生じた新しい傾向に見えるが、少なくとも東アジアの妖狐が最初にアメリカの小説に取り上げられたのは一九世紀であった。この頃、西欧諸国ではジャポニズムが盛んになり、この妖狐はしばしば日本を舞台とする「ジャポニズム小説[2]」や空想小説などの作品に登場してきた。日本ブームを背景に、妖狐にまつわる伝説は、来日した宣教師や学者の著作を介してアメリカ人の読者に知られ、その著作から着想を得た様々な小説家によって翻案された。このような文学的翻案の多くは、魅力的な女性に化けた狐に焦点を当て、〈他者〉として見なされていた日本のエキゾチックなイメージを反映していた。つまり、狐に関わる民話を再話することで、ジャポニズムの小説家たちは当時の読者に欧米と日本に関する文化的物語（カルチュラル・ナラティヴ）を提供していた。そのナラティヴによって、アメリカ人の読者の自己アイデンティティは〈他者〉である日本に対して規定されたのである。だが、ジャポニズムの時代と異なり、現代における妖狐の翻案では〈他者〉との境界線が脅かされている。

Identity, Narrative and Politics（2001）の著者であるモウリーン・ホワイトブルック（Maureen Whitebrook）によれば、特定される集団の中の自己アイデンティティは出版物、映画、絵画などのメディアの語りを通じて「ナラティヴ・アイデンティティ」として生み出される。また、スチュアート・ホール（Stuart Hall 1996）が指摘しているように、物語の仕組みによって構築される共同体のアイデンティティには境界があり、そのアイデンティティの統一性は自然なものではなく、〈他者〉をその境界の外に押し出すことによって作り上げられているものである。

> その発展過程を通して、アイデンティティがアイデンティフィケーションと接着との点として機能できるのは、もっぱらアイデンティティに排除し、追いだし、「外側」に放棄する能力があるからに過ぎない。（中略）アイデンティティという言葉が基本的なものとして扱っている統一性、内的な同質性は、閉ざされたものの自然なかたちではなく、構成されたかたちである。（ホール 二〇〇一：一三―一四）

ここでジュリア・クリステヴァ（Julia Kristeva 1982）の「アブジェクシオン」の概念を用いれば、自己の成立はアブジェクト（悍ましいきもの）である〈他者〉を排除することに関連すると言える。だが、アイデンティティに関わるナラティヴは特定の時間と空間で構成される社会的な制度のなかで編まれている物語であるため、歴史的・社会的な変化とともに再編されていく[3]。その再編によって、自己と他者の表象が変化し、語りによって構築される共同体の外部から訪れる〈異人〉に対する見方は変わることがある。

このような現象は、アメリカ文学における東アジアの民話の再話の場合にも見られる。つまり、アジアの民話からアメリカ文学へ移された妖狐を〈異人〉として考えれば、異人論を参照しながら、狐に関わるカルチュラル・ナラティヴの変遷を分析することができる。『異人論―民族社会の心性』の著者である小松和彦によれば「同じ社会にあっても時と場合に応じて、異人を歓待したり、排除したりしていたにちがいない」（一九八五：一三）。同じように、一九世紀の小説家によって排除されるべき、危険な〈異人〉として取り上げられていた東アジアの妖狐は、二〇世紀の後半から現代社会の多様性を反映する存在となり、アメリカ文学―特にアジア系アメリカ文学―によって歓待される〈異人〉として描写されるようになった。

二　〈不気味な異人〉としての狐

東アジアの民話や伝説に登場する妖狐は様々な面で〈異人〉として取られる。まずは、小松和彦（一九八五）と飯倉義之（二〇一五）が指摘するように、妖怪は人間と異なる超自然的な者であることから、〈異人〉というカテゴリーに分類される。そもそも〈異人〉というのは「われわれ」の社会集団の外側に位置づけられている（または、内部から外部へ排除されている）存在である。そのため、人間の現実から離れていて、異類性を持っている妖怪は〈異人〉とみなされる。もちろん、中国、韓国、日本の狐伝説には異なる点があるが、一般的に妖狐は人間より他者的存在である。また、〈異人〉として表象されている狐は、東アジアの伝説から一九世紀のアメリカ文学へ移植されることによって、さらに異人的な存在になる。アジア系労働者のアメリカへの移民と、それに伴った混血や黄禍への恐怖という一九世紀の歴史的背景の中で、ジャポニズム小説に登場する妖狐は、アメリカ社会に移住してきたアジア系移民の〈異人性〉をも象徴していたのである。

だが、当時のアメリカ人の読者にとって、異文化を象徴するエキゾチックな東アジアの狐は、同時に西洋の伝説や寓話を連想させる親密な動物でもあった。狐に関する欧米の伝承は、古代ギリシアのイソップの寓話や一二世紀のフランスの *Roman de Renart*（『狐物語』）にさかのぼり[(4)]、ロアルド・ダールの児童文学作品 *Fantastic Mr. Fox*（『父さんギツネバンザイ』、一九七〇）、ディズニー・プロダクションのアニメーション映画 *Robin Hood*（『ロビン・フッド』、一九七三）などの翻案によって現代まで続いている。西洋の伝説に現れる狐は、東アジアの妖狐と異なり、人に化ける、あるいは狐憑きによって人間の精神を取り憑くことはしないが、人間を騙すいたずら者として描かれている。そのため、東アジアの妖狐の伝承と重なる部分が見られ、アメリカ人の学者と読者の関心を集めてきた。例えば、一九〇〇年の *The Journal of American Folklore* に掲載された論文 "Fox Possession in Japan"（日本における狐憑き）は、宣教師によって報告された狐憑きの事例を分析し、西洋と東洋の狐伝説の類似性を強調する。

The main the qualities attributed to this animal [...] are the same in the East and the West (1900 : 224)。

この動物に備わっていると思われる主な性質は（中略）東洋と西洋で同じである。[5]

イソップなどの狐に関する西洋の伝承の他に、一九世紀のアメリカ人にとっては日本の妖狐はアメリカ先住民とアフリカ系アメリカ人の民話に登場する動物を彷彿させたと考えられる。一八七六年に出版された *The Mikado's Empire* で、ウィリアム・グリフィス（William Elliot Griffis）は日本の狐とアメリカ先住民のコヨーテの相似点を指摘し、その相似点を日本人とネイティブアメリカンが同じルーツを持っている証明として挙げる。

The most characteristic superstitions in Japan are the fox-myths, in which the powers of metamorphosis and infliction of evil on man are ascribed to these animals. These identical ideas were found by the first European settlers among the Indians in New England and in Mexico. They are still universally current among the aborigines of the Pacific slope, the coyote being the object of them (Griffis 1876 : 580).

日本における最も特徴的な迷信は狐神話であり、狐には変身する力と人間に災いをもたらす力があるとされる。同じような言い伝えがニューイングランドやメキシコに住むインディアンにも共有されていることをヨーロッパからの初期の移住者が発見した。その民話は、今でも太平洋岸の原住民の間に広く存在し、コヨーテがその対象となっている。

また、妖狐の伝承は、アフリカ系アメリカ人の口承伝統に基づいて書かれたジョーエル・チャンドラー・ハリスの作品 *Uncle Remus: His Songs and His Sayings*（1880）に登場する悪戯好きの狐「Br'er Fox」の姿も想起させたと考えられる。

Uncle Remus の話やイソップの寓話などによって構築されてきたずる賢い狐のイメージと重なっていたことから、アメリカ人にとって日本の妖狐は、未知の異文化を象徴しながらも馴染みのある動物であった。そのため、東アジアの他の妖怪より米国の小説家と読者の注目を集め、異界からやって来た〈異人〉であっても、同時に〈見知らぬ存在〉と〈見慣れている存在〉としてみなされていた。ジークムント・フロイトによる「不気味なもの」（unheimlich）の概念を借りれば、東アジアの狐は〈不気味な異人〉として存在していたと言える。フロイトの一九一九年のエッセイ「Das Unheimliche」（「不気味なもの」）によれば、馴染みのある「内なるもの」（heimlich）にいつもと異なる不思議な存在を発見する違和感によって人間は不気味さを経験する。言い換えれば、見慣れているものの中で隠されていた、あるいは抑圧されてきたものが突然現れると人は不気味さを感じる。同様に、ジャポニズム小説による狐の伝承の再話においては、アメリカ人が馴染みのある狐の姿と混血への恐怖を連想させる東アジアのエキゾチックな狐の姿が交錯する。不気味さの仕組みを想起させるこの現象によって、当時の社会で抑圧されるべきものは東アジアの狐の伝承の再話に現れてくる。ジョン・ルーサー・ロングの短編小説 *The Fox-Woman*（『狐女』）にこの例を見ることができる。

三　ジャポニズム小説における妖狐

一九〇〇年、ジョン・ルーサー・ロング（John Luther Long）は、日本の狐伝説に着想を得た短編小説 *The Fox-Woman* を発表した。フィラデルフィア生まれのロングは日本を訪れたことはなかったが、一八七三年から一八九七年までメソジスト派の宣教師の妻として日本で活動した姉サラ・ジェーン・コレルから日本に関する情報を知ることができた。また、当時、ラフカディオ・ハーン（Lafcadio Hearn）、アリス・メイベル・ベーコン（Alice Mabel Bacon）、メアリー・フェノロサ（Mary Fenollosa）などによる日本民話集やジャポニズム小説が日本に関心のある読者の間で流行しており、彼らの著作を通じて、日本の伝説について調べることができたと推察される。ロングは、*Miss Cherry Blossom of Tokyo*（1895）、*Madame Butterfly*（『蝶々夫人』、一八九八）、*A Gentleman of Japan and a Lady*（1898）、*Kito*（1898）、*The Fox-Woman*（1900）など日本を舞台とする様々な作品を書いた。

一九〇四年に初演されたジャコモ・プッチーニ作曲の同名オペラの原作である短編小説 *Madame Butterfly* には、日本人とアメリカ人の恋愛、誠実な日本人の妻の苦しみ、その妻の自殺未遂といったモチーフが見られる。ロングは *The Fox-Woman* でもこれを繰り返しながらも、新たに狐憑きのモチーフを導入し、主人公の男女の役割を逆転させた。男女の役割といえば、ピエール・ロティ（Pierre Loti）の *Madame Chrysanthème*（『お菊さん』、一八八七）をはじめとして、*Madame Butterfly* などの多くのジャポニズム小説では日本を訪れた西洋人男性は現地の女性を一時的な娯楽として扱う。だが、*The Fox-Woman* では気まぐれなアメリカ人の若い女性が彼女に魅入られている日本人男性を弄ぶ。

醜い日本人芸術家の主人公 Marushida the Little は、Jewel という美人で純粋な日本人妻に支えられ、先祖の信仰と芸術を中心とした幸せな生活を送っているが、絵を習いに来たアメリカ人の宣教師の娘 Alice に夢中になり、妻のことを忘れる。Alice の前で西洋人のように振る舞いたい Marushida は、洋服を着て教会の日曜礼拝に出席するが、Alice は彼を弄び、彼の醜さと片言英語を嘲笑する。彼女は Marushida をペットの猿と比べ、彼のことを「beautifully ugly little freak」（美しく醜い小さなフリーク〈188〉）として考える。また、彼の名前を覚えられないので、Alice は Marushida を「Mr. What's-Your-Name」あるいは「Mr. Manikin」と呼ぶ。それでも、芸術家は彼女を女神のように崇拝し、「おもちゃ」（plaything）として Jewel を欲しがる Alice のわがままを聞いて、自分の妻を Alice の家へ住まわせる。夫の愚かな行動に傷ついた Jewel は *Madame Butterfly* の蝶々夫人のように刀で自殺をしようとするが、キリスト教の信者であるため、そうすることができない。結局、彼女は夫の意志に従い、Alice の召し使いとなるが、Marushida に必ず連れ戻しに来ると約束させる。その後、彼女はずっと夫の戻るのを待つが、*Madame Butterfly* のピンカートンと同じように、Marushida は約束を守らない。また、日本の伝統芸術を学んでいる Alice は Marushida を鬼の像のモデルとして使うが、日が経つにつれ、彼はその残酷な鬼に次第に似てくる。しばらくして、Alice の家族は Jewel を連れてアメリカに帰国する。Alice の悪影響で Marushida は道徳的に堕落し、義父の首を噛み切り、彼を殺してしまう。だが、最後に Jewel が夫のもとに戻り、彼を救う。自分が〈悪女〉の Alice に魅入られて騙されていたことを悟った Marushida は Jewel と復縁する。

この小説の中で主人公の心を奪うアメリカ人の女性は狐に例えられている。Marushida が自分の優しさと人間らしさを失うことを目撃する日本人の友人は、Alice が恐ろしい〈狐女〉だと忠告する。

> She kills! She! — the Fox-Woman, with eyes like heaven, with lips like the poppy, with hair like brass [...]. She has withdrawn your soul and lives now upon it. She has killed your brain. She has destroyed your heart.（Long 1900 : 287）

彼女が殺す！　彼女が！　―天国のような目をし、ケシのような唇をし、真鍮のような髪をした狐女（中略）だ。彼女はあなたの魂を引き抜いて、その上に今生きている。彼女はあなたの脳を殺した。彼女はあなたの心を破壊した。

ロングによる〈狐女〉の描写においては、狐憑きという日本の伝説と、男性を堕落させる一九世紀末の魔性の女（ファム・ファタール）のモチーフが重なり合っている。ニーナ・アウエルバッハ（Nina Auerbach 1982）やブラム・ダイクストラ（Bram Dijkstra 1986）が指摘するように、男性を誘惑し、獣のような状態に陥らせる魔性の女は、ヴィクトリア朝の様々な文学作品に登場し、それは〈新しい女〉（New Woman）の概念とつながっている。一九世紀後半の女性解放運動を背景に出現した〈新しい女〉は、家庭性、純潔、従順などの伝統的な女性の美徳を体現した〈真の女性〉（True Woman）とは異なり、家庭の領域の外に自身の生き方を見出し、前世代の女性に比べ自身のセクシャリティをより意識したのであった。〈家庭の天使〉という伝統的な女性らしさを否定し、男性が占める地位を取得しようとしていたこのような女性たちは、性的逸脱者として見られていた。さらに、同時期にダーウィンの進化論が流行していたため、女性の典型的な〈母性〉に対して疑念を持っていた〈新しい女たち〉は、文明の退化的な傾向を表す存在としてもみなされていた（Sally Ledger 2013）。また、伝統的な男女の役割に基づく社会の秩序と男性のアイデンティティを脅かしていたことで、世紀末の〈新しい女たち〉は、男性を陵辱するファム・ファタールとしても描かれた。

ロングの小説でAliceは〈家庭の天使〉の伝統的な女性らしさを体現するJewelと対置され、「新しい女」に植えつけられたネガティブなイメージが投影されている。マリ・ヨシワラ（Mari Yoshiwara 2003）が論じているように、一九世紀の植民地時代に宣教師の家族の一員、あるいは旅行者としてアジアを訪れていた西洋人の女性は、白人として支配的な立場を有し、自国で彼女たちの行動を拘束していた伝統的な社会の枠組みを脱却する機会を得ていた。このような女性と同様に、*The Fox-Woman*で来日するAliceは西洋人としての支配的な立場を利用し、彼女をしばる当時の社会的な規範を無視することができる。そのため、彼女は父親の権威を回避する。父親は、娘の自由な振る舞いを心配しながらも反対するにはあまりにも弱く、娘のわがままを受け入れてしまう。

「I am an American girl, and American girls can do everything」（私はアメリカの女の子よ、アメリカの女の子は何でもできるの〈80〉）と主張するAliceは、女性としてのエンパワーメントを求めていた世紀末のアメリカ人の〈新しい女〉の象徴であるが、同時にその〈新しい女〉に結びつけられていたファム・ファタールの恐ろしいイメージも付されている。

世紀末の悪性の女性像の他に、ロングが作品に取り入れた日本の妖狐は当時、耳目を集めていた女性の吸血鬼を連想させる。中地幸（二〇〇五）が指摘するように、吸血鬼ブームとジャポニズムの時期が重なっていたため、ロングの作品には吸血鬼の姿（または吸血鬼を彷彿させる女性像）がしばしば登場する。*The Fox-Woman*よりわずか数年前にブラム・ストーカー（Bram Stoker）の『吸血鬼ドラキュラ』（一八九七）が出版され、大衆文化に強い影響を与えた。ブラム・ダイクストラ（一九八六）が考察するように、ドラキュラの話は一九世紀後半の〈新しい女〉の出現とつながっている。

このようにストーカーの『吸血鬼ドラキュラ』は、現代的気質を持つ男たちに向けてきわめて注意深く構築された戒告的な物語であり、彼らにルーシーによって具現される「新しい女」、すなわち、女性解放論者（フェミニスト）の血への渇望に屈しないよう警告を与えている。（ダイクストラ　一九九四：五三二）

ストーカーの小説において、ドラキュラに狙われるルーシー（Lucy）は、次々と三人の男たちに求婚され、同時に三人と結婚することを妄想する女性である。彼女はヴィクトリア朝の〈家庭の天使〉とは正反対の官能的な女性で、伝統的な女性教化を批判していた一九世紀後半の〈新しい女〉を体現する。ドラキュラ伯爵の吸血行為によってルーシーの健康が衰えたことから、求婚者の三人とも彼女に輸血をするが、このシーンは血の提供者とルーシーの間の性交を象徴し、〈真の女性〉に相応しくない性行為を連想させる。また、輸血によって彼女は求婚者の男たちを衰弱させ、彼らを命の危険にさらす。社会的な秩序の回復のため、女性解放論者の恐ろしさを反映するルーシーは排除される。伯爵に吸血されたルーシーは次第に吸血鬼のような恐ろしい怪物に変わり、彼女を愛していた男に殺される。ルーシーと同じく、ドラキュラ伯爵の城に住んでいる三人の女吸血鬼もまた、男性の登場人物の支配的な立場を脅かす役割を担っている。イギリス人の弁理士ジョナサン・ハーカーはトランシルバニア地方、カルパチア山脈にあるドラキュラ伯爵を訪れる時、ルビー色の官能的な唇を持つ女吸血鬼に出会う。彼女たちはハーカーにキスをする時、自分たちの鋭い歯で彼の体を突き刺す。それによって彼に〈女性らしい〉受動的な性欲を引き起こす（Craft 1989）。

ストーカーによって描写された女吸血鬼の赤い唇は、ロングの狐女のケシ色の唇（poppy lips 287）を連想させる。また、Alice の好き勝手な振る舞いに従う Marushida の受動的な行動は、女性の吸血鬼に対するジョナサン・ハーカーの「女々しい」態度に似ている。したがって *The Fox-Woman* における〈狐女〉の描写を分析すれば、〈新しい女〉を体現していた世紀末の女吸血鬼のモチーフと人間の精神を取り憑く東アジアの妖狐のモチーフの交錯が明らかになる。*The Fox-Woman* の語り手によれば、日本の妖狐は魂を持たない美しい女吸血鬼で、女捕食者のように男の魂を喰う──「beautiful vampire who, having been given no soul, vengefully preys upon ─ devours ─ the souls of men」（9）。女吸血鬼としての妖狐のイメージは小説の第三章のタイトル「The Vampire」によって強調されている。また、狐憑きの被害者である Marushida の〈吸血鬼化〉はドラキュラの話を連想させる。ロングの小説では、〈狐女〉の悪い影響で、Marushida は吸血鬼のようになり、義父の首に噛み付いて殺すのである。

さらに、吸血鬼のモチーフと交錯することによって、ロングの〈狐女〉は一九世紀後半の米国で流布した混血への恐怖を彷彿させる。ドラキュラ伯爵は、帰国したジョナサン・ハーカーを追いかけて、「東洋」としてみなされているカルパチア山脈から西洋の文明の中心を表す英国へ移動する。そして、イギリス人の若い娘たちを狙い、ルーシーの血を吸うことで彼女を退化させ、彼女を西洋文明から離れた原初的な獣へと変えてしまう。東洋からイギリス帝国の中心へ移動してきたドラキュラ伯爵への恐怖と、一九世紀の米国に移住したアジア人がもたらしていた黄禍と混血への恐怖は同じものに根ざしている。一九世紀、新天地に夢を抱いた中国人と日本人の移民は大陸横断鉄道の労働者やプランテーション農家として米国へ渡ったが、彼らはアングロサクソン系白人の血の純度を下げる危険な存在と見なされていたのである。当時、植民地主義や優生学の影響で、白人を〈原初的な〉非白人と対比させ、人類の進化の先頭に立たせるカルチュラル・ナラティヴが構築されていた。つまり、アジア人の移民者との混血は、西洋人中心の米国文明を衰退させるとされていた。当時のメディアを通じて広まったこの偏見は、〈異人〉であるアジア人の排除によって白人社会の文化を維持し、移民の差別を正当化する「ナラティヴ・ポリティクス」[6]と関連していた。

米国文明と黄禍に関わる当時のナラティヴに照らすと、ロングの小説の〈狐女〉はアジア人との混血への恐怖をもたらす危険な存在である。Alice と Marushida の間でアメリカ人の血統を〈汚す〉ような異人種間の関係は描かれていないが、日本人芸術家を弄ぶ Alice のなまめかしい振る舞いが、混血の恐怖を呼び起こすのである。さらに、サブリミナルなレベルでは、Marushida の〈吸血鬼化〉は Alice との混血の進行を表している。だが、『吸血鬼ドラキュラ』の話とは異なり、ロングの小説において、アングロサクソン系白人の血を汚染しようとする恐ろしい怪物は西洋文明の外部から来た〈異人〉ではない。〈異人〉は日本の妖狐に見えるが、実際は西洋社会の〈内なるもの〉で、若いアメリカ人の娘である。また、この〈異人〉は神秘の東洋の怪物でありながら、世紀転換期のアメリカ人に身近な吸血鬼とファム・ファタールのモチーフを想起させた。同時に〈内なるもの〉と〈見知らぬ不思議なもの〉であるこの〈異人〉は、フロイトの「不気味さ」（unheimlich）のように違和感をもたらす。フロイトによれば、馴染みのあるものの中で隠されていた、あるいは抑圧されてきたものが突然現れると、不気味さが喚起される。同様に、内なる存在である Alice から不思議な日本の妖狐が現れることによって、ロングの描く、アメリカ社会が抑圧しようとしていた〈恐ろしい〉ものが見えてくる。それは女性の性的欲望と混血への恐れである。つまり、〈狐女〉である Alice はヴィクトリア朝の〈家庭の天使〉に相応しくない振る舞いをし、抑圧されるべき女性の〈過剰なセクシュアリティ〉の危険性を表す。そして、最も恐ろしいのは、彼女はそのセクシュアリティに振り回され、アジア人との異人種間の関係によって白人の血統を汚染する危険があることである。

だが、小説の最後では、狐が具現する〈他者性〉は排除され、社会的な秩序と伝統的な男女役割が回復される。つまり、Alice はアメリカへ帰国することになり、良妻賢母のモデルを連想させる Jewel は Marushida の元に戻る。そして、彼女は恐ろしい怪物のようになった夫を救い、再び人間の文明圏に導く。〈狐女〉と対照的な役割を果たしている Jewel は、周りの日本人にキリスト教の教えを説き（蝶々夫人のように Jewel はキリスト教に改宗したのである）、家庭で夫の心を癒す。そのため、語り手に「家庭の女神」（"household deity" 46）―いわゆる〈家庭の天使〉―に例えられる。また、彼女は〈新しい女〉を体現する Alice の有害な影響を軽減し、最後に〈狐女〉の呪いを解く。このように、ロングの小説は一九世紀後半のアメリカ社会に出現した〈新しい女〉を批判し、ジャポニズムの時期に伝統的な家父長制度を具現していた（西洋人の想像上の）日本への憧れを示す。アメリカ人の娘を妖狐として描写する *The Fox-Woman* は、アジア人との混血への恐れを反映する一方、世紀転換期のアメリカ社会の変化を批判的に表象し、〈原初的〉で、保守的な日本社会の男女役割へのノスタルジアに満ちている。

小説の結末で、Jewel の姿は秩序の回復と伝統的な女性像の勝利を象徴しているように思われる。だが、よく見れば、進歩的なアメリカ人である〈狐女〉によって、日本の家父長制度の理想郷は汚染されている。中地幸（二〇〇五）が指摘するように、Alice は当時の吸血鬼幻想を反映している上、ジョゼフ・シェリダン・レ・ファニュ（Joseph Sheridan Le Fanu）の *Carmilla*（『女吸血鬼カーミラ』、一八七二）などの文学作品にしばしば登場してきたレズビアン・ヴァンパイア（同性愛の女吸血鬼）と同類である。ロングの小説において、Alice は「おもちゃ」として Jewel を欲しがるが、彼女の表現は性的な欲望を示唆している。

Why haven't I see her before?" [⋯] Well, I want her — I must and will have her! I never wanted anything so suddenly — so badly! I want her. Where have you kept her concealed — from me? Aha! You knew I'd covet her the moment I saw her. Well, I do. [⋯] I want her for — for — well, for a — plaything. And she will like it. And she will like me. [⋯] Yes, she will like to be a plaything — like a doll — why, I'm fond of dolls yet!.（Long 1900：127–128）

なぜ今まで彼女を見なかったのか。（中略）そうだ、彼女が欲しいんだ。必ず手に入れるんだ！　こんなに急に欲しくなったものはない！　彼女が欲しい。どこに彼女を隠していたの？　見た瞬間に欲しくなることを知っていたんだね。そうだな。彼女がおもちゃとして欲しいの。そして彼女はそれが好きになるなんだ。彼女は私を好きになる。（中略）そうだ、彼女は人形のようなおもちゃになるのが好きだろう。なぜなら私はまだ人形が好きなのだ！

さらに、Jewelと一緒に住んでいる時、Aliceは彼女にアメリカ風の「キスの至福」を教え、それを習ったJewelはAliceにキスしようとする。ジャポニズム小説でよく西洋人の男性は日本女性にキスなどの西洋の習慣を教える場面が描かれているが、*The Fox-Woman*ではアメリカ人の女性が教える。これについてAliceはMarushidaに次のように語る。

I have made a complete conquest of her. She adores me. [⋯] I am teaching her Western ways. And she is stunning in them! [⋯] I have taught her the bliss of kissing. [⋯] One day she was crying a little when I came upon her. I'm afraid I hadn't been very kind to her. And she looked so like a troubled little saint — or nun or goddess — that I swooped upon her and kissed every spot I could reach. Well, behold the force of evil example! It was only a day later that I found her trying upon me

—as I slept.（Long 1900：263-264）

私は彼女を完全に征服してしまった。彼女は私を崇拝している。（中略）私は彼女に西洋のやり方を教えている。そして、彼女はそれを見事にこなしているのだ。（中略）キスすることの幸せを彼女に教えてやったんだ。（中略）ある日、彼女に出会った時、彼女は少し泣いていた。彼女は困った小さな聖人―または、尼僧か女神―のような顔をしていたので、私は彼女に飛びつき、手の届く限りのキスをした。見よ、悪い見本の力を！　その一日後、気がつくと、彼女は眠っている私にキスしようとしていたのだ。

レズビアン・ヴァンパイアの幻想を表している Alice にキスされることによって、Jewel は〈吸血鬼化〉し、抑制されていた自分のセクシュアリティに目覚める恐れがある。この〈恐ろしい可能性〉は小説の最後の場面に示されている。アメリカから帰国した Jewel と Marushida が復縁する時、彼は Jewel の手にキスをするが、彼女は積極的に情熱なキスを求める。

"Ani-san, kiss my lips," she cried. He thought he knew all the tones of her voice. But the rapture of this he had never heard. He looked unbelievingly up. "Ani-san, kiss — my — lips!"（Long 1900：308）

「アニさん、私の唇にキスして」と彼女は叫んだ。彼は彼女の声の調子をすべて知っているつもりだった。しかし、このような歓喜の声は聞いたことがない。彼は信じられずに顔を上げた。「アニさん、私の唇にキスして！」

この様子は夫を驚かせる。これまで Jewel が体現してきた伝統的な女性像に相応しくないからである。蝶々夫人のように従順な日本女性の役割を担っていたJewelは、〈狐女〉に憑かれ、過剰なセクシュアリティを持つ女吸血鬼に変わる恐れがある。ロングの小説の中で、アメリカ人女性を化かす狐は、一九世紀におけるアメリカ人女性の変化と「新しい女」の女性像に対する不安を表している。また、混血への恐怖と黄禍論をめぐる「ナラティヴ・ポリティクス」とも関連している。そのため、妖狐は排除すべき〈異人〉として描写されている。この〈異人〉は共同体の外部に押し出されても、その悪影響によって共同体の伝統的な価値観が乱される恐れがある。その結果、ロングが家父長制度の楽園として描いた理想の日本が崩れていくのである。

四　現代アジア系作家の作品における妖狐の描写の変化

一九世紀のアメリカ文学で東アジアの妖狐は排除すべきアブジェクト（悍ましい存在）として描写されたが、二〇世紀後半から、文化的、また文学的背景の変化により、東アジアの妖狐の文学的表象が変わってきた。一九七〇年代以降、アジア系アメリカ人のコミュニティは、自らのアイデンティティに対する認識を深め、文学の分野でも、*Aiiieee! An Anthology of Asian-American Writers*（1974）の出版により、認知されるようになった。アジア系アメリカ文学は、アメリカの主流派文学の規範に対抗して徐々に自己を主張し、ポストコロニアル理論と並行して、アジア文化に対する西洋の表象から脱皮し、アジア系アメリカ人のアイデンティティを多面的かつ複合的に提供できるようになったのである。アジア系アメリカ人に対する認識の変化は、明らかに、東アジアの民話に登場する妖狐の文学的表象に変化をもたらしている。二〇世紀前半、東アジアの民話の文学的翻案は、その多くが家父長制とオリエンタリズムの視点に従属するものであったが、東アジアの「狐女」の表現は、アジア系アメリカ文学の出現によってより複雑になった。現代の文学的翻案の中では、変幻自在な狐はしばしば、文化の境界を越えたアジア系アメリカ人の多面的なアイデンティティを象徴しているのである。言い換えれば、二〇世紀初頭から現代への文学的翻案の移行において、狐女の役割は大きく変化した。変幻自在な狐はもはや西洋社会を脅かし、黄禍論や混血に関する恐怖を呼び起こす異人ではなくなっている。それとは対照的に、狐は西洋の視点に疑問を投げかけ、ジェンダー、文化、民族の問題を探求する手段となっている。

この傾向はアメリカでもカナダでも見られ、ヒロミ・ゴトーやノラ・オクジャ・ケラーといったアジア系の作家が、女性の姿をした狐という東アジアのモチーフを修正している。ヒロミ・ゴトーとノラ・オクジャ・ケラーはともに、「純粋な」自伝的小説から新しいハイブリッドな文学形式へと移行しているアジア系アメリカ人とアジア系カナダ人の作家の新世代に属している。アジア系アメリカ人一世、二世の文学作品は、しばしばアジア系入植者が経験した困難を描いたり、過去の不正を記録するために歴史的事件を扱ったりしている。しかし、キングストンの画期的な小説 *The Woman Warrior*（1976）の出版以来、アジア系アメリカ人作家は、真正性の問題を超えて、ジェンダーや民族的アイデンティティに関する問題を表現するために、自分たちのコミュニティの民俗学の民俗学的モチーフを再び割り当てるようになってきている。この傾向は今も続いており、ここ数一〇年の間に、ゴトーやケラーのような作家は、歴史的あるいは自伝的事実への言及を、民話や他の文学ジャンルの要素と組み合わせてきたのである。

日系カナダ人作家のゴトーは、*Chorus of Mushrooms*（1994）、*The Kappa Child*（2001）、*The Water of Possibility*（2001）、*Hopeful Monsters*（2004）、短編小説 *Foxwife*（2004）など多くの作品の中で日本の昔話から発想を得る。例えば、*Chorus of Mushrooms* では、自伝的、歴史的要素と、「一寸法師」「うばすて山」「雪女」「シンデレラ」など、日本の昔話や西洋の童話への言及を組み合わせて再話している。この小説では、民話の再話という行為を含むストーリーテリングの概念が、多文化国家カナダにおける民族性や他者性の問題と交錯しているのである。東アジアの民話のレパートリーの要素は、ゴトーの小説 *The Kappa Child* にも登場する。この小説の主人公である若い日系カナダ人女性は、自分の胎内に河童を宿している。ゴトーは、日本の河童の伝承とヨーロッパのおとぎ話を参照しながら、幼少期の記憶を再現し、ジェンダーや民族性といった固定化された概念を超えて、自分のアイデンティティを再交渉する。(7)

河童のほかにも、ゴトーの小説に繰り返し登場する日本の民話の人物の中に、変身する妖狐がある。これは、短編小説 *Foxwife* やヤングアダルト小説 *The Water of Possibility* で中心的な役割を担っている。*Foxwife* は、「狐の嫁入り」をモチーフに、ゴシック小説、ファンタジー、メルヘンといった物語上の比喩を融合させた作品である。この作品は、地域社会から蔑まれる貧しい漁師の Yumeko と、見合いをさせられた女狐との出会いを軸に展開される。Yumeko という名前と、狐の嫁入りの行列を目撃するシーンは、黒澤明の映画『夢』（一九九〇）を想起させる。黒澤監督への言及は、冒頭のセリフにすでにあり、映画の最初の部分で母親が少年に言う警告と呼応している。

"Do not venture into the forest when the sun shines through the falling rain. This is when the kitsune hold their wedding ceremony. It would be wise not to disturb them". (Goto 1994 : 366)

「太陽が輝いていて雨が降っているときに森に入らないでください。この時、狐は結婚の儀式を行っています。邪魔をしないのが賢明です」

ゴトーの物語は、北米の日本映画ファンをターゲットにした映画の紹介から始まり、彼女の民話に触発されたフィクションに繰り返し登場する特定のモチーフとの関連で日本の狐の伝承を用いている。通常、「狐の嫁入り」をモチーフにした日本の物語は、男と狐の妻の関係を中心に展開し、男が配偶者の動物の本性を知った後、夫婦は別れるという結末で終わる。これに対し、ゴトーの物語は、若い女性と女狐が、人間と動物それぞれの社会の抑圧に対抗するために助け合うというものである。『今昔物語』などの説話集では、人間界と獣界の自然の摂理が元に戻るために、男と女狐の愛情の絆が切れることが描かれている。これに対し、*Foxwife* は、本来の物語を捻じ曲げ、ジェンダーの上下関係や社会規範に逆らうための手段として、人間と動物の女性の絆を表現している。

Yumeko は女狐の助けを借りて、社会から追放された自分の役割に抵抗し、誤って友人を死なせてしまい、地域社会から追放された過去の亡霊を克服するのである。彼女と同じように、女狐もまたコミュニティから疎外されており、彼女の失われた尻尾は、彼女が他者であることの物理的な汚名を表している。しかし、Yumeko と力を合わせることで、彼女を強制的な結婚に縛り付けた社会のルールを破ることができる。

このテキストに埋め込まれた民俗学的モチーフの分析に加えて、*Foxwife* を特定の文学ジャンルとの関連において文脈化し、東アジアの民話の翻案としての受容を論じることは重要である。*Foxwife* は Ellen Datlow と Terri Windling が編集した現代童話集 *The Faery Reel: Tales from the Twilight Realm* に収録されており、この書の序文にあるように、日本の民話は、妖精に関するヨーロッパ・アメリカの言説に組み込まれているのである。ヴィクトリア朝の作家や画家たちの妖精に対する情熱についての説明から始まり、ヴィクトリア朝時代からウォルト・ディズニーの時代まで、妖精に関する想像力がどのように変化したかを論じている。その歴史的補説として、日本の民話がヨーロッパ・アメリカの妖精物語のレパートリーに同化していることも指摘されている。したがって、ゴトーによる日本民話の再話は、アンジェラ・カーターやタニス・リーによるポストモダンでフェミニストな再話を含む、現代のおとぎ話の翻案という確立した文学カテゴリーに組み込まれている（ゴトーの物語を収録した作品集には、リーも寄稿しているのが興味深い）。さらに、ゴトーがゴシックで幻想的な日本という舞台を選んだのは、文学や映画において、おとぎ話、ゴシック・ファンタジー、ホラーというジャンルが近年融合していることが反映されている。また、ゴトーの描く女狐と女性の互恵的な関係に注目すると、従来の人間中心主義の童話に対する批判の波と呼応し、動物の視点を中心とした童話への需要の高まりに乗じている。これは、エコクリティシズムや人間・動物学が、童話研究の分野にも影響を与えつつある結果である。

ゴトーは、短編小説 *Foxwife* のほかに、日本の狐の伝説をモチーフにした *The Water of Possibility* という小説も執筆している。*The Water of Possibility* の主人公は日系カナダ人の少女サユリで、弟のケイジを助け、自分自身の恐怖を克服するために超自然的な土地（Living Earth）を探索する旅に出る。その道中、彼女は二人の友人、魔法にかけられた雌の河童 Echo と、人間の少女に変身できる若い狐 Machigai と出会う。サユリが旅する超自然的な土地には、山姥、タヌキの群落、化け猫、青い鬼など、日本の民話に出てくる登場人物が住んでいる。数々の冒険の末、サユリは悪狐の強敵「Great Uncle Mischief, the fox Patriarch」に打ち勝つことで、弟を連れて帰り、Living Earth に平和を取り戻す。この作品におけるゴトーの日本の民話へのアプローチを文脈化するためには、*The Water of Possibility* が *In the Same Boat* というYA小説のシリーズの一部であることを考慮することが重要である。このシリーズは、多様な民族的背景を持つ物語を取り上げ、少数民族の子供たちの文化的多様性を反映したオルタナティブな物語を作ろうとするものである。*The Water of Possibility* で、ゴトーは日本の民話からファンタジーの世界を作り出すことで、この問題に取り組んでいる。しかし、ゴトーは、日本の民話からモチーフを借用するだけでなく、他の文学ジャンルの要素も融合させ、再構築している。それは、日本の妖狐の描写のよい例である。悪狐の族長が、河童の兵の旗にもシンボルとして使われている魔眼で家来を操るシーンは、トールキンの『指輪物語』（*The Lord of the Ring*）のサウロンの眼の描写を想起させる。このような観点から見ると、サユリの「Living Earth」における山姥をはじめとする日本の民話の登場人物との冒険は、ホビットのフロドの中つ国「Middle-Earth」における北欧の民話に触発された登場人物との冒険と鏡のように並行している。一方、狐の族長が「Great Uncle Mischief」と呼ばれ、すべての臣下を監視し支配する能力を持つという事実は、詮索好きでどこにでもいるような視線を持つジョージ・オーウェルの「ビッグブラザー」を想起させる。ゴトーは日本の民話から啓示を得ているにもかかわらず、ここではフィクション作品を戦略的に参照することで、アジアの先祖を持たない読者にも幅広くアピールしている。

サウロンやビッグブラザーを連想すると、狐の族長がサユリの悪の敵役、怪物、暴君であり、正義が勝つためには排除されなければならないというレッテルを貼りたくなるかもしれない。しかし、物事は見た目よりも複雑である。狐は、サユリの民族的な先祖と個人的な歴史を映し出し、彼女はそれを受け入れなければならない。アルバータ州の田舎に住むサユリは、日本人の家族に対して複雑な感情を抱いている。この奇妙な冒険が終わったとき、サユリは狐の族長を殺したい衝動に駆られる。というのは、族長は自分自身と日本人の先祖の暗い側面を表しているからである。しかし、彼女は彼の命を助け、彼（そして彼女自身）に「救いのプロセス」を受けさせることにする（41章のタイトルが「A Time to Heal」であるのは、そのためである）。この「救いのプロセス」の間に、「Living Earth」の住人は戦争と暴力の影響と折り合いをつけ、悪人と被害者の区別がいかに微妙で誤解を招きやすいかを理解する。狐の族長は、自分も野心の犠牲者であったことに気づき、Great Mother タヌキがそれぞれの群落を救うのを助ける。サユリもまた、自分の心の闇と向き合い、自分自身を受け入れることから始める。このように、ゴトーの妖狐は一面的な悪のキャラクターとして表現されているのではない。その変幻自在の性質によって、善と悪の二元的な分類を免れている。それは、固定化された定義を無視し、アジア系アメリカ人の複雑なアイデンティティを反映すると同時に、ゴトーの日本の民間伝承に対する見解を反映している。岸野英実とのインタビューで、ゴトーは、日本の民話は西洋の物語よりも曖昧で一つの結果では終わらない傾向があると説明している。

Then, there will be stories like Aesop's *Fables* with these strong morality lessons at the end. They would feel so prescriptive, very controlling. Some of the ways the Japanese tales and folklore would end left me feeling unsure what the endings were, what they meant. Of course there are Japanese stories that do have lessons too, but I felt the more ambiguous ones were more resonant. There was room left to wonder and think beyond what was written or told. (Goto 2001 : 85)[(8)]

そして、イソップ童話のように、最後に強い道徳的教訓を与える物語も出てきます。そのような話は、とても規範的で、支配的に感じます。日本の物語や民話の終わり方は、その終わり方が何なのか、どういう意味なのか、よくわからないまま終わってしまうことがあります。もちろん、日本の民話にも教訓的なものはありますが、曖昧なものの方が心に響く気がします。そこには、書かれたこと、語られた以上に、不思議に思い、考える余地が残されているようです。

ゴトーの*The Water of Possibility*は、多くの日本の昔話が持つ結末がない性質を反映しており、それゆえに読者に、書かれた文章を越えたところにある現実を考えさせる。例えば、狐のサユリや怪物たちの群落が受ける救いの過程は、アジア系カナダ人、先住民、その他の民族的弱者に関連する過去の差別、暴力、歴史的トラウマを取り扱うカナダのコミュニティの尽力を想起させる。

五　ノラ・オクジャ・ケラーによる〈狐の娘〉とアジア系アメリカアイデンティティの多面性

ヒロミ・ゴトーと同様に、韓国系アメリカ人作家のノラ・オクジャ・ケラーは、東アジアの妖狐の姿を、民族的アイデンティティの問題と結びつけて用いている。国際的に高く評価された*Comfort Woman*（1997）でデビューしたケラーは、二作目の*Fox Girl*（2002）で韓国の民話の要素を取り入れている。この作品は、朝鮮戦争後の釜山と、一九六〇年代のハワイを舞台にしている。主人公のヒョンジンは、米軍基地がある釜山のアメリカン・タウンに住む「GI娼婦」の娘で、差別されている。彼女は多民族の祖先をもつことから、彼女が住むコミュニティの住民から、韓国の民話に描かれている悪い狐の娘と比べられている。

この小説では、具体的に二つの物語を参照している。「The Jewel on the Fox's Tongue」（九尾の狐）と「The Fox Girl and Her Brother」（狐の妹と三兄弟）である。前者は、九尾の狐が美女に化けて学校に忍び込み、九九人の生徒を殺し、接吻で命を奪う。一人の少年だけが、狐が舌に乗せた知識の宝石を飲み込み、生き延びることができる。少年は接吻を受けながら、狐から宝石を盗んだ者は、宝石を飲み込んだ後に天と地に視線を向ければ、天と地の両方の知恵を得ることができるという古代の信仰を思い出す。しかし、狐はあごを下げるので、地面を見ることしかできない。地上の知恵を手に入れた少年は、男たちを率いて狐の隠れ家に行き、狐を退治する。二番目に参照した物語、「The Fox Girl and Her Brother」は、金持ちの農夫が自分たちの娘に愛情を注ぐが、息子が娘は人間に化けた狐だといって追い払う話である。数年後、娘はまず家畜を食べ、次いで両親までも食べてしまう。最後に兄を食べようとするが、兄が妹を殺して村の秩序を回復させる。

Sung-Ae Lee（2009）によれば、これらの物語では、狐の娘という女性の怪異は、女性の力（危険な性欲として表現される）を抑制し、娘を息子より優遇してはいけないという家父長制社会を映し出すものであるという。狐の娘は、伝統的な女性らしさのモデルに適合していないため、否定的な存在であり、その結果、社会とジェンダーの秩序を回復するために、狐の娘は破壊されなければならないのである。ケラーは民話から発想を得ているが、それを破壊的な方法で用いている。この小説の主人公であるヒョンジンは、狐の姿と最もよく関連するキャラクターである。ヒョンジンは幼い頃、子供のいない夫婦に引き取られるが、韓国の民話に登場する狐の娘と同じように、家族にとって潜在的な危険性を持っている。父親はヒョンジンに愛情を注ぐが、母親はその乱れた出自から、この少女が家族を破滅させるのではないかと心配する。

She's no better than the fox girl in those worthless stories you forever told her. Eating up her own family.（Keller 2002 : 122）

「あの子は、あなたがずっと話してきた価値のない物語の中の狐の娘と同じよ。自分自身の家族を食い物にするの」

邪悪で強欲な妖狐と常に結びついているヒョンジンは、結局自尊心を失い、娼婦になる。しかし、実の母親であり、自らも娼婦として働くドクヒは、妖狐になることが、常に身体を搾取されるシステムの中で女性が生きていくための唯一の方法であることを教えるのである。さらに彼女は、「The Jewel on the Fox's Tongue」という物語の新しい話を彼女に教える。狐の娘は少年に奪われたものを取り戻そうとしていただけだと彼女は言う。彼女はかつて知識の宝石を持ち、それを舌の下に隠していた。彼女は若い学者が彼女にキスするのを許し、彼は知識を味わうことができたが、彼は欲張り、宝石を飲み込んでしまったのだ。そのため、狐は人間の姿になり、失われた宝石を探し続けるとのことだった。民話の新しい話を聞いたヒョンジンは、物語を語る人によって狐の表現法が異なることを知る。アメリカ人の客と韓国人の売春宿の亭主両方からたびたび虐待を受けている韓国人売春婦がいるアメリカン・タウンの厳しい現実に立ち向かうために、ヒョンジンは変身する女狐に自分を重ねることを選ぶ。

狐の変幻自在の技を駆使して、*Fox Girl* の主人公ヒョンジンは、複数のアイデンティティを持ち、アメリカの社会と韓国社会の間で自分の役割に折り合いをつけていく。彼女は妖狐として、また国境を越える者として、狐の能力を身につける。そうすることで、また一人称で自分の経験を語ることで、彼女は自分が経験する二つの社会システムの内部にある矛盾を明らかにするのである。韓国政府にとって、ヒョンジンやアメリカン・タウンに住む娼婦たちは〈大韓民国のために愛国者として働く女性たち〉である。一方、アメリカ兵との乱れた関係は、彼女たちが働いているまさにその体制の伝統的な理想を脅かすものである。韓国のGI娼婦の姿は、家父長的な女性像から逸脱し、韓国社会とアメリカの社会の間の見えない境界線に踏み込んでいるため、国家の道徳的な純粋さを脅かしているのである。しかし、このことが狐の娘の語りに現れる逆説的な側面でもある。GI娼婦を拒絶する家父長制のシステムそのものが、彼女たちの活動をルール化し、身体を操っているのである。

韓国社会の矛盾を明らかにするだけでなく、ケラーの狐の娘の語りは、アメリカン・ドリームの暗い側面を明らかにしている。それは、白人GI、黒人GI、韓国人がそれぞれ分かれて暮らすアメリカン・タウンのゲットー化した現実は、民主主義というアメリカの理想に無慈悲な光を投げかけている。異母姉のスーキーとともにハワイに不法移住した主人公は、現実が彼女の期待と異なることを知って、ナイトクラブで性奴隷として働かされることになる。アジア系アメリカ人作家の自伝的小説の多くでは、アメリカへの到着が「サクセスストーリー」のハッピーエンドを意味するが、ヒョンジンにとってアメリカは期待はずれの場所であった。

I had expected to see the ocean, trees loaded with flowers, hula dancers. What I saw was gray asphalt that steamed with heat, concrete blocks and red dirt, chicken wire and tractors […]. “This is U.S.?” Sookie whispered to me. “This is Hawai'i? Looks like another America Town to me.” Yoon heard and said, “This is America, not America Town. Here, without me, you're nothing. You could disappear, you could die, and no one would know. Officially, you don't exist.” “What's new?” I said bitterly.（Keller 2002 : 256）

海や花の咲いた木々、フラダンサーを期待していた。私が見たのは、熱で蒸れた灰色のアスファルト、コンクリートブロックと赤土、金網とトラクターだった（中略）。「これがアメリカ？」スーキーが私にささやいた。「これがハワイ？　私には別のアメリカン・タウンに見えるけど……」。ユンはそれを聞いて、「ここはアメリカだよ。アメリカン・タウンじゃない。ここでは、私がいなければ、あなたは何者でもない。姿を消しても、死んでも、誰にも気づかれない。表向きには、あなたは存在しないんだよ」と。「何が新しいの？」私は苦々しく言った。

しかし、ヒョンジンは、狐の力と語りを通して得た能動的な役割のおかげで、「The Jewel on the Fox's Tongue」を自分なりに書き直し、スーキー（アメリカ人との好都合な結婚、売春からの解放）やナイトクラブのオーナー（ホステスとしてのキャリア、自分のクラブの経営）が示唆した結論とは異なる結末を導き出すことに成功するのである。クラブを抜け出したヒョンジンは、ハワイに移住した韓国人の叔父を探すが、数年前に失踪していたことが判明する。絶望の淵に立たされた彼女は、まるで狐に化かされたかのように身を投げ出してしまう。

Eyes rolling up into my head, I dropped to all fours, ear pressed to earth, and heard the world singing like the crickets [...], of the blood in our veins, of the painting of the fox.（Keller 2002：285）

「目を丸くして四つんばいになり、耳を大地に押しつけるとそして、コオロギのように世界が歌うのを聞いた（中略）。私たちの血管に流れる血、狐の絵のことを」

この場面は、狐の幽霊が人間から狐の姿に戻る変身によって打ち負かすという、伝統的な民話の結末を想起させる。ここで、ケラーは伝統的な民話の語りを覆すため、民話を想起する。それは、この場面で、ヒョンジンの人生に前向きな展開を示すためである。実際、彼女は叔父の隣人に引き取られ、友人から預かった韓国系アメリカ人の赤ん坊ミュウミィウと一緒に、女系家族の家庭を作る。この混血児は、狐が長い間探し求めていた失われた宝石に例えられる。

Like the fox spirit–the hunter and the guardian of knowledge–this child possesses the gift of transformation.（Keller 2002：289）

「狩人であり、知識の守護者である狐の精のように、この子には変身の才能がある」

ミュウミュウは、新しい多民族で変化し続けるアメリカ人アイデンティティの象徴となり、妖狐の変幻自在の性質を映し出している。ケラーは、東アジアの狐の伝承を力強く利用することで、民族的アイデンティティを固定化された分類としてではなく、自己の流動的な認識として表現することができ、こうして変幻自在の狐の本質を映し出すことができる。

ジャンヌ・ロージア・スミス（Jeanne Rosier Smith）は、*Writing Tricksters*（1997）の中で、妖狐のような登場人物は、多くの有色人種の女性作家を魅了し、その浸透ぶりは北米における民族文学の成長と並行していることを指摘している。ゴトーとケラーは、ジェンダー、文化、アイデンティティの問題を探求するために、アジアの妖狐を利用していると言えるだろう。彼女らの小説では、変身する狐というモチーフが、文学ジャンルを分ける境界線に踏み込み、人間と動物の境界を越え、過去を創造的に再び割り当て、民族的アイデンティティの流動性を強調する魅力的な戦略を提供しているのである。

ナラティヴ・ポリティクスの視点から異人論を考えると、取り上げられたアメリカ人およびカナダ人作家の作品において、東アジアの妖狐は〈異人〉を象徴している。だが、この〈異人〉をめぐるナラティヴ・ポリティクスは、時代の変化に伴い変容してきた。小松和彦（一九八五）が指摘するように、同じ社会においても、時と場合に応じて、〈異人〉を受け入れたり、拒絶したりする。同じように、東アジアの妖狐は、一九世紀のジャポニズム小説では、混血や伝統的な男女の役割の変化に対する不安を喚起し、排除すべき〈異人〉として描かれていた。だが、二〇世紀後半以降、この妖狐に関するナラティヴが変化し、よりポジティブなイメージを持つようになった。現代社会の多様性を反映する象徴となり、特にアジア系アメリカ文学において、寛容される〈異人〉として描かれるようになったからである。異なる文化圏からアメリカ文学の領域にやってきた〈異人〉である妖狐は、西洋の支配的なマスター・ナラティヴに対抗し、ジェンダー、文化、民族に関する課題を探求する象徴的な存在へと変化してきている。

（1）キジ・ジョンソンの作品に登場する妖狐の役割は、Cardi（2020）の中で分析されている。
（2）ジャポニズム小説に関しては羽田美也子（二〇〇五）を参照されたい。

（3）詳細は辰巳遼（二〇一七）を参照されたい。
（4）詳細は Varty, Kenneth（2000）を参照されたい。
（5）注に出典を記していない場合、翻訳は筆者による。日本語訳が存在しない場合には、英語の原文と筆者による翻訳が併記されている。それによって、本章で取り上げられているロングやゴトーの作品が持つ、日本とアメリカの境界的な位置という独特の立場が一層強調されることとなる。
（6）「ナラティヴ・ポリティクス」に関しては山泰幸の序章を参照されたい。
（7）詳細は加藤（二〇一一）を参照されたい。
（8）『カナダ文学研究』二一号、日本文学会、岸野（二〇一三）、八三―八九頁。

参考文献

Auerbach, Nina　1997　*Our Vampires, Ourselves*. Chicago: University of Chicago Press.
Cardi, Luciana　2020　"A Japanese Fox in a Woman's Body: Shifting Performances of Womanhood in Kij Johnson's Reworking of Konjaku Monogatari." In Irina Holca and Carmen Tamas eds. *Forms of the Body in Contemporary Japanese Society, Literature, and Culture*. Lanham: Lexington, pp. 3-22.
Craft, Christopher　1989　"Kiss Me with Those Red Lips: Gender and Inversion in Bram Stoker's Dracula." In Elaine Showalter ed. *Speaking of Gender*. New York: Routledge, pp. 216-242.
Dijkstra, Bram　1986　*Idols of Perversity: Fantasies of Feminine Evil in Fin-de-siècle Culture*. New York: Oxford University Press.
"Fox Possession in Japan."　1900　*The Journal of American Folklore*. Vol. 13, no. 50, pp. 222-225.
Freud, Sigmund　1999　"The Uncanny." *The Standard Edition of the Complete Psychological Works of Sigmund Freud, Volume XVII* (1917-1919): *An Infantile Neurosis and Other Works*. London: Vintage, pp. 217-256 (originally published in 1919).
Goto, Hiromi　1994　*Chorus of Mushrooms*. Edmonton: NeWest.
――――　2004　"Foxwife." In Ellen Datlow and Terri Windling eds. *The Faery Reel: Tales from the Twilight Realm*. New York: Viking, pp. 367-401.
――――　2001　*The Kappa Child*. Calgary: Red Deer Press.
――――　2001　*The Water of Possibility*. Regina: Coteau Books.

Griffis, William Elliot 1876 *The Mikado's Empire*. New York: Harper & Brothers.
Hall, Stuart 1996 "Introduction: Who Needs 'Identity?'" In Stuart Hall and Paul du Gay eds. *Questions of Cultural Identity*. London: Sage Publications, pp. 1–17.
Keller, Nora Okja 1997 *Comfort Woman*. New York: Penguin.
——— 2002 *Fox Girl*. London: Marion Boyars.
Kristeva, Julia 1982 "Powers of Horror: An Essay on Abjection." *European Perspectives*. Translated by Roudiez, Leon Samuel. Columbia University Press.
Ledger, Sally 1997 *The New Woman: Fiction and Feminism at the Fin the Siècle*. Manchester: Manchester University Press.
Lee, Sung-Ae, 2009 "Re-Visioning Gendered Folktales in Novels by Mia Yun and Nora Okja Keller." *Asian Ethnology*, Vol. 68, No. 1, pp. 131–150.
Long, John Luther 1900 *The Fox-Woman*. Philadelphia: J.B. Lippincott.
Smith, Jeanne Rosier 1997 *Writing Tricksters: Mythic Gambols in American Ethnic Fiction*. Berkeley: University of California Press.
Varty, Kenneth 2000 *Reynard the Fox: Social Engagement and Cultural Metamorphoses in the Beast Epic from the Middle Ages to the Present*. New York: Berghahn Books.
Yoshihara, Mari 2003 *Embracing the East*, New York: Oxford University Press.
Whitebrook, Maureen 2001 *Identity, Narrative and Politics*. London: Routledge.
Zong, In-Sob 1982 *Folk Tales from Korea*, New York and Seoul: Hollym International Corporation.

飯倉義之　二〇一五「異「人」化する妖怪言説――「正体探し」と「異界殺し」」山泰幸・小松和彦編『異人論とは何か―ストレンジャーの時代を生きる』ミネルヴァ書房、一七三―一九一頁。
石田佐恵子　二〇一五「メディアの〈共同体〉と〈他者〉表象について――アフター・テレビジョン時代に向けての覚え書き」山泰幸・小松和彦編『異人論とは何か―ストレンジャーの時代を生きる』ミネルヴァ書房、一二一―一四四頁。
加藤有佳織　二〇一一「大草原の小さなカッパ― Hiromi Goto の「現代の民話」」『慶應義塾大学日吉紀要・英語英米文学』五八号、一―一七頁。
岸野英美　二〇一三「Myths, Folk Tales, the Making of Stories: An Interview with Hiromi Goto」『カナダ文学研究』二一号、日本カナダ文学会、八三―八九頁。

クリステヴァ・ジュリア　一九八四『恐怖の権力：〈アブジェクシオン〉試論』枝川昌雄訳、法政大学出版局。
小松和彦　一九八五『異人論―民俗社会の心性』青土社。
ダイクストラ、ブラム　一九九四『倒錯の偶像―世紀末幻想としての女性悪』富士川義之［ほか］共訳、パピルス。
辰巳遼　二〇一七「メディア文化とナラティブ・アイデンティティ：文化的物語の上演とアイデンティティの生産」『国際言語文化』三号、五五―六五頁。
中地幸　二〇〇五「着物姿の女吸血鬼と世紀末の蝶々たち：John Luther Long のジャポニズム小説における日本人女性像」『都留文科大学研究紀要』六二号、六五―八四頁。
羽田美也子　二〇〇五『ジャポニズム小説の世界』彩流社。
ホール・スチュアート　二〇〇一「誰がアイデンティティを必要とするのか?」スチュアート・ホール、ポール・ドゥ・ゲイ編『カルチュラル・アイデンティティの諸問題：誰がアイデンティティを必要とするのか?』宇波彰監訳・解説、大村書店、七―三五頁。

補論一　研究ノート　「寄りもの」と異人伝承

――土佐佐賀における祭祀由来譚――

川島秀一

一　はじめに

高知県の西南部に位置する黒潮町は、二〇〇六年に幡多郡の大方町と佐賀町が合併した、人口九、三三五人（令和六年九月一日現在）の新しい町である。旧佐賀町は合併前からカツオ一本釣り漁で著名なところであり、佐賀のカツオ一本釣り船団は、一九トン以上のカツオ漁船が八隻も活躍しており、今でも県下一を誇っている。

その佐賀で、旧暦一月一五日に、通称「青峰さま」と「六神《ろくがみ》さま」と呼ばれている小さな祭祀がある。いずれも二〇名前後の佐賀の漁業者と、その婦人を中心とした祭祀者の集まりであるが、「青峰さま」は参詣に誰でも参加できるような祭祀であることに対し、「六神さま」はどちらかいえば親族を中心とした集まりが強固な祭祀である。そして、両者共に、なぜ祀り始めたのかという祭祀伝承が、磯や浜に異物や遺体が流れ着いたという出来事に絡めて語られている。「青峰さま」の場合はご神体の観音像が佐賀の鹿島に上り、「六神さま」の場合は腕のない使用人の遺体が塩屋の浜に上ったことを機縁として祀り始めたという、それぞれの伝承がある。

本稿では、これらの伝承を「寄りもの伝承」として捉え、それぞれの祭祀の具体的な状況を説明しながら、小さな集落において、どのような機縁で祭祀が始まり、定着していくかを辿ることをねらいとするものである。

二　「青峰さま」の祭祀伝承

佐賀の湾口にある鹿島に祀られている「青峰さま」は、祭祀者の家で、次のように語り伝えられている。

佐賀の明神幸広さん（昭和二三年生まれ）によると、「曽祖父の夢枕に観音様が立ち、自分が流れ着くので拾ってから祀るように」というお告げを得たという。それで、夢と同様の景色の浜を探したところ、佐賀湾の沖に浮かぶ鹿島の、外洋へ向いた浜に、竹筒の中に入っていたまま漂着していた黄金の観音様を発見した。それを、拾った場所のそばに、浜の玉砂利を敷いて祀ったのがその始まりである。

後には三重県の鳥羽市にある青峰山正福寺から勧請して「青峰さま」という呼称で祀るようになった。青峰山正福寺は、十一面観音を本尊として、相差《おうさつ》村（鳥羽市）の白浜の海からクジラの背に乗って現れた黄金仏であるという、同様の寄りもの伝説を伝えている寺院である。また、カツオ一本釣り船にとって、伊豆や焼津から高知まで、その信仰圏の広い、海上安全と漁の神様である。とくに、海上で波が荒れたときに「青い、青い」と言って青峰山にお願いすると、すぐ凪になってくるという言い伝えもある。白い波頭が消えて青い波だけになることが、凪のしるしだからと、幸広さんが話してくれた。筆者もかつて、この呪《まじな》いの言葉を、宮城県気仙沼市の大島で、和船時代からのカツオ一本釣り漁の体験のある村上清太郎翁（明治二六年生まれ）からもお聞きしているから、信仰圏は三陸沿岸まで広がるだろう。

土佐佐賀の「青峰さま」の祭祀は、明神幸広家の親戚を中心とするが、参詣しにくる人々も拒まず、かつては「大きな船」（近海カツオ一本釣り船）の関係者も、よくお参りにきたという。

三　二〇一三年の縁日

佐賀の「青峰さま」のご縁日は、毎年の旧暦の一月一五日であるが、二〇一三年は新暦の二月二四日であった。

写真１　参詣した漁師たちは持ちよった青い旗を祠の上の木につるす（2013. 2. 24）

写真２　女性たちの長い祈りの脇で、男たちは早くも宴会を始めた（2013. 2. 24）

このときの縁日の様子を記しておきたい。

　当日は朝からおだやかな日和であった。参詣人は筆者を含めて男性が九名、女性が五名であったが、明神家の親戚が多いようであった。

　幸広さんの船である善勝丸に乗り、冬晴れの心地良い海風を船上で受けながら、すぐにも鹿島に到着した。それから足元の悪い岩場を少しだけ歩くと、沖に面して青色の小さな鳥居のある祠が現れた。祠の奥には、確かに観音様が祀られていた。

　最初に男たちが、それぞれ持参した青色の布キレを祠の上に覆いかぶさっているトベラなどの木に結び付けて奉納する（写真1）。その布キレには、サインペンで「海上安全」・「大漁満足」・「諸願成就」と、各々の船名と奉納者名、船頭名などが記されている。一人一人が観音様を拝んだ後、次には、女性たちが祈る番であるが、彼女たちは祈りの言葉が長いので、男たちは待つこともなく、宴会を始めてしまった（写真2）。

　このときに参加した幸広さんによると、「青峰さま」へ向かって手を合わせるときは、「佐賀の氏神様、鹿島神社、やおころ思いかね大神《おおがみ》さま、このところお住まいの大神さま、○○丸（祈願する自分の漁船名）、航海安全、大漁をお願いします」を唱えた後、続けて「方位の神様、私勝手の方位をお許しください」と唱えるという。

この唱え言葉に登場する「鹿島神社」とは、「青峰さま」を勧請する以前から鹿島に祀られている信仰対象で、三月三日の祭日には、佐賀にいる漁船のほとんどが、この「鹿島さん」へ参詣する。当日の漁船は大漁旗を満艦飾に上げ、島の回りを何度も巡り、参詣人は島の浜辺で飲食する日であった。常に漁師たちは、漁船の出港時に佐賀の湾内から「鹿島さん」を拝み、沖からは「青峰さま」を拝むという。以前は、「女性が鹿島に渡ると雹《ひょう》が降る」という言い伝えもあった。また、唱え言葉の中に「〇〇丸」という特定の船名を入れることから、「青峰さま」に参詣する女性たちは、船主の夫人であったり、何らかの漁船の関係者であることが多い。

彼女たちが拝んだ後に、途中から女性たちも宴会に加わった。二〇一三年の縁日の当日は、北風を除けてくれる場所に陣取ったので、陽だまりのような温かさがあり、おだやかな太平洋を望んで、すがすがしさが満ちていた。

鹿島から佐賀の町に戻ると、食堂を借りきって直会が始まった。ウツボの煮物や、朱色のアサヒガニなど、男たちが捕ってきたものが食卓に余すところなく並べられた。「佐賀のイヨメシ（魚と炊く飯）」と呼ばれる料理も出されたが、漁師たちにも人気があり、この御飯を肴にして酒を飲むという。

四　「六神さま」の祭祀伝承

一方で同じ旧暦一月一五日に、佐賀の明神という集落に祀られている「六神さま」の祭祀も行なわれている。六神様は河野・明神・浜中姓の三軒の家の者が主に祀っており、それを祀り始めた理由については、祭祀者の側では、次のように言い伝えている。

明神家の屋号は「海部屋《かいふや》」と呼ばれ、商船を所有していた。通称「六さん」は、海部屋の子飼《こがい》（使用人）であり、蜷川《になかわ》（黒潮町）出身であったが、子どもの頃から海部屋で生活していた。ある日、七～八隻はあった帆船のうちの一隻で、浪速《なにわ》の国へ松の根ッコを売りに行くときに、六さんも同乗していった。松の根はよく売れ、あるところでは、飼葉桶《かいばおけ》一つにお金をいっぱい入れてよこされた。六さんたちは、「エーッ！」と大声を出したが、向こうではお金が足りないと思って、さらに、飼葉桶一つを足した。帰路の途次、同乗の仲間たちはネコババしようとしたので、六さんは、それに反対したが、仲間に海に突き落とされてしまった。六さんは船に手をかけようとしたら、その手を切られ、さらに足をかけようとして、その足も切られて死んでしまった。その遺体は、船が佐賀に戻る前に、佐賀のヨツ湊《みなと》（ヨツの浜ともいう）に流れ着いていた。同じ子飼の兄がいたが、その兄は「わしが死んで敵を討つ」と言って、その出来事から一週間くらいで、弟の後を追ったという(1)。

その殺された男を、明神の集落に祀ったのが「六神さま」である。旧暦の一月・五月・九月の一五日が、その縁日であり、住職も招き、六神様の位牌が祀られているお堂の前に、カツオ一本釣り漁などの船主が集まり、供養をする。餅を撒くのは一月の縁日だけであるという。餅を撒く役割をするのが、祭祀者の三軒の者たちであり、餅撒きは、両手のない遺体が上がったというヨツの浜（現在は埋立地）に近い、塩屋の浜という、美しい浜で行なわれる。また、毎月の一〇日に「六神さま」の位牌と神像が祀られているお堂に、それぞれの家の者が行って、手を合わせている。

しかし、この祭祀伝承は、祭祀者ではなく、祭祀者以外の周縁に伝わっている伝承は、次のように、微妙に相違している。

昔、佐賀からカツオを釣りに行った三人の者がいたが、たいへんな漁をして、土佐清水に水揚げをして大金を得た。帰りに欲に目がくらんだ二人が、山分けをしようと企み、残りの一人の者を海に突き落とした。その男は両手で船べりをつかんで乗ろうとしたが、二人はその両手を切ってしまった。二人が佐賀の浜に戻る前に、その両手のない死体の方が先に上がっていたという話である。

この土佐清水市の出来事とされている祭祀伝承の話は、「六神さま」に結び付けない話型だけの話なら、土佐清水地方でも伝承している。土佐清水市戎町の植杉豊さん（昭和一四年生まれ）は、カツオ船に乗っていたころに、乗船していた高知県大月町小才角《こさいつの》の二神照明さん（昭和九年生まれ）から、カツオ船でいじめられて海に落とされた者が、船べりに手をかけて上ろうとしたところ、その手を切られたという世間話を伝えている。[2] おそらく、「六神さま」の祭祀伝承の周縁に、以上のような話があり、影響を相互に与えあっていたものと思われる。

　また、祭祀者である〈海部屋〉では始祖伝承も伝えており、始祖は檮原《ゆすはら》（高知県檮原町）からタバコを一服する時間に、四国山脈を越えて、太平洋側にやってきて、さらに、高知・須崎・佐賀へと三兄弟に分かれたという。「六神さま」を祀る河野・明神・浜中姓の三軒の家も、三兄弟だったという言い伝えが、さらに語られており、一説には〈海部屋〉は徳島から流れてきたとも伝えている。[3]

五　二〇一三年の正月と五月の縁日

　さて、二〇一三年の旧歴の正月一五日と五月一五日の、「六神さま」の縁日の様子を述べてみる。一月の縁日のみに行なわれる餅撒きは、まぶしいくらいの白い砂浜（塩屋の浜）に、餅撒き開始の午後一時ころには、すでに四〇人くらいの老若男女が、手に空のビニール袋を持って集まってきていた。堤防の上から下の砂浜に向かって投げる役目の人（祭祀者の者）が六人ほどいて、定刻になると、すぐにも餅がまかれた（写真3）。餅は毎年、糯米三〇キロを「投げ餅屋」に注文している。この餅撒きは以前には行なわれていなかったといい、昭和四〇年頃から組み入れた行事であるという。

　前述したように、明神集落には、「六神さま」を祀っているお堂があり、この中には「六神さま」の位牌と共に一対二体の神像も祀られている。二〇一三年六月二三日（旧暦五月一五日）は雨天だったので、位牌と神像は明神家の仏壇の前に置かれ、神像を入れている木箱の上に位牌を立てた。そこで住職と二〇名の参拝者が供養を行なった（写真4）。以前は、「太夫さん」や神主さんが供養に来ることもあったという。そのときに、位牌に向かって読み上げられるのが「六神社講中名簿」の、「船名」・「船主名」・「漁撈長名」の名前であり、明らかに漁業者中心の参拝者であることが理解される（写真5）。

写真３　「六神さま」の縁日の餅撒きは供養の意味で行なわれる（2013. 2. 24）

写真４　雨天のため家内で行われた「六神講」(2013. 6. 23)

「六神さま」の位牌には、表が種字のキリーク（千手観世音菩薩）の下に「諦善海光信士」、裏は「明神功造家一族」と記してある。また、明神家で位牌から写された紙片には、「明治三十年五月朔日　俗名六蔵　五十六才　施主海部文四郎類族中　世話人明神音之助」と書かれており、「六さん」の本名が「六蔵」だったこと、祭祀伝承の出来事が明治三〇年（一八九七）であったことが分かる。ただし、六さん自身の墓は存在していない。

「六神さま」の神像は二体、向かって右側に祀られているのが「六さん」（六神さま）で、左側が祭祀伝承にあった「六さん」の兄だと伝えられている。兄弟二人の神像のうち、「六さん」の顔は怒っている表情の顔で、兄さんは優しそうな顔に彫られている（写真６）。また、六さんにはサカキを供え、兄さんにはシキビをそなえている。兄さんの方は、まだ神様になっていないからだといわれる。この神像は着物を身に付けているが、旧暦五月一五日の縁日に当たる一年に一度、着物の着せ替えを信者の女性たちが行なっている。前に着ていた着物は切り裂いて、その日の参加者に分け、それぞれの家のお守りとして渡している。たとえば、自宅の仏壇の位牌のそばに置いたり、明神家の例では、ゴルフバックにその布切れを吊るしたりしている。

船名から始まる「六神社講中名簿」に記載されている船数は一五隻、その後に「家内安全」という文字の下に七名の個人名が見える。その一五隻のうち一〇隻が「船主名」と「漁撈長名」を有する漁船であり、うち五隻の「船主名」が「明神水産」と明記され、その他の船も、近海カツオ一本釣り漁を主とする漁船である。残りの漁船などが、カツオ曳き縄漁などを主とする小型船である。「明神水産」という会社名を除く、都合二六名の講中であり、この日の参加者二〇名は、参加率が高かったことが分かる。

写真5　「六神様」の位牌の前で講中名簿が読み上げられる（2013. 6. 23）

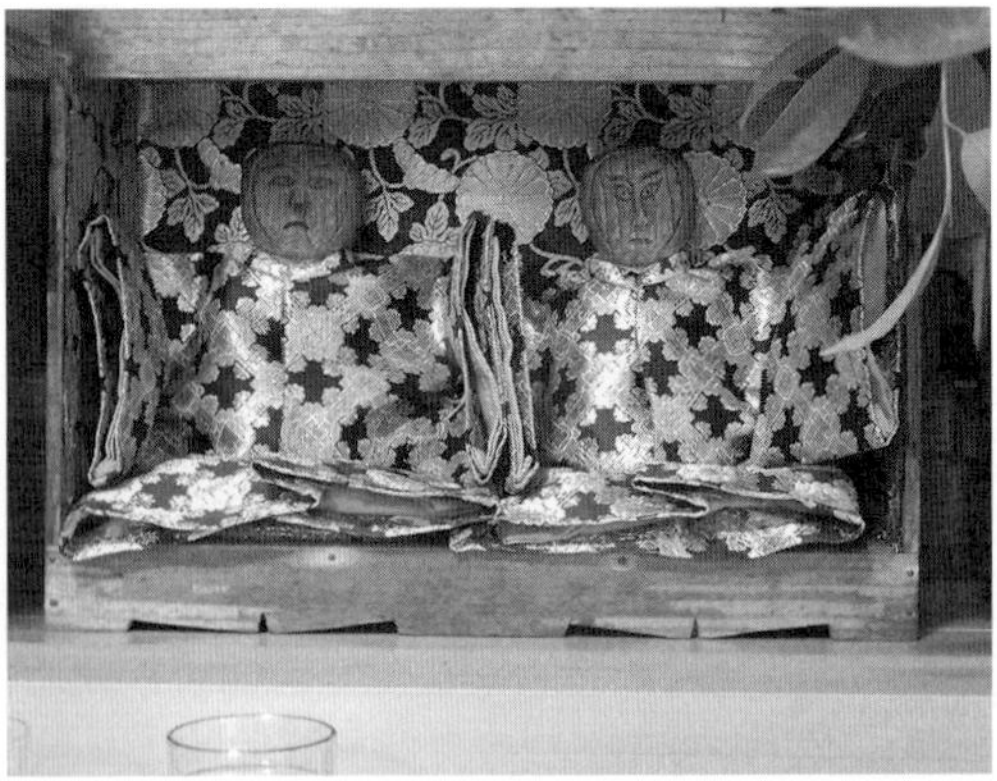

写真6　「六さん」（右）と兄の神像（2013. 6. 23）

通常の祭祀が行なわれるお堂は、ジョウのハナ（城山とも呼ばれる）と「観音様」と呼ばれる小山のあいだの谷間の、観音様のほうに祀られている。この谷は風が通り抜ける地形のところで、たとえ霧がかかったとしても、ここだけは霧がかからないので、漁業者の帰航時には船からの目印となった地点でもあった。

二〇二〇年以降の新型コロナウイルスの感染拡大のなかでは、縁日に集まることも控えていた。「人々が集まってコロナでもなったら、六さんに悪いから」というのが理由であった。縁日に人が集まらなくとも、人々の信仰の中に「六さん」という呼称と共に生きていることが分かって興味深い。

六　ロクサンとは誰か

さて、その「六さん」という呼称に関わることだが、同じ黒潮町の大方町田野浦において、次のような言葉が採録されている。「ロクサン　全国的に行なわれている呪法のようである。田野浦ではその年にロクサンの当たっている体の部分が急に痛みだした時、祈禱師にロクサンヨケの祈禱をしてもらう。昔は粉餅を幾重ねか作ったそうであるが、現在は豆腐を一ちょう買って来て病人の年令の数だけ切り、祈ってもらったらその一部分病人が食べ残りは海へあましにゆく。あましたら後をふりむかずに帰って来、途中で人に会ってもものをいってはならない。そうすると奇妙に痛みがなおるという」（浜田　一九七六：一六）。「あます」とは、高知県で、神事に関わった物を捨てるときに使われる言葉である。一方で、同じ田野浦の野村藤馬さん（一九七一年当時八二才）は、「ろくさん」とは、「おらあ、氏神様の祟りぢゃと思うちょる」と語り、年令の下の桁の数字に九を掛け、その数字を年令から差し引いた数によって、その年の体の調子悪くなるところが違うという。それを「歌」でもって覚えていて、「九がかしら、五・七の肩、六・二脇、四腸八つ股、一・三が足」と伝えている。そして、そのような体の箇所が痛くなることを「ろくさんが当っちょる」という（浜田　一九七一：一〇）。同じ黒潮町でも、佐賀には明らかにされていない「祟り」や「当たる」という内容を伴う言葉が「ろくさん」であり、固有名詞化されているわけではない。

以上のように、「六神さま」やロクサンの呼称を、全国の事例と併せてみても、おそらく「六部さん」の略称ではないかともいえる。つまり、「六部（六十六部）」という「観音様」などの像を背負って廻国をしていた宗教的職能者のことを指しており、各地に呪いなども伝えている。筆者はかつて、平野直の『すねこ・たんぽこ—南部伝承民話集』（銀河社、一九七六）という岩手県の採録資料に「ろくろく」という標題の伝説があり、「沼神の手紙」の型の本話の、主人公の童《わらわ》の名前が「ろくろく」であり、この「ろくろく」は、手紙の文字を解することができると伝えられている「六十六部」ではないかということを、述べたことがある（川島 二〇〇三：二三二）。佐賀の「六さん」も、いろいろな「知識」がある人だったという伝承もある。

佐賀の祭祀伝承に関わる話も、「六部殺し」や「船頭殺し」の世間話と、たいへん関わるような型をもっており、「六神さま」が「観音様」と呼ばれる山に祀られることにも注意をしたい。推測の域を出るものではないが、異人伝承に近い要素をもっていることだけは確かのように思われる。

写真７　大町久兵衛に関わる石碑（2013.6.23）

七　「大町さま」の盆踊り

本稿では、高知県黒潮町佐賀における、異物や遺体の海岸への寄りものによって生じた祭祀とその祭祀伝承を扱ったが、佐賀にはもう一例、「寄りもの」と関わる祭祀伝承が遺されている。

佐賀の漁港に近いところに祀られている「大町さま」と呼ばれている祠である。祠のそばには、その大町様の墓か追善供養碑と思われるものも建っていて、表には「忍誉一円大心居士」という法名が読まれ、向かって右側面は「明治廿□年未明九月□之　水主中造」、左側側面は「俗称大町久兵衛」と刻まれている（写真7）。

祠の中に掲げられている「神社牒に據る」とされる

「由緒書」には「由緒、勧請年月、縁日、沿革等未詳　古来より当村浦分崇敬神なり　土人口碑に大町九平者当浦に在勤し浦人の為に功をたてる事あり　其の霊を祭祀すと言う」とある。「沿革等未詳」とあるために、大町九平（九兵衛）[4]の「浦人の為」の功については、具体的に記することはなかった。

しかし、平成二二年（二〇一〇）に新しく「浜分　宮総代」によって同所に掲げられた「由緒書」の文面は、以下のとおりである。

古来より大町様として土佐国幡多郡佐賀村字大町に鎮座するも、由緒建立年月日等、不詳。佐賀村浦分、浜町、明神、会所三部落の住民、とりわけ漁民は崇敬神として尊ぶ。何時の頃からか、毎年八月二十四日の宵には、浜分青年団の催事で盆踊りあり。古人口伝には大町九兵衛なる人、当浦に在勤の折、多くの浦人が大水による流木を拾い藩に届けず処分した事が藩の知る所となる。其の責を取り切腹。中村よりお咎め無しの飛脚が椎の木坂迄来るも切腹の後で時すでに遅し。浦人達大町様の義に感謝し其の霊を祭祀すると共に盆踊りを催し後世に伝えると聞く。昭和五拾年頃大町埋め立ての為現在地に鎮座。此の頃より浜分宮総代、大型船主組合、三部落区長や部落民により盆踊りで霊を敬う。平成二十二年八月二十四日

最近になって掲げられた寺社の「由緒書」のほうが先よりも詳しく書かれるのは、他の土地でも同様であるが、ここで述べられている大町九兵衛の「功」とは、浦人が「寄りもの」の流木を拾ったという〈罪〉を被って切腹をしたという出来事である。「寄りもの」は誰の所有物でもないので、全国的にもその浜の者たちの共有物となることは、慣例として存在していた。この「由来書」がどれだけの創作を交えているかどうかは「口伝」と称されている以上、実証できないが、少なくとも、大町九兵衛の悲劇は、寄りものに対する慣例と藩の法令との齟齬から生じたことが理解される。同じ高知県の四万十川の伝承でも、「流木は人為では如何ともしがたい自然のありがたい贈り物」であり、「流木の立派なものは、役場へ届け出なければならなかった」が、「一年間管理して持

ち主が現れてこないときには、ひろい上げて管理をした人の所有になった」という（中平 二〇〇九：一〇）。

　また、この「由緒書」は、以前から「とりわけ漁民は崇敬神として」尊んでおり、とくに昭和五〇年頃から「大型船主組合」などが盆踊りを始めたことになっている。ちょうど佐賀でカツオ一本釣り船が活躍し始める時代である。先の「六神講」も、近海カツオ一本釣り漁を主とする漁船の船頭や漁労長を主とするものであり、おそらく、この頃に「六神講」の現在の形が整えられていったものと思われる。「青峰さま」も「六神さま」も、この「由緒書」の「浦分」（浜町、明神、会所）の人びとが祭祀の中心である。

　この大町さまの「由緒書」の内容を信じるかぎり、藩政時代の出来事である、大町様の祠の脇に建つ石碑（この碑では久兵衛）は、明治二〇年代の追善供養碑である。奉納者が「水主中造」と読めることから、当時の「水主組合」などの漁業者が関わったことも考えられる。

写真８　漁業者の参拝が多い、大町さまの縁日（2014.8.24）

写真９　カツオ船のインドネシア研修生も、盆踊りの輪の中に入る（2014.8.24）

　大町さまの盆踊りは、新型コロナウイルスの感染拡大以前には盛んであった。近海カツオ一本釣り船の船主などの参拝も絶えず（写真８）、盆の休養中の、カツオ船のインドネシア研修生なども参加している（写真9）。佐賀の鹿島神社はもちろんのこと、「青峰さま」、「六神さま」、「大町さま」などの小祠などは、漁業者の信仰に支えられて、その祭祀を継続させてきたことは確かであった。

八　おわりに

佐賀に住む人たちにとって、「大町さま」は明らかに他から来た役人であり「異人」であった。祟りの出来事さえ伝えられていないが、その悲憤慷慨の憾みを鎮めるために祀り始めたことは推定される。とくに、毎日が不漁と大漁を繰り返す漁業においては、その漁業者たちが、人知に及ばぬ世界に対して信仰を委ねることになる道筋は明らかであろう。

それでは「六神さま」の場合は「異人」であろうか。その名前の背景に「六十六部」という異人の姿が見え隠れすることは前述した。しかし、そうでなくとも、〈海部屋〉の子飼《こがい》や手間取りなどの使用人も、主家の外側から組み込まれている点においては「異人」である。安野眞幸は『下人論―中世の異人と境界』の中で、正月や盆の「藪入り」を扱いながら、「下人・奉公人が「山」の人、あるいは山の彼方の山中他界の住人と考えられていた」と述べているが（安野　一九八七）、六さんの出身地と伝えられる蜷川《になががわ》（黒潮町）も、海に近い山間集落である。その子飼いの者が手足を切られた異様な姿の遺体として、目の前の浜に流れ着いたのであるから、さらに「異人」に対する畏怖とその外部の力を吸収しようとする動きがあったことは想定できる。

浜への寄りものは、神仏であろうと遺体であろうと、共同で向き合うことには変わりがない。たとえ、それを拾った者が「青峰さま」のように一家族の者であり、「六神さま」のように〈海部屋〉を中心とする三家族であろうとも、その祭祀者を中心にした、集団で祭祀を行なっている「異人」や「異物」を、「内部世界の秩序から見た外部世界に存在する者（物）との関係性を表わす概念」（川村　一九九七：二一）として捉えるならば、民俗社会における「寄りもの」も、その本質を捉えることができるのではないだろうか。たとえば、エビス神の伝承として、古くは『源平盛衰記』の剣の巻に、蛭子は幼いとき足が立たない神様であったため、摂津の国に流され、そこで海の神様になり、西宮に祀られたといい、西宮神社は、現在のエビス信仰の総本山とされている。この題材は、三陸地方の「南部神楽」の演目にも採り上げられ、足の弱い異形な神であったために海に流され、寄りついた浜で釣漁を教えたという話になっている。

本稿では、「寄りもの」と異人伝承の関わりを、他の事例を重ね合わせながら、明確に展開できたわけではないが、一つの試みとして、高知県の黒潮町佐賀の事例を紹介することに留めておきたい。

（1）二〇一三年六月二三日、二〇二二年七月二五日、黒潮町佐賀の明神義士《よしひと》さん（昭和一三年生まれ）より聞書
（2）二〇一三年五月一七日、土佐清水市戎町の植杉豊さん（昭和一四年生まれ）より聞書
（3）注1と同じ。
（4）「久兵衛」は石碑の表記に、「九兵衛（九平）」は由緒書の表記に従った。

参考文献

安野眞幸　一九八七『下人論—中世の異人と境界』日本エディタースクール出版部。
川島秀一　二〇〇三「『遠野物語』の六部」川島秀一『憑霊の民俗』三弥井書店。
川村邦光　一九九七〔新装版〕『幻視する近代空間—迷信・病気・座敷牢、あるいは歴史の記憶』青弓社。
中平大世　二〇〇九「四万十川の民俗」『土佐民俗』第九二号（土佐民俗学会）。
浜田数義　一九七一「海村漁老聞書（10）」『土佐民俗』第二〇号（土佐民俗学会）。
浜田数義　一九七六「幡多郡大方町　田の浦民俗語彙集」『土佐民俗』第二九号（土佐民俗学会）。

第二部　フィールドから照射するナラティヴ・ポリティクス

第四章　異人から客家へ

――中国広東省の「客」をめぐるナラティヴ・ポリティクス――

河合洋尚

一　はじめに

中国では「客」と呼ばれる人々が住んでいる。中国語でも客という語は来訪者を指すことがあるが、ここでいう「客」は集団名称である。「客」とは、ある民俗社会の外に住み、言語や習慣などの異なる集団のことである。平地の人々を「主」とすると、山地などで異なる生業をしていたり、会話ができないほど異なる言葉を話したりする集団が、「客」と呼ばれる。あるいは、「客」は戸籍をもたない流浪の民であったり、遅れて移住してきたりした集団も「客」と呼ばれることがある。「客」という呼称は、中国の史料に登場するだけでなく、今の中国社会でもまだ存在している。

「客」は人間集団の名称であるが、民族ではない。一般的に民族、もしくはエスニック集団は、同質的な言語や文化をもつ人々であるとみなされる。中国では、漢族と五五の少数民族が認定されている。漢族と各少数民族は――時として分けられないこともあるが――大抵の場合、言語・文化のうえでの違いがある。さらに、漢族は全中国人口の九割以上を占める巨大な民族のため、その内部には言語や文化の異なる無数のサブ集団がいる。広東語を話す広府人、温州語を話す温州人などが、その例である。中国の民族学者である羅香林は、広府人や温州人のような漢族のサブ・エスニック集団を、かつて「民系」と定義した。だが、「客」は、一つの民族や民系に該当するわけではない。

誰が「客」であるかは相対的であり、行く先々によって異なる。たとえば、平地に住む温州人社会（「主」）にとっては山地の少数民族が「客」であり、別の地に住む広府人社会にとっては遅れて移住してきた別の漢族集団が「客」となりうる。人類学・民俗学のテクニカル・タームで表すならば、中国の「客」に最も近い概念はおそらく異人であろう。岡正雄は、自社会の外にいて畏怖や侮辱の念を抱かれる他者を、異人と呼ぶ（岡 二〇一五（一九九四）：一〇六）。中国の「客」もまた、「主」社会の外側に置かれ、時として神秘的だが時として劣った野蛮な集団とみなされてきた。岡正雄の弟子筋にあたる竹村卓二は、シェ（畲）族やヤオ（瑶）族などの山地少数民族がそのような「客」として位置づけられてきたと述べている（竹村 一九七〇：三五一―三五三）。また、筆者が主に調査をしてきた広東省では、「客」は、山や川辺などの僻地に住み、それだけに中華文明の影響をあまり受けてこなかった野蛮人であると語られることがある。歴史文献を翻しても、「客」は「けものへん」で表されるなど、畏怖や侮辱の念が込められたマイノリティとして描かれてきた[1]。

ところが、広東省の「客」は、差別や侮蔑の言葉に耐え忍んできただけの異人ではなかった。彼らの一部は、一九世紀後半から富や権力や発言力をもつようになり、「客」が野蛮な異人でないことを声高に唱えるようになった。彼らはむしろ自身が中華文明の中心地たる中原から移住した人々であり、だから先住民から「客」と呼ばれてきたのだと主張した。やがて彼らは、一九世紀後半に影響力を増した新たな異人――キリスト教宣教師――がつくりだした客家というナラティヴを借用し、その持論を強化していった。

山泰幸らが指摘するように、最近まで異人論の多くは、異人を迎える家や村落共同体に着目し、異人そのものに焦点を当てることが少なかった（山 二〇一五：二七〇―二七一；法橋 二〇一五：一〇三）。ましてや、異人が自らを語ることで社会的地位を向上させていく歴史について、正面から議論がなされてこなかったといえる。そこで、本稿は、一九世紀後半～二〇世紀前半の広東省の「客」を対象とし、彼らが中原や客家というナラティヴを用いて自らをエンパワーメントさせていく過程を論じていく。そのためのキーワードが、ナラティヴ・ポリティクスである。異人が社会的地位を向上させたり、自己／他者イメージを反転させたりする語りの戦略を、本稿ではナラティヴ・ポリティクスと呼ぶ。本稿は、とりわけ広東省東部の「客」がナラティヴ・ポリティクスを通して、野蛮な異人から華麗な中華文明の申し子（＝客家）へと自己イメージを転換させていった歴史について述べる。

二　異人としての「客」、民系としての客家——広東省を中心に

本題に入る前に、広東省における「客」と客家の違いについて整理しておく。

繰り返すと、「客」とは特定の民族・民系ではなく、異人に相当する。「客」は、場所によってはヤオ族、シェ族などの少数民族になるし、漢族の民系になることもある。二〇世紀前半、中国南部を訪れた調査者は、たびたび各地の「客」について触れてきた。彼らが描き出した「客」を総合すると、やはり一つの民族や民系には相応していない。たとえば、一九一〇年代に東亜同文書院の学生が残した記録をみると、浙江省麗水県で「客」と呼ばれていた集団は、今でいうシェ族である（東亜同文書院九期生　一九一二：三六五—三六六）。一九二〇年代に東京帝国大学の教授であった服部宇之吉が紹介した「客」は、水上居民（かつては蛋民と呼ばれた）に相当する（服部　一九二六：一二三）。また、一九三〇年代には、陳潜玉という調査員が広東省西部の湛江エリアを調査し、ここで「客語」と呼ばれているのは広東語であると述べている（陳　一九三九：一二）。[2]

同様の事例は、二一世紀に入っても枚挙に暇がない。筆者は、二〇〇八年一月に横浜中華街で広東省中部の中山市から移住した高齢者女性にインタヴューをしたことがある。話のなかで彼女はしばしば「客」について語っていたが、その内実は——服部宇之吉と同じく——水上居民であった。また、二〇一二年三月に筆者が広東省西部の湛江エリアでフィールドワークを実施したとき、広東語話者である広府人や閩南語（福建省南部方言）話者である閩南人が「客」とみなされていた。他方で、湛江エリアでは、言語学的に客家語と分類される言語を話す集団がいたが、彼らは「客」ではなく「艾人」と呼ばれていた。

「客」と客家の関係は複雑であり、これまで多くの研究者が両者を混同してきた。前者は何度も繰り返すと、

ある民俗社会にとって「異質な」他者＝異人を指す。ただし、「客」の呼称は地域によって違っており、彼らは、「客民」、「客人」、そして「客家」と呼ばれることもある。この場合の「客家」（本稿ではカッコを付けて表す）とは、異人としての「客」を意味する。先述した浙江省麗水県のシェ族の間でも、男性は「客家」、女性は「客婆」と呼ばれていたことが記録されている。また、服部によれば、広東省の水上居民も「客家」と呼ばれることがあった（e.g. 河合 二〇一三：七―九）。

この種の「客家」は、現在一般的にイメージされる客家の肖像とかけ離れている。概説書や博物館展示の記載によると、客家とは、特殊な言語（客家語）や文化（客家文化）を共有する、漢族のサブ・エスニック集団（民系）である。客家は、シェ族やヤオ族のような少数民族には属さない。一般的な通説に基づくと、客家は次のような特色をもつ（河合 二〇二三：二二六―二二七）。

・客家の祖先は、中国北部の中原（古代王朝の所在地であり中華文明の中心地）に住む漢人であった。だが、中原における度重なる戦乱から逃れるため、特に唐代末期から中国南部へと移住した。

・南方へと移住した客家の祖先は、江西省―福建省―広東省の境界エリア（以下、交界区と呼ぶ。図1参照）に定住した。その地には、ヤオ族やシェ族の祖先にあたる先住民が居住していた。先住民にとって、中原の民は遅れてやってきた客（ゲスト）であったため、客家と呼ばれるようになった。

・客家は中原の民であったため、中原の言語と文化を継承している。だが他方で、現地の環境に適応し、先住民の女性と通婚することもあったため、独自の言語と文化を生み出した。その言語は客家語、文化は客家文化と呼ばれる。外敵から身を守るために四方を壁で囲んだ住居（円形土楼、囲屋など）などは、客家文化の代表格である。

・交界区の住民やそこからの移住者はほとんどが客家である。客家は、交界区から中国南部各地、さらには世界各地へと移住した。客家は勤勉であるため、中国国内外で多くの成功者を輩出した。客家の著名人として、洪秀全（太平天国の指導者）、鄧小平（元中国共産党最高指導者）、リー・クワンユー（シンガポールの初代首相）らがいる。

図１　中国地図と広東省、交界区

以上にみる客家は、同じ出自、言語、文化を共有する民系である。つまり、民系としての客家（本稿ではカッコを付けずに表す）は、少数民族や他の漢族集団とは明確に異なる民族カテゴリーに属している。それゆえ、少数民族や水上居民までも包括する異人としての「客家」とは、性質を異にしているのである。異人としての「客家」と民族としての客家の違いを認識することは、重要である。筆者は、貴州省や雲南省でも「客家」がいるという話をたびたび聞くが、彼らは多くの場合、民系としての客家ではない。彼らは確かに現地の人々から「客家」と呼ばれているが、交界区の出身者でもなく、客家語の話者でもなく、西南語系の漢族である。ここでいう

図2　清朝初期（17世紀後半）の潮州府地図。カッコ内は後の名称（筆者作成）

「客」は、少数民族が異人としての漢族住民を指す呼称であることが少なくない。交界区から中国の西南部に移住した人々は、逆に客家と呼ばれることなく、現地のマジョリティ集団にまぎれこんでいる[3]。

さて、ここで問題になるのは、なぜ異人としての「客家」と民系としての客家が混同される状況が生まれているかである。両者は、単に名称が同じだから混同されているだけではない。両者は時として重なり合う。現在イメージされる客家は、一部の地域の「客」をモデルにして広まっているからである。そのモデルとなったのは、広東省東部の「客」であると筆者は考えている[4]。その舞台として、明・清の時代に広東省東部に位置した潮州府に着目してみよう。

明朝から清朝初期にかけて、広東省潮州府は図2で示した諸県を管轄していた（一三六九～一七三三年）。潮州府の東側は福建省であり、西側は広東省恵州府と隣接していた。その後、一七三三年に潮州府の梅県、蕉嶺県、平遠県および恵州府の興寧県や五華県が合わさり、嘉応州として独立した（以下、嘉応州成立以前の潮州府エリアを旧潮州府と呼ぶ）。

旧潮州府は地形のうえで、平地側（南部）と山地側（北部）とに分かれる。潮州府の首府は平地側の海陽県に置かれ、相対的に平地側の方が豊かであった。注目に値するのは、平地側の人々と山地側の人々が異なる言語や文化をもっていたことである。今日の言語学上の分類に基づくと、平地側の人々の主要言語は潮州語（福建省南部方言の一派）である。他方で、山地側の人々の主要言語は客家語である。この言語分布図は二一世紀現在まで変わっていない。二〇世紀前半にこの地に足を踏み入れた宣教師チャールズ・レイによると、平地側の人々と山地側の人々は異なる集団アイデンティティをもっており、平地側の人々が山地側の人々を「客人」と呼んでいた（Rey 1937: 344-345）。つまり、平地側の潮州語話者は、自社会と言語が通じず習俗も違う山側の異人を、「客」（以下、現地の呼称に合わせて「客人」と記載）と称していたのである。潮州府では、「客人」は、異人であると同時に、今日でいう客家語の話者でもあったのである。

一九世紀前半まで、潮州府の政治・経済・文化の中心は平地側にあり、文字で地誌などを記す主体は平地の人々（以下、潮州人）にあった。それに対し、山地の「客人」は相対的に貧しく、平地民によって野蛮で教養のない集団として描かれていた。ところが、一九世紀後半になると一部の「客人」が政治・経済・文化的な力をつけ、自らを語るようになった。そして彼ら「客人」出身のエリートは、自らが薄気味悪い野蛮な異人ではなく、中原の正統な系譜を引く漢人であると声高に主張するようになったのである。そのなかで「客人」が自らの正統性を示すために新たに用いだしたナラティヴが、客家であった。

ここでいう客家とは「客人」が伝統的に育んできた異人概念ではない。彼らは、キリスト教宣教師が布教の便宜のために編み出した「民族名称としての客家（Hakka）」を、ナラティヴ・ポリティクスとして援用しはじめた。「客人」エリートによるこの動きについては第四節にまわすとして、その前に、西方から来た新たな「異人」たちがどのようにして客家の概念をつくりだしたのか、次節で述べていくことにしよう。

三　キリスト教宣教師の客家表象——民系としての客家の萌芽

中国では、すでに唐朝・元朝の時代にキリスト教宣教師が渡来している。特に明朝の後期にはイエズス会のイタリア人宣教師マテオ・リッチが北京の宮廷に入り、キリスト教だけでなく、ユークリッド幾何学などを中国に伝えた。だが、中国の民間社会においてキリスト教が広く布教されていくのは、清朝末期のことである。特に一八四二年のアヘン戦争で清朝が敗れ、香港がイギリスに割譲されると、香港とそれに隣接する広東省で数多くのキリスト教宣教師が教会を建て、民間で広く布教活動を始めた。

歴史学者である飯島典子は、広東省で布教活動をおこなったキリスト教宣教師が、アルファベットでHakka（客家）という表現を使いはじめていることに着目している。飯島によれば、その重要な役割を担ったのが、東南アジアや中国で広く布教活動をおこなったドイツ人宣教師カール・ギュツラフと、彼が中国でのキリスト教布教を支援したバーゼル・ミッション（以下、バーゼル教会）の宣教師たちであった（飯島 二〇〇七）。バーゼル教会はスイスのバーゼルを本拠地とするプロテスタントの一派であり、一八一五年に設立後、アフリカの各地やインド、東南アジア、中国などで布教活動をおこなった。香港や中国で布教を開始したのは、一九世紀半ばである。一九四七年、バーゼル教会はセオドア・ハンベルグとルドルフ・レヒラーという二人の宣教師を、最初に香港に派遣した。その後、両者は広東省で布教を開始した。

広東省は人口の九五％以上が漢族であるが、同じ漢族であってもその内部の言語、文化にはかなりの多様性がある。現在、広東省の漢族は、本地人（広府人、広東人ともいう）、潮州人（潮汕人、福佬人と呼ばれることもある）、客家の三つの民系に分類される。この三つの民系は、それぞれ広東語、潮州語、客家語を話す。その他、水上で生活を営む人々、すなわち水上居民（差別的なニュアンスを込めて蛋民と呼ばれることもあった）を第四のカテゴリーとして設ける場合もある。広東省の漢族は多くは三つの民系に現在分類されるが、実際には広東語と客家語には多様性があり、両者を明確に区別することは難しい。同じ客家語であっても互いに会話が難しいことがあれば、広東語と客家語どちらに分類されるべきか言語学の論争となる言語（恵州の水源音など）も存在している。旧潮州府の豊順県では、客家語と潮州語の双方を話せる住民が多く、文化のうえでも彼が客家に属するのか潮州人に属するのか分別が難しい。それにもかかわらず、広東省の漢族は、この三つの民系カテゴリーのいずれかに「半ば強引に」帰属させられる傾向が強い。

広東省の漢族を本地人、潮州人、客家の三つに分類する認識的思考が、いつから、どのようにして始まったかは定かではない。ただし、一九世紀半ばに広東省で布教を開始したキリスト教宣教師が、早くからこの三類型を布教の基盤としていたことは注目に値する。バーゼル教会は、一九世紀半ばには、広東省の地に本地人、潮州人、客家の区別があるという認識に基づき、ハンベルグを客家の居住地へ、レヒラーを潮州人の居住地へと送った。本地人の居住地には他の教派の宣教師がすでに布教を開始していたので、そのニッチを縫う形で客家と潮州人に狙いを定めたのであった。やがて、一九五二年にレヒラーが潮州人地域での布教活動に失敗すると、教会全体の布教対象を客家に集中させた。それにより、バーゼル教会は、いわば「客家教会」（湯 二〇〇二）へと転身していったのである。

宣教師がHakka（客家）という語をいつから使い始めたかについて、飯島は、主にエルネスト・アイテルが一八六六年一月に広東省恵州府博羅県からロンドン伝導協会に送った報告書に着目している（飯島 二〇〇七：六二―六四）。アイテルは、ドイツ出身の宣教師であり、バーゼル教会の宣教師として一八六二年に香港に派遣され、その後、香港の対岸にある広東省宝安県（現在の深圳市）の客家地域で布教をおこなった。だが、イギリス人女性との結婚をレヒラー等から反対されたためバーゼル教会を脱退し、ロンドン伝導協会へと移籍した。この報告書は、ロンドン伝導協会の一員として博羅県で布教をおこなった際に書かれたものである。

ただし、アイテルの客家をめぐる知識は、バーゼル教会に在籍していた時にすでに身に着けていたのではないかと推測される。一九五四年に刊行した著書のなかで、ハンベルグは明確に本地（Punti）と客家（Hakka）の区別について言及している（Hamberg 1854: 4）。さらにハンベルグは、バーゼル教の布教プロジェクトの一環として、客家語辞典の編纂にも着手していた。ハンベルグはその辞典編纂が完成しないまま志半ばで亡くなるが、その作業は後続の宣教師により引き継がれた。それは、紆余曲折を経た後、一九〇五年に『客英大辞典』として結実している。

さて、ここでさらに一歩踏み込んで考えたいのは、当時のキリスト教宣教師が、客家の言語や文化をどのように捉えていたかである。飯島が指摘するように、一八六〇年代に入るまでに、宣教師が客家（Hakka）という概念を使いはじめていたことは事実である。宣教師たちは、客家が言語、文化、パーソナリティのうえで同じ特徴をもつ民族であると考え、そのように記述しはじめた。ところが、すでに述べたように、同じ客家といっても実際には多様性が大きく、時として本地人や潮州人と明確に区別できないことがある。たとえば、嘉応州の客家語は、宝安県の客家語とは多少のイントネーションや語彙の違いこそあれ対話可能な範囲であるが、恵州府紫金県の客家語と意思疎通がとりにくい[5]。そのため、宣教師たちは、客家語辞典の編集にあたり、どこかの客家語を「標準的」であると定める必要に駆られていた。

歴史学者・齋藤晃による「言語の植民地化」の議論は、こうした状況を理解するための参考になる。齋藤は、南米ボリビアのイエズス会を例にとり、現地社会での布教戦略に言及している。齋藤によると、現地のアマゾン先住民社会では数多くの言語があり、それが宣教の妨げになると認識されてきた。そのため、宣教師はそのうちの一つの方言を「標準的」であると定め、現地の共通語（モホ語）をつくりだした。そして、それを布教村の学校で周囲の先住民にも教えていたのだという（齋藤　一九九七：七七、八一）。このように、キリスト教宣教師が布教の便宜のために一つの民族の共通語をつくりだしていく力学を、彼は「言語の植民地化」と呼ぶ（齋藤　二〇〇二）。

「言語の植民地化」は、多かれ少なかれ、一九世紀半ばの広東省でもキリスト教宣教師の手でも着手されていた。バーゼル教会は、広東省での布教にあたり、宝安県と嘉応州五華県で教会を建て、そこを布教ステーションとした。五華県は、他の嘉応州の諸県（興寧県、および旧潮州府の梅県、蕉嶺県、平遠県）とほぼ言語・文化のうえで共通している。また、宝県の客家には嘉応州からの移住者が少なくないこともあり、両者の客家語は対話可能な範囲にある。そのため、バーゼル教の宣教師は、まず宝安県の客家語を参考にして辞典を編纂し、さらに正統な客家語を求めて、嘉応州の首府である梅県（特に多くの華僑を輩出した梅県松口鎮）の客家語を「標準」的と定めた(6)。

次に文化、パーソナリティの側面をみていこう。キリスト教宣教師は、一九世紀後半に広東省で布教をおこなうなか、客家を野蛮で劣った異人ではなく、中原から南下してきた最も純粋な漢人であるとみなしはじめた。キリスト教宣教師は、布教にあたり現地の族譜（家系図）や口頭伝承を調べるにつれ、彼らのルーツが中華文明の中心地たる中原にあることを知った。このような経緯から、先述のアイテルは一八七三年に「客家史概略」（An Outline History of Hakka）を著し、客家中原起源説を提示した。客家中原起源説とは、客家が中原から移住した漢人であり、血縁的にも文化的にも中原の民をルーツとするという説である。

さらに、アイテルは、一八六七年に「客家の民族誌的素描」（Ethnographical Sketches of Hakka Chinese）という論文を書き、広東省の三つの漢族集団――客家、本地人、潮州人――の言語、文化、パーソナリティの特徴をそれぞれ描き出している。この論文は「客家史概略」よりも前に書かれており、しかも「民族誌」という言葉が使われている。ただし、この論考はこれまで――客家研究者の多くが歴史学者であることもあり――部分的にとりあげられるだけで、その記載内容が人類学・民族学の立場からまだ体系的に考察されていない。この論考で彼は、客家、本地人、潮州人の特徴を表1のように記している。

まず、アイテルは、客家、本地人、潮州人をサクソン人、デーン人、ノルマン人と対応させ、それぞれを一個の独立した民族とみなしている。そのうえで、この三つの民族はいずれも漢族に属すものの、文化とパーソナリティのうえで違いがみられると述べる。その詳細は表1に記載した通りであるが、このような民族特性の記述は、

表１　アイテルによる広東三大漢族集団の描写

	客　家	本地人	潮州人（福佬人）
所属民族	純粋な漢人	漢人	漢人
言語	漢語。官話に比較的近い	最も古い漢語。客家はそれを蛇語という	漢語。いくつかの語句は蛇語よりもさらに古い
経済、生業	農業に依拠しており、比較的貧しい	各種の職業に従事している	農業、漁業、商業に従事している
婚姻生活・女性の地位	女性は戸外で働く。纏足が少なく、一夫多妻制の習俗がある	纏足をし、一夫多妻制の習俗が多い。多くは家にいる	纏足をし、一夫多妻制の習俗が本地人より少ない。他は本地人と似る
嬰児殺し	あり	なし	昔はあった
宗教・信仰	祖先崇拝、社公、社母崇拝を重視。仏教が流行していない	仏教が盛んであるが、道教を信じている人もいる	仏教よりも道教が盛んで、客家が聞かない三山国王などを信仰
パーソナリティ	勤勉で、教育を重視。おしゃれをしない	女性がおしゃれだが、勉学を好まない	粗野で残忍。客家や本地人に恐れられている

出典：Eitel（1893）を参考に筆者整理

フランス・ボアズ一派の文化相対主義、特に「文化とパーソナリティ学派」を思い出さずはいられない。だが、アメリカで文化相対主義が提唱されたのは二〇世紀前半のことであり、アイテルのこの論文はそれよりもずいぶん早い。アイテルはこの論文を学術的な「民族誌」として提示し、一八七三年に故郷のトゥービンゲン大学で博士学位を取得している。このことは、キリスト教宣教師の全てが単なるデータ提供者ではなく、文化相対主義の先駆といえなくもない議論を提示していたことを示している、といえるのかもしれない。そして、アイテルの実証科学は、客家という独立した民族集団を示す根拠として、後の「客人」エリート、特に「客人」出身の民族学者へと引き継がれていくことになる（詳細は次節を参照のこと）。

もっとも当時、アイテルの客家中原起源説には全ての宣教師が賛同していたわけではない。族譜や口頭伝承のような「あてにならない」データを使用して論じたことに、疑問の声を呈する宣教師もいた。だがそれにもかかわらず、一九世紀後半から二〇世紀にかけて、アイテルの学説は、キリスト教宣教師や「客人」エリートの支持を集めるものになった（夏 二〇一一：二二）。見逃すことができないのは、当時のキリスト教宣教師が香港植民地政府と密接な関係をもっていたことである。特にレヒラーとアイテルは、香港植民地政府の責任ある職務にも就いた。民族カテゴリーとしての客家（と客家、本地人、潮州人の区別）は、一九世紀末になるまでには、香港植民地政府の統計資料でも活用されるようになっている。

このようにして、「中原にルーツをもつ最も純粋な漢人」であり「客家語と客家文化を共有する民族・民系カテゴリー」としての客家は、キリスト教宣教師が布教の便宜のためにつくりだした民族表象であった。そして、それは時が経つにつれ、政治的・学術的な権威を獲得するようになったのである。このような権威は、「客人」エリートが自らの社会的地位を高めるための、格好の「資源」でもあった。

四　「客人」の自己主張運動とナラティヴ・ポリティクス

それでは、西方の異人が民族科学の名でつくりだした客家という概念を、「客人」たちはいかにナラティヴ・ポリティクスとしてとりいれていくようになったのだろうか。管見の限りにおいて、中国の民間社会で客家という概念を最初に使いはじめたのは、広東省東部出身の「客人」エリートたちである。彼らは、一九世紀末から二〇世紀初頭にかけて客家、もしくは客家民族に相応する客族という表現を使いはじめた。ここでいう客家や客族とは、民族概念としてのそれである。彼らは、キリスト教宣教師の見解に依拠しつつ、自らが中原にルーツをもつ純粋な漢人であり、同じ言語や文化を共有する一つの民族集団であると主張しはじめた。ただし、「客人」エリートは、全くの無から民族概念としての客家を受容したわけではない。その前触れとなる動きがあった。

再度繰り返すと、「客人」とはもともと主集団にとっての異人を指しており、特定の民族に収斂されるものではない。その社会の立ち位置によって、漢人だけでなく、ヤオ族やシェ族などの少数民族も「客人」となりうる。だが、民族概念としての客家は、この集団が漢人の特定のサブ・グループ（民系）に属することを前提とする。一九世紀に入ると、広東省東部出身の一部の「客人」エリートは、自らの集団が少数民族ではなく、中原から移住したれっきとした漢人であると強く主張するようになった。また、彼らは、漢人としての民族所属を強調しただけでなく、同じ言語、文化、パーソナリティをもつ人々であると主張しはじめた。確かに中国全体を俯瞰的にみわたすと、「客人」は特定の民族に属すわけでも、共通の言語・文化をもつわけでもないが、広東省東部に限定すれば話は別である。広東省東部――特に嘉応州およびそれと隣接する大埔県、豊順県（潮州府）、和平県（恵州府）――の「客人」は、多少の違いこそあれ互いに対話可能な言語（今日でいう客家語）を話し、文化も相対的に似通っていると現地の人々により認識されている。したがって、彼らは、あくまで広東省東部の「客人」を想定したうえで、自集団間に同じ言語、文化、パーソナリティがあることを強調しはじめた。

その先駆けともいえるのが、一八一二年に、徐旭曽という人物が著した『豊湖雑記』である。徐氏は、恵州府和平県の「客人」であり、科挙に合格して進士になった後、恵州府の首府にある高等教育機関・豊湖書院で教鞭を執った。徐氏は『豊湖雑記』で、「客人」と「土人」（本地人）とは言語や習俗が異なっており、中原の民である「客人」の方がより純粋な漢人であると記した。そして、「客人」は、中原から受け継いだ言語と文化を継承する、華麗な集団であると主張した。中国語の「土人」には、「土着の」だけでなく、「遅れた」、「野暮ったい」というニュアンスが含まれている。この時期、政治・経済・文化の中心にあったのは本地人の方であり、「客人」の方が遅れた、野蛮な異人であるとみなされていた。ところが、徐旭曽は、「客人」を中原と直接的に結びつけることで、そのイメージを反転させようとしたのである（徐 二〇一一〈一八一二〉）。

徐氏の『豊湖雑記』以来、こうした記述は影を潜めた。ところが、一九世紀後半になると今度は、旧潮州府――特に大埔県と梅県――の「客人」エリートたちがそのナラティヴを継承し、「客人」こそが、正統な中原の民、最も純粋な漢人であると声高に唱えはじめた。その代表人物は、林達泉（一八二九―七八）と黄遵憲（一八四八―一九〇五）である。

林達泉と黄遵憲には、海外を経験したという共通点があった。林氏は大埔県で生まれ、台湾の知事となった人物である。彼は、「客説」という文章を著して、客家が中原にルーツをもつ漢人であることを強調した。他方で、黄遵憲は梅県で生まれ、一八七七年に中国の初代駐日大使・何如璋の右腕として日本にわたり、四年の月日を過ごした。その後、黄氏はサンフランシスコやシンガポールの総領事を歴任し、梅県に帰郷した。帰郷後、彼は日本滞在時に得た知見を活かして『日本国志』(7)を著しただけでなく、梅県の歌謡などを蒐集して「客人」と中原の間の関係性について書きしたためた。彼も「客人」が中原から移住した漢人であるとする説を支持した。初代駐日大使・何如璋も大埔県出身の「客人」で、林達泉と親交が深かった。そのため、黄遵憲は、何如璋を通して林達泉の「客人」観を受容していたともいわれる（張・謝 二〇〇〇：七九）。

一九世紀末になると、林達泉や黄遵憲のナラティヴは、旧潮州府の「客人」エリートたちにより広がりはじめた。温仲和（一八四九―一九〇四）、梁居實（一八四三―一九一二）、丘逢甲（一八六四―一九一二）らが、その主要な継承者であった。彼らは、キリスト教宣教師がつくりだした民族概念としての客家を借用しはじめた。たとえば、広東省東部の地方誌で最初に客家の概念が現れるのは、一八九八年に刊行された『光緒嘉応州志』である。この地方誌を編纂したのが、温仲和と梁居實であった。彼らは、いずれも黄遵憲と親しかった。温仲和は黄氏の友人であり、梁居實は黄氏の姻戚にあたる。他方で、丘逢甲は台湾で生まれたが、一八九五年に祖籍地である嘉応州・蕉嶺県へと渡り、後に広東省教育総会会長、広東諮議局副議長などの要職を歴任した。丘逢甲は梁居實の姻戚でもあり、一九〇五年に黄遵憲と客家研究会を組織した。この研究会に参集した「客人」エリートたちは、「客人」が中原にルーツをもつ西洋な漢人、すなわち客家であると主張した。もともと主社会からみた異人であったはずの「客人」が、民族概念としての客家にここでおきかえられていることは、注目に値する。

「客人」が野蛮で劣った異人ではなく、中原にルーツをもつ漢人＝客家であるというナラティヴは、一九一〇年代から一九三〇年代にかけて展開された客家自己主張運動の核となった。そのナラティヴは、一部の「客人」エリートの記述を超え、学界、さらには政治・軍事界を揺るがすほどの影響力をもつようになった。その大きな波は三つある。

第一の波は、一九〇七年（清・光緒三三年）、広東省中部出身の本地人・黄節（後の北京大学文学院教授）が『広東郷土地理教科書』を出版したときに起こった。黄節はこの教科書で「客家族」は漢人ではないと記したが、この文言が「客人」エリートの反感を買った。特にこれに抗議したのが、丘逢甲と彼の友人である鍾用和（一八六三―一九二三）、後に中山大学の初代学長に就任した鄒魯（一八八五―一九五四）らであった。鍾用和と鄒魯はともに大埔県の「客人」であった。それゆえ、彼らは大埔県の勧学所を起点として広東省各地の勧学所と連絡をとり、清朝政府に対して抗議の声明を出した。清朝政府はこれが民族間対立を生むことを心配し、『広東郷土地理教科書』の「客家族」に関する部分を削除させた。続いて一九一二年に梅県の「客人」エリートは『最新梅県郷土教科書』を出版し、「客人」が中原の民であり、西洋人のいう客家（漢人の一種）に相当することを公に示した。

第二の波は、一九二〇年にR・D・ウォルコットが上海商務印書館から『世界地理』英語版を刊行したときに起こった。ウォルコットは、広東省の山間部に野蛮で劣った「客」が住んでいると記述した。それに対して「客人」エリートは激怒し、広東省と上海の双方で客属大同会を組織して、これに抗議した。そのリーダー格であったのが、黄遵憲の友人であった饒芙裳（一八五四―一九四一）であった。彼らは広東省長に『世界地理』の廃刊を求め、最終的に商務印書館がこの記載を誤記として認めた。さらに、この運動の余波で、一九二一年九月には香港で「客人」たちの国際団体である旅港崇正工商総会が成立した。同会は一九二六年に香港崇正総会と改名した。この機関は、今でも世界の客家団体の中心の一つとして機能している。

第三の波が起きたのは一九三〇年である。この年、李振芳という人物が広東省政府建設庁刊行の『建設周報』に文章を寄稿し、「客家」を遅れた、野蛮な集団として記述した。これが広東省の学界、政治界、軍事界を巻き込む一大騒動へと発展した。当時の様子を記述した持田利貞（一九四四：四二）によると、大埔県出身の饒靖中という人物が広東省の実権を握っていた陳済棠将軍に手紙を送り、廃刊を要求した。すぐに陳済棠の右腕であった陳銘枢将軍が臨時会議を開き、『建設周報』の編集者を左遷するとともに、遺憾の言を述べた。これは当時の広東省の支配者たち（陳済棠と陳銘枢も「客人」出身である）が、「客人」側を支持し、「客人」が野蛮な異人ではなく正統な漢人であることを認定したことを意味する。

「客人」が中原にルーツをもつ漢人の一種であるというナラティヴは、政治運動でもちだされただけでなく、科学的にも検証されていった。この方面で最も大きな影響を及ぼしたのは、冒頭でもとりあげた民族学者・羅香林（一九〇八―一九七六）である。羅香林は、嘉応州興寧県の「客人」エリート家庭に生まれた。彼は、北京の清華大学でロシア出身の人類学者セルゲイ・シロコゴロフに師事し、人類学と歴史学を修めた後、故郷の広東省で客家の歴史と文化にまつわる研究を体系化した。羅香林が客家研究を進めるなかで依拠したのがキリスト教宣教師、特にアイテルの論考であった。羅氏は、広東省の中山大学で勤務するかたわら、客家中原起源説を確たるものにしていった。そのエッセンスは、一九三三年に彼が刊行した『客家研究導論』で顕著に表れている。羅氏の学説をまとめると次の通りである（羅香林 二〇一〇〈一九三三〉）。

・客家のルーツは中原にある。客家の祖先はもともと中原にいたが、戦乱などを避けるために五度の大移動をともなって交界区、さらに中国南部各地に移住した。

・中原から南下するなかで、客家は山地の厳しい環境に置かれ、そこで適応せざるをえなくなった。また、移住者は男性が主であったため、移住先の女性と婚姻関係を結ぶこともあった。それにより、客家は、中原の文化を継承する一方で、他の漢族集団とは異なる独自の文化も形成した。

・客家は、少数民族ではなく、中原に出自をもつ純粋な漢人である。ただし、同じ漢人といっても、本地人や潮州人とは異なる言語、文化、パーソナリティを有している。こうした独自の特色をもつ漢人のサブ集団を、民系と呼ぶ。客家は、本地人や潮州人と並ぶ民系の一つである。

これらの記載は――まだ完全にはとまではいかなくても――第二節で示した客家をめぐる今日の通説と基本的に通底していることが分かるだろう。羅香林は今日の客家をめぐる通説の基盤をつくった学者として知られており、それゆえ中国では「客家学の創始者」と呼ばれることもある。「創始者」といっても、彼の学説がアイテルらキリスト教宣教師の客家論を基盤としていることは明白である。羅氏は、広東省東部の「客」を一貫して客家と表すとともに、それを一つの民族・民系として描き出したのであった。

注目に値するのは、羅香林がこの見解に基づき、中国南部における客家の分布比率を提示していることである。羅氏によると、嘉応州やそれと隣接する大埔県、和平県などは客家がほぼ一〇〇％の人口比率を示すのに対し、広東省の中部・西部の諸県では客家が全人口の約三〇％しか占めていない。このような数値化は、「客」という集団が本来もっていた異人性からはかけ離れたものであるといえる。「客」は、主社会にとっての異人であるため、どこにでも偏在している。「客」とは誰かとは「主」社会の認識によりかわるため、それはおおよそ数値では示されうる存在ではない。だが、羅香林は、客家語を話すか否か、嘉応州から移住しているか否かなどの民族分類上の基準により客家を確定し、その人口比率をはじきだそうとした。羅香林の仕事は、異人としての「客人」を民族としての客家へと転換していく作業であったといえるかもしれない。その一方で、さまざまな文脈で「客」と呼ばれていた集団――水上居民や少数民族を含む――の存在が捨象されたのだ。

羅香林がクローズアップした民族概念としての客家は、学界だけでなく、社会的にも広く共有されていった。羅香林は民族学者であると同時に、敬虔なバーゼル教徒であり、国民党の要職にも就いた人物であった。羅香林は、羅卓英（一八八六―一九六一）など「客人」出身の国民党将校とも仲が良かったため、そうしたルーツを通じて彼の客家中原起源説が政治界と軍事界にも浸透していった。他方で、羅香林の客家中原起源説は、経済界の支持も得た。特に、シンガポールや香港で活躍し、シンガポール南洋客属総会や香港崇正総会で会長を務めた大商人・胡文虎（タイガーバーム社の創設者でミャンマー出身の「客人」）は、羅香林の学説を支持した。胡文虎は、「客」が優秀な客家民族であることを示すため、羅氏の『客家研究導論』を東南アジア各地の客家団体に販売していたという（張 二〇〇四：七五）。キリスト教宣教師から羅香林へと脈々と受け継がれてきた客家をめぐるナラティヴは、このようにして各界の人々に普及していったのである。

五　おわりに

以上にみるように、一九世紀後半から「客人」は、中原や客家と結びつけるナラティヴ・ポリティクスによって、自己の集団イメージを反転させようとした。もともと、「客」はある民俗社会（「主」となる集団）にとっての異人を指していた。実際、旧潮州府の版図において、長らく政治・経済・文化のうえでの実権を握ってきた「主」集団は平地の潮州人であり、彼らにとって山岳の民である「客人」とはすなわち異人であった(8)。しかしながら、徐旭曽、林達泉、黄遵憲のような学問的教養や政治的権威をもつようになった一部の「客人」は、それを不服とし、自らが中原出身の漢人であることを強調しはじめたのだった。そして、彼ら「客人」は遅れて広東省に移住した中原の民であるがゆえに他の先住者よりも中原の言語・文化をより色濃く継承していること、それゆえ「客人」の方が先住の「土人」よりも進んでいることを、声高に主張したのであった。

「客人」が中原出身の漢人であることを何とかして認めさせたかった人々にとって、キリスト教宣教師の客家論は強力な援軍であったにちがいない。この西方からやってきた新たな異人は、最新の民族科学をひっさげて、「客家＝漢人の系統に属する民族集団」という図式を提示した。当時の清朝人は、アヘン戦争で清朝を破った西洋の軍事力や科学技術力をみせつけられていた。また、黄遵憲が『日本国志』で述べたように、西洋文化をとりいれ明治維新を果たした隣国の日本も急速に国力を増している状況にあった(9)。こうした国際情勢から判断しても、西洋の思想や科学が当時の広東省で「先端のもの」とみなされていたことは想像に難くない。客家は、そうした先端の科学が生み出した民族概念として、特に英語を解する「客人」エリートによって領有されていったのである。

「客人」が客家の概念を受け止めたことで何が起こったかについて、これまで客家研究や中国研究でも十分に議論されてこなかった。本稿の議論をふまえると、それは次のように言うことができるであろう。すなわち、異人概念から民族概念への転換であると。何度も繰り返すと、少数民族も包括する「客」（「客人」、「客民」、「客家」）

と、漢族の一集団を指す客家とは、本来異なるカテゴリーである。だが、広東省東部という地域レベルでみていくとその限りではない。旧潮州府の潮州人や恵州府の本地人にとって、彼らは「客」であると同時に今でいう客家語集団でもあるからだ。「客」と客家のよくある混乱は、ここに起因しているのではないかと筆者は考えている[(10)]。

今日、羅香林が示した民族概念としての客家のモデルは——若干の形を変えながらも——通説として受け入れられるようになった。概説書や博物館展示では、ほぼ例外なく客家を漢族の一民系として紹介している。「客人」は、学者と政治家の二人三脚で「客」のもつ否定的なイメージを払拭し、自身を客家という漢人集団のなかに位置づけた。そのイメージは情報化社会のなかでますます肥大している。客家が独特の言語・文化をもつ漢人集団であるというナラティヴは、今や「客家風情網（Hakka Online）」のようなオンライン・コミュニティで世界中に発信されている。現地の客家たちは、自集団について語ったり儀礼を催したりするとき、ウェブ上にアクセスして客家についての「正しい」ナラティヴを学習することすらあるのだ（小林 二〇二一：八八）。

キリスト教宣教師が提示し「客人」エリートが継承した客家中原起源説は、今や政治的・学問的に「正しい」ナラティヴとしての権威をもっている。だから、それを否定しようとする者は、「間違った」知識をもつ異人として排除されうる。そうした新たな異人には、客家中原起源説に懐疑的な新手の——筆者を含む——研究者も含まれるのかもしれない。一九九〇年代半ば以降、客家中原起源説は民間の族譜や口頭伝承をそのまま事実として受け止めるなど、方法論的な問題が指摘されるようになった。なかには、客家土着起源説なる学説も生み出された。今では多くの研究者の間で、客家は太古の昔から存在してきた民族集団ではなく、キリスト教宣教師や広東省の文人が生み出してきた概念であるという学説——本稿で述べてきた筋書き——が支持されるようになっている。だが、学会の場や学術書ならまだしも、さまざまな人々が集まる場（市民講演、博物館、ウェブサイト、SNSなど）で、研究者がうっかりとこうした「異論」を述べてしまうと、不寛容時代（→序章参照）に突入した現在、批判の槍玉にあげられかねない。そのとき、情報化社会ならではの「異人殺し」がはじまる。

本稿は、筆者が研究対象とする客家の事例に特化してきたが、ここで提示した視点や議論は客家だけにとどまるものではないだろう。筆者が次なる問題として興味を抱いているのは、世界各地で異人視されてきたマイノリティ集団がどのようなナラティヴ・ポリティクスを用いてきたかである。人類学や民俗学では、伝統的に六部、座頭、山伏、巫女などが異人として挙げられてきたが（小松 二〇一五：一三）、その範疇は広義にはユダヤやジプシー（ロマ、シンティ）といった国外のエスニック・マイノリティも含まれる（法橋 二〇一五：一〇〇）。このようなエスニック・マイノリティが異人のままで甘んじることなく、ナラティヴ・ポリティクスを活用して自集団のイメージや社会的地位を反転させていく事例は、どれくらいあるのだろうか。また、客家の事例とはどのように異なっているのだろうか。異人論で異人そのものの考察が欠けてきた現状をふまえると、このような「異人の比較民族学」に新たな研究の可能性がある気がしてならない。

（1）異人は、畏怖や差別の対象となるだけでなく、神秘的、霊的な意味を与えられる点で単なる「他者」ではない。歴史文献の多くは「客」を畏怖、差別の対象として描き出しており、そこに必ずしも霊性を認めてきたわけではない。ただし、奇特な風俗・習慣があるとみなされることが多いため、ある程度は神秘的なまなざしで捉えられてきたといえるかもしれない。本稿では、かつて「客」が得体の知れぬ存在として扱われてきたことから、それを他者ではなく、異人として扱っている。

（2）東亜同文書院とは、一八九九年に中国で設立された日本の私立大学である。本部は南京に置かれたが、一九〇一年に上海に移転した。同大学では、日本人だけでなく、中国人の学生も属していた。東亜同文書院の学生は、中国国内で「大旅行」と称したフィールド実習をおこない、数多くの貴重な記録を残した。現在の愛知大学の前身である。

（3）飯島典子の論考（飯島 二〇一三）も参照いただきたい。

（4）本稿で記載している一九―二〇世紀前半の客家エスニシティの生成は、『国立民族学博物館調査報告』に投稿した中国語論文（河合 二〇一三）をベースとしている。この論文は、歴史学者である程美宝（二〇〇六）や飯島典子（二〇〇七）らの議論の路線上にあるが、従来にはない視点やデータ――「客」の位置づけやキリスト教宣教師の民族誌の再解釈など――を示している。また、この中国語論文から借用しているのは、客家エスニシティの生成にまつわる事例の部分であり、本稿は、それを異人論の視点からさらに再考している点が新しい。換言すると、従来の客家研究に対して本稿がなした新たな貢献は、異人の概念を使用したことにある。

（5）たとえば、マレーシア・サバ州の華人は、客家がマジョリティであるが、どの出身の客家も宝安客家語を話す。だから、サバ州に住む恵州府紫金県出身の客家が故郷に戻って親戚と話そうとしても、あまりの言葉の違いにほとんど会話にならないのだという。また、台湾では約一五％の人口が客家で占められているが、その内部には、四県方言、大埔方言、海陸方言などの異なる客家語の系統に分かれる。梅県など四県方言の話者は、海陸方言の話者と最初のうちは部分的にしか意思疎通ができず、一緒に暮らすうちに互いが言っていることが理解できるようになるのだという。なお、梅県方言と大埔方言の間にも違い少なくなく、台湾やサバ州ではその言語的違いから大埔出身者が客家の仲間であるとみなされていなかったと、現地で聞いたことがある。梅県方言の話者と大埔方言の話者はしばらく一緒にいれば互いに対話できるようになるのだという。

（6）宣教師ドナルド・マッキーバーは、ハンベルグが蒐集した言語データに基づいて英語―客家語辞典の編纂に従事し、一九〇五年に『客英大辞典』を刊行した。マッキーバーによると、初期のバーゼル教会の宣教師やアイテルらは宝安客家語を参考にしていたが、マッキーバーが辞典を編纂する頃には梅県松口鎮を「標準的な」客家語としてアルファベット表記にすることになっていた（MacIver 1920）。

（7）黄遵憲は、日本滞在時に多くの知識人と交流し、『日本国志』を著した。この著書は、急速な近代化を果たした日本の政治経済制度に主に注目しているが、日本人の風俗・習慣にも言及しており、一種の民俗誌といってよい内容となっている。日本では、『日本国志』は国立民族学博物館でも保管されている。なお、彼が著した『日本雑事詩』は、東洋文庫から日本語訳が刊行されている。

（8）こうした「客」への観念は、二一世紀に入っても平地の潮州語集団の間で聞かれることがある。筆者は、二〇一〇年代から潮州エリアの潮陽、普寧県で短期調査を繰り返しており、そこの潮州語話者に客家のイメージをよく尋ねているが、「山の方に住んでいて、我々とは違う客家語を話す質素な人たち」という回答が老若男女問わず帰ってくることが多い。その「質素な」という表現の裏には生活水準があまり高くないというニュアンスが含まれており、具体的には、客家は「土楼のような古い建築に住んでいる」、「客家料理を食べるが我々の潮州料理の方がおいしい」、「家庭的な潮州人女性とは異なりよく戸外で働く」という語りを今まで耳にしてきた。

（9）また、そうした劇的な発展を遂げた日本をみて、一九世紀末から二〇世紀初頭に広東省東部の「客人」のエリートが次々に留学した背景がある。彼らにとって、日本は、遠いヨーロッパよりも地理的に近く、身近に西洋科学を学べる国であった。梅県では、大きな宗族を訪問すると、祖先が日本に留学していたという話をよく聞く。

（10）とりわけ、客家研究者や中国研究者は、特定の地域や民族に限定して研究を進める傾向が強い。それゆえ、中国で広く使われている「客」が本来もつ意味を十分に検討することなく、羅香林らが提示した客家像ばかりが先走ってきた感は否めない。その反動により、一部の例外（瀬川 二〇〇六）を除き、異人として「客」を捉える視点が失われてきた。

参考文献

飯島典子　二〇〇七　『近代客家社会の形成――「他称」と「自称」のはざまで』風響社。
飯島典子・河合洋尚・小林宏至　二〇一九　『客家――歴史・文化・イメージ』現代書館。
岩本道弥（編）　二〇二〇　『方法としての〈語り〉――民俗学を超えて』ミネルヴァ書房。
岡正雄　二〇一五（一九九四）「異人その他」大林太良（編）『岡正雄論文集』岩波書店。
河合洋尚　二〇一二　「『民系』から『族群』へ――一九九〇年代以降の客家研究におけるパラダイム転換」『華僑華人研究』（日本華僑華人学会）九、一三八―一四八頁。
小林宏至　二〇二一　「「伝統文化」をめぐるメディア人類学のフィールド――中国客家社会における福建土楼を事例として」藤野陽平・奈良雅史・近藤祉秋（編）『モノとメディアの人類学』ナカニシヤ出版、七七―九四頁。
小松和彦　二〇一五　『異人論――民俗社会の心性』（第九刷）筑摩書房［初版：一九九五年］。
齋藤　晃　一九九七　「イエズス会ミッションにおける民族の創出――植民地時代の「モホ」の社会変容」『民博通信』七七：七四―九六頁。
――――　二〇〇二　「福音の言語――新大陸におけるイエズス会の言語政策」杉本良男（編）『福音と文明化の人類学的研究』（国立民族学博物館調査報告三一）、一三―五三頁。
瀬川昌久　二〇〇六　「「客」概念と「客家」――海南島儋州・臨高地区におけるエスニシティの重層構造」『中国21』二五：一三七―一五八頁。
竹村卓二　一九七〇　「客民考――東アジア民俗社会における山地生活民の社会的共生の一側面」岡正雄教授古稀記念論文集刊行委員会（編）『民族学から見た日本』河出書房新社、三四三―三七一頁。
陳　玉潜　一九三九　『廣州灣（佛國租借地）事情』朝鮮銀行調査課。
東亜同文書院第九期生　一九一二　『孤帆双蹄』東亜同文書院。
服部宇之吉　一九二六　『支那の国民性と思想』京文社。
法橋　量　二〇一五　「ドイツ民俗学における異人論」山泰幸・小松和彦（編）『異人論とは何か――ストレンジャーの時代を生きる』ミネルヴァ書房、九七―一一七頁。
持田利貞　一九四二　「客家民族の研究」『南方』四（一〇）：三九―四七頁。
山　泰幸　二〇〇八　「〈異人論〉以後の民俗学的課題」小松和彦還暦記念論集刊行会（編）『日本文化の人類学／異文化の民俗学』法藏館。
――――　二〇一五　「殺された異人の〈顔〉」山泰幸・小松和彦（編）『異人論とは何か――ストレンジャーの時代を生きる』ミネル

ヴァ書房。
Eitel, Ernest. J. 1893 Ethnographic Sketches of the Hakka Chinese. *The China Review.* 20(4): 263-267.（原版は一八六七年に『Notes and Queries on China and Japan』に一連の論文として別個で刊行）
Rey, C. 1937 *Conversations Chinoises.* Missionnaire à Swatow.
Lo, Hsiang-Lin 1963 *Hong Kong and Western Cultures.* Centre for East Asian Cultural Studies
程　美宝　二〇〇六『地域文化与国家認同——晩清以来「広東文化」観的形成』生活・読書・新知三聯書店。
飯島典子　二〇一三「開発雲南鉱山的『客話圏』江西人——以江西吉安人為中心」『国立民族学博物館研究報告』四七（二）：三一五—三三一頁。
河合洋尚　二〇一三「二戦前的客家民族理解研究」河合洋尚（編）『日本客家研究的視角与方法』社会科学文献出版社、三—一九頁。
——　二〇二三「民族科学与空間分類——関於「客人」的民族誌描述及其社会上的影響」『国立民族学博物館研究報告』四七（二）：二二三—二六四頁。
李　志剛　一九九四「香港客家教会（巴色会）之設立及其在広東与北婆羅州之伝播」謝剣・鄭赤琰（主編）『国際客家学研討会論文集』香港中文大学、二四一—二五二頁。
羅　香林　二〇一〇『客家研究導論』〔第二版〕南天書局（原版一九三三年）
湯　詠詩　二〇〇二『一個華南客家教会的研究』基督教中国文化出版社。
夏　遠鳴　二〇一一「試論『中国評論』中両篇関於客家源流的文章」『嘉応学院学報（哲学社会科学）』二九（一二）：一二〇—一二三頁。
徐　旭曽　二〇一二「豊湖雑誌」『客家研究輯刊』二期：一六二—一六三（『豊湖雑誌』の原文［一八一二］掲載）。
張　侃　二〇〇四「従社会資本到族群意識——以胡文虎与客家運動為例」『福建論壇（人文社会科学版）』一：七三—七七頁。
張応斌・謝友祥　二〇〇〇「黄遵憲的客家源流観」『汕頭大学学報（人文社会版）』一六（一）：七七—九四頁。

第五章　寛容性／非寛容性の観点からみる族譜における女性のナラティヴ

——中国の漢族社会の事例に基づいて——

韓　敏

一　はじめに

族譜における女性のナラティヴから試みる異人論の新たな研究可能性

本論文の目的は、寛容性／非寛容性の観点からみる中国の族譜における女性の表象とナラティヴを取り上げる。具体的に漢族の父系親族集団の記録文書である族譜における女性をめぐる記述に着目し、父系社会における女性の他者性およびその変化を整理し、族譜における「内なる他者」の包摂をめぐる物語の仕組みを明らかにする。

異人は、ストレンジャーと見なされ、定住民の間で、幸福をもたらすものとして歓待されると同時に、災害をよびおこすものとして畏怖され、排除される両義的存在である。世界の諸民族の間では、こうした異人観がひろく見られる（伊藤　一九八七：五〇）。例えば、「多くの社会で、女性が潜在的にこういった内側の彼らの位置を占めている。そういった『女性』を秩序から排除するメカニズムが、記号論的背景を持っている」（山口　一九七五：八二）。異人は、息の長いテーマであり、グローバル化の現代社会は、ストレンジャーの時代を生きる時代を迎えているのである（山、小松　二〇一五：三一五）。

これまでの異人論では、一般論として女性の他者性が言及されてはいるが、父系親族集団における女性の位置付けは、従来の異人論ではまだ論じられていないのが現状である。本論文は、中国の漢族の父系社会における女性の他者性を取り上げ、主流社会の道徳規範、学歴、社会進出、人口政策などの社会変化により、父系親族の記録である族譜における女性のナラティヴが非寛容性から寛容性へシフトしてきたプロセスを究明し、異人論の研究に新たな事例とともに分析の視点と枠組みの提供を試みる。

漢民族社会の親族の特徴は、強固な父系観念であり、父系祖先を同じくする者は、時には、父系出自集団――「宗族」を組織する。父系観念また父系的親族関係は、漢民族社会の政治・関係・宗教などにおいて、重要な意味をもつとされてきた。父系親族集団における女性の位置づけについての研究は、いまだに多くない。そのなか、植野は女性が介入して展開する姻戚関係に注目することで、父系関係への偏重と男性中心的視点かで行われてきたこれまでの漢族の親族・婚姻研究に対して、異論を投げかけ、新たな解釈を行った（植野 二〇〇〇）。また、瀬川（二〇二一）は、族譜を通して、歴史の中の「家族」はどこまでみえるかという問いに対して、これまでに注目されることがなかった女性のライフステージ、とりわけ寡婦になってからのステージに言及した点も興味深い（飯島 二〇二二）。中国的な家族において娘や妻は正式な構成員とはなり得ないとされるなか、寡婦としての女性は例外的に系譜上の「頂点」を代替できる存在であり、寡婦の記載により拡大家族がより描出できることを特筆する（宮内 二〇二三）。彼らの貴重な研究は、ある程度父系親族集団内部、あるいは親族集団間における女性のネットワーク作りの役割を明らかにし、族譜の記述から未亡人になった女性が家長としてそれなりの権限を有していたことを指摘した。しかし、夫の父系親族集団に婚入する女性が、外の人間として、どのような状態で夫の親族集団のメンバーとしてみなされるかについて、まだ議論する余地が残されている。本論文において、婚入する女性を父系親族集団の異人（stranger）という視点を捉え、個々の婚入女性に注目することで、これまで婚入女性を一枚岩にみなしてきた限界を克服することを試みる。また、父系親族集団以外における女性のモラル、教育水準、学位、職業、社会的ステータスなどを捉えることで、父系親族集団における婚入女性に関するナラティヴの変化を考察する。このような作業を通して、時代の変化やマスター・ナラティヴに応じて、女性をめぐる父系親族集団の新たなナラティヴを明らかにしようとする。

漢族の族譜における女性をめぐるナラティヴの寛容性について、問題意識をもつようになったきっかけは、二〇〇〇年から始めた雲南省保山市騰衝県和順郷でのフィールドワークの時であった。和順郷のインフォーマントの家で見かけた族譜は、これまでに筆者が知っていた伝統的なものとは違って、未婚女性、婚出した女性および婚入した女性も記載され、しかも彼女たちのフルネーム、大学卒以上の学歴、職歴などは、ほぼ男性と同じく、記録されている。

上記のことから、著者は、漢族の族譜における女性のナラティヴに対するこれまでのない寛容さに気付いた。雲南で観察された父系親族族譜の女性に対する寛容性という新しい特徴は、筆者が一九八九年から調査してきた安徽省北部の農村の族譜における女性の語り方とは違っていることである。安徽省北部で収集した、一九八三年編纂の李氏などの族譜において、未婚女性は、一切族譜に記載されることがなかった。また、そこに記載されている女性は、男性構成員の妻、あるいは、母として、フルネームではなく、苗字のみが記載されている。安徽省で見られた族譜は、漢族の父系出自に厳密に則した伝統的なものであり、女性を父系親族集団の内なる他者と扱った。

一方、上述したように、雲南の漢族社会には、父系出自を維持しながら、未婚女性、婚出した女性および婚入した女性について、父系親族集団の男性構成員とほぼ同等な扱いをするような包摂的で、寛容性のあるナラティヴも存在している。安徽省と雲南省で見られた女性をめぐるナラティヴの違いは、一体何を意味するのか？　筆者は、父系親族集団の記録文書における女性の表象の違いを解明するには、時代における通時的アプローチと、もっと広い地域間の比較研究の必要性を実感した。

その後、福建、河南、山東、湖南などの地域で一九九〇年代以降に編纂された族譜を収集し、父系親族の族譜における女性叙事のダイバシティに注目し、族譜の書承性の変化及び「内なる他者」の包摂をめぐる物語の仕組みを検討した。本論文は、先行研究の視点を踏まえ、複数の地域の事例（表1）の比較を通して、父系親族集団における女性構成員に関するナラティヴの伝統的書承性、時代の変化およびそのメカニズムを明らかにする。

表1　本論文における主要な族譜資料とその編纂年代

番号	地域	タイトル	年代
1	安徽省	『李氏家譜』	一九八三
2	安徽省	『宝樹堂　固鎮謝氏族譜』	二〇〇九
3	福建省	『陳埭丁氏回族宗譜』	一九九六
4	河南省	『新郷孫姓譜牒』	一九九八
5	雲南省	『和順　劉氏宗譜』	一九九二
6	雲南省	『雲南省騰衝籍尹氏族譜』	二〇〇一
7	山東省	『青島市上下崖孫氏族譜』巻一、巻二	二〇〇二
8	山東省	『孔子世家譜』	二〇〇九
9	湖南省	『韶山毛氏五修族譜』	二〇〇一

二　族譜の過去と現在

家族の系譜を、図や文書、ロープなどの形で記録することは、人類社会において普遍的な現象である。新約聖書にあるアブラハムからイエスにいたる系譜やイギリスとドイツの一六世紀の教会記録簿などがその例である。

漢字文化圏の東アジアの場合、家族の系譜を文書と図表を用いて記録する風習が極めて顕著である。多賀によれば、こうした類のものは、もともと中国に発達したものであるが、これが伝播して、ベトナム地方の家譜や朝鮮半島の族譜、あるいは沖縄群島の家譜などともなっている（多賀　一九八一：一）。

中国の族譜は宗譜、家譜とも称され、父系親族集団の歴史と系譜を記録する文書である。具体的に父系一族の由来、移動の経緯、系譜関係、墓地の分布、祠堂、輩行字（一族内部の世代序列を表わす命名法）などから成る。核心的な部分は系譜関係である。族譜は、「単なる族人の系譜関係の記録にとどまらず、族人としての資格を認め、一族全体の社会的位置を反映している」（末成　一九八七：四三二）。

中国において、族譜（譜牒）を編纂する風習は帝王諸侯の家系と事績を記録することから始まる。漢の司馬遷が『史記・太史公自序』の中で、『史記』における秦以前の帝王諸侯に関する記述は、「ほとんど彼らの譜牒を重要な参考資料にしていた（「蓋取之譜牒」）と述べている。

唐以前の中国では、官僚の登用は、世襲、推薦によるものであり、官僚の等級は門閥、家柄の上下によって決定されていた。結婚相手を選ぶ時や縁談を持ち出すときに、重要な参考事項とされていた。その家柄、由緒を明らかにするため、家族の記録、族譜が重んぜられ、貴族の間で族譜の編集が盛んにおこなわれた。各王朝も官僚選出のために、名門の宗族の系譜を考察したり、国家的な修譜を行ったりしていた。

隋朝の楊堅（文帝）による科挙制度の導入や唐代と宋代の変革により、門閥貴族が徐々に没落した。官僚登用制度は、世襲、推薦から官僚登用試験（国家公務員試験）と推薦へとシフトした。

宋代以降に新支配層となった地主や社会的地位のある官僚・知識人の間で族譜の編集が盛んになり、明代には一般庶民にまで浸透。清代において中国全土に普及するようになった。族譜編集の目的も官僚選抜のための門地分別から、族人としての資格の容認、一族の社会的地位の顕示、祖先を偲び、一族の親睦を図るところに移っている。漢字文化圏の中国、韓国、日本、ベトナムにおいて、このような一族の系譜を作る慣習が支配層だけでなく一般庶民のあいだでも見られ、現代も作られ続けている。

一方、中国においては、文化大革命のころ、族譜は封建制度の名残とみなされ、没収されたり、焼かれたりしたが、一九八四年から国の貴重な文化遺産として認められ、民間における族譜の編纂が再開されている。たとえば、孔子一族が二〇〇九年に七〇年ぶりに第五版の『孔子世家譜』を出版した（孔 二〇〇九）。二〇〇〇年の間に、孔子一族の族譜は、明代の天啓、清代の康熙、乾隆の時代と一九三八年の四回にわたって改修され、二〇〇五年には「世界最長の家系図」としてギネス世界記録に登録された。新しい『孔子世家譜』は、八〇冊、四三万ページ、約二〇〇〇万字から構成され、二〇〇万人あまりの孔氏メンバーが収録されている(1)。

現在、族譜は国史、地方史と並んで三大文献資料と見なされ、歴史学、人類学、人口学、社会学、経済学等の学界で重宝されている。

三　族譜に関するアプローチ

中国の族譜に関する先行研究は、一九二〇年代にさかのぼることができる。社会学家、民族学者の潘光旦は、「中国家譜学簡史」の中で、周代から清末までの族譜の歴史について、次のように概説した（潘 一九二九）。中国の家譜学の歴史は『周礼・春官』にさかのぼることができ、先秦、漢代まで続いた。族譜の内容は、主として専門の官吏が帝王諸侯の世系を把握するものであった。その後、魏から唐までの七〇〇年は、族譜編纂が盛んな時期である。その隆盛を生み出した主要な原因は、官僚登用において門閥が重視されたところにある。そのため、政府は、「譜官と譜局」を設けた。宋代以降、国家による族譜の編纂と管理が衰退し、族譜の編纂は、官的なものから私的なものへとかわり、またそれに伴い公開的なものから秘密的なものへ変わっていく。そのため、宋代以降の族譜は、それまでの官僚登用と婚姻関係の参考というより、「敬宗収族」という抽象的な意味へ変わる（潘 一九二九：二九六―三二五）。敬宗とは、周代に成立した宗族の組織規定である宗法を大事にする意味である。収族とは、父系親族の人々を、上から下、近から遠の順に団結させることを指す。潘氏は、また、族譜の意義について、「尊祖」、「敬宗」、「収族」、「同姓婚の回避」、「官僚の選択」、「門閥重視」、「婚姻相手の選択」の七つの機能を挙げたうえで、「敬祖」、「収族」、「門閥重視」、「婚姻相手の選択」を残しておくべきと主張した。ただし、婚姻相手を選択するときに、相手の家の政治的、社会的、経済的な地位ではなく、健全な身心、品格および一貫した品格を維持できる血筋にのっとった家柄を重視すべきであると述べた（潘 一九四七：三四三）。

潘光旦の研究は、その後の中国の族譜に関する研究に影響を与えた。その後、東洋学、人類学、歴史学、譜牒学の視点から、父系親族集団の構造、地域における族譜の分布、移民社会とエスニック集団の形成に焦点を当てた研究は、多く蓄積されている（牧野 一九三六、一九四八：多賀 一九六〇、一九八一：羅 一九七一：陳捷先 一九八四：常 一九八六、欧陽 一九九三：陳支平 一九九六：瀬川 一九九六、二〇一一：井上 二〇〇〇、二〇〇二：徐 二〇〇二など）。

たとえば、歴史学者の井上は、唐代以前の族譜を古譜、宋代以降の譜を近世譜に分類し、近世譜の目的は、「収族」にもとめられる。すなわち、族人間の協力によって、知識人を官界に送り出し、特権を獲得すれば、それはそれによって得られる利益を宗族に還元すると指摘した（井上 二〇〇二：一四〇―一四二）。

これらの研究は、中国の族譜の歴史を概観したり、ある時代の族譜、ある地域の族譜、あるいはある一族の歴史および族譜の社会的機能を検討したりするものであり、族譜を父系親族研究の延長線、あるいは中国の国家礼制に位置づけ、男性構成員を中心としたアプローチが共通して見える。そのため、上記の先行研究は、父系集団や男系出自に注目しているが、女性に焦点を当てた研究視点があまり見られない。

一方、近年、族譜における女性記述の変化を指摘した研究がようやく現れている（恵 二〇〇九、周 二〇一二：庄 二〇一五：葛、陳 二〇一九）。例えば、恵清楼は、民国時代の江蘇省、山東省、福建省の族譜において、女性の学校教育、職業および政治活動に参加したことなどが記載された点を取り上げた（恵 二〇〇九：一七四―一八七）。また、葛孝億と陳岭が、一九二〇年代の江西省吉安地域の毛氏族譜における女性に関するナラティヴの変化を指摘した。毛氏一族の四人の未婚女性が、小学校、中学校と高校を経て、国立中正大学、上海光華大学と日本の奈良女子高等師範学校で近代的教育を受けたあと、中学校、大学、出版社、教育局などの職場で教育、研究と社会活動に従事していることが記載されている。毛氏女性たちは、学業と就職を通して「良妻賢母」から「女の国民」、「新しい女性」へ変身していくのである（葛、陳 二〇一九：九二―一一二）。

周興媛が一九八〇年代以前とその以降に編纂された江西省泰和県の族譜を比較し、以前の族譜は婚入してきた女性に関して、女性の苗字、生死年、埋葬地のみ記載していたのに対し、一九八〇年代以降の族譜は、女性のフルネーム、実家の地名、年齢、学歴、卒業した学校、職業、再婚状況、顕彰状況、政治身分（共産党員かどうか）、転出した場所、民族籍なども記載されるようになっている。女性に関する記録資料が次第に詳細になりつつあると指摘している（周 二〇一二）。

また、庄莉紅は、改革開放以降の福建省において「男尊女卑」の観念が大きく変わっており、女性が族譜に記載されるようになり、男性メンバーと同様な地位を獲得し、尊敬を受けている。これは、計画出産の結果であり、社会が発展した必然的な流れでもあり、女性地位の向上の現れでもあるとしている（庄 二〇一五：五九）。

上記の研究は、江蘇省、山東省、福建省と江西省の事例を通して、近代および近年、族譜における女性記述の変化を取り上げた貴重なケーススタディではあるが、これらの変化のメカニズムを説明するための比較の視点が欠如している。本論文は、先行研究の視点を踏まえ、複数の地域の事例（表1）の比較を通して、父系親族集団における女性構成員に関するナラティヴの伝統的書承性、時代の変化および変化のメカニズムを明らかにする。

四　二〇世紀前半までの族譜における女性のナラティヴ

男性構成員に関する記録

父系血縁集団の記録文書である族譜は、基本的に男性構成員を中心として記述するものである[2]。具体的に男子構成員のフルネーム、輩行字の使用、生死年月日時刻、出身地、埋葬地、学歴（科挙試験の資格）、職歴、事蹟などがあげられる。その中で、フルネーム、輩行字の使用、出身地は、父系親族集団の構成員に対するもっとも基本的な記録の要素である。

輩行字とは、父系血縁集団内部の世代序列を表わす命名法である。輩行字の多くは儒教理念などに即した詩の形で族譜に記載され、そこから一文字ずつ各世代の名前に組み入れられる（写真1）。例えば、中華人民共和国創立者とされる毛沢東の名前を見ると、「毛」は、彼の属する父系親族集団の苗字であり、「沢」は、湖南省の韶山毛氏親族集団内部の第二〇代目を表す文字である。毛沢東が生まれたときに毛氏一族の二〇代目に当たるため、彼の名前には「沢」が使用されたわけである。

輩行字の使用は男性のみに限定されるが、少数の宗族において女性も同じ輩行字を使う、あるいは女性専用の輩行字を使用する。輩行字は宗族の世代序列を制度化すると同時に、上の世代に対する行動規範も示している。

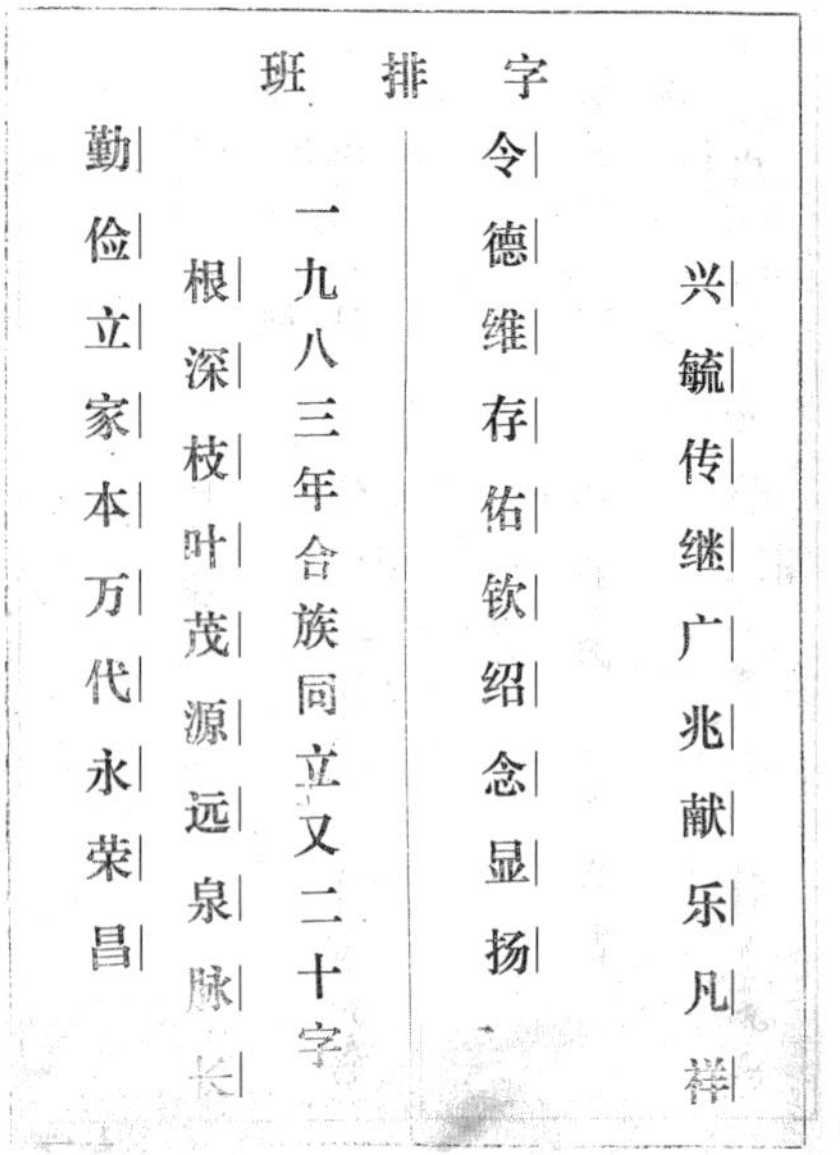

写真１　安徽省李氏の輩行字（父系血縁集団の男性構成員のみが使用するもの）二〇一九年、筆者撮影。傍線は著者による。

中国の村落は一般的に一つか複数の宗族によって構成されるため、輩行原理が血縁集団のみならず、村の秩序、さらにもっと広い範囲の人間関係にまで拡大され、応用されている。そのため中国社会では実際の年齢よりも世代序列が重視される。文化大革命のころ、宗族の存在が、「四旧」として否定された。「四旧」は「旧い思想」、「旧い文化」、「旧い風俗」と「旧い慣習」の略称である。一九六六年八月一八日に林彪が文化大革命を祝う大会において紅衛兵に対して「破四旧」を呼びかけた。のちに「破四旧」は全国で大規模な運動となり、多くの図書、絵画、族譜、骨董品、名所古跡と建築物などがそのために破壊された。そのため、多くの都市部の人は輩行字を使わなくなっているが、雲南、安徽、陝西、山東、河南、湖南、四川などの大部分の農村部では輩字が依然として使用されている。それは世代間の秩序を保つだけではなく、近親婚の回避、血縁集団への帰属意識の強化、広い範囲での父系親族ネットワークの活用などの機能も持っているからである。

女性に関する記録

伝統的族譜における女性のナラティヴは、女性のライフステージと婚姻状況に密接な関係性を持っている。それは、伝統的農耕社会において、女性は主に家庭の中で一生を送るからである。彼女たちの一生は大体、結婚する前の娘の時代、結婚後の嫁の時代、子供を生んで母となった時代と息子の嫁をもらった姑としての時代にわけることができる。父系親族集団における彼女たちのメンバーシップと地位などもこの四つの段階によって変わっていく。

未婚女性は、父の父系親族集団の構成員としてみなされないため、男の兄弟のように、父系親族集団の輩行字を使用することができず、父親の親族集団の族譜に記載されることはない。

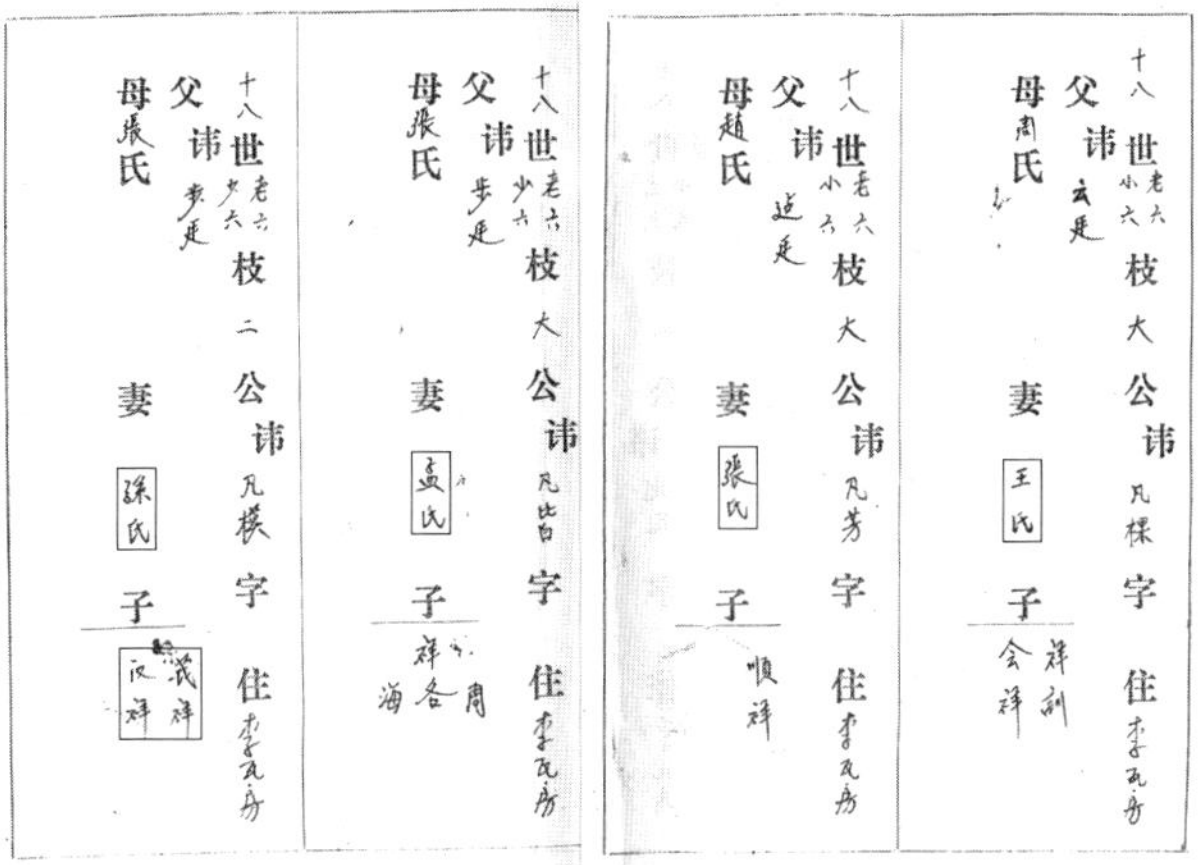

写真２　安徽省李氏族譜における男性と女性の記録
二〇一九年、筆者撮影。囲みは著者による。

たとえば、筆者が一九八九年から二〇一四年まで継続的に調査をしてきた安徽省蕭県李家楼の村の族譜において、写真2の左側にある李「凡模」という男性の下には、茂祥と漢祥の二人の息子が記載されている。実際に、茂祥と漢祥の上には、姉もいるが、しかし、その姉は、女性であるため、李氏一族の構成員と見なされず、「凡模」の娘として記載することはできない。彼女は、婚出先の夫の一族の族譜において、妻として記載されることになる。

また、写真2の左側にある「孫氏」という女性は、李氏の「凡模」の妻、茂祥と漢祥の母として、苗字のみで記録されている。「孫氏」と同じ列にある右の「孟氏」、「張氏」、「王氏」の女性たちも、同様に夫の妻、息子の母として、父の親族集団の苗字のみで、夫の一族の族譜に記載されている。彼女のたちの個人名、フルネーム、彼女たちの出身地なども記載されていない。

孫氏、孟氏、張氏と王氏のような、夫の父系親族集団に婚入してきた女性は、男児を生んでから、初めて夫の家族成員としての地位を得るようになる。家の跡継ぎを作ることは、嫁の義務とされ、この義務を果たすまでは、夫の家族員としての完全な地位を得ることができない。族譜に記載される資格があるのは、男性の妻として宗族に婚入し、母となって次世代の男性宗族成員を産んだ女性祖先である(3)。

ジェンダー規範にのっとった女性祖先のナラティヴ

上記のように、女性は通常男性構成員である夫の配偶者、息子の母として、父の姓のみで記録されるが、一方、儒教的家族規範やジェンダー規範をよく実践した女性に対し、包摂をめぐる物語の構造がみられている。

筆者が調べた福建省と山東省の族譜の中には、女性祖先を男性構成員と同じように、あるいはそれ以上に詳しく記載し、彼女たちをたたえるようなケースがいくつかあった。その際、女性が育てた複数の息子の数、息子たちの獲得した科挙合格のタイトルや官位、女性の未亡人としての年月の長さ、大家族を支える女性の道徳性と長寿などは、族譜における女性祖先を顕彰する重要な要素として見られる。

例えば、福建省の丁氏という回族の『陳埭丁氏回族宗譜』の中で、八九歳で亡くなった女性祖先の楊氏（一五五三年〜一六四一年）は、丁湛一の妻、四人の息子の母として、さらに一族の長寿の女性祖先として、その生死の年月日時刻、夫と合葬した墓の位置、享年、死後の諡号が記録されている(4)（荘景輝 一九九六：四九三(5)）。楊氏という女性祖先は、ある意味で丁氏一族の男性構成員より詳しく記述されている。それは、楊氏が、四人もの息子を育てたことにより、儒教的倫理である「伝宗接代」（一族の血筋を後代に引き継ぐ）のつとめを果たし、中国人の「多子多福」（男の子が多いほど幸福である）の理想も実現している。さらに、八九歳という長寿の人生を送り、非凡の生命力を見せたため、一族に手厚く扱われ、一族の歴史にフルネーム、生死年月日、寿命などが刻まれた。

女性祖先は、「多子多福」、長寿のみならず、王朝に手柄を立てたり、科挙試験に合格したりする息子を育成した「賢母」として、表象されることもある。例えば、丁氏一族の黄氏という女性は、「若椧」の妻、「楠」、「祚」の母として記載されるのみならず、彼女の生死年月日、寿命、「勤慈」という個人名、おくりながつけられ、生死の年月日時刻と埋葬地が詳しく族譜に記載されている。族譜における「楊勤慈」という女性祖先を記載する背景には、長男の楠の功績がある。長男の楠は、明の崇禎巳卯（一六三九年）の「武魁」[6]となり、のちに、「懐遠将軍」（明代の従三品武官）（莊景輝 一九九六：四八〇）に昇進した。そのため、このような息子を生んで、育てた母親としての「楊勤慈」は、「教子相夫（子供には良い教師であり、夫には良きサポーターであること）」という儒教的ジェンダー規範を具現化したものとして、一族の誇り、模範的な女性として記録されるようになった。

また、貞操と孝行などの儒教的ジェンダー規範を実践した女性も顕彰の対象とされ、彼女たちの美徳とその人生を称える文言が族譜に記載されるケースもみられる。山東省の『青島市上下崖孫氏族譜』（二〇〇二）には、二二歳に未亡人になり、七五歳で亡くなるまで節操を守り、孝行を行った閻氏という女性祖先を表彰したのは、その例である。孫氏族譜によれば、地域の学務と教育を担当する官僚である「学憲」が、閻氏の五三年にわたる未亡人の人生と孝行の行いを聞いて、上層部に顕彰の対象としての閻氏を推薦した。閻氏が顕彰者に判定されたあと、彼女のために、「節孝」の牌坊と「節孝」祠堂という表彰のモニュメントが建てられたことが族譜に記載されている（塩灘村孫氏編集委員会 二〇〇二：三八三九）。

上記のような女性先祖の道徳性や長寿を顕彰する事例は、筆者が調査した雲南省騰衝県和順郷でもよく見られる。インフォーマントの賈氏の母屋の入り口には、いまでも「貞寿之門（貞操を守り長寿する女性の家）」の扁額が掲げてある。清代の宣統二年（一九一二年）にインフォーマントの祖母にある賈李氏の一〇〇歳祝いに作られたものである。賈李氏は多くの和順郷の既婚女性と同じように若くして未亡人になり、以降再婚しないで、子供を育て夫の両親を扶養していた。また、別の家の母屋の入口にも「節寿双高」の扁額があって、女性としての貞操を堅く守り長寿した女性のために作られたものである。扁額の「節寿双高」の四文字は、雲南省騰衝県出身で、清王朝の打倒を主旨とする同盟会の会員であり、雲南の辛亥革命を指導した将軍でもあった李根源（一八七九～一九六五）の自筆である（韓 二〇〇六：八三―一一四）。

男性優位の漢族社会では、女性祖先の長寿とその美徳が家の風格のシンボルとして表象されるが、それは女性祖先の人格的な道徳性に帰結することができる。上記の女性たちはその例である。彼女たちは若くして未亡人になり、子供を育て、年配の舅と姑を扶養してきたという儒教的婦人規範を堅く守ったところにある。儒教的婦人規範とは、「従一而終（女性が生涯一人の男性である夫のために尽くす）」のことであり、妻の夫に対する節が一方的に強制されていた。夫が生きている間に夫に尽くし、夫を亡くして寡婦になる場合、夫の家にとどまり、夫の残した子供を育て、夫の両親を死ぬまで扶養することが奨励されていた。そのような生き方は一般的に「守節」「守寡」或いは「守志」という。

中国において守節の女性に対する顕彰は、法的に定められている。守節は、広義的に節操を変えないで守ることを指す言葉であるが、狭義的に女性が夫を亡くしたあと、再婚しないことを意味する言葉として広く使われている。明代の洪武元年（一三八六年）に、明太祖の朱元璋は法令を出している。「民間の女性が三〇歳前に夫を失い、五〇歳をこえるまで未亡人のままでありつづけたときには、その美徳をたたえるために、家の門に扁額が掲げられ、村の入り口に牌坊が建てられる。その家族の者たちは労役が免れる」。また、地方の官僚や文化人に対して、「地方の官僚や文化人が毎年、上記の条件を満たす寡婦を推薦するべきである。もっとも顕著な者に対しては、その夫の一族の祠堂で祀ってあげる。その次の者に対しては牌坊を立てて貞節を表彰する」という勅令を出した。清代の貞節観念も基本的に明代のそれを踏襲したものである。「大清会典」の記載によれば、本妻であろうが妾であろうが、三〇歳以前に夫を亡くし、五〇歳以上になっても頑なに節を守り、再婚しなかった女性は、節孝の表彰を受ける資格がある。清朝の『道光礼部則例』によると、地方官たちが表彰すべき者を礼部に報告し、礼部が表彰者名簿を決定することによって、表彰すべき女性の家族に対して政府が三〇両の銀を賜い、家族または本人が自分で郷里に牌坊を建てるという。

上述したことから分かるように、男系中心の中国社会において、夫の父系親族集団において、女性祖先は通常、男性の妻と母親として苗字のみで記録されるが、一方、女性の育てた複数の息子の数、息子たちの獲得した科挙合格のタイトルや官位、未亡人としての年月、大家族を支える女性の道徳性と長寿などの要素は、女性祖先を顕彰する重要なポイントとなる。すなわち、「守節」、「教子相夫」、「良妻賢母」などの儒教的ジェンダー規範を実践した場合、本来、文化的他者である彼女たちを、族譜に記載したり、地域の模範的女性として推薦したりすることにより、儒教的主流文化に包摂するような仕組みがみられている。そして、族譜に記載されている模範的女性祖先の表象は家族内部に対して、儒教的規範を守ろうという教育機能をもつと同時に、外部に対しては、一家の社会的地位や家風を誇示するものでもある。

五　二〇世紀後半からの族譜における女性のナラティヴ

一八四〇年アヘン戦争以降、中国は次第に近代の産業社会への軌道に乗り始めた。伝統的農耕社会から近代の産業社会への転換は、一九四九年からの約三〇年間の毛沢東時代の社会主義集団化と、一九七八年からの改革開放時代を経て、今日まで続いている。

女性のあり方から見れば、農耕社会の形成から一九四九年までの四〇〇〇年の間に、漢代や唐代のように一時的にまた、一部の階層の女性にとって比較的に自由な時代もあった。またアヘン戦争後、沿海地区が開放され、欧米の進化論、天賦人権と男女平等の思想が中国に流入し、中国のブルジョア知識人による女性問題研究と女性解放の実践も活発化し、欧米の宣教師による女子堂も一部の地域において開設された。しかし、中国人口の九割以上を占めている農村においては、女性のあり方に抜本的な変化がみられたのは、一九四九年以降の社会主義革命の時代と社会主義市場経済の時代である。

新しい制度と政策の下に、女性は社会主義建設のための重要な労働力として初めて家から出て、農業生産や社会建設に従事し、男と同じように活躍するようになった。彼女たちの労働が都市部の場合は給料制度、農村部の場合は点数制の元に現金化されていて、家庭経済に対する女性の貢献がはっきりとされた。「男は外、女は内」という伝統的な性別分業が崩れ、女性たちはそれまで男たちが独占してきたあらゆる職場へ進出した。このような法的保障と女性の社会進出は彼女たちの経済的・社会的自立、精神の独立を裏付け、彼女たちのライフスタイルを変化させた。このような背景の下に、父系親族集団の族譜における女性のナラティヴも変化が生じた。

女性のフルネームおよび輩行字の使用

筆者が収集した福建省の丁氏、河南省の孫氏、雲南省の劉氏と尹氏、山東省の孫氏と孔氏と湖南省の毛氏族譜を比較し、族譜における女性をめぐるナラティヴの基本的な変化は、以下の三つにまとめることができる。

まず、もっとも大きな変化は、男性の配偶者、母親、未婚の女性を含むすべての女性が、フルネームで父系親族集団の族譜に記入されるようになる点である。

二番目の変化は、女の子も男子構成員と同じように、父系親族集団の輩行字を使用することが可能となった点である。

三番目の変化は、婚出した女性のナラティヴである。結婚により、父の父系親族集団から出た彼女たちは、フルネームのみならず、結出の先、旦那の名前も一族の不可欠の情報として記載の対象とされている点は、大きな変化として挙げられる。

例えば、二〇〇九年に編纂された『孔子世家譜』の場合、一番右に記載されている、王寶枝という女性は、夫の祥玉の妻、三人の子供の母として記載されている。彼女は、子供が三人、二男一女であるが、娘の令蓮は、男の兄弟と同じように、「令」というフルネームおよび「令」という孔氏一族の七六代目の輩行字を使用している。また、右から四行目からわかるように、令蓮という女性は安徽大学卒業、中学校の一級教師の資格を持っており、現在、涇県晏公鎮に住んでいることも記載されている（写真3）。先述の表1にある安徽省の李氏族譜を除いて、残りの安徽省謝氏、福建省の丁氏、河南省の孫氏、雲南省の劉氏と尹氏、山東省の孫氏と孔氏と湖南省の毛氏族譜は、いずれも、フルネームおよび輩行字を使用することにより、女性を、父系親族集団に包摂するような語り方をしている。

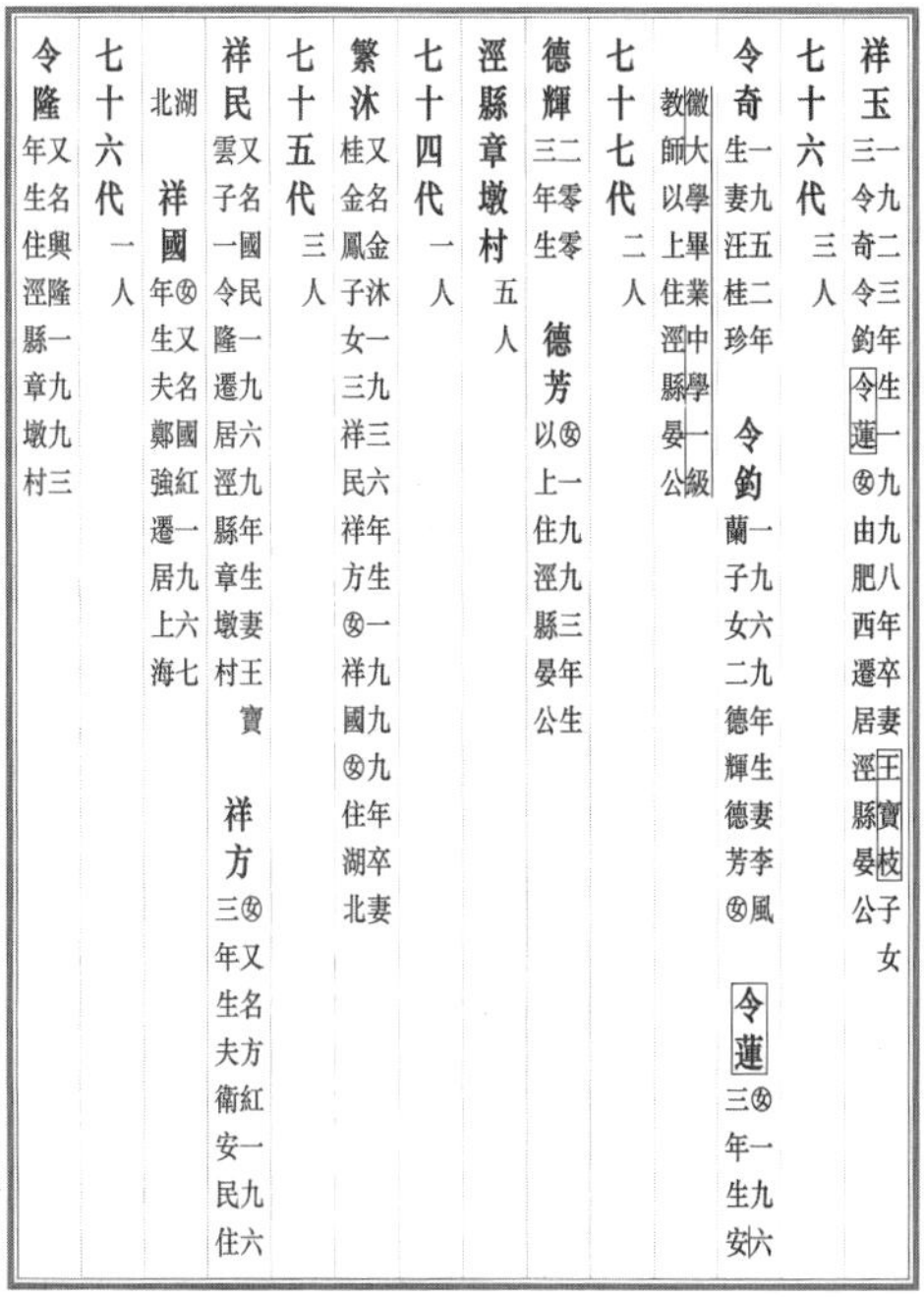
祥玉 一九二三年生一九九八年卒妻王寶枝子女三令奇令鈞令蓮㊛由肥西遷居涇縣晏公
七十六代 三人
令奇 生一九五二年妻汪桂珍　令鈞 一九六九年生妻李風蘭子女二德輝德芳㊛　令蓮 ㊛一九六三年生安
徽大學畢業中學一級教師以上住涇縣晏公
七十七代 二人
德輝 二零零三年生　德芳 ㊛一九九三年生以上住涇縣晏公
涇縣章墩村 五人
七十四代 一人
繁沐 又名金沐一九三六年生一九九九年卒妻桂金鳳子女三祥民祥方㊛祥國㊛住湖北
七十五代 三人
祥民 又名國民一九六九年生妻王寶雲子一令隆遷居涇縣章墩村　祥方 ㊛又名方紅一九六三年生夫衛安民住
湖北　祥國 ㊛又名國紅一九六七年生夫鄭強遷居上海
七十六代 一人
令隆 又名興隆一九九三年生住涇縣章墩村
安徽支　涇縣章墩村　六〇七

40777

写真３　『孔子世家譜』における女性の記録　七八巻六〇七頁　二〇一九年、筆者撮影。傍線・囲みは著者による。

女性の学歴と職業の記録

　上記で見られる女性のフルネーム、輩行字の使用、婚出先などに対する記述の変化のほかに、女性構成員の学歴と職業をめぐる詳細な記録も、女性のナラティヴの変化として挙げられる。本論文の調査対象となっている安徽省謝氏、福建省の丁氏、河南省の孫氏、雲南省の尹氏、山東省の孫氏と孔氏と湖南省の毛氏族譜の中から、未婚女性、婚入した女性および婚出した女性たちの学歴（短大卒、大卒、留学生）、職業、および小学校、中学校の教師、専門学校の一級教師、会計士、看護師、医師、科長、エンジニア、シニアエンジニア、幼稚園副園長などの職歴が、族譜における記載の対象とされ、父系一族の歴史と栄光を語る資源として表象されていることが明らかになっている。

　例えば、孔子の後裔が編纂した孔氏一族の族譜は、二五〇〇年も続いた、女性を族譜に入れない慣習を破り、孔氏の未婚女性、婚出した女性のフルネーム、学歴、職歴が、男性構成員と同じ大きさの文字で記載されている。また、女性の子供たちは、もし孔姓に名乗る場合、母親と一緒に孔氏族譜に記載されることになる。

女性の事蹟と伝記

族譜の内容は、系譜関係が中心であるが、そのほかに、一族の有名人の伝記をつづるのが、伝統的な族譜にみられる。このような、一族の有名人、エリートを顕彰するような特徴は、一九九〇年代以降に編纂された族譜にも継承されている。中には、一族の名人録のようなカテゴリーを設け、清朝、民国期、中華人民共和国時期など、時代を超えた一族の有名人やエリートの伝記を記載する族譜も現れている。また、名人録のカテゴリーの中には、さらに「革命烈士」というサブカテゴリーが設けられ、そこには、近代中国の革命のために、命を落とした一族の人々のライフヒストリーが記載されている。族譜にある名人録の中には、女性も収録されている点は、特筆すべきである。

例えば、二〇〇一年に編纂された『騰衝籍尹氏族譜』の名人録の中には、尹四順という一九歳の未婚女性が一族の名人として族譜の「革命烈士」のサブカテゴリーに記載されている。尹四順に関する一三八文字のナラティヴの中で、女性のフルネーム、生死年月日、尹氏父系一族における彼女の系譜関係、易門県にできたばかりの共産党政権の婦女部長としての職歴、一九五〇年からスタートした土地改革へのかかわり、命を落とした詳しい経緯などが族譜に詳細に記載されている（騰衝籍尹氏族譜編纂委員会 二〇〇一：六四）[7]。このように、時代の変化、女性の社会進出などにより、職歴、革命烈士などの肩書を持つ女性たちは、一族のエリート集団の一部として、表象されていることが明らかになった。

上記の傾向は、毛沢東の属している湖南省韶山毛氏宗族の族譜にもみられる。湖南省韶山毛氏宗族は、清・乾隆二年（一七三七年）に一回目の族譜編纂を行った。二回目は清・光緒七年（一八八一年）、三回目は一九一一年、四回目は一九四一年に行なわれた。二〇〇一年に第五回目の『韶山毛氏五修族譜』が編纂された（韶山毛氏五修族譜編纂委員会 二〇〇一）。

最新の族譜において、毛沢東の配偶者については、伝統的族譜の記載規則にもとづいて「元配」（正妻）、「継配」、「三配」、「四配」の順番に四人の女性が記載されている。正妻の羅氏に関して、二行で生死年月日、埋葬地に関する記述があった。「継配」の楊開慧、「三配」の賀子珍、「四配」の江青について、それぞれ三行ぐらいで、フルネーム、出身地、結婚した年、産んだ子供の数、中国革命に参加した事蹟や職歴、亡くなった年月日などが記載されている。

とくに「継配」、二番目の妻である楊開慧について、冒頭に「革命烈士」、「巾幗英雄（女傑）」として述べられ、長沙県板倉の出身や、フルネームのみならず、「雲錦」という字も記載されている。一九〇一年一一月六日生まれ、一九二一年毛沢東と結婚したが、一九三〇年国民党反動派によって長沙市瀏陽門外で殺害された。わずか二九歳で亡くなった。三人の子供、長男遠仁、次男遠義、三男遠智の母という表現で記述されている。また、「三配」という三番目の妻の賀子珍について、江西省永新の生まれであり、桂園ともいう。紅軍指揮員。一九〇九年九月生まれ、一九三〇年前後毛沢東と結婚した、その後、離婚したこと。紅軍の長征[8]に参加したことがあり、建国後、全国政協委員となったが、一九八四年四月一九日上海で逝去した。三子三女を生んだが、わずか一人の娘の李敏が生き残った。このように、近代中国の革命の歴史における二番目と三番目の妻の事蹟が毛氏父系親族の集団的記憶として記載されている。

注目すべきは、「四配」、四番目の妻である江青に関する記述である。「山東省諸城人。また李淑蒙、李雲鶴、藍苹、李進ともいう。一九一四年生まれ、一九三八年毛沢東と結婚。かつて中国共産党政治局委員になったことがあり、一九九一年五月一四日歿・女一：李訥」。実は、江青が中国共産党政治局委員になったのは、文化大革命のころであるが、毛氏族譜では、政治的功罪とは関係なく、一族の男性構成員である毛沢東の妻として、彼女の役員としての職歴が記載された点は興味深い。

毛氏族譜で見られたように、配偶者の順位に関する伝統的秩序なども維持されている一方、二番目、以降の妻たちに対して、彼女たちの職歴、結婚・離婚歴、中国の近代革命に対する貢献なども記載されている。

六　族譜における女性記述の変化に関する考察

上記のように、複数の地域の族譜を比較することにより、明らかになったのは、父系親族集団における女性の他者性が存在すると同時に、女性を包摂する物語の仕組みもみられることである。

ライフステージに応じる女性の他者性の変化

伝統的、男系中心、男尊女卑の漢族社会において、女性は、生まれて父の血縁集団の苗字を取得するが、その血縁集団の構成員としてみなされていない。そのため、族譜において、女性が他者化され、男性構成員と区別される構造が存在している。

一方、女性の他者性は、不変的なものではない。女性は、結婚を通して、よそ者として夫の父系血縁集団に入るが、男の子を生むことにより、女性祖先として夫の父系血縁集団の構成員になっていく。すなわち、ライフステージの変化に応じて、父系親族集団における女性の他者性が変化していくのである。女性は、父の父系親族集団の非構成員から、夫の父系親族集団の男子構成員と結婚することにより、ある男子構成員の妻、母、女性祖先になっていき、彼女のよそものの他者性が徐々に非他者化されていく。ライフステージの変化に応じて、女性の他者性が変化しうることは、本論文において明らかにした一点目である。

モラルと言説の具現としての女性をめぐるナラティヴ

複数の地域の族譜を比較することにより、父系族譜の中で特別に表象された明、清、民国期および中華人民共和国時代の女性は、いずれも儒教的家族規範、ジェンダー規範をよく実践したり、あるいは、近代の革命的言説に符合したりする存在であることが明らかになっている。

男系中心の中国社会において、夫の父系親族集団において、女性祖先は通常、男性の妻と母親として苗字のみで記録されるが、一方、女性の育てた息子の数、息子たちの獲得した科挙合格のタイトルや官位、未亡人としての年月、大家族の安定を支える女性の「守節」、「教子相夫」などの行いが、父系イデオロギーの他者である女性たちを、道徳の具現者、一族の誇りになる存在に変えていくのである。

また、二〇世紀半ばの女性が革命烈士として記述されたのも、女性の生き方と死に方が、地域社会における土地改革、社会主義政権の土台作りへの貢献にリンクされ、評価されたものと見受けられる。この意味で、族譜は、父系血縁集団が集団的記憶を構築する空間であると同時に、一族のエリートのナラティヴを通して、父系集団を表象する場でもある。族譜で行われたナラティヴという表象行為は、政治性に満ちる要素が多く見受けられ、族譜で表象された構成員は、喜怒哀楽を持つ生身の個人というより、往々にして主流社会のモラルと言説に符合する象徴的な存在である。

経済的・社会的地位の獲得による女性の非他者化

現代の族譜における未婚女性、婚出した女性と婚入してきた女性に関する記述から、彼女たちは、男性構成員と同じ権利を獲得していることが明らかになっている。女性たちのフルネーム、輩行字の使用、学歴、職歴、社会貢献などが記載されるようになり、その量と内容が増えてきていることは明らかになっている。本論文の考察したこの結果は、近年の福建省と江西省にも見受けられている（周 二〇一二、庄 二〇一五）。その背景には、女性の学力、社会進出と人口政策の影響などが考えられる。

教育に関して、男の子は七才になると、学校か塾での教育を始めるが、女の子は学校の教育を受ける機会はほとんど皆無である。儒教の教えによれば、「女は才無きが即ち徳なり」というので、女子は「三従」を守ればよいとされて、才能がないことは一家や社会全体にとってまったく差し支えないのである。そのため、伝統的女子教育は、主として「良妻賢母」を趣旨とするものであった。アヘン戦争後、沿海地区が開放され、欧米の進化論、天賦人権と男女平等の思想が中国に流入し、中国のブルジョア知識人による女性問題研究と女性解放の実践も活発化し、欧米の宣教師による女子堂も開設された。清末の新政時期（一九〇一〜一九一一）に科挙の廃止令や纏足禁止令などが出され、各県に小学校、府に中学、省に大学、また師範学校、各種実業学校の設立、学制の公布、学部（文部省）の設置などの教育改革が行われ、女子の学校教育も改善された。その後の民国政府が男女共学や男女教育機会平等の教育方針を実施したため、多くの女性たちが、近代的学校教育を受けられるようになった。しかし、一九四九年までに、中国人口の九割以上を占めている農村においては、女性のあり方は本質的な変化がみられていないように思われる。中国全体をみると、一九四九年の新中国建国までの、一五歳以上の女性人口の識字率はわずか一〇%しかなかった。その抜本的な変化がみられたのは、一九四九年以降の社会主義革命の時代と社会主義市場経済の時代である。二〇一七年現在、九二・七%に上っている。また、大学、専門学校に在籍している女子学生は、在校生の五二・二%、女性大学院生は、在籍大学院生の四八・四%を占めている（中華人民共和国年鑑編輯部　二〇二〇：一六九）。また、一九五四年に制定された憲法では、「女性は政治・経済・文化・社会・家族のあらゆる分野で男性と同じ権利を持つ」ことが認められており、「同一労働、同一賃金」が原則とされた。そのため、大勢の女性が家から出て、それまで男性だけに独占されてきた職場に進出するようになった。一九九〇年の第四回人口センサスによると、従業員中の女性の比重は四四．九六%となっており、日本の三七%、インドの一七．四%、アメリカの四〇%を上回っている。二〇一七年現在、女性従業員の数は、三・四億人となり、全社会の従業員の四割を占めている。また女性は、新規採用の国家公務員の五二%、地方公務員の四四%を占めている（中華人民共和国年鑑編輯部　二〇二〇：一六八）。

上記の女性教育と社会進出のほかに、一九七〇年代から推進し始めた出産計画の国策は、人口増加の抑制に成果を上げたと同時に、近代化の実現も軌道に乗り、ライフスタイルも変わりつつ、人々の生育観念にも変化がある程度見られる。とりわけ都市部において人々は一家や一族の継続よりも自分たちの幸せを考えるようになる。少産化・晩産化が肯定され、男の子と女の子が対等であると考えられつつある。例えば、一九九八年編纂された河南省の『新郷孫姓譜牒』の冒頭には、「孫姓家族は男女平等の原則にそって、男性も女性もみんな族譜に記入することができる」と指摘され、女性も男性と同じように族譜に記載されることが明文化されている（孫 一九九八：三）。また、一九九三年に編纂された湖北省の『王氏宗譜』においても、「国家の計画出産の実施により、一組の夫婦が一人っ子のみ出産することになるため、女子を族譜に入れない規定を変えなければならない。したがって、一人っ子の女の子の家庭の場合、その女の子を族に入れることができる。そうしないと、計画出産の実施は難しくなり、このまま続いていけば、今後、多くの家は跡取りがいなくなることになる。この重大な改革は、多くの族人から深く擁護されるようになった（庄 二〇一五：六二）。このように、新しい情勢に応じて、族譜に女性を記載する動きは、宗族側のみならず、計画出産弁公室や婦女連合委員会などの行政側にもみられる。例えば、福建省の各行政レベルの計画出産弁公室の幹部および婦女連合委員会は、計画出産の政策を実施して以来、地域社会において、族譜における女性の記入をよく宣伝してきた。また、族譜における女性の記載という中国大陸の新しいやり方は、儒教的考え方の影響の強い東南アジアの華人華僑にも影響を及ぼしている（庄 二〇一五：六一）。

七　結び

以上、先行研究と筆者によるフィールドワークを踏まえ、明、清、民国時期と中華人民共和国時期の父系親族の族譜における女性の記述に焦点を当てて、寛容性／非寛容性の観点からみる族譜における女性の他者性およびその変化を整理してきた。

日本の人類学、民俗学者である小松和彦は、異人のタイプを四つに類型化している（小松 一九九五）。本論文の対象となる父系親族集団における女性は、共同体の外部から共同体にやってきて、そこに定着するような「異人」の第二類型に属する。秩序から女性を潜在的に排除するような異人観がこれまでの研究では指摘されているが、本論文は、これまでの異人論では、まだ言及されていない父系親族集団における女性の他者性に焦点を当て、父系の族譜における女性の他者性が不変的ではなく、一定の条件の中で、内なる他者を包摂的に物語る仕組みへ変化するものであることを明らかにした。すなわち、漢族の族譜における女性に対する記述が非寛容性から寛容性へのシフトを可能にしたプロセスとその要因は、女性のライフステージ、主流社会のモラルやジェンダー規範、女性の教育水準、社会進出、国の人口政策や少子化などと関連していることが明らかになった。

まず、伝統的漢族の族譜は、父系出自に則したものであり、女性は、男性に従属する存在であり、内なる他者と扱われてきたが、しかしライフステージに応じて、女性は、結婚を通して、よそ者として夫の父系血縁集団に入り、男の子を生むことにより、女性祖先として夫の父系血縁集団に記録されることになり、女性の他者性が変化しうるのである。

また、複数地域の族譜の比較を通して、他の一般の女性より包摂的物語の仕組みに組まれている女性は、いずれも儒教的家族規範、ジェンダー規範をよく実践したり、あるいは、近代の革命的言説に符合したりする存在であることが明らかになっている。これまでの、男性による「父系性の連続」に焦点を置いていた家族分析では、女性は生殖に必要でありながらも、父系の理論からは価値の与えられない存在としてとらえられてきた。そして、女性は婚入してきた外来者として、夫の家族に「葛藤」を生み出し、さらに「分裂」をも生み出す存在としてとらえられてきたのである（植野　二〇〇〇：一三三）。ところが、本論文で示されたように、大家族の安定を支えたり、近代革命や国民国家の建設に貢献したりした女性たちは、男性の構成員と同じく、フルネーム、生年月日、死亡の年月日などが記述されるのみならず、彼女たちの功績も父系一族の歴史や名誉として包摂されるのである。本論文で見られる中国の族譜における女性をめぐるナラティヴは、主流社会の規範やナラティヴとせめぎ合う形をとるのではなく、むしろ常に時の支配的価値観に迎合しながら、ナラティヴを変えていく傾向が見られる。

さらに、女性の教育水準の向上、社会進出の増加により、女性は、自分自身の経済的、社会的自立を実現したと同時に、家族、父系一族および社会における彼女たちの地位も獲得している。現在の漢族の族譜における女性に対する記述の寛容性は、教育と社会進出における男女平等と女性の自立をある程度もの語っているといえる。

漢族の族譜における女性に対する記述が非寛容性から寛容性へのシフトを可能にした上記の要素のほかに、一九八〇年代から実施した一人っ子政策の実施と近年の少子化も考えておくべき重要なポイントである。一人っ子政策の実施により、子供の数が確実に減っている。二〇一四年から二人までの人口政策を新たに実施したが、育児・教育のコストなどの原因で、出生率の向上があまり見られなかった。このような、家の跡取り、老後扶養や祭祀の不安が募る中、一方、地方政府、婦女委員会による父系宗族における女性の構成員としてのメンバーシップの承認を推進している。また、少子化、都市化に伴う人口の移動により、父系親族の日頃の祖先祭祀の実施、祖廟の維持にあたって、男性構成員だけでは成り立たないケースが増えている。そのため、父系親族集団も、自ら進んで、一族の団結、祖先祭祀の継続を維持していくための戦略として、未婚女性、婚入した女性および婚出した女性の祭祀権を、男性構成員と同じように認め、族譜における彼女たちのフルネーム、学歴、職歴、事績などを、男性構成員と同じように記入するようになった。福建省長楽県横嶺郷の謝氏一族が一九八六年に族譜を編纂したときに、一族から婚出した、現代中国の著名な女流作家である謝氷心のことを、謝氏族譜に記入しただけではなく、族譜の前書きまで謝氷心に書いてもらった（庄 二〇一五：六一）。宗族の立場からみれば、時代の変化に応じて、他者的存在であった女性たちを、同じ祖先の下の子孫として、一族に包摂することにより、父系親族集団としての活力を維持し、新たな栄光を獲得し、「収族」（一族の団結と親睦）の目的を果たすのである。

明、清、民国時期と中華人民共和国時期の父系親族の族譜における女性の記述に焦点を当てて、寛容性／非寛容性の観点からみる族譜における女性の他者性およびその変化を整理してきたが、何千年もの歴史を持つ「男尊女卑」の観念とその仕組みは、近代の社会主義革命、教育と社会進出による女性の自立の獲得によってほぼ覆されたとは言えるものの、まだ多くの課題を抱えている。基本的に父系出自に則した漢族の族譜における女性叙事のダイバシティは、父系性の変化として捉えられるかどうか、今後、さらに詳細な、かつ広い範囲の比較研究が望まれる。

（1）今までの孔子家譜に記載されていなかった台湾、韓国の孔子末裔を含む二〇〇万あまりの子孫を収録している。本譜の特徴は今までの『孔子世家譜』の収録対象は、中国本土に居住している漢族男性に限られていたが、本譜は、女性・少数民族・外国籍の孔子末裔をも収録している。

（2）多賀の研究によれば、夭折したり、あるいは、未婚のまま死んだりした男性構成員は、族譜に記載されても、一般の族人と比べて、格差を設けるのが普通である。また、一旦族譜に記載されても、僧侶や道士になって宗族をさった者、あるいは奴隷、楽芸、シャーマンなどの職業に身を転じた者も、族譜から削除される。また、法令を犯したり、宗族の規定に背いたりした者も、族譜から削除される（多賀　一九八一：一一）。

（3）台湾の漢人社会の場合、結婚をなし得なかった女性は、まわりに不幸をまき散らす存在と考えられ、冥婚を行ってまでも嫁がせることになる（植野　二〇〇〇：三七三）。

（4）中国において、諡（おくりな）は、身分ある人に、死後贈られた名で、生前の評価に基づいて贈る個人名である。死の直後のこともあれば、数百年後のこともある。

（5）中国語の原文は下記の通りである。「湛一　英斎公之子、字爾純、生於明嘉靖三十年辛亥八月二十九日辰時、卒於明萬暦四十六年戊午四月十二日吉時、享年六十有八。配　陽氏、諡倹恵、生於明嘉靖三十二年丑三月十一日申時、卒於崇禎十四年辛巳十月十五日吉時、享年八十有九。合葬在宅内施厝山龍角石壩上、坐子向午。子四：長曰佐泉、次曰任梁、三曰欽江、四曰鷺江」（『陳埭丁氏回族宗譜』荘景輝　一九九六：四九三）。

日本語訳：「湛一は、英斎公の子、字は爾純という。明代、嘉靖三十年辛亥八月二十九日辰の時に生まれ、明代、萬暦四十六年戊午四月十二日吉時に亡くなり、享年は六十八歳。妻の陽氏は、諡の名は、倹恵という。明代、嘉靖三十二年丑三月十一日申の時に生まれ、明代、崇禎十四年辛巳十月十五日吉時に亡くなった。享年八十九歳。二人は、宅内施厝山にある龍角石壩上に一緒に埋葬されている。その墓は、子の方向を背にし、午の方向に向いている。息子は、四人がおり、長男は佐泉、次男は任梁、三男は、欽江、四男は、鷺江という」（『陳埭丁氏回族宗譜』荘景輝　一九九六：四九三）。

（6）武官を採用する武科挙は、文科挙と同様に武郷試、武會試と武殿試の順番で行われ、最終的に合格した者を武進士と呼んだ。武進士の中で一位をとった人が武状元、あるいは武魁と呼ぶ。

（7）尹氏族譜における尹四順に対する記載の中国語原文は、下記のとおりである。「尹四順：女、荷花池人。尹培春長女、一九三一年三月生。一九四九年参加革命、任易門県婦女部長。一九五〇年任武装工作隊隊長率五〇余人武工隊下郷進行土改、被五〇〇余人の土匪包囲在村子裏。在突囲中被成叛徒出買、在敵人的厳刑拷問下、始終堅貞不屈、大義凛然、一九五〇年四月三〇日惨遭敵人砍下頭顱、英勇就義、犠牲時年僅十九歳」（騰衝籍尹氏族譜編纂委員会　二〇〇一：六四）。

日本語訳：「尹四順：女、荷花池の人。尹培春の長女、一九三一年三月生。一九四九年に革命に参加して、易門県婦女部長につとめた。一九五〇年に武装工作隊の隊長として、率五〇余人の武工隊のメンバーを率いて、村で土地改革を実施した際に、五〇〇余人の土匪に包囲された。突撃した時に、裏切り者に、密告されたが、敵の拷問を受けて、彼の女は終始屈服せず、凛として大義を守った。一九五〇年四月三〇日に、彼女は、敵に残酷に頭を切りとられ、英雄的な死に方をした。わずか一九歳だった」（騰衝籍尹氏族譜編纂委員会　二〇〇一：六四）。

（8）　長征とは、一九三四年から一九三六年まで、共産党が率いた中国労農紅軍三〇万人が行った華中・華南から陝西省北部まで、約一万二五〇〇kmの大移動のことを指す。

参考文献

飯島典子　二〇二二「書評　瀬川昌久『連続性への希求：族譜を通じてみた「家族」の歴史人類学』」『華南研究』第八号、五五―五九頁。

伊藤幹治　一九八七「異人」石川栄吉［ほか］『文化人類学事典』弘文堂。四九―五〇頁。

井上徹　二〇〇〇『中国の宗族と国家の礼制―宗法主義の視点からの分析』研文出版。

――　二〇〇二「中国の近世譜」『系図が語る世界史』歴史学研究会編、青木書店。一二一―一四七頁。

植野弘子　二〇〇〇『台湾漢民族の姻戚』風響社。

韓敏　二〇〇六「祖先の表象―中国雲南省騰衝県華僑の故郷の和順郷」愛知大学現代中国学会編『中国21』第二五号、風媒社。八三―一一四頁。

小松和彦　一九九五『異人論―民俗社会の心性』ちくま学芸文庫。

末成道男　一九八七「宗族」『文化人類学事典』石川栄吉［ほか］編、弘文堂。四三〇―四三一頁。

瀬川昌久　一九九六『族譜：華南漢族の宗族・風水・移住』風響社。

――　二〇二一『連続性への希求：族譜を通じてみた「家族」の歴史人類学』風響社。

多賀秋五郎　一九六〇『宗譜の研究　資料篇』東洋文庫。

――　一九八一『中国宗譜の研究　上巻』日本学術振興会。

牧野巽　一九三六「北平図書舘蔵明代善本族譜」『東方学報』（東京第六冊別篇抜刷）、東方文化学院京都研究所。一六九―二〇二頁。

――　一九四八「広東の合族祠と合族譜」学術研究会議現代中国研究特別委員会編『近代中国研究』八九―一三二頁。

宮内肇　二〇二三「書評　瀬川昌久『連続性への希求：族譜を通じてみた「家族」の歴史人類学』」『東北アジア研究』二七号、一二七―一三五頁。

山泰幸、小松和彦　二〇一五『異人論とは何か：ストレンジャーの時代を生きる』ミネルヴァ書房。

山口昌男　一九七五『文化と両義性』岩波書店。

常建華　一九八六「家族譜研究概況」『中国史研究動態』第二号、八頁。
陳捷先　一九八六『中国的族譜』行政院文化建設委員会。
陳支平　一九八六『福建族譜』福建人民出版社。
葛孝億、陳岭　二〇一九「学業与志行：近代中国族譜叙事中的新女性——基于江西吉安M家族知識女性的考察」『中国教育：研究与評論』第二三号、九二—一一一頁。
惠清楼　二〇〇九「民国族譜中的女性形象探析」『中国社会歴史評論』第一〇号、一七四—一八七頁。
孔徳墉　二〇〇九『孔子世家譜　八〇巻』文化藝術出版社。
羅香林　一九七一『中国族譜研究』中国学社。
欧陽宗書　一九九三『中国家譜』新華出版社。
潘光旦　一九二九「中国家譜学略史」（『東方雑誌』第二六巻一号）潘光旦著、潘乃谷、潘乃和選編『潘光旦選集（一）』光明日報出版社（一九九九年）。二九六—三二五頁。
——　一九四七「家譜還有什么意義」（『東方雑誌』第四三巻一二号）潘光旦著、潘乃谷、潘乃和選編『潘光旦選集（一）』、光明日報出版社（一九九九年）。三三八—三四七頁。
韶山毛氏五修族譜編纂委員会　二〇〇一『韶山毛氏五修族譜』河西堂家蔵。
孫向福　一九九八『新郷孫姓譜牒』新郷孫姓譜牒編纂委員会。
騰衝籍尹氏族譜編纂委員会 二〇〇一『雲南省騰衝籍尹氏族譜』保山：騰衝籍尹氏家族理事会。
徐建華　二〇〇二『中国的家谱』百花文芸出版社。
塩灘村孫氏編集委員会　二〇〇二『青島市上下崖孫氏族譜——塩灘村孫氏支族巻』塩灘村孫氏。
中華人民共和国年鑑編輯部　二〇二〇『中華人民共和国年鑑　二〇二〇』中国年鑑社。
周興媛　二〇一二『族譜中的女性 —以「泰和南岡周氏漆田学士派三次続修譜」和「水北四修族譜」为例』上海師範大学修士論文。
庄莉紅　二〇一五「従当今福建民間族譜修纂看女性地位的変遷」『廊坊師範学院学報（社会科学版）』三一巻第二期　五九—六二頁。
莊景輝　一九九六『陳埭丁氏回族宗譜』緑葉教育出版社。

第六章　異人歓待の条件
――インドの祝言者ヒジュラの通過儀礼――

國弘暁子

一　はじめに

本稿で考察の対象とするヒジュラ（英表記 *hijra*）とは、今日のインド社会で「第三のジェンダー」としての地位確立をめざすアクティビストのことではなく、母神に帰依する者となり、世俗の人々に対して呪言を行う人々のことである。インド北西部のグジャラート州において母神の帰依者として生きる者たちは、貧富の格差、信仰の違いなど、生まれ育った環境における様々な違いを引きずりながらヒジュラの集合体に身を寄せている。その者たちが共に生活をしていく上で、親族の関係名称を介した義務役割の関係を結び、互いに互いのポジションを規定し合うことが求められる。それだけでなく、序列の周縁から中核メンバーの地位に移行する何処かの時点において、世俗の側には後戻りできなくなる通過儀礼としての去勢を経験することが求められる。

筆者はこれまで、インドのグジャラート州北部の村落において、ヒジュラとして知られる人々とのフィールドワークを断続的に実施してきたが、その村でヒジュラであることの意味を尋ねてみると、「男性と見なされず、女性と見なされず」、「結婚ができない」、「家族を持つことができない」といった表現を使い、生殖を重んじる世俗の規範の外に在ることを指摘する。ヒジュラとして在るものたちも同様に、己とは異なる側に在る人々のことを「サンサーリー *sansārī*」と呼んで、己が世俗の規範外に在るという認識を示す。「サンサーリー」とは一般に、世俗の（worldly）人々と訳されるが、グジャラート語の辞書の定義では、そこに結婚をする人々という説明も加わる。この場合の結婚とは、単に社会制度としての結婚のことだけではなく、結婚により子をもうけて親族の系譜を継承することを示唆している。よって、「サンサーリー」ではないことを自ら公言するヒジュラとは、同族の系譜の継承には関与せずに、系譜のしがらみから解放され、己れの生にのみ従事していることになる。

俗的なしがらみからの解放という点にのみ着目すれば、かつてフランスの人類学者ルイ・デュモンが表現したように、「世界外個人」と呼ぶにふさわしいかもしれない。インドにおける現世放棄者について、デュモンは西洋的な自律した個を持つと指摘し、さらに、西洋人とは異なって世俗の外に生きると強調した（デュモン 一九九三：四二―四四）。しかし、ヒジュラとして在るものたちは、世俗との関わりを完全に絶った現世放棄者として生きているわけではない。生殖器を切除する去勢儀礼を経ることで同族の繁栄に貢献する義務を放棄するが、他の人々の子孫繁栄を言祝ぐことからも明らかなように、生殖を重んじる世俗の価値観をサンサーリーとの間で共有し続けている。さらに、個として自律しているというよりは、むしろ、母神の豊穣力に依拠し、母神に帰依する者たちの集合体に己を埋没させている。たとえ単独で行動するときでさえも、サンサーリーの目の前では、母神に帰依する匿名の一人として己を表出させ、母神の豊穣力を授けるのである。そして何故ヒジュラとして生きるのかと問われれば、「母神の召命がきた」と答える。つまり、母神の帰依者としての地位を得ることで、ヒジュラは世俗で生きていくことができる。

世俗の生き方とは一線を画した異人であり、かつ、稀に姿を現す匿名の帰依者であるとすれば、それは「マレビト」と呼ぶに相応しい。「マレビト」とは、折口信夫が文献資料の中に出てきた「客神」の記載から、独自に発明した分析概念である。小松和彦はそれに手を加えて、特定の地域や時代背景から切り離し、清濁併せ持った両義的な「マレビト」概念へと昇華させる必要性を説く（小松 二〇〇三：一七五―八）。その場合の「マレビト」とは、異人とも言い換えられる概念であり、迎え入れる側の状況に応じて、祝福をもたらす神人とも、禍をもたらすごろつきともなり得るのである。ヒジュラとして在る者たちは、まさに、両義的な周縁領域を彷徨い続ける「マレビト」である。世俗の規範が求める男性としての生き方を放棄しているために、世俗の人々から見下されることもあり、また時として、嘲笑の対象とされることもある。しかし、姿を現す場所やタイミングを戦略的に選択することによって、母神の帰依者として歓待されもする。

では何故、言祝ぎをする「マレビト」として迎えらえるために、己の肉片を切り落とす儀礼を経験するのだろうか。この点を探求すべく、本稿では、インド、グジャラートにおける土着の伝承や母神信仰の慣習に照らし合わせながら去勢儀礼の意義を明らかにする。その上で、去勢された身体であることがいかに「マレビト」として歓待されるために必要な条件となるのかを示し、それによりヒジュラ存続のナラティヴ・ポリティクスの全容を明らかにする。去勢について考察する前に、まずは、ヒジュラを指し示す固有の民俗名称の分析を行い、グジャラート言語圏で生きられるヒジュラとしての両義的な側面を明らかにする。言語・文化的背景に見られる両義性を踏まえた上で、土着の母神とヒジュラとの契約関係について記した神話や伝承の分析を行い、母神に帰依する者たちの集合体の成り立ち、さらには、その集合体に参与する上で求められる去勢儀礼のプロセスと意義について論じる。

本稿の考察の下地をなすフィールドワークは、主として、グジャラート州の北部に位置するバフチャラー母神の寺院で実施している。早朝から昼過ぎまで、寺院の神殿付近で巡礼者を待ち構えるヒジュラと共に地べたに座り込み、巡礼者との交渉のあり方を観察し、夕刻には寺院から至近距離のエリアで生活をする者たちの家に滞在し、共同生活における決まり事の把握に努めた。寺院境内で日中の活動を共にするヒジュラは、寺院から比較的近くの村々に家を構えているが、時として、遠方から遥々寺院まで稼ぎにやってくる者もいる。その者たちの承諾を得られた場合には、寺院から離れた場所にもおもむいて、寺院とは異なる環境でのナラティヴ・ポリティクスのあり様についての参与観察を行なった。

二　グジャラート語圏の「マレビト」

グジャラート語の辞書でヒジュラについて調べてみると、「ファータダ（ヒジュラ）は泣くよ、いたるところで」という慣用表現がみつかる。ファータダ *fātada*（単数形ファータド *fātado*）とは、ヒジュラのことを指すグジャラート語の民俗名称であるが、どこからともなく姿を表しては大声を上げ、また何処かへ行ってしまうというヒジュラの言動を言い表わしている。この表現の通り、ヒジュラは日頃から、商店が立ち並ぶ界隈を複数で歩き回り、また子供の生まれた家々を訪ねて回って、呪言をすることを日々の生業としている。時として、ヒジュラは訪問先で大声で騒ぎ立てることもあり、そのような迷惑行為は「泣く」という表現によっても示されている。それだけでなく、「泣く」という表現には臆病者であることも含意されていると考える。グジャラートのヒジュラは、「ファータダ」の他に「ヒージャダ *hījada*」という民俗名称でも知られ、それは去勢した人、臆病者と辞書では定義される。実際に、臆病者と相手を罵るときに「ヒージャダ」と言うこともある（Mehta 1945: 15）。

蔑称として使われる他に、「ヒージャダ」には、もう一つ別の使われ方がある。それは、グジャラート地域で活動するものたちが己の帰属を示す際の名称としての使用である。グジャラート州はアラビア海に面した半島部と大陸部からなるが、大陸部の中部以南、より厳密にいえば、グジャラートの大都市アフマダバード以南で活動するものたちはヒージャダ・サマージ（*samāj* 社会）に帰属する。ヒージャダ・サマージのルーツについて尋ねてみると、かつて、スルタンのアフマド・シャー Ahmed Shah によってつくられたアフマダバードの街の外壁門近くでムジロ（*mujro*）といわれる歌とダンスのパフォーマンスを披露していた者たちだという。ヒージャダのサマージとは別の領域、つまり、アフマダバード以北、および半島部で活動するものたちは「パーワイヤ（*pāvaiya*）」のサマージに帰属する。筆者が重点的に調査を行った場所はパーワイヤ・サマージの領域内にあり、そのルーツを語る伝承については、四節で詳しく述べる。

三　母神との契約

先述のファータダ、ヒージャダ、そして、パーワイヤといったグジャラートの民俗名称は、それぞれの語が持つ意味にも多少の違いが見られ、用いられる文脈も異なる。しかし、どれも認識レベルでの区別（差別）を明示する点において同じであり、「マレビト」として異人を迎え入れる時に使われることはない。その代わりに、現地の人々は「マーシー *māsī*」という母方のオバに対する関係名称でもって呼びかける。グジャラート出身の社会学者 A.M. Shah は、「マーシー」というヒジュラに対する呼称について次のように述べる。

> ヒージャダは女神の仲介者として考えられており、ヒージャダを不快にさせることは女神を不快にさせることに等しいと考えられている。…ヒージャダに対して、時として人々は親愛の関係を示すマーシーという親族の関係名称によって呼びかける（Shah 1961: 1328）。

このように、「マーシー」の呼びかけには親愛の意味が込めてられると Shah は指摘するが、その呼びかけは、ヒジュラだけに適用される特別なものというわけではない。それは、親族との関係を持たない他人との関係を縮めようとする時にしばしば取り入れられる、ローカルな慣習となっている。

では、他人に対する呼称として、なぜ「マーシー」が適用可能なのかといえば、それは、別の親族の関係名称、例えば、父方のオバに対する名称・呼称「ファイ（*fai*）」との対比において明らかとなる。父の姉妹にあたる「ファイ」とは、たとえ婚出していても、甥や姪の名付け親になるという責務を担うなど、父系出自の一員としての役目を果たす特別な立場にある。それに対して、「マーシー」と呼ばれる母方オバとは、婚入してきた母の姉妹、つまり姻族にあたり、特別な役割を求められる立場にはない。そのためか、「マーシー」という呼称は、親近感の意だけ含んで他人に使用することができ、他の関係名称よりも使用する頻度も高い。

「マレビト」としてヒジュラを迎え入れるために、母の姉妹、つまり姻族としての関係を、一時的であるにせよ、成り立たせるローカルな所作には、重要な意味があると考える。なぜなら、先述の通り、ヒジュラを指し示す民俗名称には、程度の差はあれ、区別や差別が含意されているが、それらの代用として、姻族を意味する「マーシー」と呼びかけることで、呼びかける側の排他的な認識が一時的に無効となり、親近感をもって目の前の異人を歓待することができる。さらに、ヒジュラが帰依することで知られるバフチャラー・マーター（*Bahucharā mātā*）の寺院においては、「マレビト」と母神とは一つとみなされ、ヒジュラは「母神（マータージ *mātāji*）」とも呼びかけられるのである。

バフチャラー母神に関する伝承によれば、母神とヒジュラとの間では一つの契約が交わされている。それは、母神に帰依すれば、ヒジュラにされた呪いを解いてやる、という契約で、その契約が交わされた出来事は一四世紀に起きたとして、次のように伝えられる。バフチャラー母神とは一四世紀に実在したチャラノ *Charano*・カースト（吟遊詩人）の三姉妹の一人として実在した人物であった。現在のラージャスターンからグジャラート半島部に南下する旅の途中で、バフチャラーとその一行は盗賊に襲われ、バフチャラーは盗賊の目の前で己の身体に刃物を突きつけて、命を絶つ。バフチャラーの二人の姉たちも己に刃物をむけるが、その際に「パーワイヨになれ」とことばを吐き、盗賊をヒジュラにしてしまった。バフチャラーに許しを請う盗賊に対して、次のようにバフチャラーは応えた。

> 我々の呪いは取り消すことができない。しかし、ここに私の寺を建てれば、お前は死後には私のもとへ来ることができるであろう。その上、お前のような者（生まれながらにして男らしさのない者）は誰でも私の寺を訪れ、女性の様相をして、私を賞賛する歌を歌えば、その者も必ずや私のもとへ来ることができるであろう。さあ行きなさい。これが私からの約束である（國弘 二〇〇九：二三四）。

今日、バフチャラーの寺院境内には、三つの神殿が立ち並ぶ。なかでも色鮮やかで壮大な神殿は、かつてその地を統治していたガーエクワード *Gāekwāḍ* 王国により一八世紀に建立された。その神殿の壁によりかかり、地面に座り込むヒジュラたちは、寺院を参詣する人々の流れを眼で追い、剃髪儀礼を終えた参詣者たちを探す。バフチャラーの寺院では、生まれながらの髪の毛を伸ばしきった男児とその親族を多く見かけるが、彼らは男児の頭髪の一部を母神に捧げる剃髪儀礼を目的とする。母神に対する誓願により男児を授かった場合は、必ず寺院において剃髪儀礼をしなければならないといわれる。ヒジュラはその親族一行を見つけると、彼らに向って両手の平を叩きつける音を響かせて己の所在を知らしめる。そして儀礼を終えた男児に母神の恩寵を与え、さらに、男児の親族に対して貨幣を要求する。寺院のヒジュラたちは貨幣を得るのは母神が与えるからだと主張するが、それは母神の加護を得ている者の特権だという意味なのだろう。

このようにヒジュラは、世俗の人々と係わり合うことで貨幣を獲得するが、バフチャラーの寺院では多くの人が母神の恩寵を求めてヒジュラとの接触を求めてくる。そのため他の街に比べて、寺院で獲得する貨幣の額は大きい。毎朝寺院に集うヒジュラの数は一〇人ほどで、徒歩やリクシャーで通える距離に家を構える者に限られるが、寺院の境内が参詣者で溢れる縁日になると、遠方で暮らすヒジュラたちも寺院を訪れるため、その数は五〇人以上に膨れ上がる。

寺院という場は、ヒジュラと参詣者とが交わる場であると同時に、ヒジュラの仲間内の相互行為が活発になる場でもある。時として、仲間内の激しい衝突も生じる。己が生まれ落ちた親族、カースト、生活環境といった背景を異にする他人と共に、生活を営む上で喧騒が絶えることはまずない。だからといって、バラバラに生きることも選択せず、集団で在るための解決策が、常に模索される。各地に散らばるヒジュラが一つの場に集結する機会は定期的に設けられており、そこでは様々な事柄が話し合われる。とりわけひとりのヒジュラの死を仲間と共に経験する時に話し合いの機会が設けられることが多い。哲学者ジャン＝リュック・ナンシーは「共同体は他人《たじん》の死のうちに開示される」と述べたが、まさにヒジュラの共同体は成員の死を契機に目に見えるかたちで出現する（ナンシー 二〇〇一：二八）。

次節以降では、生まれによる帰属を異にする者たちを、共同体として一つに収斂させる死の儀礼、そして、ヒジュラとして生きる定めを成員個人の身体に刻み込む去勢儀礼を取り上げる。

四　回想される先代の歴史と葬送儀礼

バフチャラー寺院の周辺には、遠方から訪れる参詣者のための宿泊施設が点在する。それら宿泊施設の多くは、施設を運営する各カーストの内婚集団の組織が同内婚集団に属する人々のために部屋を提供することを目的とする。

ヒジュラのための宿泊施設は一九七九年に設立され、その建設資金として、グジャラート全域、そしてラージャスターン地方のヒジュラたちから寄付金が寄せられている。寄贈された金額と寄贈者の名前、そして寄贈者の出身地が宿泊施設の壁には刻まれており、その寄贈者リストの上文には、「パーワイヤ・サマージ」と「ヒージャダ・サマージ」という名称が明記される。それら二つの違いを地図上で識別すると、おおまかには、「パーワイヤ」はグジャラート州の半島部と北部グジャラートを、そして「ヒージャダ」は中部・南部グジャラートをそれぞれの領域とする。そこから、本研究の調査対象地域が「パーワイヤ」の領域に入ることがわかる。

「パーワイヤ・サマージ」に属するヒジュラたちは、過去の出来事にまつわるひとつの記憶を共有している。それは、遠い昔の先代たちにまつわる歴史であり、今から約七〇〇年前のこと、一二五人のパーワイヤが一斉に三昧（サマーディ *samādhi*）に入ったと伝えられる。サマーディとは、自らの輪廻を絶つために地中に埋まる行為であり、解脱に到達した苦行僧が実現する究極的な行為だと地元の人々は語る。それは、ひとりの人間が一〇万と八四回繰り返すといわれる輪廻を断つ手段であり、人間の生死の繰り返しが伴う苦痛（ドック *dukkh*）からの解放を意味する。よって、サマーディは自殺のような現世からの逃避行為とは異なると考えられている。

先代たちが三昧に入ったとされる場所は、バフチャラー寺院から西南方向に一〇〇キロほど下った所に位置する。現在、その場所のある村にはヒジュラは一人として住んでいないが、今に生きるヒジュラたちはその村のことを「パーワイヤのガム *gam*（村、故郷）」と語る。その村で暮らす人たちの話によれば、そこはヒジュラが始祖となる村であり、徐々にヒジュラたちは村の外へと出て行ったのだという。村内にはヒジュラが建てた寺院があり、そこでは「パーワイヤ」の守護神である七母神が祀られる。年に一度、各拠点の代表者が村に集結し、ヒンドゥー暦第四月（一月～二月）五日目に、自らの手でつくる供物を七母神に捧げる。その日は七母神像が寺に納められた日である。

村を訪れるヒジュラは、サリー、ブラウス、ガーガロ（*ghāgharo*：サリーの下にはくスカート状のもの）三点すべてを黒一色で統一しなければならない。それはヒジュラの葬儀の時と同じ装いである。村の寺院の敷地に入ると、ヒジュラたちはまず先代の墓所の前で立ち止まり、自ら頭を垂れて「ダーディー *dādī*」という呼びかけによって挨拶する。「ダーディー」とは、父方祖母に対する親族関係名称であるが、この場合の挨拶は、地中にいる先代への呼びかけである。

「パーワイヤ」の間では、互いの布置を明確にする関係名称として、父系の親族関係名称が用いられている。たとえば、ひとりの先輩を己のグル（gur：師）として仕え同じグルに使えるもう一人の弟子のことを「バーイ *bhāi*（兄弟）」あるいは「グル・バーイ（師兄弟）」と呼ぶ。また「グル」にとっての「グル・バーイ」は、己のオジに相当する人物として「カーカー（*kākā*：オジ）・グル」と称す。師弟の親族としての関係はというと、親・子ではなく、夫と妻の関係に喩えられる。そして、己の「グル・バーイ」との関係も、妻同士の関係に喩えられることもある。己のグルにとっての師に対しては、父方祖母に対する呼称「ダーディー」が用いられる。三昧に入ったと伝えられる先代に対して「ダーディー」と呼びかけるのは、自分の師よりも上の世代の者たちはすべて「ダーディー」と総称するためである。このように、ヒジュラの成員間関係では、師弟関係を軸として、父系親族の関係名称を領有することにより互いの布置が明確化される。新たに仲間を迎える場合、その新参者は己のグルが属する親族関係の中に組み込まれ、男性親族を示す関係名称によって他の成員との関係を構築する。そして、いずれは「ダーディー」という女性親族に対する関係名称で総称される地位に上がることが運命付けられている。「ダーディー」と総称される先代たちが一斉に三昧に入った理由について、ヒジュラA氏に聞いてみた。すると、ヒジュラA氏は、「こんな生き方をしないため」と、自分のサリーを摘んで見せた。A氏の仕草は、サリーを纏った己自身を指していた。つまり、その仕草によって、先代たちの三昧の意味を、ヒジュラとしての生涯を自ら絶った、あるいは、ヒジュラとして生を再び受けることを絶ったと解釈してみせたのである。

今日に生きる「パーワイヤ」は、三昧に入ることなく、病などを原因として死に至る。死後の処置は、アグニ *agni*・サンスカーラ *sanskāra*（火葬）ではなく、地中にそのまま埋葬される。ムスリムも死後は土葬を行うため、周囲の人々は、ヒジュラの埋葬に関して、「ムスリムのよう」と語る。しかし、「パーワイヤ」たちは、死者に「サマーディ（三昧に入った証となる祠）を与える」と語る。つまり、三昧に入った先代と同様な埋葬形式を今に引き継いでいるのである。

以上、「パーワイヤ」に属するヒジュラは、死者の歴史を記憶する場としての「故郷」をもち、その場所を繰り返し訪れることにより、パーワイヤたちが共有する記憶の意味を活性化させる。さらに、「パーワイヤ」として生きた先代とのつながりも浮かび上がり、「パーワイヤ」への帰属を再確認する。

今に生きる「パーワイヤ」の成員間のつながりが可視化される極致は、成員の死という出来事が生じた時点である。成員の死を契機に「パーワイヤ」の傘下にある者たちは呼び集められ、さらに、「ヒージャダ」の成員たちも儀礼の遂行のために一つの場所に集合する。それは「パーワイヤ」「ヒージャダ」の区分を横断した、一つの共同体が一つの場所に召喚させられることを意味する。

ヒジュラのひとりが死を迎えると、死者の弟子と、またその弟子の弟子など、父系親族の関係名称によって繋がる身近なヒジュラたちが死者の家に集結する。そして、その他の「パーワイヤ」、そして交流のある「ヒージャダ」の成員たちに死の通知を出す。その通知を受けた者たちが各地から死者の家に集結し、ひとりのヒジュラの死を、同じくヒジュラとして生きる者たちが共に経験する儀礼が遂行される。ヒジュラの死の儀礼は、グルを亡くしたヒジュラを「寡婦」と見立て、その「寡婦」を中心とした「実家」と「婚家」の役割関係を軸に成立する。以下において、寡婦の儀礼参与に関する世俗の決まりに言及しながら、それと類比するヒジュラの死の儀礼について述べる。

世俗の女性が夫の死により寡婦となる場合、既婚女性がもつ象牙の腕輪、そして日頃から腕にはめるガラスやプラスチック製の腕輪を叩き割らなければならない。そして、残りの人生で着用するサリーの色は、白や水色などの淡い色に限定される。ただし、夫の死後一定期間は、赤系統色や華やかな柄入のサリーを身に纏うことが寡婦には義務づけられる。寡婦にとって、華やかな柄入りの赤色系統のサリーを着用するのはこの時期が最後となる。赤いサリーで顔全体を覆い隠したまま、寡婦は部屋の片隅で弔問する女性たちを待ち受ける。弔問する親族女性たちは、グジャラートの都市部では白色のサリーを着用するが、北部地域では黒のサリーの着用が多く見られる。このように、世俗における死の儀礼では、寡婦となった女性一人だけが赤いサリーを身に纏うが、その赤いサリーは寡婦の実の兄弟、つまり〈実家〉から贈られる。ヒジュラの死の儀礼においても赤いサリーの贈与は必須とされており、赤いサリーを贈る義務を担うヒジュラ、つまり〈実家〉の人間に相当する人物が儀礼遂行のために登場する。

師を亡くした弟子のヒジュラは、寡婦同様に腕輪を叩き割るが、ヒジュラの師弟間では象牙の腕輪を所有することがないため、それはプラスチック製の赤い腕輪のみである。そして、世俗における寡婦の女性同様に、赤色系統のサリーを身にまとい、死の儀礼に臨む。儀礼に参列するヒジュラは皆、全身黒色の衣装を着用しなければならない。死者の弟子が着用する赤系統色の柄入りサリーは、死者の父系親族に属さないヒジュラから贈られることになっている。そのため、師を亡くす前の段階で、「母（マンミ *mammi*）」に相当する人物を見つけて、師の親族系譜とは異なるもう一つ別の系譜に加わらなければならない。

「母」となる人物を特定すると、その人物との間に「母」と「娘（ディーカリ *dīkari*）」としての関係を結ぶ。

「母」とする人物に、もうひとり別の「娘」が存在する場合、「娘」ふたりが、ひとつの容器に入った牛乳を、ひとつのスプーンで飲み、「姉」と「妹」の関係を結ぶ儀礼が行われる。「母」の弟子とは、「バーイ（兄弟）」と「バヘン（*buhen*：姉妹）」と呼び合う関係を結び、「バヘン」が師を亡くしたときに、「母」と「バーイ」には赤いサリーを贈るという義務を担ってもらう。

死者の家を弔問する側のヒジュラ、そして弔問客を迎え入れる側のヒジュラは、みな黒のサリーを纏い、赤いサリーを纏う死者の弟子と共に涙を流す。それから、みなが一斉に立ち上がり、己の胸を両手で激しく打ちつける「クトゥヲ *kutwo*」という動作をしながら、死者を送る歌を歌う。「クトゥヲ」の動作は、他者の死（特に若くして亡くなった人の死）を経験した世俗の女性が悲しみを表現する際に見せる動作であり、男性は行わない。また、世俗において高齢で亡くなった人の死に際しては「クトゥヲ」の動作を行わないのが一般的である。ヒジュラの間で執り行われる「クトゥヲ」の儀式は、弔問客が訪れるごとに何度でも行われるが、ひとつの場に全員が集結して行う最終的な「クトゥヲ」の儀式は、成員の死から通常一〇日目前後に設定される。この儀礼の最終段階の儀礼では、赤いサリーを纏う弟子も加わり胸を両手で打ちつける。

最終的な「クトゥヲ」の儀式が終わると、その場に居るヒジュラ全員で直会の共食をとる。それから、死者の家に属す者たちは、儀礼に参列した弔問客たち一人一人に対して色柄入りのサリーと五〇ルピーほどの金銭を手渡す。この時点で贈られるサリーは「喪（ソグ *sog*）のサリー」と称される。弔問客全員が「喪のサリー」を受け取ると、ヒジュラの集まりは解散となり、それぞれの家に戻る。儀礼に参加した弔問客の喪はその日のうちに明けるが、死者の家では、寡婦同様な立場にある弟子が三七日間は赤のサリーを身に纏い、喪に服す。

先述したように、ヒジュラ全体の「クトゥヲ」の儀式は死後一〇日目前後になされる。人の死後一〇日目というのは、スータック *sūtak* と称される区切りの日である。スータックの日には、死者の近親にあたる親族男性は、一般スータックの象徴とされる髪の毛（ヒゲや眉も含む）をそり落とす。サンスクリット語源のスータックとは、一般に儀礼的ケガレと訳されるが、それは人の死に限らず、生命誕生においても生じる現象である。死のケガレの場合は、死者の近親にある者たちが、一定期間、家の中に閉じ篭り、その期間は日常生活との区切りをつける。そして、誕生のケガレにおいても同様に、生まれた赤子、その母、そして母が帰属する親族（とりわけ夫側の親族）全員で日常からの離脱に徹することになる。

世俗で見られる誕生のケガレ現象は、ヒジュラとして生きる者たちの間でも生じる。生殖とは無縁のはずのヒジュラであるが、ヒジュラであることをその身体に印づける去勢において儀礼的ケガレが生じるのである。そして、そのケガレに対処するために、生命誕生という自然現象への対処方法をヒジュラは取り入れている。以下では、ひとりの人間がヒジュラの共同体に参与し、去勢を受ける過程と、術後の経過について詳述する。その過程に見出される既存の世俗の慣習から、去勢儀礼に込められた意味を解明する。

五　去勢——異人として生きるために

ヒジュラになること、それは、「男性から女性になり、世俗を捨てること」と、ヒジュラB氏は筆者に語る。ヒジュラB氏は、両親が存命中に、ひとりの女性と結婚しているが、その後離婚に至る。両親が亡くなった後に去勢を受けて、ヒジュラになったと言う。現在、ヒジュラB氏は己が生まれ育ったエリアを活動拠点としている。師とその仲間たちと共に日中は活動するが、夕刻になると両親が残した家に戻り、兄弟と共に過ごす。ヒジュラB氏のケースは例外的であり、多くのヒジュラは、生まれ故郷から遠く離れた、近親者のいない地でヒジュラとして活動する。己が師事するヒジュラを人づてに探す者もいれば、バフチャラー寺院のように、ヒジュラが集まる場所に自ら赴く者もいる。

バフチャラー寺院の神殿脇で、筆者がヒジュラと共に地面に座っていたある日のこと、シャツとズボン姿の人物が目の前に現れた。暫くの間、無言のままその場に突っ立っていたのだが、「自分は『マーシー（ヒジュラ）』だ」とぽつりと言った。それを聞いた成員のひとりは、その人物をその場に座らせて、「ムラティヨ *muratiyo*

が来た」と別の仲間に向かって叫んだ。「ムラティヨ」とは、元来は花婿を意味する語であるが、この場合は弟子入り志願者を意味する。その志願者は、外観からして決して青年とは言えず、「何故もっと早く来なかったのか」と、ヒジュラのひとりから意見されていた。結局、弟子入りには至らなかったのだが、その理由を後でヒジュラのひとりに尋ねてみると、共同生活を営む者として相応しくないと判断したためだという。

志願者の弟子入りが認められる場合は、師となる人物からその新参者に対してスカート（ガーガロ）が与えられる。この時の「スカートをはく」という経験は、ヒジュラ共同体への仲間入りが認められたことを意味する儀礼でもある。己の過去を振り返る語りでは、自分がヒジュラになったときのことを「スカートをはいた」と表現する成員も多い。ただし、母神寺院で出会う巡礼者に対しては、ヒジュラになることを「母神の召命がくる」と表現する。ヒジュラC氏宅に滞在していた時に、筆者は「母神の召命がくる」という慣用表現を用いて、C氏がヒジュラになるきっかけを尋ねてみた。するとヒジュラC氏は、自分の手の甲を筆者の側に向けて、指を下方向にすぼめた状態で「こうなってしまう」と答えた。この固くすぼめられた手は、勃起しないペニスを真似る仕草であり、性交能力の欠如を意味していた。つまり、ヒジュラC氏は筆者に対して、ヒジュラになることと、性交不能であることを結びつけてみせたのである。しかし、ヒジュラの中には、性交能力を備えた者も少なくない。その仲間を蔑如する際に、去勢を経たヒジュラは、自分の肘から手先までを揺らす仕草と共に、「（あいつのペニスは）もちあがる」と表現する。つまり、性交能力を備えていることが、ヒジュラの間では蔑如の対象ともなるのである。

去勢前の時点では、ヒジュラはいつでもスカートを脱ぎ捨て、世俗の側へ戻ることができる。かつてヒジュラとして活動していた者が、シャツとズボンに着替えて、寺院の仲間のもとに顔を見せに来る光景を筆者は時折目にしたことがある。しかし、一旦去勢儀礼を通過した者は、世俗の側へ戻ることはできない。

ヒジュラとして生きるためには、世俗におけるステイタスを捨てる去勢儀礼が求められるが、その儀礼については、女性の出産と類比的な関係にあると説明される。去勢手術を受けた者が、産後女性や赤子と同様に儀礼的ケガレを被り、その儀礼的ケガレに対処するプロセスが産後女性によるものと同様だからである。以下は、両者を対比させながら、ヒジュラが経験する去勢儀礼の意義について論じる。

出産を経験する女性、及び、その女性の親族（主に姻族）は、スータックと称される儀礼的ケガレを被り、一定期間（大概は三七日間）、寺院参詣などの行動を控えなければならない。お産直後の女性は、家のモノに手で触れてはいけないため、その家の別の女性が身の回りの世話をする。そして、シロ *siro* という小麦粉の水と砂糖を加えて煮詰めた食べ物が、産後の女性に与えられる。

出産後に生じる儀礼的ケガレが生じる現象に関して、人々は、母体から流れる悪露がガンダキー *gandakī*（汚物）であるためと説明をする。そのため、儀礼的ケガレが排除すべきモノと誤解されやすい。儀礼的ケガレに関して先駆的な議論を展開させた関根康正は、儀礼的ケガレとは、現世（秩序）に対峙するあの世（無秩序）の存在が、人の生と死によって喚起された状態であり、その状態を脅威と認識する人々の反応と定義する。儀礼的ケガレを被る間、人々は日常の営みを一時停止させるが、それは「家族や親族の援助・協力を得て、混乱を乗り越えていく仕掛け」つまり「伝統的知恵」として捉えることができる（関根　一九九五：一一九、一二二）。関根が定義するように、儀礼的ケガレに肯定的な意味があることは、以下に示すグジャラートの事例からも実証的に論じることができる。

グジャラートでは、第一子の出産を実家で行う風習が根強く残る。その場合、産後女性の実家がスワワダ *suwavada*（産褥）と言われる。産褥といわれるその家は、儀礼的ケガレの状態に入り、それと時を同じくして、母体が存在しない姻族の家の側にも強力な儀礼的ケガレが生じる。その理由は、生まれた子供（とりわけ男児）は、姻族の成員であるために、姻族の家の成員が皆で儀礼的ケガレを被るのだと人々は語る。つまり、儀礼的ケガレは、母体から流れる汚い悪露が生じさせるのではなく、生命体が現れる現象によって引き起こされている。赤子を成員として迎え入れることは脅威であり、親族が共同で受け止めるべき義務であることを明示しているのである。

誕生の儀礼的ケガレは、子が生まれてから六日目を境にして大きく減少する。六日目にはチャッティと称される儀礼が行われ、その日の真夜中には女神が「あの世」から到来し、子供の運命を額に書き込むという。このことは、六日目を経過していない赤子は「この世」の存在ではない、つまり、「あの世」に限りなく近い危険な状態にあることを示す。女神が運命を記すとされる六日目に、赤子は初めて「この世」の存在として認識され、よって、境界現象としての儀礼的ケガレも減少するのである。

換言すると、出産における儀礼的ケガレは、生命誕生という不可思議な外的現象に対する人々の反応である。生命の誕生がもたらす秩序の混乱を、迎え入れる側の人間たちが積極的に受け入れ、共にその混乱を乗り切るという「伝統的知恵」なのである。そして、ヒジュラの去勢儀礼においても、この「伝統的知恵」としての儀礼的ケガレの期間が設けられる。それは、去勢儀礼を通過することが生命誕生と同じ現象であること、つまり、ヒジュラとしての生を獲得したことを意味する。

去勢の手術を受けた者は、産後の女性と同様に、三七日間は家の中に閉じこもらなければならない。術後六日目には、赤子と同様にチャッティの儀式が行われ、この日を迎えることのできた者は、危険な状態を脱したといわれる。術後は、産後女性と同様にシロが与えられ、さらに、一ヶ月の間に一キロの生姜を消費することが義務づけられる。生姜の摂取は術後二日目から始まり、生姜の粉末とバターオイル、粗糖を混ぜ合わせた、「ゴリ」として与えられる。この「ゴリ」とは、民間療法では体温上昇と滋養強壮の効果があるとされるが、去勢した者の場合は、生姜の摂取によって体内に熱を生じさせ、ヒゲなどの体毛が生えてこないようにすることが目的だと言われる。一般に、南アジア地域では、生殖能力をもつ女性の身体は熱く、その逆に、男性の身体は冷たいといわれる。つまり、生姜の摂取により生じる体熱が男性性の象徴ともいえる体毛を消去し、それにより、儀礼を経た身体からは完全に過去の属性が取り除かれるのである。

以上、生と死の両義を体現する去勢儀礼は、生命誕生に等しい現象を生じさせている。男性器の切除による死を経験した者は、「あの世」と「この世」の境界域に立ち、そこから再び「この世」の側に出る。去勢儀礼は、死と直面する危険を常に伴っており、その死を乗り越え再び「この世」に誕生できるのは、母神の加護のおかげであるとヒジュラは語る。この時の経験があるからこそ、母神の名のもとに呪言を行うことができるのであり、たとえ疑いをもたれたとしても、相手に去勢跡を見せつけて罵倒し返すこともできる。去勢された身体を他人の目に曝す行為には、見ている者を己と同じようにしてやるという呪いの意味もある。そのため、呪いを回避するには顔を背けるか、退散するしかないのである。

六　おわりに

ヒジュラとして在る者は、所与としての親族やカーストへの帰属を捨て、それだけでなく、所与としての身体の一部までも切り捨て、同じくヒジュラとして生きる者たちの集合体へと己を埋没させる。その集合体は、内部の成員たちを親族の関係名称や儀礼によりつなぎとめ、まとまりのなさを隠蔽してくれるが、しかし世俗の側に対しては、異質な他者像を映し出す。そのため、ヒジュラは独自の世界に閉じ籠っていると、地元の人々はみている。強引な乞食をし、また、渋る相手を脅迫することもあるため、厄介者として疎まれることも事実である。

父系親族の継承に背を向け、異性愛の規範から逸脱するという点に焦点を当てる既存の先行研究では、ヒジュラは周縁に在る異質な人々として描かれてきた。しかし、インド、グジャラート州において、筆者が係わりをもってきたヒジュラたちは、異質で在るだけでなく母神の豊穣性を授けてくれる「マレビト」として歓待されもするという両義性をもっていた。「マレビト」として招かれる場合には、「マーシー」という他人を姻族に置き換える呼称により、呼びかけられ、歓待を受ける。母神に帰依するヒジュラたちは、母の姉妹（マーシー）という立場を一時的に引き受け、甥や姪たちに対して母神の恩寵を授けるのである。

「マーシー」という呼びかけは「第三のジェンダー」として己・他者を一義的に規定する行為とは、性質を異にする。なぜなら、「マーシー」と呼びかける「私」は、相手とのつながりを意識しており、相手との距離を埋めようと努めている。それに対して、「第三のジェンダー」とは、他者との差異を明示するカテゴリーであるため、そのように規定することは、わかりやすい反面、不寛容な関係を生み出してしまうのではと考える。

当然ながら、母方オバの「マーシー」と呼ばれたとしても、ヒジュラは世俗の人たちとは帰属を異にする他所者である。他所者であるヒジュラの共同体とは、アルフォンソ・リンギスの「死の共同体」概念にも通じる特徴をもっている。リンギスの「死の共同体」概念とは、「何も共有していない者たちの、あるいは何も作りださない者たちの、死すべき運命において見放された人々の友愛」であり、それは、義務を伴う「属」の構造としての「親族性」の承認の彼方に存在すると、リンギスは定義する（リンギス 二〇〇六：一九七一一九八）。つまり、「死の共同体」とは、「個人の再生産によって身体的に反復され、そして再現前化される」親族という帰属を共有しない者たちの間に召喚されるのであり、それ故に、親族性から最も遠い地点に存在する（リンギス 二〇〇六：一九五―一九八）。この定義に則れば、ヒジュラが召喚する共同体は「個人の再生産」とは無縁のものである点において、リンギスの言うように、親族性の彼方にある「死の共同体」といえる。

けれども、ヒジュラの共同体では、その内部において義務を伴う「属」の構造がしっかりと形成されている。それは、何も共有していなかった者たちが、死すべき運命において互いに見放されないための策であり、死すべき時まで母神に帰依する誓いを後世に伝える策でもある。要するに、ヒジュラの共同体内部において「模倣＝反復」される親族性とは、世俗で重視される親族関係のまねごとではなく、母神に帰依する実践者の再生産を求めている。

再生産される者には、母神の呪いの名残としての去勢が課せられるが、その儀礼を無事に通過して帰依者となった暁には、世俗において言祝ぎ生きることが許される。言祝ぐ「客神」として招かれない時には、スカートの下をちらつかせながら、「マレビト」として振舞うことを強制的に認めさせることもできる。ヒジュラの身体に刻まれたナラティヴには、見る者を畏れさせる呪いの効力が込められているのである。

参考文献

國弘暁子　二〇〇九『ヒンドゥー女神の帰依者ヒジュラ―宗教・ジェンダー境界域の人類学』風響社。

小松和彦　二〇〇三（一九九五）『異人論―民俗社会の心性』ちくま学芸文庫。

関根康正　一九九五『ケガレの人類学―南インド・ハリジャンの生活世界』東京大学出版。

デュモン、ルイ　一九九三（一九八三）『個人主義論考―近代イデオロギーについての人類学的展望』言叢社。

ナンシー、ジャン＝リュック　二〇〇一（一九九九）『無為の共同体―哲学を問い直す分有の思考』西谷修／安原伸一郎（訳）、以文社。

リンギス、アルフォンソ　二〇〇六（一九九四）『何も共有していない者たちの共同体』野谷啓二（訳）、洛北出版。

Mehta, Sumant　1945　Eunuchs, Pavaiyas & Hijadas. Gujarat Sahitya Sabha, Amadavada Karyavahi, 1945–46: 3–75.

Shah, A.M.　1961　A Note on the Hijadas of Gujarat. *American Anthropologist*. 63: 1325–1330.

第七章　現代イランの祭りと異人に対する寛容性

竹原　新

一　はじめに

最初に白状しておく。筆者がイランのモハッラム月の服喪儀礼を自分の目で見たのは二〇一八年が初めてである。口承文芸や俗信が専門だから儀礼まで手が回らなかった、と言えば言い訳になるだろう。たしかに、祭りや儀礼は伝説や俗信などにも関連するもので、口承文芸研究や俗信研究の立場からもまとめておく必要性があるのはよくわかっていた。しかし、モハッラム月の服喪儀礼は、イラン研究者がイラン民俗と言えば真っ先に思い浮かべるほど知られており、関連の研究も多いため、何も自分がわざわざ扱わなくても、という思いもあり、正直に言って、正面から扱うことを躊躇っていた。この点については反省すべきである。

イスラム暦は毎年一〇数日ずつ前倒しにずれていくのだが、二〇年ほど前にイランに約八ヶ月滞在した際には、モハッラム月に引っかからなかった。その後も、イラン滞在はいつも九月頃に二週間程度という日程であったため、私のイラン滞在期間がちょうどモハッラム月九日と一〇日にかかったのは二〇一八年が初めてであった。いつも調査でお世話になっている地区の皆様からも誘われるし、まあ付き合いもあるので一度行ってみるか、という気持ちもあって儀礼の現場を見させていただいた。本稿の記録の内容の多くは、この際に撮影した動画と写真が元になっている。

ところが、モハッラム月の儀礼を現場で間近で見た結果、思いがけず、日本の神社の祭りと同じような構造を持つことに気づいたため、そういったことも含めて文章化しておく必要性を強く感じた次第である。本稿では、テヘラン近郊の農村であるターレバーバードのモハッラム月の服喪儀礼の報告を行いつつ、関連の伝説、現代伝説、俗信の事例を提示することを通して、イラン人はモハッラム月の一連の儀礼で何をしているのか、明らかにしたいと思う。

本稿の要点を三つ記しておく。

・モハッラムの一連の儀礼は、聖者の霊を迎えて祀り、年に一度、共食や巡行を行い、幸福を祈願するお祭りである。

・スンニ派を糾弾する「非寛容さ」と異民族と共に行動する「寛容さ」が入り交じる政治的要素のある儀礼である。

・イランのモハッラム月の一連の儀礼を「ナラティヴ・ポリティクス」の概念の考察のための一事例として提示したい。

モハッラム月の一連の儀礼は、スンニ派を糾弾する非寛容性が目立つものであるが、調査の報告や伝承の事例の提示を通して、反対に、聖者だけでなく、異民族、死者、妖怪といった、いわゆる「異人」を受け入れたり、寛容性をもたらしたりする役割を果たす点に特に着目したい。

二　モハッラム月の服喪儀礼について

モハッラム月の服喪儀礼とは、グルーネバウムの『イスラームの祭り』によれば、「ヒジュラ暦六一年ムハッラム月一〇日（西暦六八〇年一〇月一〇日）、アリーの息子でムハンマドの孫、後に第三代イマームに数えられるフセインは、従えていた小隊とウマイヤ朝の軍との小競り合いで、死亡した。」（グスタフ・E・フォン・グルーネバウム　二〇〇二：一一三）とされ、これが史実とされている。この事件は「カルバラーの悲劇」とも呼ばれる。モハッラム月の儀礼はこの事件で、敵対するスンニ派に襲撃されて死亡したホセイン（フセイン）たちを哀悼する一連の行事のことを指す。現代では、例えばシーア派が多数を占めるイランでは、関連の礼拝、宗教劇、行列などを伴う盛大な行事となっており、シーア派の人々にとって自分たちがスンニ派とは異なるというアイデンティティの根幹に関わる行事と言える。

さらに、グルーネバウムは、前掲書の「ムハッラム月一〇日」の章で、一連の儀礼について紹介して、「行列の構成と、用いられた象徴の細部の多くは、アドーニス（タンムズ）の祭りの儀式と、全般的に共通点を持つことが確証づけられている。」（前掲書：一一八）と述べているが、この章では行事の説明とドキュメントにとどまり、祭り（Festival）の観点からの詳細な分析は見られない（前掲書：一一二〜一二六）。現書名では“MUHAMMADAN FESTIVALS”となっており、「Festival」という単語が使われているものの、ラマダンなど他の行事も全て含めて“MUHAMMADAN FESTIVALS”としており、特段、モハッラム月の行事を特に「祭り」という観点から見ているわけではないと言える。

我が国におけるシーア派イスラムの祭りに関する研究として、嶋本隆光は、グルーネバウムの前掲書の後半に所収される「シーア派小史—誕生からイラン・イスラーム共和革命まで」において、特にモハッラム月に行われるタアズィーエと呼ばれる宗教劇を指して、「全体として、モハッラム月の一〇日間に行なわれるタアズィーエ・ダーリーは、いわゆるハレ会であって、イラン人ムスリムにとって、年に一度の最も重要な「お祭り」の一つである。」（嶋本隆光　二〇〇二：一五四）と述べている。宗教劇に特化して「お祭り」であるとするが、イラン人にとってのモハッラム月の一連の行事をわざわざ括弧に入れて「お祭り」と表現するのは、言いえて妙であると思う。

三　関連する諸研究

民俗学の立場からのモハッラム月の服喪儀礼に関する言及としては、井本英一による『境界・祭祀空間』で手形の表象などと絡めた研究がある（井本英一　一九八五：一七四〜二三七）。口承文芸研究の観点からの言及としては、

Langarūdī による“Zaʻfar-e jennī.”（Langarūdī 1395［2016 or 2017］: 729-731）があり、カルバラーの悲劇に纏わる妖怪ジンに関する伝説について考察している。一連の服喪儀礼で使われる旗じるしなどの祭具に関する研究として、ボルークバーシーの『ナフル巡行』がある（アリー・ボルークバーシー 二〇二二）。モハッラム月の服喪儀礼の行事そのものについて、比較の視点をとり入れた研究として、同じくボルークバーシーによる「聖なる絨毯を象徴的に洗う儀礼」があり、モハッラムの儀礼をアルダハールという地域の別の祭りと比較して、「アルダハールのソルターンアリーの物語は、カルバラーのホセイン殉教の叙事詩と多かれ少なかれモチーフとテーマが類似している」と述べた上で、両者の構造の類似点と宗教行為の共通点を示している（アリー・A・ボルークバーシー 二〇一〇：二二七―二二八）[1]。

具体的な調査報告としては、本稿の原稿締切の二〇二二年春の時点で、例えば、中村明日香の「エスファハーン州ホメイニー・シャフルにおけるムハッラム月服喪儀礼」（中村明日香 二〇〇五）は、先行研究を含めて資料的価値は高く、且つ、簡潔にまとめられたものである。また、椿原敦子はイランで精力的にこの儀礼の調査をしており、精緻な資料を得た上で、研究報告書「現代イランにおける儀礼を通じた倫理的主体形成の人類学的研究―マッダーフの役割に着目して―」[2]では、願掛けに関する考察もしている。

山岸智子は、「カルバラーの悲劇」とイラン・ナショナリズム」で、「カルバラー・パラダイムは革命過程において、イランには不在のホメイニーを指導者としてイメージするための修辞装置としても有効に作用した。」（山岸智子 二〇一〇：三一三）と述べるなど、モハッラムの儀礼をイラン政治の観点から論じている。このことから、「カルバラーの悲劇」の伝承は、まさに、ナラティヴとポリティクスをつなげるテーマとなり得ることがわかる。

本稿で紹介するターレバーバード地区の服喪儀礼については、一九七六年にイランの社会学者の Safinejad がモハッラム月における「スィーネザニー」と呼ばれる胸を叩く儀礼、モスクにおける儀礼、ふるまいの食事の様子などを記録している（Safinejad 2535［1976 or 1977］: 440-448）。

四　ターレバーバードについて

ターレバーバードはテヘランから南方のヴァラーミーンへ向かう途中の幹線道路の東側に位置する農村の一つである。幹線道路からターレバーバードに入る東西の道路が村の中心となる大通りになっており、モスクや墓地や商店などがその大通りに面して並んでいる。村の規模は決して大きくはなく、クルマやバイクであれば数分もあれば一周できる。幹線道路からターレバーバードに入ってすぐ南側に、遺跡が風化してできたと言われる丘があり、この丘のおかげで遠くからでもターレバーバードの位置が認識できる。この丘には、「金銀財宝が隠されており、蛇か竜がそれを守っているため誰も寄せ付けないのだ」という内容の伝説が残っている（竹原新 二〇〇一：六九一～六九二）。近年、その伝説を信じて盗掘をする族がいるとも言われている。

一九九八年に筆者が初めてターレバーバードを訪れた際は、泥でできた家屋がまだ少なからず残っており、それらの家屋に混じって古いモスクがあり、鶏たちがその辺りを駆け回るような素朴な農村であった。我が国では岡崎正孝が『カナート イランの地下水路』でカナートを中心に一九七〇年代のターレバーバードを紹介している（岡崎正孝 一九八八）[3]。近年、家屋は次々と新しく建て直され、二〇一〇年代にはモスクも改築され、道路に鶏の姿を見かけることもなくなった。しかし、農業に用いられるカナートは健在で、トウモロコシ畑などに水を供給している。職業としての羊飼いも残っており、羊の放牧をよく見かける。

イランにはイマームザーデと呼ばれる聖廟が多く見られ、ターレバーバードの近隣にもイマームザーデを持つ村もあるが、ターレバーバードはイマームザーデではなくモスクを中心とする村である。モスクから少し離れた東側に墓地があり、後述するように、この墓地はモハッラムの儀礼でも重要な役割を果たす。

イラン・イラク戦争中にターレバーバードから七人の戦死者を出したとのことで、モスクの中にはこの七人の肖像が殉教者として掲げられている。モスクの礼拝は男女別で行われる。モスクの中には展示スペースが設けられており、ターレバーバードの歴史や文化が紹介される。先出の岡崎の『カナート イランの地下水路』だけでなく、僭越ながら、筆者がイランで民俗学者のアフマド・ヴァキーリヤーンと共著で出版した民話集(4)もここに展示されている。

五　儀礼の準備

筆者は二〇一七年の調査では、モハッラム月のタースーアー（九日）とアーシューラー（一〇日）には既に日本に帰国していたため、イランにはいなかったのであるが、それより前の祭礼の準備期間中に俗信や民話の調査を行うため訪れたため、ターレバーバード地区で祭礼の準備の光景をいくつか撮影した。後述する墓地の脇の小路では鉄パイプで門が組み立てられていた。この仮の門は祭りの前に毎年組み立てられ、祭りが済むと解体されるようである。同年には、トルコ系のアゼルバイジャン人の氏子たちが祭礼を行う集会所(5)の飾り付けの現場を訪れた。とはいえ、そこで聞いた言語は大人も子供もペルシア語であり、そうと言われなければトルコ系の人々であることに気が付かなかったであろう。

ターレバーバードはペルシア系住民が多くを占めるが、アゼルバイジャン人(6)やアフガニスタン人も住んでいる。ターレバーバードでは、アゼルバイジャン人もアフガニスタン人も多くはシーア派ムスリムであるためペルシア系イラン人の人々と同様にモハッラムの服喪儀礼を行うという。

モハッラム月の儀礼は、同月一〇日のアーシューラーやその宵宮となる九日のタースーアーの日におけるタアズィーエと呼ばれる宗教劇や渡御に目を奪われがちであるが、日本の祭りと同様に、当事者たちにとってみれば、活動の多くは準備と片付けである。この意味で、儀礼の人間関係の中心は当日ではなく、前後の準備と片付けの期間にあるとも言え、フィールドワークをする者としては、祭りや儀礼の当日はもちろんであるが、むしろ前後の期間に目を向けることを忘れてはならない。

六　振る舞いの食事

二〇一八年には、テヘラン南部でハリームと呼ばれる甘い粥が巨大な鍋で作られているのを撮影する機会があった。節目に甘く高カロリーな料理を食べるのは、日本の正月のぜんざいや栗きんとん、雛まつりの甘酒、端午の節句のちまき柏餅などと同様の食習慣と考えるとわかりやすい。

筆者が二〇一八年にターレバーバードで振る舞いの食事に関して撮影したのは宵宮に当たるモハッラム月九日のタースーアー（二〇一八年九月一九日）の夕食と本宮に当たる一〇日のアーシューラー（二〇一八年九月二〇日）の昼食である。ターレバーバードのモスク前のメイン通りに鉄パイプ製の屋根が造営され、数一〇個の鍋が二列に並べられる。その光景はまるで日本の神社の祭りにおける参道の屋台を彷彿とさせる。一つ一つの鍋には薪の火がかけられ、夜になると二本の炎の筋が道路に沿って描かれる。その炎の筋は文字通り参道となり、人間だけでなく、聖者の霊を招き導く目印のようにも見える。男性たちが中心となって鍋の面倒を見るが、周囲には女性の姿も見られた。

宵宮の夜遅くに、地区の人たちに食事が振る舞われる。筆者はテヘランに持ち帰ってからお相伴にあずかったが、発泡スチロールの一人用の弁当容器にご飯と肉だけが入っただけの素朴なチェロキャバーブであった。ただし、量は多めである。夜の大通りの街灯の光の下で、参道の脇で、家の扉の前でなど、思い思いの場所でしゃがんで食事を摂る。女性たちの姿は路上には見当たらない。目の前のモスクでは後に述べる宵宮の儀礼がまだ行われているはずである。参道で作られた食事は無料で振る舞われ、日本の祭りの屋台のような代金のやりとりはない。振る舞いの食事は、寄贈によって成り立っているものと思われるが、お金の流れについては後日の課題としたい。

七　深夜の儀礼

宵宮の日、日没後、大通りで振る舞いの食事の準備が行われている間、モスクだけでなく、ヘイヤトと呼ばれる氏子団体の管理する複数の集会所や宗教劇場（ホセイニーエ）に男性たちが集まってくる。ヘイヤトは氏子団体を指すが、同時に集会所のことも指すようである。さまざまな種類の氏子団体があり、地区の中には子供用の集会所もあった。

宵宮には本社に当たる町の中心のモスクと、アフガニスタン人の集まる宗教劇場を訪問することができた。アフガニスタン人の宗教劇場では説教が行われていた。

その後に訪れた本社のモスクでは、来た人から順番に壁にもたれて座り、紅茶が振る舞われる。導師が説教壇から説教を行う。導師は他の男性たちと異なり、青い上着を着ていて、白いターバンを付けている。説教壇の側にはイラン国旗が置かれ、地区の名士の一人である七〇歳代の男性がやや斜め下で導師と並んで人々に向かって座り、その説教を聞いている。その男性A氏は二〇年来の私のインフォーマントの一人である。ターレバーバードの古くからの家の主人で、大通りに面した中心部に住まいを持つ。時間が遅くなるに連れ、徐々にモスクへ集まる人数が増える。男性ばかりであるが、大人だけでなく一〇歳未満と思われる男の子供も混じっている。

夜一〇時頃になると、モスク内のメインの照明が消される。全ての照明が消されるわけではないので、真っ暗ではなく、歩くには支障のない明るさが保たれている。人々は壁際だけでなく、モスク内の真ん中に座り、マイクを通した大音量の歌に合わせ、自らの胸を叩き始める。数秒に一度、ゆっくりとした手拍子で、多くの人が胸を叩く規則的な音が響く。その状態がしばらく続き、夜はさらに更けていくが、やがて、男性たちは立ち上がり、先導するマイクの声に合わせて一斉に歌い出す。服喪儀礼だからであろう、ゆったりとした短調のメロディーが繰り返される。歌の先導者がフレーズごとに直前に歌詞を伝え、人々はその歌詞を唱和しながら、皆で一定のリズムで胸を叩き続けるのである。暗くてはっきりと確認したわけではないが、男性たちの一部は、恍惚とした状態となっているようにも見えた。

照明を落とし、胸を叩きながら歌う儀礼の目的は、明確に誰かが言うわけではないが、聖者の魂を招いていると解釈できる。聖者とは、もちろんこの儀礼の中心人物であるホセインであろう。後述するように、翌日の本宮の正午頃にも同様の儀礼が行われ、宵宮の暗闇の儀礼はそれに対応する儀礼なのである。夜一一時頃まで見ていたが、このままずっと続くということを聞き、その日は、儀礼の当日の夜遅くにテヘランへ向かってくれるタクシーの運転手に詫びつつ、配られた振る舞いの食事の容器を手に、ターレバーバードを後にした。

八　氏子団体間の交流

本宮の日の朝、私がターレバーバードに到着した頃、ちょうど渡御の巡行が始まるところだった。朝早くから準備をしていたのであろう。筆者がはじめに付いて行ったのは、緑や赤の旗を持つ七、八人の少年たちに先導された隊列であった。少年たちは小学生高学年から中学生であろうか。隊列は男性ばかりで、ほぼ全員が黒のシャツかティーシャツを来ており、人数は数一〇人あるいは一〇〇人を超えているかもしれなかった。乗用車に大きなスピーカーを搭載して哀歌が流される。人々はその歌に合わせて片手で胸を叩きながら歩く。基本的に二列縦隊の行列であり、胸を叩く手は右手の人もいれば、左手の人もいる。子供と手をつないで行列に参加する人もいる。前の晩、モスクで説教をしていた導師も後ろの方で一緒に隊列に加わっていた。

隊列が最初に向かったのは、アフガニスタン人の宗教劇場であった。聞くと、前日、つまり、宵宮の日中にアフガニスタン人の氏子団体が本社のモスクにお参りに来てくれたため、その返礼に向かうという。アフガニスタン人の男性たちが集まる宗教劇場に次々とペルシア系イラン人住民の男性たちが入っていき、そこでも立ったまま胸を叩く動作とともに両集団が一緒に儀礼を行う。友好的な雰囲気であった。

一九七九年のソ連によるアフガニスタンへの侵攻の後、多くのアフガニスタン人難民がイランに流入した。筆者はターレバーバード地区にも二〇年前からアフガニスタン人難民が居住するとされる区画があったと聞かされており、当時、地区の人たちを撮影した写真の中には明らかにアフガニスタンからきたハザラ系と思われる子供も写っている(7)。アフガニスタン人の宗教劇場にはイラン歴一三六〇年（西暦一九八一～一九八二年）設立という表示あるため、ターレバーバードのアフガニスタンからの移民の歴史は、少なくともこの頃からはあることになる。この宗教劇場もアフガニスタン紛争の後、数年以内にできたことがわかる。

その次にペルシア系イラン人の男性たちの隊列が向かったのは、アゼルバイジャン人の集会所（前年に筆者が訪れたアゼルバイジャン人の集会所とは別）であった。アフガニスタン人の集会所での儀礼と同様に隊列の全員は入れないためか、多くの人々は外で待っていた。

こういった氏子団体同士の交流は、異なる民族間だけで行われるものというわけではない。「時々、タースーアーとアーシューラーの前の晩にガルエノウからのスィーネザニーの一団がターレバーバードにやってきて、これを歓待した。村の地主が一〇〇トマンを哀歌詩人に渡したものだ。」（Safīnejād 2535 [1976 or 1977]: 446）という四〇年以上前の記録がある。儀礼の際に別の氏子集団と交流し合うということ自体は、少なくとも四〇年前から行っていたことがわかる。ガルエノウは、ターレバーバードから二キロメートル程離れた近隣の地区の名称である。ターレバーバードの既婚女性の中には、ガルエノウから嫁いできたという人もおり、昔から人的交流があったことが窺える。

行列はアゼルバイジャン人の集会所を出ると、地区の墓地へ向かっていった。

九　太鼓と渡御列

大通りを横切って墓地の入り口へ近づくと、大通りに沿って向こうから別の行列が近づいてきた。最初の行列と同じように、一〇人ほどの旗を持った少年たちが行列を先導する。最初の行列より大規模である。子どもたちも黒いシャツを来ているが、背中や胸に泥の手形が付いている。髪にも泥を付けている。この行列では、赤や緑の旗だけでなく、青や黒や白の旗もある。幟を持つ二名、幕を持つ二名が続く。幕だけでなく、旗にも聖者を称える文字や模様が入っていることがある。喜捨の箱を抱える少年が通った後、「アラム」と呼ばれる横幅五メートル以上ある旗じるしが続く。手形、ライオン、鳥、鳥の羽などがあしらわれたイランでは一般的な形状の旗じるしである。日本のお神輿と同様に依代としての機能があると考えて良いだろう。この大きな旗じるしを屈強な男性が一人でバランスを取りながら運ぶ。

その後ろに、束にした鎖を両手に持つ数一〇人の大人の男性が二列で続く。隊列の中心では少なくとも大太鼓が二人と小太鼓が一人、シンバルの一人がリズムをとる。その後ろにはスピーカーを搭載した山車とマイクを手にした歌い手の男性が続く。歌と太鼓のリズムに合わせて、男性たちは二つの鎖の束を両肩から背中に向かって叩きつける。両手を左右交差して叩く者もいる。痛みや苦しみを追体験するのはこの儀礼に共通する行為として見られ、呪術論的には、殺害された聖者ホセインの痛みや苦しみを類感的に体験することで霊的なものと接触しようとするフレーザーの言う類感呪術(8)であると解釈できる。

歌と太鼓は、やはり、短調のメロディーとゆったりとしたリズムである。鎖の束の行列は二列縦隊であるが、道路の横では、行列の男性たちの家族であろうか、行列の男性たちと同人数程度の女性たちが並んで歩いていた。小さい子供を連れていたり抱えていたりする女性も少なくない。女性たちは鎖の束を持たないし、胸や背中を打つ動作もしないが、傍目から見ると、男性の二列と合わせて、行列は実質的には三列縦隊に見える。

実は、この数日前、太鼓担当の男性たちと宗教劇場の屋内で話しをする機会があった。「行列には長（ライース）のような存在がいるのか？」という私の質問に対し、青年の一人が「行列に長はいないが、私が太鼓のミユーンダールだ。」と答えた。ミユーンダール（ミヤーンダールの口語）は指導者を意味するので、太鼓のリズムを取る指揮担当とでも訳すのが適当だと思う。また、「練習はどの程度するのか？」と尋ねると、「練習は特にしない。子供の頃から見様見真似だ。」という旨の回答があった。

この行列も、最初の行列と同様に渡御のあと、地区の墓地へと入って行った。

十　墓地での儀礼

イランでは、木曜日の午後に家族で墓地へ行き、埋葬された先祖の墓石の前で一時を過ごす家族が少なくない。ターレバーバードの墓地にも、舗装された通路にベンチが置かれ、樹木も植えられ、人々の憩いの場として機能している。墓地の中には殉教したとされる七名の戦死者の肖像が入った大きな絵が掲げられている。

行列の男性たちやマイクの山車は墓地の南側の入り口から中へ入っていき、女性たちも一緒に墓地へ入って行く。墓地の中は大人数の男女でごった返すが、やがて、マイクの歌い手に合わせて太鼓とシンバルが鳴り始めた。既に二列縦隊は崩れており、男性たちは思い思いの場所に陣取る。リズムに合わせて、鎖の束を持つ者は鎖で背中を叩き、持たないものは手で胸を叩く。

墓地の中の少し広い場所で、太鼓が集まっていた。直径が一メートル以上ある大太鼓が二つ、片手で持ち上げられる直径一メートル程度の中太鼓が二つ、肩から掛けられる大きさの小太鼓が少なくとも三つ、シンバルが二つという編成である。これに見様見真似の子どもたちの太鼓も加わる。中太鼓の一人が例のミユーンダールの青年である。歩きながらではなく、停止しての演奏であるため、渡御のリズムに比べて、安定した合奏ができているようにも見える。ゆっくりとした四拍子であり、大太鼓と中太鼓とシンバルが三拍叩いて一拍休むリズムをとり、一拍休みのところで小太鼓がドラムロールをする。息の合った合奏である。

大通りでの渡御が、聖者の魂を、その依代となるアラムで運んでいるのだとすると、墓場での太鼓演奏は祖先崇拝の意味があると言える。墓場で聖者の霊と先祖の霊が並び、人間がそれらを共に迎える儀礼であると解釈できる。もちろん墓地は、日常において、最もあの世に近い機能を持つ場所であり、ターレバーバードでは、モスクに次ぐ、常設の聖地である。この儀礼の本拠地であるモスクに渡御列が宮入りする前に、墓地というもう一つの聖地を経由するのである。
サフィーネジャードによる記録には、「一団が砦から出て墓地まで行き、胸を打ってもう一度帰ってくる夜もあった」（Safīnejād 2535［1976 or 1977］: 446）とあるため、墓地へ行く慣習は少なくとも約四〇年前からあったことになるが、当時は夜に墓地を訪れていたようである。日中にも行っていたのかもしれないが、記録にはないためわからない。この四〇年間で、集団で墓地を訪れる慣習には何らかの変容があった可能性がある。

十一　墓地の出口での儀礼

墓地へ入った男性たちは、南側の入り口とは別の西側の出口から墓地を出る。その西側の出口から少し南へ行った大通りへの出口（墓地の西側角）には、本稿の「儀礼の準備」の項目で言及した鉄パイプでできた一時的な門が建てられている。門は布で飾り付けられており、鉄パイプはさほど気にならない。男性たちは二〇から三〇人ずつの集団となって門から大通りに出ていくが、門を通る前、通る時、通った後、全員で行う掛け声の文句に合わせて、自らの胸を叩く。胸打ちの文句の一部の日本語訳を示す。

今日はアーシューラー、しかし、犠牲祭のようである、ホセイン！
カルバラーの大地は殉教者たちの血でバラ園のようになった、ホセイン！
今日はホセイン様殉教で悲しい、ホセイン！

各地で同じ文言を唱えるというが、モハッラム月の一〇日間、日毎に文言が異なり、この文言はアーシューラーの日に唱えられる文言だという。一つの集団が一文唱え、別の集団が応じて別の一文を唱える、といった掛け合いが行われる。青い上着と白いターバンの導師も一緒に胸打ちの儀礼を行う。男性たちは、皆、黒いシャツを着ているものの、ジーンズや白いズボンなどを履いている者も少なくなく、遠目には黒と青にその他の色が混じった集団に見える。参加者たちは大通りに面したモスクを目指して歩いて行く。モスクは参道の振る舞いの鍋の列を挟んで、すぐ先に見えている。

モスクの入り口の門は敷地の南西角にある。太鼓、鎖の束、旗といったそれぞれの道具を手に、男性たちがモスクの門から宮入りする。女性や子供たちは門の外で宮入りを見物している。日本の祭りの行列の宮入りと似た光景である。

十二　正午頃のモスク内での儀礼

一連の本宮の行事のなかで最も盛り上がるのが正午頃にモスク内で行われる儀礼である。宮入りした行列の男性たちがモスクの中に入り一〇〇名前後が幾重にも輪になって、同じ歌を歌いながら、大きな動作とともに一様に胸を叩く動作をする。説教壇には歌い手の男性がおり、マイクで次のような歌詞のアラビア語の歌を歌う。


　私の命はホセイン様と共にある。

　私の信仰はホセイン様と共にある。

　私の人生の平安はホセイン様と共にある。(9)


ゆっくりとした短調の四拍子で、一拍目に大きく両手を下げ、二拍目に大きく両手を上げ、三拍目に小さく両手を下げ、最後の拍子で、両手で胸を叩く。

説教壇の奥には、前夜の導師の説教に並んで座っていた地区の名士Ａ氏が立っている。一方、導師はこの場では説教壇ではなく、輪の中に入って皆と一緒に胸を叩く動作に加わっている。男性たちの輪の中心の一重目、二重目の輪辺りは若者が多く、動作も大きく、中にはやはり何かが取り憑いたかと思われるような状態の者もいる。導師も一重目におり、小さな男の子たちも一番前の輪に入れてもらっていた。皆、一心不乱に同じ動作をする。輪の内側に行くほど、動作の熱は上がるようである。反対に、外側には老人たちが壁にもたれて座っているが、腕の動作は合わせている。地区の人間関係が反映されているようである。この日、筆者は説教壇の上に上がらせてもらい、上から動画を撮影したため、俯瞰的に状況を確認することができた。

カルバラーの悲劇はモハッラム月一〇日アーシューラーの正午頃に起こったという。前日のタースーアーの晩の暗闇の儀礼がホセインの魂を呼ぶ儀礼なら、このアーシューラーの正午の儀礼はホセインの魂を送り出す儀礼であると言える。本稿で、日本語の宵宮、本宮という語でタースーアーとアーシューラーを説明したのはまさにこれが理由である。

十三　宗教劇

ターレバーバード地区の北側に、先述の宗教劇場がある。正午過ぎには、宗教劇場の斜め前のやや広い道路で宗教劇が行われていた。その前日のタースーアーには宗教劇場で別の宗教劇（タアズィーエ）が行われていたという。

正午頃のモスク内での儀礼を終えた男性たちもここに合流する。道路の真ん中には真っ白な布でできた一メートル余りの小さなテントが見える。旗じるしの一つ、スピーカーを載せた山車もここに移動している。山車のスピーカーからは歌い手の哀歌が大音響で流れ、白いテントの横で太鼓がリズムを取る。そのリズムに合わせて鎖の束を両手に持つ男たちがテントの前で輪になって、例の背中を鎖で自ら叩く動作をする。まだ人数は多くはない。多くの女性たちが壁際に立ったり座ったりして見物場所を陣取っている。女性たちは全員黒いチャドルを着ており、中には男性たちの動作に合わせ、胸を叩く動作をする者たちもいる。

突然、ラッパの音が鳴り、渡御列の太鼓とは異なるタイプの太鼓を持つ五人の男性が太鼓を打ち始める。太鼓は両面を叩くことのできるもので、たすき掛けに肩からストラップを掛け、音頭を取る一人が両手にバチを持ち、残り四名は片手にバチを持つ。バチを持つのは右手の者もいれば左手の者もいる。

白いテントの前の一重目の輪が太鼓の五人である。テントと太鼓の輪を覆うように二重目に手に何ももたない多くの男性たちが手で胸を叩きながら反時計回りに歩いて回る。太鼓たちは定位置である。山車のスピーカーからの哀歌に合わせて胸打ちの男性の輪がゆっくり回る。

やがて、テントは下から火が点けられる。あっという間に燃え広がり、テントは金属の枠を残して約一分後にはほぼ灰と化した。白いテントは聖者ホセインの一団の天幕を模しており、カルバラーの悲劇に近い時刻に焼かれるのも類感的な行為と解釈できる。

十四　食事の振る舞い

一連の儀礼が終わると、前の晩と同様にモスクの前の参道で食事が振る舞われる。筆者が参道に足を向けた際は既に振る舞いの食事の配布が終わりかけであった。多くの男性たち、女性たちが鍋を持って、最後に残った米飯の釜の周囲を囲んでいた。釜の前には多くの鍋が差し出され、多少混乱していたようであるが、取り合いになるという気配はなかった。実を言うと、その様子を撮影していた筆者もこの時点では昼食にあぶれてしまったのだが、上述のＡ氏の家に招かれ、ご家族と一緒に、前日の宵宮の晩に続き、再び、お下がりのお相伴にあずかることができた。

十五　ターレバーバードの服喪儀礼のまとめ

ターレバーバードのモハッラム月九日、一〇日の服喪儀礼は、一〇日のホセインが殉教したとされる時刻にホセインの霊と接触するための儀礼とみなすことができる。九日はいわば宵宮、一〇日は本宮として機能し、ホセインの霊とともに渡御巡行し、村の死者と接触させる儀礼でもある。胸を叩くスィーネザニーの動作、打撃音、痛い感覚を通して、類感呪術的に聖者ホセインの霊と接触し、九日の晩と一〇日正午に共食儀礼を行う。ホセインの霊は、各民族の拠点にも降りてきて、最終的に渡御巡行によりモスクへ宮入りする。聖者ホセインが殉教したとされる一〇日の正午に類感呪術的にホセインのテントを擬似的に燃やすことで、一連の行事は終わり、さらに共食を行うことで、一〇日の儀礼全体が完結する。

この両日の儀礼は、日本語ではまさに祭りと表現できる。単なる祭りではなく、地区を挙げた「祭礼」であり、モスクにとって、一年で最も大規模で重要な「大祭」でもある。

十六　モハッラム月に関する伝説

ところで、この祭礼の行われるモハッラム月は妖怪ジンと接触するとされる時期である。筆者が採録した資料を示す。なお、本稿で事例を提示するに当って、筆者の日本語訳の表現を初出から修正した箇所がある。

［略］ザアファルはアーシューラーの日、ジンは普通人間の目に見えないのであるが、人間は見ることができないのであるが、アーシューラーの日、このザアファルは、全ての仲間のジンたちとともに、イマームを手伝いに来た。そこで修行を重ねたイマームがザアファルを見た。ザアファルは言った。「何かお手伝いすることはありませんか。」イマームは言った。「あなた方は見えないので、皆はあなたが見えないので、そ

んなあなた方に手伝ってもらうのは男らしいとは言えない。だから、手伝わなくて良い。」［略］（「ジンの話」、四六才男性、テヘラン州ターレガーン、伝承者：不明）（竹原新 二〇〇八：五九〜六〇）

これはイランでは有名な伝説で、ホセインがカルバラーの悲劇の直前に、妖怪ジンたちの王であるザアファルの助けを断ったというものである。この伝説が関連しているかどうかは別として、モハッラム月の一連の行事の期間にジンが出るという現代伝説がある。続けて事例を二つ示す。

ある時、バラガーン村でホセイン殉教劇をしようとしていた。この殉教劇のために棒が必要であった。大きな棒である。上の方の畑で切ってきて、その棒を作った。重い棒である。重い棒を持ってきた。一〇人がかりで持ってこようとした。そのうちの一人にアシュールという名前の者がいた。朝にその棒を一〇人で持ってくることにしていたのであるが、アシュールが家で寝ていると、夜中に彼の家の扉を叩く者がいた。扉を開けると、友人たちであった。それがジンか妖精であったことなどわからなかった。アシュールの友人たちの姿で現れたのであった。そして、アシュールも声を上げて、棒を取りに行った。棒を取り、皆の肩に乗せ、アシュールは棒の上に乗った。アシュールは棒の上に座って皆が担いだ。ジンや妖精たちは、口々に言った。アシュール、アシュール、心の中で考えていることを口に出すな。つまり、「慈悲ふかく慈愛あまねきアッラーの御名において[10]」と言うなということであった。心の中で考えていることを口に出すな。そして、アシュールが彼らの足を見てみると、それは人間のものではなかった。そして、「慈悲ふかく慈愛あまねきアッラーの御名において」と言った。すると、ジンたちは消えてしまった。消えてしまって、アシュールは落ちてしまった。落ちて、怖くなった。恐れながらも言った。私をここまで連れてきたんだから、最後まで運ばせてやろう。すると、ジンと妖精たちはもう一度集まって、アシュールを棒に乗せて肩に担いで歩き始めた。そして、劇場の近くまで来たとき、アシュールは再び言った。「慈悲ふかく慈愛あまねきアッラーの御名において」そういうとまたジンたちが消え、下に落ちてしまった。下に落ちたときは、朝になっていた。そして、村人たちがやって来た。バラガーンの人々がやってきて、集まって言った。どうしたんだい、アシュール。どうして、ここに棒があるのだ。朝に一緒に運ぶことになっていたじゃないか。どうして、来なかったのだ。アシュールは言った。夜中にジンと妖精が扉を叩いたんだ。私も怖かったけれど、彼らと行って棒をとって持ってきたというわけさ。これも、私が覚えているジンと妖精の話である。(「アシュールの話」、一八才男性、テヘラン州バラガーン、伝承者：祖父)(竹原新、前掲書：八二〇〜八二三)

ターレガーンの村々の中の、おそらくファシャンダクであるが、あるセイエドがいた。彼はジンを目で見ることができた。「見せてみろ」などと言っては、誰も信じなかった。その中でも一人、とてもごう慢な男がいた。この男は、セイエドが群集で服喪の儀礼をしたアーシューラーの日まで、セイエドの話を信じなかった。モスクからモスクへと服喪の儀礼をしていた。セイエドは、以前より彼の話をふとどきにも信じていなかったその男を群集の中に見つけた。そして、セイエドはとても穏やかに「ジンを見たいですか。」と言った。男は振り向いて、周りに人がたくさんいるから大丈夫だと思った。男は「いいですよ。もし本当なら、見せてください。」と言った。すると、セイエドは「手を出してください。体をくっつけてください。その後、何をするか言います。」と言った。セイエドは相手の手をとりました。その直後、セイエドは「後ろを振り返れ。どうだ、何か見えたか、見えなかったか。」と言った。男は、ホセインの服喪の儀礼をしている群集の後ろに、多くのジンたちがいて、泣いたり、胸を叩いたりしていて、群集やモスクの方に向かっているのを見た。男はその様子を見て怖くなった。セイエドに「私の手を離してください。息が止まりそうだ。怖い。」と懇願して言った。セイエドは彼の手を離し、その日からその男は泣きながらその話をしたものだった。その日から後、その男はセイエドの言うことを信じるようになり、こう言った。「彼がこれまで言っていたことは本当のことだ。ジンを見たい者は彼に言えばいい。」(「ジンの話」、四六才男性、テヘラン州

ターレガーン、伝承者：あるセイエド）（竹原新、前掲資料：二六〜二七）

このように、イランではモハッラム月は妖怪ジンと接触するとされる時期であることがわかる。

十七　モハッラム月の俗信

また、モハッラム月は願掛けの時期でもある。次に事例を示す。

私たちはモハッラム月に願掛けをして、お祈りをする。油を供える。または、米を供える。あるいは、羊を供える。これらで私たちからイマーム・ホセインへ願掛けをする。私たちの願いをイマーム・ホセインに届け、願掛けをする。誰もが願いがある。例えば、子供が家を持ってほしいと願うなら、願掛けをする。「私は病気です、私は病気なんです、子供がいません、孫に子供ができますように」というように。願掛けをすると、次の年には叶うのである。（「モハッラム月一〇日のアーシューラーの願掛け」、八八才女性、テヘラン州ターレバーバード、伝承者：年長者たち）（竹原新 二〇二〇：二四〇）

ご利益を期待して聖者に願掛けをしており、ご利益は、懐妊祈願、病気の平癒といった身近なことであることがわかる。

十八　おわりに

モハッラム月の一連の儀礼は、これまで、聖者ホセインを弔い、スンニ派を糾弾する「非寛容性」が際立つ服喪儀礼としての側面に着目されがちであった。しかし、この儀礼は、提示した資料にあるように、年に一度、聖者ホセインの霊を祀り、共食を行い、俗世の幸福を祈願するといった要素を含む。また、巡行を通して、聖者だけでなく、異民族、死者、妖怪といった、いわゆる「異人」をシーア派の同志として再確認して受け入れる「寛容性」も見られる。この儀礼は、単なる服喪や哀悼だけの儀礼ではなく、年に一度の聖者ホセインの命日を契機として彼岸と此岸が交錯する総合的な「祭り」としてイランの民俗社会において機能しているのではないか。表向き悲しむための行事であるが、人々は明らかに楽しんでいるようにも見える。さらに、先に述べた山岸の研究にもあるように、政治的な要素を含む。

そこで、この現代イランの「祭り」をこのプロジェクトでいう「ナラティヴ・ポリティクス」の概念の考察のための一事例として提示したい。

本稿で紹介したターレバーバード地区におけるタースーアーとアーシューラーの行事については、筆者はその一部しか見ておらず、必ずしも全てを網羅したものではないことを付記しておきたい。特に、ターレバーバードのタースーアーの宗教劇（タアズィーエ）を実見できなかったのは心残りである。まさに後の祭りである。

（1）同儀礼については、アリー・ボルークバーシー　本多由美子訳　二〇二〇『ガーリーシューヤーン　マシュハデ・アルダハールにおける象徴的絨毯洗いの祭礼』包にさらに詳細な説明がある。

（2）椿原敦子「現代イランにおける儀礼を通じた倫理的主体形成の人類学的研究―マッダーフの役割に着目して―」公益財団法人三島海雲記念財団学術研究奨励金（研究助成）平成二六年度（第五二回）助成研究報告書。https://www.mishima-kaiun.or.jp/wp-mishima/wp-content/uploads/2023/06/JNo11-tubakihara-1.pdf（二〇二四年五月一六日最終閲覧）

（3）筆者は、大学院生の頃、当時の指導教官の岡﨑の伝手でターレバーバードを調査地の一つとした。

（4）Takehara, Shin. Vakīliyān, A., 1381[2002 or 2003] *Afsānehā-ye Īrān: Be ravāyat-e emrūz va dirūz*. Tehran: Sāles. にターレバーバードの民話が多く含まれる

（5）氏子団体が管理し、聖者の霊が降りてくる場所として捉えるなら、行宮もしくは御旅所としての機能もあると考える。

（6）ここではイラン国内のアゼルバイジャン地方のことを指す。

（7）ハザラ系はモンゴロイドで、一見、日本人と同じ風貌をしており、イランでは目立つ。日本人が歩いているとハザラ系から同じ民族だと思われて話しかけれることもある。

（8）フレーザーによると、呪術は「類似は類似を生む、あるいは結果はその原因に似る」とする類感（模倣）呪術と、「かつてたがいに接触していたものは、物理的に接触のやんだ後までも、なお空間を距てて相互的作用を継続する」という感染呪術の二点に要約される（フレーザー　一九七三、一巻、五七～一二五）。

（9）歌詞はターレバーバード出身の中学教師（先述のA氏の長男）にペルシア語訳を教えていただいたものを、さらに日本語訳した。

（10）井筒俊彦訳　一九六四『コーラン』岩波書店、改版、上の一一頁の日本語訳による。

参考文献

井筒俊彦訳　一九八〇（一九五七）『コーラン』（上）岩波書店。

井本英一　一九八五『境界・祭祀空間』平河出版社。

岡﨑正孝　一九八八『カナート イランの地下水路』論創社。

グルーネバウム、グスタフ・E・フォン、嶋本隆光監訳、伊吹寛子訳　二〇〇二『イスラームの祭り』法政大学出版局。

嶋本隆光　二〇〇二「シーア派小史—誕生からイラン・イスラーム共和革命まで」（グルーネバウム、グスタフ・E・フォン、嶋本隆光監訳、伊吹寛子訳『イスラームの祭り』法政大学出版局。

中村明日香　二〇〇五「エスファハーン州ホメイニー・シャフルにおけるムハッラム月服喪儀礼」『イラン研究』第一号、大阪外国語大学地域文化学科ペルシア語専攻、九九—一一七頁。

椿原敦子　二〇一四「現代イランにおける儀礼を通じた倫理的主体形成の人類学的研究—マッダーフの役割に着目して—」公益財団法人三島海雲記念財団学術研究奨励金（研究助成）平成二六年度（第五二回）助成研究報告書。https://www.mishima-kaiun.or.jp/wp-mishima/wp-content/uploads/2023/06/JNo11-tubakihara-1.pdf（二〇二四年五月一六日最終閲覧）

竹原新　二〇〇一『イランの口承文芸—現地調査と研究—』溪水社。

——　二〇〇八「イランの口承文芸　平成16～17年度収集資料」『イランの祭祀・信仰に関するデータベースの構築とペルシア文学論への応用研究　平成16～平成18年度科学研究費補助金（基盤研究（B））研究成果報告書』（研究代表者：森茂男）、一〇—六一頁。

——　二〇二〇『現代イランの俗信』大阪大学出版会。

フレイザー　一九七三『金枝篇』（一巻）永橋卓介訳、岩波書店。

ボルークバーシー、アリー　二〇二〇『ガーリーシューヤーン　マシュハデ・アルダハールにおける象徴的絨毯洗いの祭礼』本多由美子訳、包。

―――　二〇二二『ナフル巡行　殉教者の不滅のいのちの表象［ナフルギャルダーニー］』小林歩訳、包。

ボルークバーシー、アリー・A　二〇一〇「聖なる絨毯を象徴的に洗う儀礼」、森茂男編『イランとイスラム―文化と伝統を知る』竹原新訳、春風社、二一七―二一八頁。

山岸智子　二〇一〇「「カルバラーの悲劇」とイラン・ナショナリズム」森茂男編『イランとイスラム―文化と伝統を知る』春風社、二二九―三一四頁。

Langarūdī, ʻAlī Bālāī. 1395[2016 or 2017] "Za'far-e jennī." *Dānesh nāmeh-ye farhang-e mardom-e Īrān.* vol.4. Tehrān: Markaz-e dā'erat-ol-ma'āref-e bozorg-e eslāmī, pp. 729-731.
Safīnejād, Javād. 2535[1976 or 1977] *Tāleb Ābād.* Tehran UP.
Takehara, Shin. 1381[2002 or 2003] *Afsānehā-ye Īrān: Be ravāyat-e emrūz va dirūz.* Tehran: Sāles.

山　泰幸（関西学院大学教授）
西尾哲夫（国立民族学博物館名誉教授）編

ナラティヴ・ポリティクスとしての異人論

不寛容時代の〈他者〉をめぐる物語

〈他者〉への偏見や差別が激化していく不寛容時代に対し、人文学はいかに向き合うべきか。文化人類学や民俗学で蓄積されてきた「異人論」から着想を得て、〈他者〉に対する歓待や排除をめぐる物語・語りを「ナラティヴ・ポリティクス」という視点から読み直し、不寛容時代を乗り越える手掛かりを探る。国立民族学博物館の共同研究の成果をまとめた一冊。

■Ａ５判上製・約400頁　五、三九〇円

ISBN978-4-653-04586-1

荘司一歩（山形大学講師）著

マウンド・ビルディングの考古学

先史アンデスにおけるモニュメントのはじまりを問い直す

古代アンデスにおいて神殿建設はどのように始まったのか。古期の小規模な盛土遺構「マウンド」に廃棄された動植物の残滓や石器を詳細に検討し、貝殻のスクレロクロノロジー（硬組織編年学）によって環境変動を解明。マウンド・ビルディングという廃棄と建設の入り混じる社会実践によって、アンデス文明史における初期モニュメントが生み出されてきた過程を明らかにする。

■Ａ５判上製・約480頁　一九、八〇〇円

ISBN978-4-653-04587-8

桑山正進（京都大学名誉教授）著

ヒンドゥークシュ南北

歴史考古学蕞攷

ヒンドゥークシュ山脈南北地方、そこは大文明の地ではない。しかし、ここを押さえる政治勢力は、中央アジアばかりか東アジアまで及び、歴史の経過は大きく影響を被った。この地域は、アジアの歴史の鍵鑰である―考古学調査と文献精読の成果（すべて未単行の論考）を結集し、全４巻に編む。

N978-4-653-04594-6
4-653-04590-8（セット）

日本国号と天皇号の誕生と展開

再論『漢倭奴国王から日本国天皇へ』

る日中関係の歴史を、新たに「観念的倭」「実体的倭」という概念を用いてその展開を跡付け、前書では触れられなかった8世紀以降の「日本」「天皇」のその後も追う。さらには漢字表記・和音呼称の議論も取り上げ、両国の思惑が交錯する交渉の歴史に多角的考察を試みる。

■四六判並製・256頁　二、九七〇円

ISBN978-4-653-045

冨岡典子（元畿央大学助教授）著

奈良の食文化史

奈良に住む人々が何を食べてきたのか、そして何を食べているのか、その生活・文化と食との関わりとは―古代から現在に至るまでの食生活を通史の型式で丁寧にたどり、また、東大寺における仏教儀礼の食や奈良各地の祭りに関わる神饌など宗教行事に根差した食にも焦点をあて、概観する。

■四六判上製・約310頁　二、九七〇円

ISBN978-4-653-04585-4

中山一麿 監修
落合博志・伊藤 聡・山﨑 淳 編

寺院文献資料学の新展開

新刊 第8巻「近世仏教資料の諸相Ⅰ」（山﨑 淳 編）

好評重版 第9巻「近世仏教資料の諸相Ⅱ」（山﨑 淳 編）

中央の主要寺院との関わりの中で注目される地方寺院の悉皆調査の成果を、論文および資料翻刻・解題により紹介。個々の資料分析にとどまらず、長きにわたって各寺院の経蔵に蓄積・伝存してきた聖教類の集合体としての意味を問うとともに、10カ寺近くに及ぶ寺院調査の成果を横断的に考察し、寺院間ネットワークの実態を明らかにする。

■第8巻・第9巻　菊判上製・約450頁　各二六、四〇〇円

8巻：ISBN978-4-653-04548-9
9巻：ISBN978-4-653-04549-6

好評刊行中

末木文美士（東京大学名誉教授）
引野亨輔（東北大学准教授）
監修

近世仏教資料叢書

江戸時代に出版された仏教書を中心として、重要資料をテーマ別に精選。原典翻刻（書き下し）・解説・解題を中心に構成する。個々の資料紹介にとどまらず、仏教と近世社会の関係性をも鮮明に浮かび上がらせることを企図した本叢書は、この時代の宗教文化の解明に新しい光を当てるものと期待される。

■第２巻　Ａ５判上製・312頁　一九、八〇〇円

第1巻　**通俗仏書の出版と民衆仏教**　引野亨輔 編　一九、八〇〇円

第2巻　**仏伝と教学**　末木文美士／前川健一 編　一九、八〇〇円

第3巻　**国家を守護する仏神**　曽根原理／W.J.ボート／M.M.E.バウンステルス 編

第4巻　**唱導文学と商業出版**　万波寿子 編

第5巻　**女人教化と救済**　芹口真結子 編

第6巻　**仏教天文学と仏教世界観**　岡田正彦／平岡隆二 編

２巻：ISBN978-4-653-04762-9
ISBN978-4-653-04760-5（セット）

第三部　異類あるいは異なるものをめぐるナラティヴ・ポリティクス

第八章　異類の皮をめぐるナラティヴ・ポリティクス

――おとぎ話と現代美術の接点から――

村井まや子

一　動物の皮とおとぎ話

おとぎ話では登場人物が別の生きものの皮を被ると、その皮を脱ぐまで人々からその生きものにほぼ等しいものとみなされ、完全には人間でない境界的な存在として扱われる。木や鉱物や金属などの自然界の物質はおとぎ話の中で超自然的な力を持つが、動物の皮は特に異類婚姻譚における異種間の変身の場面で重要な役割を果たすことが多い物質だ。たとえばヨーロッパで出版された動物婿の物語（アールネ・トムソン・ウターの『国際昔話話型カタログ』でATU 441に分類される）の最古のものとされる、一六世紀イタリアのジョヴァン・フランチェスコ・ストラパローラのおとぎ話集『愉快な夜』（一五五〇―一五五三）に収められた「豚の王子」では、ブタの姿で生まれた王子は「汚らしくて臭いブタの皮」を脱ぎ捨て、「ハンサムで魅力的な若い男」となって人間の妻の前に立つ（Zipes 2001: 55）[1]。王は家来に命じてブタの皮を焼き捨て、「自分たちの息子を取り戻した」ことを王妃と喜ぶ（Zipes 2001: 55）。つまりこの王子は元々人間であり、ブタの皮を脱ぎ捨てるだけで人間に戻ることができるのだが、ブタの皮を被っている間の王子は、泥まみれのままベッドに入るなどブタの習性に近い行動をとる。それが人間たちの心根を試すための意図的なものなのか、それとも外見だけでなく中身も一部ブタになっているからなのかは明らかにされない。これと似た話にグリム兄弟の「ハリネズミのハンス」（KHM 108）がある。上半身がハリネズミ、下半身が人間という半身半獣の姿で生まれたハンスは、夜の暗がりでのみハリネズミの皮を脱いで人間の姿になる。結婚の約束を守らなかった王女たちの体を背中の針で刺して血まみれにするなど、ハリネズミの特性を生かした行動をとることもあるが、ブタの群れを飼ったりバグパイプで音楽を奏でたりと、人間的とみなされる行動もとる。ある夜、ハンスが眠っている間に妻がハリネズミの皮を焼き捨てると、二度とハリネズミの姿に戻らなくなる。

一方、人魚やセルキー（皮を脱ぐと人間の姿になるという伝承のアザラシ）の女房の物語では、逆方向の変身が起きる。これらの異類の女房は、人間の夫が隠していた動物の皮を取り戻すことで、最後に動物の姿に戻る。北米西海岸のトリンギット族に伝わる「クマと結婚した女の話」では、クマと結婚した女は自分の兄弟たちの手で夫を殺されたのち、人間の家族のもとに連れ戻される。しかし、ある日兄弟たちがふざけて女にクマの皮を無理やり着せた途端、女はクマの姿になり兄弟と母親に襲いかかり、殺してしまう。この話ではクマの皮は人間のコントロールを超えた力を持ち、それは着る者の思いさえも考慮しない。ゲーリー・スナイダーはエッセイ集『野生の実践（*The Practice of the Wild*）』（一九九〇）でこの話を再話し、この物語に多面的に応答する文章を書いている。その中で、女の兄弟たちの行いは、彼女だけが持つと思われるクマについての知識、そして彼女自身の種の曖昧さに対する人間側の不寛容性が原因であるとの解釈を述べている。「彼女が持つ力と彼女を取り巻く謎は、人間たちが居心地よく感じる限界を超えている」（Snyder 180）。動物の皮が決定的な役割を果たすこれらの異種間の婚姻と変身と暴力の物語は、人間と異類、自己の内側と外側、そして欲望と差異の関係を問い直すよう促し、自己と異なる存在に対する寛容性の問題を、物語に特有の形式であらわにする。

動物の皮はまた、ATU 510B に分類される、動物の皮でできた衣服を着て醜い姿に身をやつす女性が主人公の話でも、中心的な役割を担う。この話型でヨーロッパでもっともよく知られている話に、フランスのシャルル・ペローによる「ロバ皮」と、グリム兄弟による「千匹皮」（KHM 65）がある。これらの物語では、主人公の女性は動物の皮でできた衣服をまとい正体を隠すことで、近親相姦的欲望に駆られた父親から無事逃れ、他国の王子とめでたく結婚する。これらの物語では、動物の皮は父親との関係において奪われていた自由と主体性を娘に与える機能を担っている。そしてのちに訪れる動物の皮を脱ぎ捨てる瞬間に備えて、彼女を被う新たな皮の出現を準備する。

これらの物語は、現実世界の論理を超えたおとぎ話に特有の論理と形式で異類との密接な交わりを描き出すことで、人間と動物の境界に関する通念を問いただし、より複雑な理解へと導く。これらの物語が持つ変容的要素は、人間ならざるものへの魔術的な変身のみならず、人と動物の境界についての私たちの認識そのものの変容にもある。おとぎ話の論理に則って展開する異類間の婚姻と異類の皮にまつわる物語は、人間以外の生きものとの関係を築き直すための手がかりとなり、複数種の共生の別のあり方を想像するよう促す。

日本を含め世界各地で近年ますます深刻化している人と野生動物との衝突をめぐるナラティヴが、駆除／共生の二項対立を軸に形成されることで社会に新たな分断を招いている現状に対し、本稿では、伝統的なおとぎ話と現代美術の接点にみる異類としての動物の皮をめぐるナラティヴ・ポリティクスを検討することで、現代社会が直面している人と野生動物のせめぎ合いにおける寛容性／非寛容性の問題に新たな光をあてることを目指す。環境哲学者トム・ヴァン・ドゥーレンらによると、多種共生への道を探るマルチスピーシーズ研究の分野では、アートも中心的な役割を果たしてきたという。「アーティストたちはマルチメディア・インスタレーションやパフォーマンス的介入により、動物や植物や菌類などの人間中心的な世界の周縁にいるものたちに注意を向けさせてきた」（van Dooren, Kirksey, and Münster 2016: 9）。以下ではまず、異類婚姻譚および動物の皮を着るヒロインについてのおとぎ話における、動物の皮の役割と意義について考察する。次に、これらの物語を想起させる鴻池朋子（一九六〇―）による動物の皮を素材とする一連の美術作品が、現実社会と物語世界の両方における人と動物の関係と境界に関する既存の枠組みを解体し、新たに組み直すさまを見ていく。美術作品に用いられた素材としての動物の皮は、作品の「意味」という言葉で作られた抽象概念を指し示す媒体としてのみあるのではない。それは物質としての皮でもあり、そこには人間と物質の関係のあり方も露呈され、問題化される。同時に、動物の皮という素材を、人間の作り上げた象徴体系からいったん引き剝がし、言葉で分けられる以前の世界にある

「もの」として知覚し直す契機を与える。鴻池の作品を貫く異類をめぐるおとぎ話のインターテクストを読み解くことで、現実世界の動物の皮をメディア＝素材＝媒体として人間が作る美術作品との、言葉のみに縛られたコミュニケーションの限界を押し広げる形での対話を試みる。

二　動物の皮と異類婚姻譚

異類との婚姻は、世界各地に古くから伝わる物語に共通して現れるモティーフのひとつである。西洋のおとぎ話の伝統の中で現在もっともよく知られているのは、一七五六年に出版されたフランスのボーモン夫人による「美女と野獣」だろう。これはATU 425「失われた夫を探す旅」のサブグループに分類される話型である。美女は恐ろしい外見の野獣と共に暮らすうちに彼の優しさを認めるようになり、ついには結婚の申し込みを受け入れるが、それは彼が動物の姿であるにもかかわらず、結婚相手としてふさわしい内面的な美徳を持つからだとされる。その美徳とは、優しさ、寛大さ、思いやり、誠実さであり、それは人間にのみ備わっている資質であるという前提のために、野獣の外見に反するものとして認識されている。それゆえ、物語の最後に野獣はハンサムな人間の王子の姿に戻り、動物的とされる要素がすべて消し去られることで、ヒロインの善良さと賢明さが報われてハッピーエンディングを迎える。この結末は人間と動物を分け隔てる境界と同時に二者の間の上下関係を再認識し、強化するものであるといえる。マリア・タタールは、動物の伴侶という物語のモティーフが時代や文化を超えて普遍的な魅力を持つ理由について、次のように述べている。

　この人間中心的で理性的で「啓蒙化された」世界では、動物は人間と非対称的な関係に置かれている。（中略）人間の闇の分身として、動物は私たち人間が自らの内にある認めたくないものすべて―凶暴さ、野蛮さ、野生の衝動―を表す。人間の動物との関係は、謎めいた欲望や投影された幻想にあふれているため、動物について私たちが語る物語は、人間の中にある未だ文明化されていないもの、御しがたいもの、飼いならされていないものを私たちが探ることを可能にする。（Tatar 2017: xvi）

このように動物を人間の「闇」の部分の投影とみなすことで二者のつながりを見出すという人間中心的な視点は、二者の間の非対称的な二項対立を崩すのには役立たない。しかし、人間と野獣が密接に絡まり合い互いが変容する関係を主軸に物語が展開する点で、「美女と野獣」の物語は人と動物の二項対立を一時的にではあれ不安定にし、完全な人間中心主義には陥らない異種間の関係を想像する物語空間を生み出しているといえる。多様なメディアによるこの物語の再話の現在にいたるまでの世界的な人気は、異なる種の生きものとのより親密で相互的で対等な関係のあり方を探りたいという、人間の普遍的な願望を反映しているといえるだろう。

他方で、異類婚姻譚の中には、動物の伴侶が一時的に人間の姿に変身したのちに、最後に動物の姿に戻り、もとの世界へと帰っていく物語群がある。さまざまな文化圏で語られてきた人魚の話や、「鶴女房」などの日本の多くの異類婚姻譚がこれに当たる。結末で異類の伴侶が実は人間だったことがわかる「美女と野獣」型の話とは異なり、これらの物語の動物の伴侶は生まれつき動物で、物語の最後に動物の姿に戻る。そして野獣が人間より劣った存在であるという前提にもとづく「美女と野獣」とは異なり、これらの物語では人と動物が対等の知性と感性と美を備えた存在として描かれ、二者の違いは上下関係とは異なる位相であらわれる。西洋の物語の伝統で標準とされてきたおとぎ話を特徴づけるハッピーエンディングの形には当てはまらない結末を迎えるこれらの物語は、「人間の闇の分身」としての比喩に留まらない、動物としての動物との一時的ではあるが深い交わりを描いている。その意味で、ボーモン夫人の「美女と野獣」のようにユダヤ・キリスト教の伝統に影響された物語が示す人と動物の対立・優劣関係と比べて、より曖昧でフラットな関係を示している。

これら二つのタイプの異類婚姻譚のいずれにおいても、動物の皮が変身の場面で重要な役割を担うことが多い。スコットランドの北部諸島とその周辺地域に伝承が残るセルキーと人間の男性の婚姻譚では、セルキーはひとたび動物の皮を脱げば人間として扱われ、人間の世界で人間と同じように暮らす。ボーモン夫人の話の野獣とは対照的に、アザラシ女房は野蛮さや醜さや恐ろしさといった負の価値を与えられることはなく、人間の愛によって救済されるべきあわれな存在とはみなされない。彼女は自分の皮を夫から取り戻すと、アザラシの姿に戻り人間の家族を陸に残したまま海へと帰って行く。日本の「鶴女房」でも、異類の女房は最終的に再びツルの姿に戻り夫のもとを去るが、この話では皮ではなく羽が重要な機能を担い、ツルが自分の羽を素材に織り上げた布は人間が着る衣服の素材として高価な交換価値を持つ一方で、身体の一部を失うことでツル自身は徐々に命を削られていく。

これらの動物女房の物語は、異なる種の皮の下にある、生きものとしての連続性を前提としている。これらの物語は、多くの社会における女性の象徴的な他者性と自然への近さの反映とみることができる一方、動物を主体とする視点からは、結末での避けられない別離は、伴侶の異類としての生のあり方を人間の様式に合わせようとするのではなく、人間とは異なる欲求や欲望を尊重する物語的帰結と考えることができる。

異類婚姻譚の結末と皮の関わりを考える上で、イギリスの作家アンジェラ・カーターが一九七九年に出版した「美女と野獣」の再話「虎の花嫁」が描き出す衣服／皮膚／毛皮の複雑な関係が、興味深い示唆を与えてくれる。物語は美しい少女がギャンブルで負けた父親の掛け金として、「野獣」と呼ばれる人間の仮面を被ったトラに引き渡されるところからはじまる。野獣のただ一つの望みは、女性が「服を脱いで丸裸のヌードになる」ところを見ることだったが、この三重に服を脱ぐという過剰な表現が、主人公が結末で人間の皮膚を脱ぐことの伏線となっている（Carter 1979: 72）。人間の男性を中心とする社会で周縁に追いやられた者同士として、彼女はしだいに野獣との連帯を感じるようになるが、服を脱ぐことを拒む少女に野獣が示した行為は、自らが人間の衣服を脱ぎ捨ててトラの身体をあらわにすることだった。ボーモン夫人のテクストでは人間が受け取る「醜い」「恐ろしい」といった印象以外は曖昧にしか描写されない野獣の身体は、カーターの物語では一人称の語り手の女性の視点から克明に描かれる。「巨大なネコ科の黄褐色の体を覆う毛皮は、焦げた木の色の荒々しい幾何学的な縞模様がついている。ドームのような重々しい頭はあまりにも恐ろしく、隠さなければならない。なんて繊細な筋肉、なんて重々しい足取り。あらゆるものを滅ぼすかのような激しさをたたえた目は、一対の太陽のよう」（79）。人間の仮装を脱いで一匹の動物として目の前に立つトラに応えるため、彼女自身も衣服を脱ぎ、「彼を傷つけたりはしないことを示した」（79）。衣服を着るという人間の習慣は、ここでは他者とのコミュニケーションを阻害するものとして機能しており、二者が対等に向き合うためには捨て去られるべきものとみなされている。ボーモン夫人の「美女と野獣」では、美女は裕福な野獣から豪華な衣装をふんだんに与えられてハッピーエンディングにいたることからすれば、カーターの再話における衣服が担う意味の変容は、この物語が暗黙のうちに前提としている人間の文化の優位性を覆しているといえる。

「虎の花嫁」の最後の場面で、主人公は野獣の部屋を初めて訪れる決意をするが、そのためには衣服を全て脱ぎ捨てる必要があると感じる。それが「自分自身の皮を脱ぐような凄まじい痛み」を伴う行為であるのは、衣服が彼女が父権社会の中で娘の役割を演じるために不可欠の、いわば第二の皮膚として身につけてきたものの象徴だからだろう（81）。父権社会では女性の身体は男性の間で交換される商品としての価値を持ち、女性の表面的な美は交換価値を高める。「美女と野獣」の物語で主人公の女性が「美女」と名づけられているのは、女性の社会的価値が表層、つまり皮一枚の美に集約されていることを示しているともいえる。そして衣服を着ることはユダヤ・キリスト教において、禁断の木の実を食べて楽園を追放された人間をそれ以外の動物から隔てるしるしでもある。

主人公が野獣からの贈りもののクロテンの毛皮のコートだけをまとって彼の部屋に向かう途中、突然コートが「解体されて黒いキューキュー鳴くネズミの一群になり、硬い小さな足で階段を瞬く間に駆け降りて行った」（82）。毛皮のコートが息を吹き返してもとの動物の姿で駆け出すこの解放感に満ちた変身のエピソードは、このあと起きるヒロイン自身の変身の前触れとなっている。獣の皮と尿の臭いが鼻をつく部屋に入り、野獣の方に手を差し伸べると、野獣は「相手が自分を恐れている臭いがしないか確かめるように辺りの臭いを嗅いだが、その臭いはしなかった」（83）。そして「家の基礎もを揺るがす」「甘く轟く雷」のような轟音をたてて喉を鳴らしながら彼女にゆっくりと近づき、彼女の手は「荒いベルベットのような頭、次にサンドペーパーのようにざらざらの舌」を感じ取る（83）。それから野獣は彼女の体を舐めはじめ、「舐めるたびに次々に皮膚が剝がされ、この世の生の皮膚がすべて剝がされた。そして生まれたての輝く毛皮が残った」（83）。

ヒロインがトラに変身するこの結末の場面で重要なのは、人間の言語を使わずに二者がやりとりすることに加えて、感覚の焦点が視覚という人間社会で特権化された感覚から、臭いと音と触覚という、人間の認識を超えた動物の世界を感受するのに重要な感覚へと移行していることだ。

三　動物の皮を着る女性の話

「豚の王子」や「アザラシ女房」など、動物の皮がそれを着る人間を動物に変える異類婚姻譚とは異なり、「ロバ皮」や「千匹皮」の毛皮を着たヒロインは、完全に動物に変身するわけではない。これらの女性たちは人間の姿を保ったまま異類と同等のものとして扱われる、人と異類の両方の要素を併せ持つ二重の存在といえる。毛皮を着たヒロインの部分的な変身は、身体的、精神的、情緒的、そして社会的に過渡的段階にある思春期の少女という存在のリミナリティの隠喩であることに加えて、世界の中に在る自己の輪郭をかたどると同時に世界との接点でもある皮という物質が、自己を変容させる可能性についても考えさせる。そこには動物報恩譚とも異類婚姻譚とも異なる形で、人と動物の関係があらわれている。

「ロバ皮」と「千匹皮」はいずれも、美しい王妃が病で亡くなるところから物語がはじまる。王妃は死ぬ間際に王に対して、もし再婚するなら自分と同じくらい美しい女性でなければならないと言い残す。側近たちは王の再婚相手を探そうと躍起になるが、世界じゅうのどこを探してもそのような女性は見つからない。やがて年頃になった自分の娘が母親にそっくりであることに気づいた王は、激しい愛に取り憑かれて娘に結婚を迫る。娘は結婚を避けるために、結婚の条件として父親に次々に難題を課すが、王はそれらをすべて克服し、最後の難題である動物の皮でできた外套を作らせて娘に差し出す。「ロバ皮」では糞の代わりに金貨を出す魔法のロバの皮、「千匹皮」では国じゅうのあらゆる種の動物の皮を継ぎ合わせた外套である。

これらの物語の主人公は、自分が何者か、そして社会の中で自分がどのような価値を持つかを、身にまとう動物の皮によって規定される。毛むくじゃらの動物の皮に着替えることで新たなペルソナを手に入れ、過酷な環境の中で自らの力だけを頼りに生き延びようとする。驚くべきことに、それまで父親の言いなりだった娘は、動物の皮を身につけたとたんに、自主性、強靭な精神力と体力、勇気、創造力といった豊かな資質を発揮しはじめる。重要なのは、彼女は将来伴侶となるべき人に、動物の皮をまとった姿のままでまず受け入れられなければならない点だ。動物の皮の下に隠された本来の自分の皮膚を見せるのは、そのあとでなければならない。しかし動物の皮を脱ぎ捨てたときに現れるのは、父親の家を去る前の皮膚と同じ皮膚だろうか。変身は表層だけに留まらず、自己と世界の認識が不可逆的に変容する、より深いレベルでも起きているはずだ。だとすれば、動物の皮の下から現れる皮は、異類の皮を着て父の家を出ることで自己と世界との関わり方を再編成した存在にふさわしい、新しい皮なのではないか。

その新しい皮とはどのようなものかを考えるために、以下でまずこれらの物語における動物の皮の四通りの解釈を示し、次にもうひとつの解釈として、鴻池朋子の美術作品に用いられた動物の皮が想起する、新しい皮の物語について考える。

まず精神分析学的解釈について。国の財源である貴重なロバを殺して、あるいは国に生息するすべての種の動物を捕まえてその皮で衣服を作らせるという、王の常軌を逸した行為は、王の娘に対する近親相姦的な欲望の隠喩として解釈ができる。フロイトは一九一三年の論文「トーテムとタブー――未開人と神経症者の精神生活のいくつかの共通点」の中で、近親相姦のタブーが人間社会の基礎の根幹にあると述べている。フロイトによると、いわゆる原始的な部族におけるトーテミズムは、かつて部族の女性を独占していた原父の息子たちによる父殺しの罪への贖いであるとともに、近親相姦の禁止として機能する。父親の身代わりとしてのトーテム動物に対する衝迫とそれに対する打ち消しという両義的な感情は、エディプス・コンプレックスと同等のものであり、抑圧という防衛機能を身につけたことによって人間は文化を持つようになったとフロイトは考えた。そして原始社会におけるトーテム獣に対する畏敬と禁忌が、近代社会の子どもの動物恐怖症に通じると考え、未開人と動物の関係を、子どもと動物の関係と等しいとみなした。恐怖の対象となる動物がオオカミであることからフロイトが「狼男」と呼んだ神経症者の症例に触れて、この患者の夢に現れるオオカミが、幼少期に姉から読み聞かせられたグリム童話の「赤ずきん」と「オオカミと七匹の小ヤギ」の絵本に登場するオオカミに由来するとの解釈を述べている。

このフロイトのトーテミズムとタブーの考えに従うと、抑圧のシステムによって文明化される以前の社会には神経症は存在せず、近代社会における神経症は、超自我としてのトーテムを内在化することによって生じるひずみであるということになるだろう。「ロバ皮」の王を国でもっとも貴重な動物を殺す行為へと突き動かす近親相姦の欲望は、このひずみのあらわれであるといえそうだ。一方で、「ロバ皮」と「千匹皮」においてヒロインが身をやつすための皮となる動物が発揮する特殊な力について、娘の視点からはどのような心理的な意味を見出すことができるだろうか。少なくともそれはフロイトがトーテム獣があらわすと考える、エディプス・コンプレックスの関係性の中で父が持つ力とは異なる。実の娘に求婚する父親が登場するこの話型が、「不自然な愛」という民話の話型分類上の見出しでも呼び習わされてきたのは示唆的である。女性が主人公の物語であるにもかかわらず、父親である男性の欲望が分類の基準として選びとられているところに、この分類法に潜む男性中心的なバイアスがあらわれている。

動物の皮を着る女性の物語では、衣服にされた動物はトーテム獣のような畏怖の対象であるよりは、彼女の潜在力を発揮させる存在として機能している。「千匹皮」の物語で、王妃の金髪が彼女の比類なき美しさを示す身体的特徴として選びとられ、王の再婚相手の条件として、同じくらい美しい金髪を持つ女性でなければならないと言い残すくだりは、ヨーロッパ文化の伝統の中で、女性の長く豊かな金髪が、毛むくじゃらの野獣と象徴的に結びつけられてきたこととも関係している。ある日、娘が亡き王妃のものと同じくらい美しい金髪であることに気づいた王は、娘に対する激しい欲望に取り憑かれる。マリーナ・ウォーナーは『野獣から美女へ—おとぎ話と語り手たち（*From the Beast to the Blonde: On Fairy Tales and Their Tellers*）』（一九九四）の中で、「美女と野獣」や「ロバ皮」などのおとぎ話における毛むくじゃらの動物と金髪の美女の密接な関係について考察している。「千匹皮」において女性の髪の毛は母から娘へと受け継がれる女性性の象徴ともいえ、母娘の連帯をテーマとする「シンデレラ」の物語との共通点が多い(2)。動物の皮でできた奇妙な外套は、周囲の人々にはそれを着る者のアブジェクトな地位を示すしるしとして認識されるが、同時にヒロインが王の娘としては持ち得なかった、人間を超えた力を持つ者のしるしとしても機能する。そしてその力は外套にされるために犠牲となった動物たちの力でもある。再びフロイトのエディプス・コンプレックスの枠組みに戻ると、これらの動物たちはヒロインの母親を表し、父親の愛をめぐって母と娘が競い合うエレクトラ・コンプレックスの物語であるという解釈が成り立つだろう。しかし、死んだ母親は動物の皮の外套となってヒロインを守り、死後もなおヒロインの援助者として物語上重要な役割を果たしていると考えることもできる。物語のタイトル自体が動物の皮がこの物語の中心にあることを示しており、動物の皮がそれを着る者の名前となり、アイデンティティとなる。

ヒロインは父の侵犯に対して、そのしるしである動物の皮を着て父のもとから逃げ出すことで、種の境界を曖昧にするとともに、父に支配され所有される立場を放棄するという、二重の侵犯で対抗する。一人きりで外の世界に歩み出た少女を守り、彼女に自主性と忍耐力と知恵と大胆さを発揮させ、通常の人間の力を上回る力を与える動物の皮は、母から娘へと受け継がれた、一匹の生きものとしての生命力の象徴でもある。毛皮を着て家出する女性の物語は、ジェンダーと種の関係について、フロイトによるエディプス的な解釈とは別の、女性たちが生き延びるための世代を超えた連帯という視点から新たな光を投げかけている。

二つ目の解釈は、ジュディス・バトラーのパフォーマンス的ジェンダーの理論にもとづくアプローチである。華やかな宮廷社会の読者を対象に洗練された韻文で語られるペローの物語のロバの皮は、ドラァグ、つまり異装のための小道具として、スーザン・ソンタグのいうキャンプ的な意味においても解釈できる。ロバの皮を頭から被り、農家の下女として垢まみれになって働くヒロインは、卑しく不潔な人間以下の存在として人々から蔑まれるが、毎週日曜日になると、自分にあてがわれた粗末な小屋の中でこっそりロバの皮を脱いで体をきれいに洗い、豪華なドレスで着飾っては、鏡の前で誰よりも美しい自分の姿にうっとりと見入る。美貌のヒロインが醜い獣の皮を脱いでプリンセスへと鮮やかな変身を遂げる展開は、人工的に演出された様式の過剰さをスペクタクル化するドラァグクイーンが、クローゼットから衣装を選び出し、鏡の前で丹念に化粧を施してクイーンになりきる過程と重ねることができる。ペローの物語をもとにしたフランスのジャック・ドゥミ監督のミュージカル映画『ロバと王女』（一九七〇）は、カトリーヌ・ドヌーヴ演じるヒロインが、間の抜けたロバの頭が付いた毛皮と、いかにもおとぎ話のプリンセス風のきらびやかなドレスを着せ替えごっこのように何度も着替える行為を、映画全体を貫くクィアな美学を象徴するドラァグとして提示している。[3] この文脈における脱着可能な皮／衣装とアイデンティティとの関係は、ジュディス・バトラーのいうパフォーマティヴィティとしてのジェンダーの概念と結びつけることができる。バトラーは『ジェンダー・トラブル―フェミニズムとアイデンティティの転覆（*Gender Trouble: Feminism and the Subversion of Identity*）』（一九九〇）の中で、ジェンダーは人に生まれつき備わっているなんらかの「自然」や「本質」ではなく、行為／パフォーマンスの反復がジェンダーの本質なるものを構築し、ジェンダーを規定する社会的・文化的規範を強化すると主張した。言語や身振りや衣装といったジェンダーのパフォーマンスは、社会的に意味をなす存在であるために個人にそれを反復することを強制すると同時に、そこには常に規範を裏切ったり攪乱したりすることで、規範を脱自然化する可能性が存在する。ヒロインの社会的位置づけが文字通り皮一枚によって逆転するさまは、社会的慣習に対する主体的なアプローチの可能性を示しているとみることができる。一方で、衣装の過剰さによって社会的規範を攪乱するドラァグとしてのロバ皮の解釈では、ロバは若く美しい人間の女性と様式的に対比される比喩として機能しており、動物性を剝ぎ取られた記号としての意味合いが強調されることになる。

パフォーマンス的なアプローチと対照的に、三つ目の解釈である祝祭的アプローチでは、動物性が前傾化される。グリムの物語では、千匹の動物の皮の外套を着た少女は、木のうろの中で眠っていたところを、狩をしていた別の国の王の家来に見つけられ、「奇妙な動物」（Grimm 2017: 306）として生け捕りにされて城に連れて行かれる。少女はそこで「千匹皮」と呼ばれて、鳥の毛をむしったり灰をかいたりといった、台所仕事の中でもっとも下等とされる仕事を与えられて、暗く小さな物置部屋でしばらく暮らすが、やがてそのような家畜と変わらない立場から、自らの才覚と料理の腕、そして醜い動物の皮の下に隠された人間の女性としての美しい容姿が異性に及ぼす力を利用して抜け出し、その国の王の妃となっていつまでも幸せに暮らす。千種類もの動物の皮を継ぎ合わせた外套が、王によって少女の体から引き剝がされたあとにどうなったのかは語られないが、このとてつもない外套を構成する動物たちは、母を亡くし、父による性的虐待から逃れるために、見知らぬ土地で身をやつして暮らすことを余儀なくされた少女を、陰ながら支えるというよりは、まるで世界各地に伝わる祝祭で村の男たちがまとう獣の装束のように、獣臭さをぷんぷんと発して、自らの他者性を誇示しているようでもある。フランスの写真家シャルル・フレジェが、ヨーロッパの農村でいまも行われている祝祭に登場する獣人たちの姿を撮影した『ワイルド・マン』（二〇一二）の写真には、自然と人間の間の境界をまたいで両者の力の均衡を取り直す儀式の主役としての動物の皮の物語の一形態をみることができる。おとぎ話のヒロインがまとう動物の皮も、これらの伝統的な季節の節目に関わる祝祭で用いられる動物の皮に通じる要素があるようだが、おとぎ話は、祝祭が担う一時的な価値の転倒と共同体の秩序の回復という機能とは異なる機能を担うナラティヴである。そしておとぎ話における変身は、主に男性の通過儀礼でもあるこれらの祝祭での変身とは異なり、より曖昧で非直線的であり、文脈によりさまざまな解釈と書き換えの可能性に開かれている。

動物の皮を着ることによる変身のモティーフは、ジル・ドゥルーズとフェリックス・ガタリのいう「動物への生成変化」（Deleuze and Guattari 2014: 38）の概念と結びつけることもできる。「動物への生成変化」とは、人間と動物、自と他の境界を超越した領域に宙吊りになることで、意味を生成しない多種性の流れに身を置く状態を指す。ドゥルーズとガタリは、自己や理性を超越した純粋な「強度」を持つというその領域には、動物や女性というマイノリティの方向への生成変化でしか到達しえないと述べており、そこには動物と女性をいずれも人間の男性の他者として、つまり現実に存在する個々の生きものとしてではなく、マジョリティの視点からは理解し得ないものの比喩として位置づけてきた、人間＝男性中心主義的な思考の枠組みに与する側面があることが、ダナ・ハラウェイらフェミニスト批評家によって批判されている。ハラウェイは特に、ペットとしての動物には真の動物性が欠如しているとするドゥルーズとガタリの考えを批判し、動物を人間と対比された超越的存在という集合的概念に還元するのではなく、現実社会で共に生きる個々の生きものとして理解することの必要性を説く（Haraway 2008）。動物の皮を着たヒロインは異類の領域に踏み込むが、このような超越的な意味で「動物への生成変化」を遂げるのではない。動物の皮をまとうことは彼女の主体的存在としての意識を高め、「魔的動物」とドゥルーズとガタリが呼ぶ、人間＝男性の他者としての集合的概念へと没入することはない。

以上で見てきた四つのアプローチ―精神分析学的、パフォーマンス的、祝祭的、超越的―は、人間以外の動物を比喩としてとらえることで、人間が抱える心理的、性的、社会的、存在論的な問題を理解し、克服するために役立てることが主な目的であるといえる。確かにこのような解釈は、私たちの生、そして私たちが動物について語る物語の両方において、動物が重要な役割を果たしているひとつの領域を明らかにする。ここではしかし、これとは別のアプローチを探りたい。獣の皮を着ているせいで人間以下の生きものとして扱われるヒロインは、これまでの生き方やものの見方を大きく揺さぶられる経験をし、その中で生き延びる道を自ら切り開くのだが、動物の皮を脱ぎ捨てたあとに、もとの同じ自分に戻るのだろうか。戻る、と考えるのが通常の読み方で、それがこの話のハッピーエンディングとされてきた。しかし、他種との関係の根本的な見直しを迫られている現代社会で、これとは別の読み方をすることが求められているのではないか。もしもとの日常に戻ることができたとしても、もう同じものではいられず、一匹の生きものとして、人間も新しい皮を持たなければならないという認識をこの物語から汲み取ること、そこにこの古い物語に潜在する現代社会に向けた教訓が見出せるのではないだろうか。

以下ではこの物語を上で述べた四つのアプローチとは異なる視点から解釈するために、鴻池朋子による動物の皮を用いた美術作品に着目する。本稿が現代美術のインスタレーションを分析対象に取り上げるのは、この表現形式がメディア、すなわち表現方法や手段、そして用いる素材について極めて意識的であるからだ。メディアの違いとは、ひとつにはそれを知覚する感覚器の違いであり、作品の素材によって開かれる感覚が、視覚が優先されてきた美術の鑑賞の仕方、さらには生きものとしての人間が世界を認識する方法や目的自体を問い直すことにつながる。このような視点から再解釈された動物の皮は、異類への一時的かつ表面的な変身の道具としてではなく、人間を超えた（more than human）世界へと人間の感覚を開く、より根源的で不可逆的な変身の媒体となるだろう。

四　画材としての皮との出会い

二〇一一年に起きた東日本大震災をきっかけとして、人間と自然環境、そして人間とそれ以外の生きものとの関係の根本的な見直しを迫る動きがさまざまな分野で活発にみられるようになった。この自然災害と人災が絡み合った大きな厄災により、他者を抑圧し排除することで成り立つ人間中心的な社会の発展の限界に直面し、日本の現代美術も社会における芸術の意義と役割を問い直すという原点に立ち返ることになる。被災地の支援や災害の記録を主眼とする作品が震災直後から現在まで数多く生み出されており、さまざまな社会的他者に対する想像力を喚起するための芸術へと転換してきたといえるだろう。鴻池の作品の中で特に顕著な変容が見られたのが、初期の作品から中心的なモティーフであった動物および人と動物のハイブリッドの表象に関わる点である。わけてもオオカミと少女のハイブリッドのモティーフは、さまざまなメディアを用いて繰り返し変奏されてきた。これまでの批評の多くは鴻池のオオカミ少女のモティーフを、生と死、男と女、現実と異界といった二項対立を超越する象徴とみなしてきた。例えば中沢新一は、鴻池の初期の絵画『ナイファーライフ』（二〇〇一―二〇〇二

図1）に描かれたオオカミについて、次のように述べている。「狼が、彼女の神話思考の中での「穴」の役割を果たしている。日本ではすでに死滅したと言われている在来種の狼が、死者の領域から私たちの世界に向かって「遠吠え」をしている。オオカミは目を閉じて、大きく開いた口から、人間世界の外にある力からの遠い呼び声を送ってくるのだ」（鴻池　二〇〇九：一〇五）。また、筆者はこの作品におけるオオカミと少女のハイブリッドが「赤ずきん」の物語を想起させ、伝統的なおとぎ話では敵対するものである二者の融合を示唆していると指摘した（Murai 2015）。

鴻池は著書『どうぶつのことば―根源的暴力を超えて』（二〇一六）に収められた「動物」と題するエッセイの中で、二〇一一年の震災の体験を機に、動物を象徴や寓意として用いる手法と決別することになったと述べている（鴻池　二〇一六：二九六）。「どうぶつのことば」という本のタイトルは、鴻池が絵を描くことを通して認識するようになった、「非常に言語的なものであるという絵の狡猾さ」と関連している（二九五）。そのような絵の言語的な伝達機能に嫌気がさしながらも、「現在の言語的な区分には入りきらないような場所に絶えず訪れることができる、という手応え」を求めて、絵を描き続けるのだという（二九五）。そしてその場所は、「言葉にならないものではなく、言葉になろうとしているようなもの」のうごめくところであるという（二九五）。このように理解された言語は、人間にのみ属するものではなくなり、動物もその「言葉になろうとしている」媒体＝メディアをとおしてコミュニケーションをとる存在となる。

鴻池は『どうぶつのことば』の序文で、震災後に感じるように

図１　鴻池朋子『ナイファーライフ（部分）』2001-2002、180 × 180 × 5 cm、キャンバスにアクリル絵の具、鉛筆、墨、木パネル　©Tomoko Konoike

なった強い疎外感について次のように述べる。「この変な感じは一体なんだろうと考え始めると、つくるものや、見えるものが次第によそよそしくなっていった。街並みなどの親しみのあったはずの周囲の風景からも独り切り離されて、疎外感を持つようになった。人工物に興味がなくなっていき、唯一つながっているのは動物や植物だけに感じた」（一六）。その結果、これまでの作品の制作と展示の仕方、つまり白く四角いキャンヴァスに絵を描き、都会の美術館の白く四角いスペースに展示するという形式に見切りをつけ、新たな素材と展示の空間の探究がはじまったという。

「見えるもの」への不信感は、「触れるもの」への関心へとアーティストを向かわせることになる。「素材は身体を超えた世界と交通していて、新たなるものとは、眼で見えるものではなく全身の感覚を通して手が触れるものだった。触れるという行為は実際に世界と接触し、結節点を作ってしまうことでもあった」（三五九）。画用紙や和紙やキャンヴァスという、これまで用いてきた画材の手触りに強い違和感を感じながら絵を描き続ける中で、ある日、手が皮という素材と出会う。

> 皮は触るとしっとりとしていて、手によくなじんだ。皮膚を撫でるように触り、カーヴィングして傷をつける。水をやるとごくごくと吸い込んで、色を施すと鮮やかに変わる。雨が降れば伸び、晴れた日はピンと張る。湿気があれば匂いも立つ。そうしている間に、太陽の下で遊んでいる子のようにみるみる日焼けしてゆく。（三六一）

こうして動物の体の一部である皮との出会いを通して世界とのつながりを再び見出し、作品制作を本格的に再開したという。皮を画材として試行錯誤する中で、皮をキャンヴァスのように四角いパネルに張り込むという実験を試みた時の感触が興味深い。「パネルに拘束された皮は息苦しさを内側いっぱいに充満させ、解放されようとはち切れんばかりの肢体でパネルの四方に張りはじめた。もともとの皮には存在しなかった力だ。四角い絵画パネルはまるで共通言語を持った人間社会のようだ。動物だった皮がパネルに磔にされて人間の体のようになっている」（三六一―三六二）。動物の皮はなめされた後も、それをコントロールするものに全身で抗うという感覚は、おとぎ話の動物の皮の持つ不思議な力を想起させる。

鴻池はこのようにして出会った動物の皮の上に、動物を描こうとするのだが、その意図を次のように表現する。「つまり私が描こうとしているのは、動物を用いた擬人法や比喩表現でもなく、また、動物のことをよく理解するためのものでも、ましてや人間というものを問い直すための絵でもない、ただそこと私たちはずっと前から連続している、ということをそのまま差し出そうとするだけなのである」（二九六）。ただしそれは「約束や保証などのないつながり」であるともいい、自然災害の多い地域に住む人々の自然に対する感覚と通じるものがあるといえる（二九四）。異類婚姻譚というのは、そのような不確かさを前提とした自然界とのつながりを、物語の形で理解しようとする試みのひとつといえるかもしれない。

アーティストの素材に対するアプローチはさまざまであり、そのことが素材が作品を通して「語る」様式に違いをもたらす。例えば、おとぎ話や伝説などの古い物語にみられる女性と動物の関係をテーマとする作品を多く生み出しているアメリカのアーティスト、キキ・スミス（一九五四年―）は、ドローイング、エッチング、立体、タペストリーなど多様なメディアを用いて、同じアイディアを何度も編み直すのだと述べている（Smith 2019）。スミスの場合は、アイディアがそれに適した素材を見出す、という言い方ができるかもしれない。つまり、選ばれた素材を通してアイディアが語るのだ。一例を挙げると、スミスは女性の身体と動物性のテーマを、「赤ずきん」のさまざまなメディアによる語り直しを通して探っている。共に森を歩く赤ずきんとオオカミの絵をガラス板に焼き付けた『少女の群れとオオカミの群れ』（*Gang of Girls and Pack of Wolves*, 1999）、布や毛髪など複数の素材と音響を組み合わせてオオカミと少女のハイブリッドを表現したインスタレーション『娘』（*Daughter*, 1999）、赤ずきんとオオカミのお腹から立ち上がる女性の姿を象ったブロンズの彫刻『恍惚』（*Rapture*, 2001）、地に横たわるオオカミとおばあさんを描いたリトグラフ『仲間』と『生まれる』（*Companions*, 2001; *Born*, 2002）などがこれに含まれる。これらの作品では、女性とオオカミのイメージがさまざまな物質を用いて融合され、再成形され、再生される過程で、二者の密接で複雑なつながりが浮かび上がる。

鴻池はこれとは対照的に、素材の選択はアイディアに先行することを強調する。「毛皮」と題されたエッセイの中で、北海道のなめし皮職人から送られてきたアザラシの毛皮と最初に出会った時のことを、次のように振り返る。「アザラシの毛皮はまるで深海の風景が投影されたような柄だった。間近で見るその光沢あるまだら模様の不気味さに思わず身震い。震えた瞬間、これから作ろうとする未知の作品がよぎった」（鴻池 二〇一八：九三）。この毛皮は、のちに論じるインスタレーション『Dream Hunting Grounds』（二〇一八）の木の壁画の一部となるのだが、壁画に描かれた絵自体が、アザラシの毛皮が人間界に持ち込んだ深海の世界を表しているようでもある。そして素材との関係について鴻池は次のように述べる。

> 毛皮に限らず私にとっての画材は物質全てが対象になる。「ものをつくる」というのは、様々な物質のエネルギーの根源を突きとめ、そこと同等に遊ぶようなことだ。だから画材となる物質は、何を描くかなどよりもずっと先行して、未来の造形の核心を摑んでしまっているところがある。（鴻池 二〇一八：九三）

異類と婚姻するさまざまな物語も、そのようなすべての感覚を駆使した動物との物質的な交わりの中から生じてきたのかもしれない。物質を人間によって使われる受動的な存在としてではなく、人間と同等に遊ぶエネルギーに満ちた存在として五感で感じ取ることで、異類との交わりをめぐる物語の新たな解釈が開かれる。

五　異類婚の花嫁衣装――『皮着物　赤い川』

東日本大震災から四年経た二〇一五年に、鴻池は異類婚のための花嫁衣装のシリーズを制作した。上で述べた人間以外の動物や物質とのつながりの新たな認識の表現として、異類婚姻譚という伝統的な語りに向かったことは重要だ。これらの衣装は、皮や毛皮や羽や絹糸など動物の体やそれに由来する素材でできており、人間以外のさまざまな生物と自然界にある無生物が描かれている。鴻池はこの作品の着想について、異種間の婚姻についてのおとぎ話の中で、花嫁が着るのはどんな衣装だろうかと想像しはじめたときに生まれたと語っている。鴻池は異類婚姻譚を、花嫁が見知らぬ土地に旅をして異質な環境と新たに関係を結ぶ物語、つまり異界婚姻譚として解釈したという。複数の種が画材となり画題となったこの花嫁衣装は、世界各地で古くから語り継がれてきた異類をめぐる物語のナラティヴ・ポリティクスにどのような新たな光を投げかけているのだろうか。

図2　鴻池朋子『皮着物　赤い川』2015、H372 × W295 cm、牛皮、毛皮（オオカミ）、ミクストメディア　©Tomoko Konoike、撮影：Hamish Irvine

このシリーズに含まれる作品に、『皮着物　赤い川』（二〇一五　図2）がある。数頭の牛の皮を革紐で縫い合わせた着物で、丈が四メートル、幅が三メートル近くあり、人間が着るには大き過ぎる。全体が赤く塗られた皮の上にいくつもの白い滝のような筋が描かれており、伝統的な着物の紋様のように見えなくもない。着物は衣桁のように天井から吊るされた横棒に袖を通され、背面が正面となるように展示される。襟のすぐ下の中央の縫い目からオオカミの毛皮がはみ出している。鑑賞者はこれらの皮が本物の動物の皮であることを、視覚だけでなく嗅覚を通して認識することになる。『皮着物　赤い川』はその素材が放つ、美しいと同時に不穏な力によって、見る者を圧倒する。

この作品からおとぎ話のインターテクストを読み解く際に、作品の素材として用いられた動物たちがどのようなコンテクストに由来するのか、そしてこれらの動物たちが現実の世界の中でどのようなライフストーリーを持つのかをまず考えたい。アーティストは牛の皮を日本の皮なめし職人から購入したという。作品の素材として選んだのは、食用に殺された牛の皮のうち、革製品としても使われず通常は廃棄される部分の皮である。一九世紀末にヨーロッパから近代的な畜産が導入されて以降、牛肉や乳製品や牛革でできた製品は現在では日常生活の一部であるが、皮なめしなどの動物の体を人間が使うための製品に変える過程自体は、大部分の人々の目には見えないところで行われてきた。

一方オオカミの毛皮は、モンゴルで害獣として駆除されたオオカミのものである。ナムジリン・ボルドによると、モンゴルの草原でヒツジやロバやウマの牧畜で生計を立てる牧畜民のあいだで伝統的に行われてきたオオカミの駆除は、生活の一部をなす狩猟、つまり衣食住のためであると共に、精神文化の中で重要な位置を占める行為とされる。伝統的なモンゴルの牧畜民の社会では、オオカミは家畜を襲う可能性があるため増え過ぎないように狩猟の対象とされてきたと同時に、伝承の中ではモンゴル民族の祖先であるとされ、人為のおよばない神聖な存在として畏れられてきた。そのため伝統的なオオカミの狩猟には多くの掟が存在し、皮はなめされて生活のための必需品として用いられるが、肉を食べることはタブーとされている（ボルド 二〇〇五）。

異なる動物の皮を重ねてできた『皮着物　赤い川』は、その着物を着る人間の不在が、その着物自体が侵犯行為であるかのような、不穏な空気を生み出している。人間だけが他の種の生きものの皮を着る種であるはずなのだが、この着物を着るのは人間ではないのかもしれないという可能性が頭をよぎる。この作品の素材である物質としての動物の皮は、人間の認識を超えた世界で繰り広げられる物語に想いを馳せるよう見る者に訴えかける力を持つとともに、動物としての人間の皮の存在に気づかせ、種の定義と分類を攪乱する力も持つ。

先に述べたとおり、『皮着物　赤い川』は異類婚姻譚から着想を得た作品だが、「ロバ皮」や「千匹皮」などの動物の皮を着る女性の物語を同時に喚起する。これらのおとぎ話のヒロインは、最後に動物の皮を脱ぎ捨て、美しいドレスを着て人間の花嫁として迎えられるのだが、『皮着物　赤い川』では醜い動物の皮と美しい花嫁衣装という対照的な二つの衣装が、一枚の着物として結合している。さらに、この着物を着るはずの花嫁の不在は、動物の皮でできたこの着物自体を主人公とする皮の物語として、古い物語を読み直すよう促す。

重要なのは、この作品の鑑賞者が、現実の動物の皮と同じ空間に立ち、同じ時間の中で間近に向き合うことだ。動物のにおいと質感と重さを持つこの皮は、人間と共にこの世界に生き、そして殺された生きものたちに、言葉や絵や映像などのメディアを通したイメージとは異なる方法で物語る声を与える。その声は、動物について人間が語ってきた物語を、動物たちから皮を剝ぐようにいったん引き剝がした上で、人と動物が絡まり合う新たな物語を想像するよう促す。そして世界とエネルギーを交換し続ける物質としての人間の身体をめぐる異界・婚姻譚の世界へといざなう。見る者は、この新しい皮に袖を通すにふさわしい生きものになれるかどうかを問われているのだ。

六　旅をする皮―『ツキノワ　川を登る』

動物の皮をめぐるおとぎ話を想起させる鴻池の別の作品に、映像作品『ツキノワ　川を登る』（二〇一八）がある（図3）。雪が降りしきる中、アーティスト自身がクマの毛皮を頭から被って小舟を漕いで川を上る様子が撮影された動画と、秋田県の民謡「長持唄」を歌うアーティストの声を重ねた映像作品である。長持とは衣服や調度を入れた木の箱のことで、この歌はかつては婚礼の行列で長持を担いだ男性たちによって歌われ、秋田では現在でも婚礼の際に花嫁の父親が歌うことがあるという、秋田の人々にとってなじみ深い民謡であり、日本の他の地域でもそれぞれの「長持唄」が歌い継がれている。歌詞には複数のバージョンが存在するが、この作品の歌は次の二節ではじまる。

図3　鴻池朋子『ツキノワ　川を登る』2018、映像、3分16秒　©Tomoko Konoike

蝶よ花よと育てた娘
今日は他人の手に渡す
故郷を思うな娘
故郷は当座の仮の宿

この歌の伝統的な歌い手である男性、つまり父親の、娘を別の男性に手渡さねばならないことへの嘆きという主題は、「美女と野獣」の物語と共通している。「美女と野獣」のヒロインの父親は、もっとも可愛がっていた―蝶よ花よと育てた―末娘を野獣のもとへ嫁がせる際に涙を流し、悲しみに打ちひしがれる。財産を失い生活に困窮していた父親に、裕福な野獣は美女を受け取った代償として黄金を詰めた箱を贈る。婚礼の際に父親が歌う「長持唄」は、家父長制社会の経済の根幹をなす男性間で行われる女性の交換に伴う、身を引き裂かれるような悲しみの叫びともいえるだろう。

『ツキノワ　川を登る』では「長持唄」を歌っているのは花嫁の父親ではなく、舟を漕ぐアーティスト自身である。この映像が撮影された秋田県の阿仁地方では、車道が整備される以前は川が主な輸送路として使われており、嫁入り道具の長持も舟に乗せられて川を伝って運ばれていたという。舟はこの作品のタイトルが示すように川を上っていくのだが、流れの速いこの川を上るのは相当に骨の折れることで、花嫁自身が一人きりでそれをやってのける姿は、この嫁入りが男性の所有物として女性が譲り渡される因習的な婚礼ではなく、ツキノワグマの皮一枚だけを道連れに未知の世界へと漕ぎ出す女性の、命がけの旅の始まりであることを告げている。この映像作品が語る物語では、危険と不確かさに満ちた旅は罰というよりはむしろ報酬であり、水源に向かってどんどん川を漕ぎ上って行く花嫁が歌う歌は、マタギの文化が継承されてきた阿仁地方で幾世代にもわたり狩猟の対象となってきたツキノワグマたちの咆哮のようにも聞こえる。

七　歌う皮――『Dream Hunting Grounds』

皮の物語を想起させる鴻池の別の作品に、『Dream Hunting Grounds』（図4）と題された、美術館の一室全体を使ったトータル・インスタレーションがある。この作品は、水彩画が描かれ彫刻された木板にアザラシの皮を貼り付けた壁画、床にさまざまな動物の毛皮を敷き詰めた上に鏡の破片でできた山の立体作品と鉱物の塊を配したインスタレーション、アーティスト自身が秋田の民謡「おはら節」を歌う声の録音、そして作品のタイトルにもなっている「ドリームハンティンググラウンド」という、鴻池の創作による北ユーラシアで鮭を狩って暮らす民のおとぎ話のテキストの四つの部分から構成される。

図4　鴻池朋子『Dream Hunting Grounds』2018、インスタレーション、毛皮（クマ、オオカミ、シカ、テン他）、ミクストメディア　©Tomoko Konoike

このインスタレーションに使われているのは、日本の各地で駆除されたさまざまな野生動物の皮である。田口洋美が『クマ問題を考える　野生動物生息域拡大期のリテラシー』（二〇一七）で指摘するように、一九九〇年代後半以降の日本の地方都市部でのクマをはじめとする野生動物の出没の増加は、有害駆除の必要を年々高めている。野生動物の資源利用としての狩猟とは異なり、駆除は野生動物をその場から排除することを目的とし、人と野生動物との関係そのものを断とうとする行為の一面もある。田口によると、高度経済成長期からバブル期にかけて若年層が都市に流出したことで、九十年代になると住民の高齢化により農地や森林地帯の管理能力が衰え、野生動物の生息域の都市部への拡大を防ぐ緩衝帯が失われていったことに起因すると考えられるという。有害駆除された野生動物の多くは資源として活用されることなく廃棄されており、『Dream Hunting Grounds』の素材であるクマやシカやテンやアザラシの皮は、そのようにして駆除され、人間社会にとって不要とみなされた動物たちのものである。このインスタレーションは二〇一八年に秋田県立近代美術館で開催された鴻池の個展「ハンターギャザラー」で展示された。鴻池はこの個展のステートメントの中で、人間がつくりあげてきた文化の原型は、狩猟し採集するという、自然界から断片を切り離して「人間界へ引きずり込む」行為であると考え、そのような文化の原型を、「いかに解体し転換できるかというところが、今、芸術が担わされている役目ではないか」と述べている（鴻池 二〇一八：一一四―一一五）。物語るという営みも、そのような文化の原型の一部といえよう。この、自然を「人間界へ引きずり込む」方向にのみ発展してきた文化の解体と再編成が今求められているという認識は、二〇一一年の震災の経験を経た日本社会でいっそう切実なものとして共有されるようになったのではないだろうか。東日本大震災では、人間が設定した境界を侵犯して押し寄せて来る自然のエネルギーと、人間の都合で生み出された原子力のエネルギーという、いずれも人間が完全に制御することができない強大なエネルギーの存在を前に、人間が志向する方向に自然を従わせてカスタマイズを続けるだけの文化の脆さが露呈したといえるだろう。野生動物の毛皮を服やバッグといった実用品としてではなく、人間が鑑賞する対象としての美術作品の素材として用いることには、自然を人間界へ引きずり込むことでつくりあげてきた文化の原型をむき出しの形で提示する効果がある。そしてそのようにして自然界から美術館という、極めて人間中心の視点でつくりあげられた文化的空間の中へと引きずり込まれた野生動物の毛皮は、どのような物語を人に語らせるのだろうか。婚姻という概念を拡大してこのような芸術創作という文化的営みを通した動物との交わりをも含めて解釈し、異類婚姻譚を捉え直す必要がありそうだ。

海で人間の領域に立ち入ったアザラシは、害獣として殺され、なめし職人の手で肉と脂肪をこそげ取られ、薬品で何度も洗浄されて、血も熱も臭いもなく腐敗もしない、毛皮という製品へと仕立てられる。そのようにして加工された野生動物の死骸が、それに身震いする人間のつくる美術作品の素材として新たな文脈に置き換えられ、再び人間の前に立ち現れる。この木の板とアザラシの毛皮でできた大きな壁画は、鑑賞者が手で触ることができる。鑑賞者はまた、この壁画の手前の床に敷き詰められた、同じく害獣として駆除されたさまざまな動物たちの毛皮にも触ることができる。見て、触って、匂いを嗅ぐことでこの作品を「みる」行為を、何と名づければよいかわからないが、鴻池が自身の作品制作について述べたように、「物質のエネルギーの根源を突きとめ、そこと同等に遊ぶ」ことといえるだろう。

さらにこのインスタレーションの会場には、民謡「秋田おはら節」をアーティスト自身が歌う声の録音のループ再生が響き渡る。この民謡の歌詞にはいくつかヴァリエーションがあるが、以下がこの作品に用いられた歌詞である。

ハア　野越え山越え深山越え
あの山越えれば　紅葉山
紅葉の下には　鹿がおる
鹿がホロホロ　泣いておる
鹿さん　鹿さん　何故なくの

ハア　私の泣くのは　ほかじゃない
はるか向うの　木のかげに
六尺あまりの　狩人が
五尺二寸の　鉄砲かつぎ

前には赤毛の　犬をつれ
後に黒毛の　犬つれて
ハア　あれにうたれて　死んだなら
死ぬるこの身は　いとはねど
後に残りし　妻や子が
どうして月日を送るやらア

思えば涙がおはら先に出る(4)

まもなく猟師に撃たれて死ぬことを悟ったシカが、涙をこぼしている訳を尋ねられ、残される妻と子を不憫に思うからだと答えるこの歌は、鹿狩りがテーマであるのは明らかだが、この歌の歌詞の不思議なところは、語りの声と視点が曖昧である点だ。最初に「鹿さん鹿さん」と問いかけているのは一体誰で、どの視点から見ているのか。鉄砲を構えた猟師でないとすれば、はたで見ている第三者の人間もしくは動物だろうか。そしてシカが「私は」と一人称で語りはじめると、焦点人物はシカに移り、シカの視点のまま歌は終わる。あるいはこの歌は、獲物を撃ち殺す直前に、猟師の頭の中を駆け巡った幻想なのだろうか。駆除された動物たちの毛皮を見て触り、弱められてはいるがはっきりと立ち上る獣の匂いを嗅ぎながら、この歌に耳を傾ける鑑賞者もまた、人と動物、殺す者と殺される者、着る者と着られる者、食べる者と食べられる者、情けをかける者とかけられる者のあいだを往き来し、北ユーラシアの凍てついた川の底に広がるというドリームハンティンググラウンドへと、獣たちと絡まり合いながら連れて行かれる。

八　結　び

本稿では鴻池朋子による動物の皮を用いたインスタレーションを、グリムの「千匹皮」やペローの「ロバ皮」をはじめとする、動物の皮を着る女性が主人公のおとぎ話をインターテクストとして読み解き、皮を通してつながり、また皮によって分け隔てられる人と動物の絡まり合いについて考察した。鴻池の作品に用いられている害獣駆除の対象となった動物たちの皮は、現在日本および世界各地で繰り広げられている人と野生動物とのせめぎ合いの現実を物語ると同時に、なめされた皮となった動物たちは美術作品の素材となり、見る者の全身を揺さぶることで、人間の語る物語にすんなり取り込まれることを拒む。人の目に触れることなく日々大量に捨てられている駆除された動物の皮を素材として用いた鴻池の美術作品は、人と動物の視点、声、身体が混ざり合う、これから語られることになる未知の異類婚姻譚のはじまりを、言葉よりも先に告げている。異類の皮の下から現れるのは、異類とひと続きであることを記憶に留めた、新しい皮であるはずだ。

（1）本稿の英語の文献からの引用は、すべて著者が日本語に訳した。
（2）アンジェラ・カーターによる「シンデレラ」をもとにした短編「灰かぶり、あるいは母親の幽霊―一つの物語の三つのヴァージョン」（一九八七）は、シンデレラとその実母の生死の境界を超えた連帯のテーマを三通りの書き換えを通して探っている。
（3）ジャック・ドゥミのおとぎ話映画とクィア理論の関わりについては、Duggan（2013）を参照。
（4）歌詞の表記は以下のウェブサイトを参照した。
(https://www.kkbox.com/jp/ja/song/Lrik91tOKKH4jh8j4jh8j0PL-index.html)

参考文献

Butler, Judith　1990　*Gender Trouble: Feminism and the Subversion of Identity*. New York: Routledge.
Carter, Angela　1993　"Ashputtle *or* The Mother's Ghost," *American Ghosts and Old World Wonders*. London: Chatto & Windus, pp. 110–120.

——— 1979 *The Bloody Chamber and Other Stories*. London: Gollancz.

Deleuze, Gilles, and Félix Guattari 2014 "Becoming-Animal." Trans. by Brian Massumi. *The Animals Reader: The Essential Classic and Contemporary Writings*, edited by Linda Kalof and Amy Fitzgerald. London: Bloomsbury, pp. 37–50.

DESTE Foundation, "Kiki Smith: Memory." November 18, 2019; https://www.youtube.com/watch?v=UkUZbxxVWqc. Accessed 1 November 2020. ※公開終了

Duggan, Anne E. 2013 *Queer Enchantments: Gender, Sexuality, and Class in the Fairy-Tale Cinema of Jacques Demy*. Detroit: Wayne State University Press.

Fréger, Charles 2012 *Wilder Mann*. London: Dewi Lewis.

Freud, Sigmund 1950 *Totem and Taboo: Some Points of Agreement between the Mental Lives of Savages and Neurotics*. Translated by James Strachey. London: Routledge.

Murai, Mayako 2015 *From Dog Bridegroom to Wolf Girl: Contemporary Japanese Fairy-Tale Adaptations in Conversation with the West*. Detroit: Wayne State University Press.

Snyder, Gary 1990 *The Practice of the Wild*. Berkley: Counterpoint.

Grimm, Jacob, and Wilhelm Grimm 2007 *The Complete Fairy Tales*. Translated, introduced, and annotated by Jack Zipes. London: Vintage.

Haraway, Donna 2008 *When Species Meet*. Minneapolis: University of Minnesota Press.

Tatar, Maria (ed.) 2017 *Beauty and the Beast: Classic Tales about Animal Brides and Grooms from Around the World*. New York: Penguin.

Sontag, Susan 1983 "Notes on Camp." *A Susan Sontag Reader*. New York: Vintage, pp. 105–19.

Uther, Hans-Jörg. 2004 *The Types of International Folktales: A Classification and Bibliography, Based on the System of Antti Aarne and Stith Thompson*. Part I-III. Helsinki: Academia Scientiarum Fennica.

van Dooren, Thom, Eben Kirksey, and Ursula Münster 2016 "Multispecies Studies: Cultivating Arts of Attentiveness." *Environmental Humanities* 8 (1): pp. 1–23. doi: 10.1215/22011919-3527695.

Warner, Marina. 1994 *From the Beast to the Blonde: On Fairy Tales and Their Tellers*. London: Vintage.

Zipes, Jack (ed.) 2001 *The Great Fairy Tale Tradition: From Straparola and Basile to the Brothers Grimm*. New York: Norton.

鴻池朋子　二〇〇九『インタートラベラー―死者と遊ぶ人』羽鳥書店。

――　二〇一六『どうぶつのことば―根源的暴力をこえて』羽鳥書店。

――　二〇一八『ハンターギャザラー』羽鳥書店。

田口洋美　二〇一七『クマ問題を考える―野生動物生息域拡大期のリテラシー』山と渓谷社。

ボルド、ナムジリン　二〇〇五「狼狩風習に見るモンゴル牧畜民と狼の関係―内モンゴル・アル ホルチン旗での聞き取り調査を中心に」『蒙古学集刊』内蒙古大学蒙古学研究中心、二〇〇五年第三期、一―一九頁。

第九章　異類と害虫

――スズメバチへの態度にみる寛容性と非寛容性――

及川祥平

一　はじめに

都市的生活において、自然は愛すべきもの、守られるべきもの、または共生すべきものとして語られ、生活のなかに適切な程度で取り入れられることが理想とされる。すなわち、私たちの環境を構成するものとして許容され、歓迎されている。しかし、人びとは自然の一切を許容してはいない。そこからの予期せぬ働きかけや望まない関与は忌避や排除の対象となる。自然に対する寛容で歓迎的なナラティヴと、他者化し、害悪視する非寛容なナラティヴのせめぎ合うあり様を目にするとき、私たちは私たちの側にあって良いものとそうではないものをどのように選り分け、それらとどのように交渉しているのかという問いが浮上する。本稿では現代社会において他者化された自然の一例として「害虫」を取り上げ、人びとの自然に対する寛容性と非寛容性のあり方を「異人」論と関わらせながら探ってみたい。

社会関係における様々な他者化とそれを通した秩序の構築、そして排除と包摂を含む他者との交渉を照射する「異人」論は、生活のなかに生起する人間の寛容性／非寛容性の様態を明らかにしてきた。異人という枠組は、人間論としての他者論にとどまらず、人間にあらざるものへの視角をひろく備えており（小松・山 二〇一五：三〇四）、異類という概念とも接続している。本稿では異人・異類をめぐる議論を総称して「異人」論と捉えることにする。従来の異類の排除をめぐる議論では生活に侵入する虫類への対処は注目されてこなかった。しかし、各種の異類のなかで、今日もっとも無造作に排除されているのは生活領域に侵入する虫類であろうと思われる。歓待されることのない異人の姿をそこに重ねてみることができるだろう。つまり、そこから人間関係をも含めた今日の排除のかたちを照射することも可能であろうと考える。

本稿は各種の害虫のなかでもスズメバチを事例に定めることにする。後述するように、スズメバチの他者性は近年になって顕著に変化しているからである。なお、害虫という概念については、一群の虫類のなかでも有害という評価を与えられつつ、人の手によって排除すべきものという含意とともに分節される近代的概念として捉える（及川　二〇二一：瀬戸口　二〇〇九）。有害性の基準は社会的・文化的問題に属するため、あらゆる虫たちの表象として時代的状況のなかで立ち現れてくるものとみなす（及川　二〇二二）。

二　蜂と生活変化

これまでの民俗学において、蜂類は養蜂や蜂の子食をめぐる議論を除けば、説話や俗信の報告のなかで取り扱われてきた（例えば、最上（一九七四）など）。本稿で注目するスズメバチは、養蜂の文脈においてはミツバチを襲う農業害虫として言及されている（澤田　一九八六：八三―八四：宅野　一九九八：一八七―一八八）。

他方、俗信のなかのスズメバチは、必ずしも忌避の対象ではなく、家に富をもたらすものとしても語られていた。鈴木棠三の『日本俗信辞典』の「蜂」の項目には営巣を吉凶の兆しとみる俗信と、その撃退の呪いや民間療法が紹介されている。スズメバチは地域によってはクマバチ、ヤカンバチ、カメバチ、カネバチ、アカバチなどと称すが、岐阜県高山市では「軒先にヤカンバチが巣をかけるとよい事がある」、愛知県南設楽郡では「アカバチが屋根棟に巣をかけるのは開運の兆」、島根県浜田市では「アカバチが新しい家にかけると縁起がよい」といった（鈴木　一九八二：四八二）。スズメバチか否か不明ではあるが、兵庫県神崎郡では「商人は店の軒や天井から巣を吊しておくとよいというのは、ハチの巣は出入りが頻繁なところから、客の多いのを願って」いうものであるという（鈴木　一九八二：四八二）。同事例は商家における客の出入りと蜂の出入りを重ねるものであるが、スズメバチの巣がたちまちに大きくなり、そこにたくさんの働き蜂が集う様もまた、家の繁栄を思わせたものと考える。巣を縁起物とする例もみられるが、審美的な理由でこれを愛好する人もいる。その他の具体的な利益としては、盗人除けや火難除けなどもみられる。火難除けは、蜂は火事の起こる家を避けて営巣するという発想にもとづくもので、営巣の場所によって風雨の程度を占う俗信と相通ずる。高所への営巣を大風のない兆しとみる場合と大風の兆しとみる場合とがあるが（鈴木　一九八二：四八三）、蜂は危険な場所に営巣しないとの考えから、風雨の規模を予測しようとするものである。もっとも、逆伝承としてスズメバチの営巣を凶事の兆しとする例も多く、さきほど例をあげた愛知県南設楽郡ではアカバチの軒への営巣は火難の兆しともいった。

スズメバチをめぐる俗信を簡単に例示してきたが、営巣を歓迎する事例があるとはいえ、かつての人びとが蜂の刺傷を怖れなかったわけでないことは各地の蜂除けの呪いから知られる。『日本俗信辞典』ではハチの種類まで特定できる事例が少ないが、秋田県・山形県・群馬県・長野県・奈良県・和歌山県・佐賀県・長崎県・熊本県等の全国にわたって「ハチに刺されそうな時には口笛を吹くと逃げる」という俗信があり、また、真言や念仏と相似した各種の唱え言も各地にみられた（鈴木　一九八二：四八三―四八四）。また、蜂に刺された際の呪いや民間療法も数多いが、同様に蜂の種類がさほど考慮されない。刺された箇所に文字を書くとよいという呪いのなかで、「普通のハチなら八の字を三回、クマバチならば九の字を三回患部に書く」という愛媛県の事例が目立つ程度である（鈴木　一九八二：四八五）。

以上からは今日の感覚とは異質なスズメバチ観が垣間見える。少なくとも、蜂の営巣が刺傷リスクのみによって理解されていなかったことを以上の俗信は意味している。他方、今日のスズメバチ観においては、営巣になんらかのメッセージを読み取ろうとする心意は後退している。スズメバチの来訪が備えていた象徴的な意味が脱落し、その危険性への意識のみによって解釈されるようになった。また、蜂の撃退の呪いや刺傷された際に行なう呪いは、科学的・医学的な対処の知識・技術へと置き換わっている。蜂への対処に関する情報は、生活における経験的な知識ではなく、専門家によって外部から提供される情報へと移行している。このことは、それらが生活者の手には負えない、または生活者が自ら手を付けようとはしない出来事へと移行しつつあることを思わせる。

総じて、蜂を害虫として分節することは人と虫類との距離感の変容として理解することができるだろう。そのような変容は、スズメバチに危険性を認めつつもそれとは異なる価値づけを行なうことで受容するのではなく、排除を自明とする非寛容な態度として現出する。ただし、その一方で、今日のスズメバチは益虫としての側面が強調されたり、生態系への配慮の必要が主張されてもいる。つまり、民俗事例とは異なる位相において両義的な存在として再配置されつつ、しかし遭遇の現場では駆除されている。このような受容と排除の境界を揺れ動くあり方は、都市の自然の「異人」的なるひとつの性格を表しているかのようだが、果してそう言い得るかは後ほど検討する。

以下、これらの点を詳述していくこととするが、次節ではまずスズメバチが害虫として分節されていく流れをおさえてみたい。

三　都市の害虫としてのスズメバチ

スズメバチは人に刺傷被害をもたらす存在である。もっとも、それはかつての都市民にとっては住宅街で遭遇するものではなく、生活圏の外部で意識すべき危機であった。例えば、一九四一年八月九日の『朝日新聞』（通号一万九八八七号）には「恐ろしい蜂の毒」と称する記事でスズメバチの危険性が指摘され、刺された際の対処法が示されている。ただし、それは「蟬取りや昆虫採集をしてゐるうち蜂の巣に触れて襲撃を受けた經験は誰もが持つてゐます」と記されるように、必ずしも都市の日常の危機ではない。近年の新聞紙面をかざるスズメバチによる事故も、遠足やハイキング、または農作業や山仕事のさ中のものが少なくない。

したがって、一九七〇年代にスズメバチが都市および近郊の住宅街に出現するようになると、それは驚くべき事態として受け止められた。一九七四年一〇月一七日の『朝日新聞』には「ワシはハチとり名人サ」なる記事がある。

　狂暴さで知られるスズメバチの群れが、このところ都内でもときどき現れ、都民のキモを冷やしているが、そのたびに「頼みますよ」と引っぱり出される〝ハチとり名人〟が都下・保谷市にいる。

　同記事で紹介されるハチとり名人の吉村氏は保谷市ひばりが丘で鳥肉店を経営する人物であり、長野県の木曽谷出身で幼少の頃から蜂の子を求めて野山を歩き、長じて上京後も毎年季節になると奥多摩や埼玉に出かけていたという。吉村氏の技術とは「怒らせてはダメ。そっと近づいて、巣の中に発煙筒を入れて親バチを仮死状態にし、さっと巣を切り落とす」というものであった。スズメバチの駆除が、業者ではなく、蜂の子採取の経験者の手によって担われている点は注意をひく。ちなみに、この年は最上孝敬が「蜂の民俗」を『西郊民俗』に投稿した年でもある。同論文の冒頭で最上は「今年は都内あちこちにスズメ蜂の巣ができたというが、私の家でも狭い庭なのに、その限にある藤の木の枝先に直径三〇センチもあるスズメ蜂の巣がいつの間にかでき刈込みの折気がついてびっくりさせられた」と記している（最上　一九七四：一）。

　七〇年代に都市部に「ときどき現れ」る存在となったスズメバチは年々増加し、八〇年代にかけて顕著に身近な危険へと変わる。『読売新聞』一九八〇年八月三〇日号記事「増えるスズメバチに悲鳴―『退治して』相次ぐ頼みの役所は及び腰」では次のように報じている。

　「スズメバチが庭に巣を作った。何とか退治して」といった相談が、このところ各区の窓口に相次いでいる。スズメバチは年々増える一方で、「これも都会に自然が戻った証拠」と各区ではみているが、何しろこのスズメバチ、肉を食べるほどのどう猛ぶり。このため退治を依頼されたものの、「命あってのものだね」

とばかりしり込みする区があるかと思えば、殺虫剤片手に勇敢に退治に出向く区もあるなど、とんだハチ騒動にてんやわんや―。

この時期、急増しつつあったスズメバチの駆除依頼が自治体の窓口に続々と寄せられていたが、対応は各地で様々であった。後述するように、自治体ごとに対応が異なるのは今日も変わっていない。対応にばらつきが生じるのは、蜂の駆除に根拠法が存在しないことも関わっていた。当時の伝染病予防法のもとでは蠅や蚊は伝染病媒介昆虫として駆除することが可能であったが、スズメバチやゴキブリはそのかぎりではない。ゴキブリが不快視されつつも家庭内を発生源とする害虫であるため公共の課題としては大きくは取り沙汰されなかった一方[1]、スズメバチは伝染病を媒介こそしないが人命を奪う可能性があった。各地自治体が手探りでも対応を試みねばならなかったわけである。もっとも、厚生省生活衛生局は「新しいタイプの害虫類の問題」について「どこまで対応すべきかも明らかでないために、自治体ごとに対応がまちまちで戸惑いも見られている」ことを問題視し、『ねずみ・衛生害虫等駆除指導指針』を発行している（厚生省環境衛生局水道環境部環境整備課（編）一九八七）。同指針は、媒介動物・有害動物・不快動物、そしてそれを包括する概念として衛生動物を定義し、ハチ類をその刺咬により人体に被害をもたらす有害動物に位置付けている（厚生省環境衛生局水道環境部環境整備課（編）一九八七：九、一二）。そして私有地における駆除は管理者の責任として指導すべきであるとし、技術的な指導や駆除業者の紹介を自治体の指導指針として明記しているが、「ハチなどのようにその被害が公共に及ぶ恐れがあり、しかも緊急を要する場合においては、例えそれが個人的領域であっても、自治体が何らかの形で対応することが望ましい」とする（厚生省環境衛生局水道環境部環境整備課（編）一九八七：一二）。

他方、戦後には昭和の東京オリンピックを経て、害虫駆除業者がＰＣＯ（ペストコントロールオペレーション）と称される近代的企業として成長していた。都市部では行政のみならず、こうした専門業者もスズメバチの駆除に活躍していく。一九八八年九月一日の『朝日新聞』記事「スズメバチ警報発令」においても、スズメバチの増加が報じられつつ、東京都衛生局の「脅かしたりしないで届けてもらえば、専門業者が処理します」という発言を紹介している。このように、自治体が駆除業務を専門業者に委託するシステムが各地に出来上がっていく。

九〇年代にもスズメバチの被害は増加傾向を示す。新聞紙面では「当たり年」などの表現とともにハチの発生状況が報じられる。スズメバチは気温の関係もあり、周期的に大発生を繰り返した。一九九四年八月六日の『朝日新聞』記事「スズメバチが都内で大発生」は以下のように記す。

ネズミや害虫の駆除業者でつくる都ペストコントロール協会（一三三社加盟）によると、七月中に協会で注文を受け付けて、傘下の業者が除去した巣は都内全域で八四個を数える。住宅の軒下。植え込み。屋根裏にハンドボール大の巣が作られた例もある。これまで、巣の除去数は「特に多忙だった」という一九九一年でも年間九八個だった。昨年は七五個。それが、今年は五月からの三カ月間で一〇五個に及ぶ。

町田市生活環境課が七月に除去した巣は一〇六個になった。「庭仕事中に刺された」という電話がしょっちゅう掛かってくる、という。

同年の様子を別の記事にみてみよう。八王子市の状況を報じる『朝日新聞』一〇月一二日号記事「スズメバチ大発生　市民も市も悲鳴」は、駆除業務の様子をスケッチしているので、長くなるが引用しておきたい。

薄曇りの朝九時、市中心部を流れる浅川沿いの住宅地。駆除班のワゴン車が、庭木の茂る大きな屋敷に近づく。作業員は四人。うち一人が、消防服に似た銀色の防護服に着替えた。噴霧器を背負い、庭の中へ。残りの三人は、スプレー缶を持ち、付近に立つ。

「ある、ある」。庭の中ほどの、門の屋根の下に直径三〇センチほどの、しま模様をした茶色い巣がぶらさがっている。ハチが周りを飛ぶ。噴霧器のホースを向け、殺虫剤を吹き付ける。約五分間、巣全体にまんべんなく。中が静かになったのを確かめ、下に落とす。

この後、四人は二手に分かれ、四軒の民家を回った。いずれも家の軒下や庭木に巣ができていた。取り除いた巣は市の清掃工場で焼却するため持ち帰った。

四人は、害虫駆除会社の社員。市役所からの連絡で現地へ出向く。「今年は休む暇もないくらい忙しい」と話すのはベテランの岡崎善助さん（六四）。防護服は重さ一二、三キロある。八月には、三〇回も出勤した日があった。「蒸しぶろに入っているようでした」

八王子市が、巣の駆除を引き受けるようになったのは一九七二年から。それ以来ずっと担当している保健管理課主事、大槻忠男さん（五五）は「ハチは人間にとって害虫を食べる益虫なので、できたらそっとしてやりたい」と話す。

ことしの駆除回数は、すでに昨年一年間の四倍にのぼっている。

一九九四年のスズメバチの大発生は東京都に限ったことではない。横浜市では「衛生局に九月末までに寄せられたスズメバチ駆除に関する相談は三一〇五件で、すでに昨年度一年間に寄せられた件数（一一一〇件）の二・八倍にのぼっている」（『朝日新聞』一九九四年一〇月一二日号記事「相談件数が昨年の二・八倍　横浜市のスズメバチ駆除」）と報じる。また、同年八月二四日の『朝日新聞』記事「猛暑・少雨でハチ大発生　巣の駆除注文、相次ぐ」では「異常な暑さと少雨で、ハチが大発生している。今月三日には愛知県足助町で、二一日には岡崎市でそれぞれ男性がハチに刺されてショック死した。「巣を取ってほしい」という注文の急増に、行政や業者はてんてこ舞い」としつつ、岡崎市は「七月から住民の問い合わせが急増。例年この時期には一〇〇件余の駆除数も、今年はすでに二〇〇件を超え、昨年一年間の総数を上回った」とし、「一二年前から名古屋市内のハチの巣駆除を担当している市防疫センターでも、過去にないほどの二二〇件を記録、担当者は『朝から晩までハチに追われて他の仕事ができません』」と愛知県下の状況を報じている。

　スズメバチは二〇〇〇年代、二〇一〇年代にも引き続き危険視されつつ今日に至る。なお、全国のハチの刺傷による死者数の推移は表1の通りである。近年は一〇件台を推移しており、八〇年代・九〇年代よりも死者数は大幅に減っている。他方、行政が駆除を実施している場合、その件数は必ずしも減少しているわけではない。例えば、東京都府中市の「環境衛生対策事業実施結果・統計」（二〇一七年三月二六日時点）によれば、二〇一二年度から二〇一六年度までのハチ類の駆除件数およびスズメバチの相談件数は表2の通りである。府中市のハチ類駆除事業は「市民が所有し、現に所有者が居住している住居（集合住宅の共有部分を除く）にあるスズメバチの巣に限り、その危険性を考慮し無償で駆除」するものである(2)。府中市域にかぎっても、どの程度の相談が行政に寄せられるか、駆除に見合うスズメバチの危険な営巣がどの程度発生しているかが知れる。

　さて、スズメバチの刺傷被害がこのように増加し、危険視されるに至ったのは何故だろうか。実態として、スズメバチは都市部の生活圏に進出してきた。ただし、それは自然界の異常とはみなし得ない。スズメバチの刺傷被害は戦後の開発と都市化の進展、生活の変容と連動して身

表1　スズメバチによる死者数の推移

年度別死者数									
1980	25	1990	45	2000	34	2010	20	2020	13
1981	29	1991	33	2001	26	2011	16		
1982	41	1992	31	2002	23	2012	22		
1983	47	1993	16	2003	24	2013	24		
1984	73	1994	44	2004	18	2014	14		
1985	31	1995	31	2005	26	2015	23		
1986	46	1996	33	2006	20	2016	19		
1987	44	1997	30	2007	19	2017	13		
1988	35	1998	31	2008	15	2018	12		
1989	26	1999	27	2009	13	2019	11		

※厚生労働省人口動態調査より作成（及川　二〇二三）

表2　府中市におけるハチ類の相談／駆除件数

	2012	2013	2014	2015	2016
ハチ類駆除（件）	151	137	172	221	255
スズメバチ相談（件）	201	175	193	223	236
その他ハチ類相談（件）	492	229	167	287	255
ハチ類相談合計（件）	693	404	360	510	491

※府中市「環境衛生対策事業実施結果・統計」をもとに作成（及川　二〇二三）

近な危機として浮上してきたのであり、「人間自身の活動が作りだしてしまった産物」であった（小野 二〇〇〇：二一）。

そして、暮らしの身近に営巣するスズメバチが害虫として分節される状況もまた生活の変容と関連づけて理解せねばならない。松浦誠はスズメバチ（キイロスズメバチ）の害虫化の背景として都市と農山村の相違を念頭に、①山林を開発した宅地と家屋構造、密な家並み、②山林の減少と都市部の緑地保全傾向、緑化重視の傾向、③衛生害虫への住民意識の変化、④自然志向人口の増大、⑤有機塩素系等殺虫剤の使用禁止、⑥含糖飲料容器の野外への放置（または生ごみ等）、⑦天敵の不在を挙げている。例えば、①について松浦は農山村では「農家の住居のつくりが大きく軒も高いので家人との摩擦もおこらず」、「隣家とも距離が離れているので」近隣への配慮が不要であった（松浦 二〇〇〇：一六）として、都市部の住宅に比して農山村では住まい方の点でスズメバチと適度な距離がとれていたと指摘している。また、③については都市部から新興住宅地への移住者は「かつて見たこともない恐ろしい生物」としてスズメバチを認識するのに対し、農山村では「ふだんから身近に接し、習性をよく知っているので、それほど恐れ」ず、「自然とたえず接している」ため「強大な生き物への信仰心やいたわり」があるとも述べる（松浦 二〇〇〇：一六）。松浦は生活文化研究の専門家ではなく、こうした指摘については実態調査をふまえた検証を要するようにも思われるが、スズメバチが顕著に害虫化された背景はおおよそ捉え得ていよう。「信仰心やいたわり」があるか否かは別として、あらかじめ生活に身近なものは、外部からの侵入者として他者化されないという指摘であるとすれば首肯し得るものである。

どのような背景にせよ、スズメバチは都市近郊の生活における身近な危険として浮上し、人びとはそれへの対応を余儀なくされるに至っている。人命に関わるため推奨されてはいないが、危険を冒して自らこれを駆除する場合もあるし、行政サービスや民間の駆除業者を利用する経験もこの間に増大した。とりわけ、スズメバチの被害が意識されだして以降、各地自治体はこれへの対応を開始し、かつ、対応を変化させてきた（及川 二〇二四：四八）。次節ではこの点を検討してみたい。

四　自治体におけるスズメバチへの対応

前節の事例からも明らかなように、スズメバチの営巣に直面した人びとは市町村の環境衛生関係の部署や保健所などに駆除を依頼していく。いうなれば、「公共」の環境衛生の問題として人びとに認識され、また行政もそのように認識し、スズメバチに対応しようとした。ただし、このような位置づけは、スズメバチの問題化当初から必ずしも統一のとれたものではなかった。スズメバチを害虫として駆除する根拠法がなかったし、厚生省が指針を示したとはいえ、人びとが自らこれを駆除するには各種の問題が発生し、自治体はそれらをも考慮において対応を工夫していく必要があった。したがって、自治体におけるスズメバチ駆除の位置づけは時間の経過とともに変化していくことにもなる。本節では行政の対応に絞って、人びとのスズメバチ対策のあり方を検討してみたい。

筆者は、東京都区部を含む全国一七四一自治体の広報誌や『暮らしのガイド』等の住民向け刊行物、議会ほか各種会議の公開されている議事録、自治体ホームページを参照し、現在の各自治体のスズメバチへの対応を調査している。本稿ではその数量的な分析を示すことは控えるが、自治体による対応の在り方を整理すると以下のようになる。

Ａ：自治体による直接駆除
　Ａａ：有償による直接駆除
　Ａｂ：無償による直接駆除
Ｂ：自治体の業者委託による駆除
　Ｂａ：有償による委託駆除
　Ｂｂ：無償による委託駆除

C：駆除業者の紹介
D：補助金の交付
E：駆除用具の貸し出し
　Ea：有償による貸し出し
　Eb：無償による貸し出し
F：対応なし

　Aは役場や保健所、消防署の職員が直接駆除業務に従事するものであり、Bは行政が駆除業務を民間業者に委託するものである。職員による駆除の場合、無償（Ab）とする自治体が多いが、薬剤費などの負担を求めるケース（Aa）が存在する。こうした自治体職員の直接駆除について、関東で評判を集めたのは千葉県松戸市の「すぐやる課」の活躍であろう。しかし、こうした駆除業務には危険が伴う。Bは行政が窓口となりつつも駆除業務をそのような民間業者に委託するものである。これにも有償と無償の相違がある。例えば、北海道豊浦町ではウェブサイトにて以下のように蜂の巣の駆除が説明されている(3)。

　豊浦町では、スズメバチによる人身事故を防ぐため、蜂の巣の駆除を業者に委託しておりますので、ご希望のある方は町民課にご連絡ください。また、蜂の巣一個につき下記の手数料を業者にお支払いください。なお、生活保護を受けられている方につきましては、手数料はかかりません。
　蜂の巣駆除手数料　　二五〇〇円（一個あたり）

　以上のような直接駆除ないし駆除業務の委託ではなく、先述の厚生省指針にあったように、スズメバチの駆除は土地建物の管理者がその責任において行なうべきとする自治体も多い。無論、自治体としては助言等を行ない、当該自治体内ないし近隣で営業する駆除業者やシルバー人材センター、養蜂家等を紹介している例が散見される（C）。行政サービスとして駆除業者を紹介することを明記しているケースもあるが、広報誌やホームページ等で駆除業者を列記するもの、または当該地域のペストコントロール協会を窓口として紹介するもの、また、紹介しているとは見なし得ないが、タウンページによって消毒業等の欄を確認するように求めるものもみられた。逆に、自治体としては特定業者を紹介することはしていないと明言するケースもある。

業者を利用してスズメバチを駆除すると、業者の価格設定や営巣状況にもよるがおおよそ一万円から数万円の出費となる。そこで、市民の業者利用を促しつつその負担を軽減しようとする工夫が補助金の交付である（D）。費用の全額を負担するものではなく、駆除費の半額までとし、また数千円から三万円ほどの上限額を定めている。

費用による補助ではなく、市民が自らハチの巣を駆除する際の防護服や殺虫剤等を有償・無償で貸し出す自治体もある（E）。防護服の貸し出しは、A～Dの対応とあわせて行なわれている場合もみられる。スズメバチの駆除は防護服を使用したとしても危険であるため、その使用をアシナガバチ等に限定している地域もあり、スズメバチの駆除は業者に委託することが強く推奨されている。

以上に加え、自治体としてはスズメバチに関わる対応を行なっていないケースも目立つ（F）。もっとも、スズメバチの発生状況は気候等により変動し、行政サービスは予算的都合や住民の要請によって実施内容が移り変わる。また、事業として明記していなくとも、要望に応じて対処するケースもあるだろう。現在、対応を実施していない自治体においても過去にはなんらかの対応を行なっていたケースがあり、また、次年度以降の事業に盛り込まれるケースもある。

こうしたスズメバチへの対応の変化について、ここでは個々の自治体の状況を詳述するのではなく、いくつかの流れを指摘することにしたい。ひとつの流れは、自治体職員による駆除から民間業者への委託へという変化である。例えば、千葉市、さいたま市、名古屋市、大阪市、京都市、北九州市などでは、危険が伴うことを理由に、自治体職員による駆除から委託や補助金の交付へと対応を切り替えていった。ひるがえっていえば、市町村内に駆除業者が存在しない自治体ではこうした民間への委託を行ない得ず、自治体職員が駆除に従事している。北海道八雲町では二〇一三年にスズメバチの駆除対応が変化した。『広報やくも』九四号には以下のお知らせがある（八雲町 二〇一三：七）。

これまで町内の駆除業者が無かったことから、原則、八雲地域は環境水道課環境衛生係、熊石地域は総合支所住民サービス課の職員が対応してきました。このたび、八雲町内に蜂駆除を有料で取り扱う業者が業務を開始することとなりました。これにより、今年度、町の蜂駆除サービスの取り扱いを次のとおり見直すこととなりましたので、町民皆様のご理解とご協力をお願いします。

見直しの内容とは、それまで町内の全事例を自治体で対応していたが、町の対応は個人宅のみとし、「事業所、公共施設、店舗、農家、漁家の施設」は新規に開業した駆除業者に依頼すること、また、個人宅であっても「駆除が困難な場所」「巣などが確認できない場合」などの専門的技術や器具を要するケース、また、「土・日曜日、祝日、勤務時間外駆除を希望する場合」「緊急に駆除を希望する場合」等の行政の対応時間外の駆除は業者に直接依頼する形へと改めるものであった。民間の駆除業者の開業状況が行政の対応を変えていくことがわかる。

また、補助金の交付を廃止していく自治体もある。二〇一二年度以降、自治体としては相談の受け付けと防護服・駆除機材の貸し出しを行なっている横浜市は、二〇一三年四月を以て補助金の交付を廃止していた。このことを報じる『東京新聞』二〇一三年一二月一二日記事「スズメバチ駆除　補助全廃」によると、スズメバチの危険性と駆除費が高額であることから実施されていた同市の補助事業は、財政的問題により二〇一〇年から交付額を減額し、二〇一一年からは対象が住民税非課税世帯に限定され、さらに不公平性が指摘されるに至り、廃止となったという。廃止の根本的な原因は財政的問題であったであろうが、「本来は自主的に駆除すべき」という説明が示された。

こうした動向は横浜市のみの現象ではない。スズメバチ駆除は事業仕分け等の対象となるケースも多い。愛知県名古屋市は一九八三年から二〇〇五年まで市生活衛生センターが駆除を実施してきたが、二〇〇六年から同事業が廃止され、二〇〇八年までスズメバチ駆除の補助制度が設けられていた。二〇〇九年以降は全額市民の自己負担でスズメバチの駆除を行なうことになっている。[4] また、兵庫県神戸市は「ハチ相談ダイヤル」を設け、ハチの相談を受け付けつつ、生活に支障が生じている場合には自宅等のスズメバチ・ミツバチ等の巣を業者に委託して駆除してきたが、二〇二二年度からは市民が自らの手でハチに対応することとなった。[5]

私有地へのハチの営巣を駆除するのは所有者の責任であり、かつ、危険な駆除業務は知識と技術・器具を備えた専門家が行なうべきとする考え方は合理的であるかのようだが、市民からはそうした状況を問題視する声も寄せられる。例えば、行政改革の一環で二〇〇五年度から補助制度を廃止した北九州市の決定に対し、「ハチが来年からいなくなるわけではないのに」との市民の声を『朝日新聞』は紹介している（『朝日新聞』二〇〇四年一〇月二六日）。また、駆除業者の利用に際しては各種のトラブルが発生する場合もある。『毎日新聞』地方版／兵庫の二〇一九年九月一〇日号記事「生活相談Q&A：害虫駆除サービス利用時の注意点」には次のような七〇代女性の質問が掲載されている。

屋根裏にスズメバチの巣があったので、ネット検索で「一五〇〇〇円から」と表示がある駆除業者に見積りを依頼しました。来訪した作業員から口頭で約一一〇〇〇〇円と言われ高いと思いましたが、「ハチに一度刺された人は再度刺されると命が危険」と言われ心配になり契約しました。作業後全額支払いましたが、高額すぎるのではないでしょうか。

同種の相談が消費生活センターに複数寄せられているといい、同記事では複数社の見積もりを取得しよく検討すること、行政や業界団体の窓口に相談することが提唱されている。業者によるハチの巣の駆除は営巣の状況によってその費用がさらに高額化する。また、なかには悪質な業者もいるなど、トラブルが生じやすい。そもそもの費用が高いことも生活者の不安の種であるらしい。『毎日新聞』東京版一九九九年七月二九日号「【みんなの広場】ハチの巣駆除、高額費用に困惑」には神奈川県厚木市在住の六〇代主婦の以下の投書が掲載されている。

夫が亡くなってから北側に面した二階の窓をめったに開けることがなくなった。ところが先日近所のアパートの住人から、その二階軒下にハチの巣があり、ハチが飛んできて困る、と知らされた。それはスズメバチの巣であった。

市の環境課に連絡すると、市では巣の駆除はやっていないが、業者を紹介するとのこと。放っておくわけにもいかず、業者に頼むと、翌日には手ぎわよい作業で、巣がビニール袋に納まった。

しかし、問題はその駆除費用のことである。

年金生活の一人身としては、かなりの高額で、この出費にとまどってしまった。といって、自分では駆除できず、そのままでは危険で、生命にかかわることもある。

これも、ひとつの自然災害かもしれない。できれば、費用の公的補助があれば助かるのだが—。これからの季節十分注意したい。

法外な請求ではなかったとしても、駆除業者の利用が想定外の負担になる世帯もある。高齢者や障がい者のみで形成される世帯、生活保護受給者等については行政が費用を負担してハチの巣を駆除するというケースも存在する。また、先述のように、そうした対応の不公平性を指摘する声もあがる。もっとも、年齢や障害の有無、経済状況にかかわらず、必ずしも個人で管理や統制をすることもできず、かつ、生命の危険に関わるスズメバチの営巣に、市民がどの程度まで実費を負担すべきかは議論を要しよう。前節で示した新聞記事において、一九七四年から一九九五年まで市職員による直接駆除を行なっていた八王子市は、二〇二四年現在、市と協定を結んだ業者の紹介か防護服の貸し出しを行なっている。協定の内容は、巣の高さが三メートル未満のスズメバチ・ミツバチ以外の蜂類については七七〇〇円、巣の高さが五メートル以上または高所作業車使用の場合のスズメバチ・ミツバチの駆除の場合は二万三一〇〇円などと、ケースごとに協定料金で利用することができるというものである[6]。自治体と業者が協定を結ぶことで市民が金額をめぐるトラブルに巻き込まれるのを回避しようとしたものであろう。なお、八王子市は一九九五年からは業者委託に切り替えていたが、高額の駆除費を市費で支出することへの疑問が高まり、一九九九年に現行のサービスを開始していた。防護服の貸出についても素人が危険な作業にあたることを助長するとして議論が起こっていた（「スズメバチの駆除　素人でも大丈夫？」『読売新聞』一九九九年七月一七日）。市民からの要請と各種の問題との間で試行錯誤を重ねてきたことがわかる。

スズメバチの営巣は私的な出来事なのか、公共のリスクなのか、線引きの難しい事態である。したがって、自治体による駆除や補助を縮小する流れは必ずしも全自治体の趨勢ではない。愛知県日進市は、名古屋市のベッドタウンとしての開発が進んだことで都市部からの移住による人口増加があり、スズメバチの営巣を気にする市民が増えたことなどを背景に、二〇〇二年に業者の紹介から助成金の交付に切り替えた（「スズメバチ駆除に助成金制度　日進市」『朝日新聞』二〇〇二年五月五日号）。三重県大台町では二〇二一年度より補助金制度を新設している[7]。また、茨城県大子町は二〇一六年段階では独居老人や集会所等のみ無料で撤去しており、その対象とならない駆除相談については駆除業者の紹介や防護服の貸し出しを行なっていたが（『広報だいご　お知らせ版』一三九号）、二〇一七年より補助金の交付を開始し、二〇二〇年から同補助金を廃止して制限を設けずに駆除業者委託による無料撤去を行なうこととなった（「大子町スズメバチの巣駆除事業実施要綱」町告示第一〇—二号）。

スズメバチへの自治体の対応は、全国的にみれば未だ最適解のない、過渡的な状況にあるといえよう。もっとも、こうした過渡的状況はスズメバチの今日の社会における位置づけを考慮するかぎり、当面持続するものと考えられる。次節ではこの点を意識しつつ、スズメバチおよびその駆除をめぐって交わされる言説の様態に検討を加えたい。

五　スズメバチをめぐる言説の様態

ここまでの議論をふまえるかぎり、スズメバチの位置づけは今日の社会において複数の意味でマージナルである。第一に、スズメバチは実態として害虫視されつつ益虫として語られている。そもそも、あらゆる虫類は益虫としても害虫としても同時に分節され得るが、生活へのリスクが強く意識されるとき、益虫と害虫という表象の落差は殊に大きくなる。

近年のスズメバチの増加は農山漁村部よりも都市およびその近郊で意識され、自然との接点に乏しい人びとの身近な危機として関心を集めた。各種メディアもこれを盛んに報じていったが、これを通して、スズメバチの大発生はかえって危機として再編成された。すなわち、メディアの過剰報道が人びとの恐怖心を煽ったとされている（中村 二〇〇一：一三）。昆虫学の中村雅雄は「ハチ＝アレルギーによるショック死の数が年間平均三〇〜四〇人ということもあって、『殺人蜂』呼ばわりされ、益虫としての役割より、多くの人たちにスズメバチの恐ろしさがフレームアップされることになり、恐怖心を与える結果になっている」とマスメディアの報道を評価している（中村 二〇〇一：一三）。一例をあげれば、科学ニュース誌『サイアス』二五号の記事「都市化を謳歌する『弱い種』」は、キイロスズメバチの都市での増殖を報じるものだが、「日本のオオスズメバチこそが、世界最強の〝殺人蜂〟」などと（佐藤 一九九七：八）、山林での刺傷被害を引き起こすオオスズメバチを海外の「キラービー」に匹敵するものとして語る。人びとはそのような言説の方向付けのもとで眼前の状況を理解していったということをまずおさえておきたい。もっとも、蜂は実際に現れ、実際に人を刺す。蜂に恐怖を感じることは必ずしも過剰な空想ではない。

他方、近年の自治体による情報発信においては、スズメバチの益虫としての側面を強調したり、害虫ではないことを明言する場合もある。また、スズメバチとの付き合い方や刺されたときの対処、また私有地に営巣させないための予防に説明を尽くす自治体も多い。そこで「共存」という言葉が使用されることも注意を要する。埼玉県白岡市では「蜂と人とは十分共存が可能です。むしろ害虫を捕食したり、花粉を運んだりと、恩恵を受けているほうが多いのです。お互いに支障がなければそのまま放置しても差し支えありません。とはいえ、スズメバチ等は巣を刺激したり、近づきすぎたりすると、巣を守る本能から、刺激に対して激しく攻撃してきますので巣の場所によっては被害防止のため駆除が必要です」と、スズメバチの危険性を説明しつつも、いたずらに害虫視できないことを説明している[8]。

また、人間への恩恵という観点ではなく、自然保護や生態系に言及するものもある。埼玉県上里町では「自然保護の観点からは、ハチの生態を知り上手に共存を図っていくことも大切です」と強調し[9]、長野県飯山市では「必ずしも「ハチ＝危険」とは言い切れません。ハチは害虫の自然発生を抑え、自然界のバランスを保つ重要な役割を担っています。生態系を壊さないためにも、害のないところにある巣や、特に攻撃性の低いハチの場合は、むやみに駆除をしないことも必要です。できることなら仲良く共存していきたいものです」との理想を述べる[10]。広島県広島市は「むやみに殺してしまうと自然界の生態系に悪影響が出てしまう可能性もあります。危険性がない場合は、そのままにしておきましょう」と生態系への考慮を呼び掛ける[11]。これらの言説は当該自治体の環境特性をも考慮にいれて理解すべきではあるが、刺傷リスクがないことが前提とされている点で、条件つきの共存でしかない。むしろ、環境保全への目配りがあるというエクスキューズでしかないのかもしれない。

スズメバチを脱害虫化する言説は、排除的感情に基づく一面的なスズメバチ観を複数化する効用があるとはいえよう。とはいえ、生死と関わるかもしれない虫類の生活への侵入が眼前で生じている人びとにおいて、それにどの程度の意味があるかは疑問でもある。アルブレヒト・レーマンは人びとの森林体験に同時代の環境言説が覆いかぶさっていることを指摘しているが（レーマン　二〇二〇：五一―五二）、環境言説が自然からのおそるべき侵入やそれの排除の現場にどこまで影響しうるかは議論の余地がある。『朝日新聞』一九九一年六月二六日記事「スズメバチの撃退法ないか」は、「一〇年前、スズメバチに刺されて医者にもかかり、一カ月近く苦しんだ私は、ことさらこの凶悪な集団には、憎悪と恐怖感を抱いている」という福島県二本松市に住む七〇代男性の声を掲載している。体験に裏打ちされた恐怖や嫌悪、または現に直面している事態に関する感情は、環境観の啓蒙によってどの程度「共存」への意思へと方向づけることができるのだろうか。刺傷のリスクやその痛みは個人の引き受けるものである一方、スズメバチが益虫たる側面は個人が実感的に受益し得るものではない。すなわち、生態系などの語を駆使する共生のナラティヴは、スズメバチが害虫であるという認識と同程度のリアリティを伴うものではない。スズメバチをめぐるナラティヴのせめぎ合いは、体験の次元では本質的にアンバランスである。

このことは、生態系などの語を交えつつスズメバチの益虫的性格を語るナラティヴが、人びとにとっては情報としてのみ体験される性格のものである点も関わっている。先述のように、個々人の体験は、必ずしも経験的に体感されたわけではない「情報」に方向づけられていることも忘れてはならない（ゲルント 二〇一九：及川 二〇二二）。スズメバチに関していえば、人びとに顕著に共有されているのは「スズメバチに二度刺されると死ぬ」という、なかば俗信化されたアナフィラキシーショックの情報である。新聞でも「二度目が危険」などと取り沙汰され（「ハチの一刺し　油断禁物　ショック死、年四〇人にも」『読売新聞』一九八八年七月一九日）、アナフィラキシーという言葉は現代の一般人の耳によくなじんだ専門用語のひとつとなっている。無論、スズメバチに刺されることは危険であるが、二度刺されるとだれもがアナフィラキシーショックを引き起こすわけではない。今日のスズメバチの体験には、あらかじめリスクをめぐる情報が覆いかぶさっているのである。

以上のように害虫と益虫の間を揺れ動くスズメバチの表象状況は、伝染病媒介昆虫である蠅・蚊や鼠、今日の家庭害虫の代表であるゴキブリ等と対比すると興味深い。生態系を考慮におけば、外来生物を除くあらゆる虫類や動植物は有害視できなくなるはずである。蠅や蚊、ゴキブリ駆除の場においてそうした言説が目立たないことは、生活に身近な虫類におけるスズメバチの独得な位置を表してもいよう。この点については、スズメバチはそれのもたらすリスクの程度や頻度、生息状況によって、蠅や蚊、ゴキブリなどに比べて環境思想と接合しやすく、脱害虫化する言説と適合しやすい生物であるという見通しを示すにとどめたいが、現代の都市住民の自然観を理解するうえでこれらの虫類との比較検討は重要な知見をもたらすように思われる。

さて、スズメバチの社会的位置づけの不安定性は、前章でおさえた各地自治体の対応変化にもうかがうことができる。生命をおびやかす害虫であり益虫でもあるスズメバチは、「住民の安全を図るため」に各地自治体が要綱を定めて駆除している一方、これを廃止する自治体はその駆除を個人の「管理責任」に属する問題として位置づけている。個人宅に発生した害虫は個人が駆除する、という理屈は一見すると理解しやすい。しかし、スズメバチの営巣がもたらすリスクは、私的問題なのか公共の問題なのかが不明瞭である。例えば、スズメバチは蠅や蚊のように公共発生源には由来しないが、私有地に営巣したスズメバチが公道を通行する人を刺傷するおそれがある。つまり、共同で運動的に駆除することができない一方で、私的領域と公的領域との中間に営巣する性質上、近隣への「迷惑」にもなるため、駆除せねばならない存在ともなる。また、スズメバチがやって来てそこに営巣するということは、土地所有者の「責任」に帰すのかという点も疑問である。スズメバチの発生が開発による自然の減少や都市の緑化と関係するならば、それは国や自治体の施策が住民生活にもたらしたリスクでもある。それを「害」とみなすか否かは人の心次第であろうが、開発や行政の方針に起因するリスクの責任を個人が担うことは、いささか不合理ともいえよう。

多くの自治体が個人の管理責任に言及する一方、そのような状況に納得していない住民の声も聞かれる。『朝日新聞』神奈川版一九九七年九月四日「読者のプラザ／神奈川」には川崎市在住の六〇代男性の次のような投書が掲載されている。

夏にしか開けない北側の雨戸を開けたところ、中からスズメバチと思われる大きなハチが数匹出てきた。さっそく市役所に連絡したら、公園などはやりますが個人の住宅に対して駆除作業はやりません。防護服を貸しますから自分でやって下さい。または、高額ですが業者を紹介します―と言われた。以前、自宅にアライグマが逃げ込んできたときには捕まえてくれた。スズメバチもアライグマに劣らず被害は大きい。隣との間隔がさほどない今の個人住宅地では、被害はその家だけに止まらない。それなのに駆除は個人の責任とはどういうことなのだろうか。

スズメバチの営巣が個人の問題なのか公共の問題であるのかは、社会的な共通理解が形成されているとはいえない。今日もなお自治体の費用によるスズメバチの駆除や補助が行なわれ、新規に開始されていることもその証左といえる。また、身体的に、または経済的に個人の責任で駆除を行なえない人びとを救済しようとする各地の自治体の取り組みに対し、行政サービスとしての不平等性が指摘されるのは、営巣への対応をめぐる責任の所在について社会的合意が形成されていないことに起因しよう。

また、この問題において問われなければならないのは、人びとが生活に対してもつ自治意識ないし責任感のありかたである。『朝日新聞』一九八八年八月五日号記事「生活型公害の苦情急増」によれば、栃木県環境衛生部公害課に一九八七年度に寄せられた苦情のうち、公害対策基本法による典型七公害は前年度比四・六％増だったのに対し、スズメバチ等の害虫問題を含む生活型公害は前年度比三二・八％増であったとする。これについて同課職員は「快適な生活を求める気持ちが、強まっている。また、近所付き合いが都会並みに疎遠になり、お隣に直接持ちかけてギクシャクするよりは、行政に相談する方が楽、と気軽にゲタを預ける風潮」を指摘している。生活のなかに出現した問題に対し、私たちは自らの手で、または近隣や同志との相談や協力によって対応するよりも、サービスを利用して対応することに慣れている。生活の問題を自ら考え、自ら処理する意識の希薄化が、行政サービスへの過大な期待に結びついていることも指摘できよう。または、都市空間が自然を取り戻していくプロセスに、生活者の意識が対応しきれていないとも言うことができようか。

以上のような駆除の間接化は、今日の社会における虫類への非寛容性を理解するうえで注意を要する点であると思われる。私たちは、スズメバチの生態への実感的知識が形成されることもなく、また、命を奪う手触りをも知らないまま、それらを生活から取り除けることができる。行政が駆除するにせよ、専門業者が駆除するにせよ、不都合な自然との交渉が限られることによって、自然の包摂と排除はさしたる「うしろめたさ」を生むこともなく成し遂げられているといえよう。

六　むすびに

小松和彦は、以前の民俗学の異人研究がその「好ましい側面」に注目する傾向を批判しながら、「きれいごと」だけで成り立っているわけではない民俗社会のあり方を描き出していった（小松 一九八五：一四）。本稿の作業は私たちの自然に対する非寛容な態度やそれらを排除する手つきに注目することで、「きれいごと」だけでは済まない今日の都市における自然観を捉えようとするものであった。

俗信において、スズメバチは刺傷被害が意識されつつも、吉凶の兆しとして、時として喜ばれた。今日のスズメバチ観からはそうした心意が脱落し、刺傷リスクのみが意識されており、駆除することが自明化している。そのような排除を自明化する虫類の表象こそ「害虫」であるわけだが、異人・異類という概念が想定するような両義性の胚胎する余地のない、きわめて不寛容な虫類認識のモードであるといえる。スズメバチを益虫視する言説はこうした状況を変え得るものではなく、むしろ、スズメバチ駆除が間接化されることで、排除の「うしろめたさ」を人びとに感じせしめないような状況が続いている。

害虫とは、「きれいごと」では済まないはずの現実を「快適に」暮らすために分節される異類たちの名であるともいえるかもしれない。以上のようにスズメバチが害虫化されてある状況は、はからずも、今日の「異人」排除一般とも通底する問題を投げかけていると筆者は考えている。私たちの暮らしは何事かを排除することで秩序あるものとして成り立つが、現代社会はそのような排除が否応なく引き起こす反発や後味の悪さをもやわらげ、ストレスなくなにごとかを排除できることを理想としているかのようである。小松の描いてみせた排除の「うしろめたさ」の見え隠れする民俗社会のナラティヴが生成しづらいような状況こそ、現代社会に遍満する非寛容性を理解していくための鍵となるようにも思われるのである。

（1）もっとも、ゴキブリをめぐる講習会や薬剤の配布などは行なわれていた（及川　二〇二二）。

（2）「ハチの相談」（府中市ホームページ）https://www.city.fuchu.tokyo.jp/kurashi/sekatu/bika_gaichu/hachi.html（二〇二四年六月五日アクセス）

（3）「ハチの巣の駆除について」（豊浦町ホームページ）https://www.town.toyoura.hokkaido.jp/hotnews/detail/0001655.html（二〇二三年三月二六日アクセス）

（4）「名古屋市のスズメバチ対策の変遷」（『都市のスズメバチ』）http://www2u.biglobe.ne.jp/~vespa/vespa01.htm（二〇二四年六月五日アクセス）なお、二〇二四年四月一日現在、市民税非課税世帯は昆虫等駆除費及び消毒費補助制度からの補助を受けられる場合がある。

（5）「ハチについてのご相談は『神戸市ハチ相談ダイヤル』へ」（神戸市ホームページ）https://www.city.kobe.lg.jp/a84140/kenko/health/hygiene/life/bee/suzumebachi.html（二〇二四年六月五日アクセス）

（6）「ハチの巣の駆除について」（八王子市ホームページ）https://www.city.hachioji.tokyo.jp/kurashi/life/004/001/a478925/p002796.html（二〇二四年六月五日アクセス）

（7）「大台町ハチ類駆除費補助金」（大台町ホームページ）https://www.odaitown.jp/soshiki/yakuba/8/3/436.html（二〇二三年三月二六日アクセス）

（8）「スズメバチの巣をみつけたら」（白岡市ホームページ）https://www.city.shiraoka.lg.jp/soshiki/seikatsukeizaibu/kankyoka/2_2/877.html（二〇二四年六月五日アクセス）

（9）「スズメバチの巣駆除について」（上里町ホームページ）http://www.town.kamisato.saitama.jp/1650.htm（二〇二三年三月二六日アクセス）

（10）「ハチの駆除」（飯山市ホームページ）https://www.city.iiyama.nagano.jp/soshiki/shiminkankyou/seikatukankyou/eisei/hati.html（二〇二三年三月二六日アクセス）

（11）「ハチの駆除について」（広島市ホームページ）https://www.city.hiroshima.lg.jp/site/seikatsueisei/942.html#hati（二〇二三年三月二六日アクセス）

参考文献

及川祥平　二〇二一「害虫と生活変化―ゴキブリへの対処を事例として」『民俗学研究所紀要』四五号。

――――　二〇二二「害という視座からの民俗学」『現在学研究』九号。

――――　二〇二三「スズメバチの襲来」（きらいだし、こわい、けれども　第七回）『Ｗｅｂあかし』https://webmedia.akashi.

co.jp/posts/7726
――　二〇二四「自己・世相・日常―現在を史学する視点―」『現代思想』五二巻六号、青土社。
小野正人　二〇〇〇「都市に現れるスズメバチ―都市適応型スズメバチとは」『生物の科学 遺伝』五四巻八号。
ゲルント、ヘルゲ　二〇一九「チェルノブイリ原発事故をめぐる『文化伝達』―民俗学における問題複合分析についてのモデル論」（及川祥平、クリスチャン・ゲーラット訳）及川祥平／加藤秀雄／金子祥之／クリスチャン・ゲーラット（編）『東日本大震災と民俗学』成城大学グローカル研究センター。
厚生省環境衛生局水道環境部環境整備課（編）一九八七『ねずみ・衛生害虫等駆除指導指針』日本環境衛生センター。
小松和彦　一九八五『異人論―民俗社会の心性』青土社。
小松和彦・山泰幸　二〇一五「異人論の時代」山泰幸・小松和彦（編）『異人論とは何か―ストレンジャーの時代を生きる』ミネルヴァ書房。
佐藤栄邦　一九九七「都市化を謳歌する『弱い種』」『サイアス』二五号。
澤田昌人　一九八六「ヒト―ハチ関係の諸類型」『季刊人類学』一七巻二号。
鈴木棠三　一九八二『日本俗信辞典　動・植物編』角川書店。
瀬戸口明久　二〇〇九『害虫の誕生』ちくま書房。
宅野幸徳　一九九八「紀伊山地周辺の伝統的養蜂―和歌山県古座川町の事例」篠原徹（編）『民俗の技術』（現代民俗学の視点一）朝倉書店。
中村雅雄　二〇〇一「都市に適応するスズメバチ」『昆虫と自然』三六巻八号。
松浦誠　二〇〇〇「都市環境におけるスズメバチの多発生とその要因」『三重県環境保全事業団研究報告』五巻六号。
最上孝敬　一九七四「蜂の民俗」『西郊民俗』六九号。
八雲町　二〇一三『広報やくも』九四号。
レーマン、アルブレヒト　二〇二〇「民俗学の方法としての意識分析」（及川祥平訳）岩本通弥（編）『方法としての〈語り〉―民俗学をこえて』ミネルヴァ書房。

第十章　〈異〉なるものの生成と寛容／非寛容

――コロナ禍におけるナラティヴとしての漫画作品より――

小川伸彦

一　はじめに

「悪いんだけど、うちに来た時はすぐに手を洗って欲しい。あと、蓮二も外に出る時は必ずマスクをしてほしい。私は絶対にコロナに罹りたくないの」。

文芸誌『新潮』（二〇二一年一月号）に発表された金原ひとみの小説「Technobreak」の一節である（金原 二〇二一：二四五―二四六）。主人公の芽衣が、自分の住む部屋にやってくる恋人蓮二に発した言葉だ。身も心も一体だったはずの恋人が突然、異質な存在となる事態。その様子が、現代的なナラティヴ実践といえる小説作品上に活写された一例である。

芽衣にとっての蓮二は、民俗学や人類学的な意味での「異人」になってしまったわけではないだろう。しかし、顔を近づけてくる相手に対し、「ウイルスが近づいてくる」と思って「ソファから立ち上がって」（同：二四八）しまう芽衣にとって蓮二は、災厄をもたらしうる異物的な存在に変じている。

そこで本稿では、異人よりも広い概念として「〈異《い》〉なるもの」という語を用いたい。そして以下では、まず研究対象と方法を示したうえで、新型コロナウイルス感染症（COVID-19）がもたらしたいわゆるコロナ禍においてさまざまな存在がどのようにして〈異〉なるものに転じたり遭遇したりしたかを観察し、ついで、そのような存在に対する接遇のありかたを〈寛容／非寛容〉の視点から検討する。そのうえで、現代的なナラティヴの可能性を考察して、結びにつなげたい。

なお本稿で用いる素材は、朝日新聞夕刊連載の四コマ漫画「地球防衛家のヒトビト」（以下「ヒトビト」と略記）の二〇二〇年掲載分および月刊誌『コミックビーム』に掲載された漫画家しりあがり寿による作品群である（ともに（しりあがり寿 二〇二一）所収）。ナラティヴ実践の素材としては、もちろん冒頭にあげたような小説作品も特定の時点の断面図としては示唆的である。しかしここでは、通時的な記録性を有し[1]、かつ一般読者の意識や価値観を反映する度合いの高い表現媒体として、一定のタイムスパンをカバーする漫画作品を選んだ。

二　「異人」と「異《い》なるもの」

概　念

異人という概念は広義と狭義の振幅が大きく、魅力的であると同時に扱いがむつかしい。しばしば引用されるのは、小松和彦が異人を四群に分けた概念整理である（小松 一九九五：一七七―一七八）。

そこでは、「特定の集団の外部にいる人々」としての「異人」が、「集団との関係のあり方によって、便宜的に」四つにわけられる。すなわち、ある共同体を訪れその後「立ち去っていく」異人が第一群（ex. 遍歴する宗教者や商人など）、そのまま定着するようになった異人が第二群（ex. ユダヤ人など）である。いっぽう、共同体が内部から差別・排除した特定の成員が異人となったものが第三群であり、それでも共同体内に留まるケースと追放や処刑されるケースに下位区分される。以上の三群（実質的には四パタン）で論理的には尽きているように見えるが、さらに第四群として設定されるのが、「はるか彼方に存在しているために間接的にしか知らない」ような「想像のなかで関係を結んでいるにすぎない」異人たちである。海外のことを絵画・書物や伝聞でしか知り得なかった時代のさまざまな外国人から、「異界に住む（中略）広い意味での『神』」までもがここに含まれる。

第一～三群は、小松自身も指摘しているように、折口信夫、G.ジンメルやA.シュッツ、さらにはM.サーリンズやR．ジラールなどが培ってきたまれびと・ストレンジャー・外来王・スケープゴートといった概念と親和性が高く（cf.上野 一九八五：六六以下）、それらもすべて「異人」だとするのは、いわば広義の異人概念だといえるだろう。

いっぽう、より精密に設定された狭義の異人概念というべきものも小松によって提唱されている。いくつかの著作から（小松 一九八五・一九九五：小松・上野 一九九〇など）そのエッセンスを筆者なりに四点にまとめるならば、次のようになるだろう。つまり、ⅰ現実の異人そのものではなく民話や伝承として語られた異人（像）を研究の題材とすること、ⅱ民俗社会における異人への接遇に関し善いものをもたらすようなポジティブな部分だけでなく異人殺しなどネガティブな側面も直視すること、ⅲその際には民俗社会の内外における「貨幣がらみの事柄」（山・小松編 二〇一五：三〇二）に視線を注ぐこと、ⅳ単に異人のあり方を明らかにするのではなく異人伝承や伝説の分析を通して「民俗社会の心性の奥底」（小松 一九八五：八八）を解明することをめざす、というものである。

本稿でも、結論部分でこの枠組みとの突き合わせを行うが、そこまでは〈異人〉ではなく〈異《い》なるもの〉という概念で議論をすすめたい。そして本稿ではこの概念を、さしあたり索出的（heuristic）なものと位置づけたい。つまり、まず（a）日常の感覚において〈通常ではない〉といえるような諸現象を広く掬い上げ、次に（b）そこに映し出される変化の諸相を整理し、それによって（c）通常時において不可視化されがちなものを浮かび上がらせるためのツールとしてこの概念を運用するものである。なお将来的には、精神分析学や人類学の知見を整理しつつ理論化の基礎をつくる試みとして書かれた上野千鶴子の〈異常の通文化的分析〉論（上野 一九八五：一〇三以下）などとの接続も試みたい。

対象と視点

本稿でも上記の整理のⅰと同じく、〈異なるもの〉を実体として直接的に把握するのではなく、それが表象されたものを手がかりにする。ただし、テーマがコロナ禍における状況にかかわるため、その表象は民話や伝承といえるほどに定型化や定着したものではない。とはいえ本稿の冒頭に掲げた小説などにも見て取れるように、作家の目というフィルターを通して現実の変化のエッセンスがリアリティを以て活写されているケースがかなりあり、現代的なナラティヴとみなすことは許されるであろう。もちろん場合によっては、カリカチュア化されたり誇張されることもあるが、よほど先鋭的な意図をもった表現でない限りは、作品の受け手側の集合的な認識等を意識してつくられるものとみなすことができる。つまり、作者の目そのものと、作者が想定する社会的な認識という二重のフィルターによって選び取られた題材や切り口が反映したナラティヴといえるのである。

三　〈異《い》なるもの〉の析出―可視化の諸相―

コロナ禍における〈異なるもの〉を捉え考察するにあたって導きの手となるのは、可視化もしくは可視性という概念である。一般的には、異人や異形のものは、その特徴や外見が通常ではないと察知されうるからこそ〈異〉として遇される。つまり異質性が可視であることが出発点にある。フォークカテゴリーとしての「いじんさん」などは、まさにその一例であろう。外見的な示差性がない場合は、相手の名前が示す文化的ルーツや、発語の訛りといった情報をもとに〈異〉であることが確認される。この場合、名前や発音が可視化・可感化装置となっているといえるだろう。

では、コロナの場合はどうか。しりあがり寿の「ヒトビト」は、〈ウイルス〉〈マスク〉〈距離〉などが可視化の手がかりであることを浮き彫りにしている。

ウイルス

ウイルスは肉眼では見えない。しかし今回の新型コロナウイルスの電子顕微鏡写真がメディア上に出回るようになると、「スパイク蛋白質」といった恐ろしげな用語とともに、無数の突起を持った異形のイメージが広まっていった。「ヒトビト」でもすでに二〇二〇年二月一三日の段階で、突起だらけのウイルスが擬人化されて登場する。これもふくめ、この年の「ヒトビト」にウイルスが描かれたケースは以下のようにおよそ一〇点ある（以下、各四コマ作品のプロットを筆者［小川］なりに文章化し時系列に列挙。月日は二〇二〇年朝日新聞掲載日［東京版夕刊］。本文での言及はＡ①などとする）。

【Ａ：ウイルス】①二月七日　マスクが品薄だが、ウイルスは頭がよくないかもしれないので、自分の顔に直接マスクを描けば騙せるかも、②二月一三日　従来のインフルエンザウイルスと新型コロナウイルスが優位性を競い合う擬人化された会話の風景（図１）、③三月二四日　父：大きくなったら世界にはばたくんだぞ、子：ウイルスのようになれってこと？、④四月六日　オリンピック延期日を関係者の同意で決定したが、ウイルスも同意しているのかと夫婦で会話、⑤四月二七日　混むスーパーでも伝染るかを確認したくて、畳のあたりにいそうなコロナウイルス本人に尋ねる父、⑥九月一八日　終息しかけては復活するウイルスの「あきらめない精神」を見習おうとする父、⑦一〇月六日　トランプＶＳバイデンの構図にあわせアメリカではウイルスも分断されているかも…、⑧一〇月二九日「カガクくん」というキャラクターが突起だらけのウイルスや風評と戦う、⑨一一月七日　冬が近づき「オレたち寒いの大好き！！」と総決起モードのウイルスたち、⑩一一月一八日　トランプは大統領選に敗退したがこんどはウイルスたちの王様になるのでは？

©Shiriagari Kotobuki 2021

図１

いかがだろうか。これらを俯瞰して気づくのは、つぎの二点である。ひとつはさきほどもふれたが、二月一三日の段階でウイルスの恐ろしげな外見が描かれ、その後ずっとその形状のままで描画されていくこと。もうひとつは、そのような恐ろしいコロナウイルスではあるが、これを正面から敵視し対決しようとするものがほとんどない（A⑧のみか）点である。それも医療スタッフなど現実の人間が直接戦うのではなく、「カガクくん」という子供が描いた架空のキャラクターに対決役を委ねている。それ以外の作品は、対決よりもむしろ、ウイルスの意向を窺ったり（A④⑤）、ウイルスと知恵比べ（A①）したり、さらにはウイルスに見習ったり（A③⑥）するようなニュアンスのものが多い。いったいこの傾向はなにを意味しているのか。これは寛容／非寛容の問題を取り上げる次節で深めることとし、まずはマスクという可視化装置についてみていきたい。

マスク

マスクを着用した人々の姿が社会生活全体に浸透した状態は、コロナ以前に比してまことに〈異なるもの〉といえる。しかし誰もが知っているように、マスク着用はコロナに感染したこと自体を可視化するものではない。では「ヒトビト」作品においてマスクはどのように描かれているだろうか。作品数はかなり多く、全一七〇点のうち、約二〇点がマスクをテーマとしている。

【B：マスク】①（A①の再掲）二月七日　マスク入手困難。マジックで顔に描いたマスクでウイルスを騙せるか、②二月一〇日　聞き苦しい国会中継、マスクで静かにしてもらえそうだが「貴重なマスクがもったいない」、③二月二六日　家にあった昔のマスクを洗わずに使うのは「雑菌がウイルスをやっつけ」るから、④四月八日　マスク支給は二枚だけだが、それで米でも何でも買えるマスク経済が到来？、⑤四月二一日　マスクはないが、生ニンニクを大量に食べてスーパーに行き、人を寄せつけない配慮、⑥八月六日　梅雨が明けたと叫んでから急いでマスクして一句「うれしさも中ぐらいなりコロナの夏」、⑦八月一二日　くぐもって聞こえる蟬の声にまさか蝉もマスクしてる?、⑧八月一四日　感染者減少の中国は引き続きマスク着用を課して「政府批判」の口封じか、⑨八月二二日　マスクありで熱中症かマスク無しでコロナ感染か「それが問題だ…」（ハムレット風）、⑩九月一五日　顎にマスクしつつ自分のマスクを探す人を見て「マスクがメガネなみになった」、⑪九月二九日　マスクしない人の近くにいかないのが罹らないコツだが、それも時に難しい、⑫一〇月五日　顔を覚えてもらえない新人たちがマスクに名前を書きつい社長にも勧めてしまう、⑬一〇月一四日　必要に迫られ出先で買ったマスクが大量にたまり同時に三つつけてみた、⑭一〇月二六日「マスク展」に美術作品が並ぶがマスク着用の会場係員も彫刻作品に見える、⑮一一月二日　コロナ感染を回避できており「勝ってマスクの緒をしめよ」と家族に号令、⑯一一月五日　仮装はしていないがマスクの下だけハロウィーンペイント、⑰一一月一二日　菅首相の答弁能力が低いのはマスクが原因?、⑱一一月二七日　箸を近づけたときだけマスクを下げる食べ方の難しさ、⑲一一月二八日　年賀状の季節だが来年のエト（丑）の図柄にもマスクが要るのかなあ、⑳一二月一四日　忠臣蔵がもし今年なら、マスクなしの侍たちがいる吉良邸への討ち入りは中止か。

マスクの語られ方にもかなりのバラエティがあることがわかるだろう。話題は、入手方法（B①⑬）、政治ネタ（B②④⑧⑰）から広い意味での文化論（B⑭⑯）や歴史ネタ（B⑳）まで多岐にわたっている。〈異なるもの〉の析出という観点から注目されるのはマスクのある暮らしへの戸惑いや苦労を表現した作品群（B⑤⑥⑨⑩⑪⑫⑯⑱）であり、従来とは大きく異なる生活様式の出現がテーマとなっている。そのなかには、対人関係や社会関係をめぐるもの（B⑤⑪⑫⑯）が含まれており、たとえばB⑫は、新人社員の顔が分からないという事例を通して対人認知の困難化状況を表現している。

つまりマスクは、パンデミックに突入した社会状況を可視化する記号であるとともに、感染したくない／させたくないという各人の意思の可視化でもあるが、同時に、人間が相互認知するための最大の手がかりになる「顔」の不可視化装置でもある。可視化と不可視化が同時に起きるというねじれがB⑫には巧みに表現されているといえるだろう。

なお、新聞連載であるため、時系列の変化も読み取り可能である。たとえば夏を過ぎた九月一五日（B⑩）には、「マスクがメガネなみになった」とマスクの身体化が描かれ、秋に入った一〇月二六日（B⑭）にはマスクが芸術表現のテーマとなりうる様子がユーモアたっぷりに登場する。同年二月の作品とは大きな違いであり、マスク的状況の定着や深化が如実に現れている。ここには例示していないが、大仰な防護服姿も〈異《い》なる〉状況を可視化するものとして漫画には登場している。次項では、主体間の距離（の変化）が可視的となる現象を〈距離化〉という言葉でくくって検討していきたい。

距離化

前項でみたマスクも、自他のあいだに遮蔽物をはさむという意味では距離化装置のひとつであるが、「ヒトビト」には他にも距離をテーマとする作品が沢山ある。まずは列挙しておこう。

【C：距離化】①三月三日　蕎麦屋に来た「用心深い客」が、自作パネルで注文し、マスクに刺したストローで蕎麦を吸い食べる（図2）、②三月一二日　タオルなど家族で使うものを区別。高級なハンドクリームは自分用にする、③三月一三日　発熱を押して出社した社員に、「寝て、世界を救え！！」と帰宅を促す、④三月二二日　悩みつつ町内の花見を決行。「人と人を十分はなして」実施したのでお酌も困難、⑤四月七日

©Shiriagari Kotobuki 2021

図2

出社要請にテレビ電話を提案したが、不可との返答。仕方なく自宅の屋根に登りのろしで職場とコミュニケーション、⑥四月一〇日　夫婦で散歩するが「いちおうちょっと離れてね」と妻にいわれ独身時代にしていた尾行行為を思い出す、⑦四月一四日　客の来ない喫茶店のマスターを自宅に招き本格的な珈琲をつくってもらうが内装にダメだしされる、⑧四月一七日　満員電車を避け箱詰めで宅配されて出勤してきた同僚、⑨（B⑤の再掲）四月二一日　マスクがないので生ニンニクを大量に食べてスーパーに行き人を寄せつけない配慮、⑩四月二二日　咳が出てしまうが周りは無人の閑散とした街…「咳をしてもひとり」、⑪四月二八日　分厚い仕切りやひとり個室もある喫茶店改装プランに、「男子トイレだな」と言ってしまう、⑫五月二八日　感染者数報道が気になり会話時の距離は縮めづらい、⑬六月一日　リモート慣れしてしまい、特に不便もないので、生徒も教師もいまさら学校にいきたくない、⑭六月四日　夜のスナックを応援したいが感染リスクは回避すべく、大きな箱に自らを密閉して着席・注文（図3）、⑮六月二五日「接触確認アプリ」の画面を見つつ、感染者だけでなく「運命の人が近づいた時も教えてほしい」（図4）、⑯七月一〇日　感染したら、夫婦間でも接触確認アプリで知らせるの？、⑰八月五日　リモート会議で会社内の序列順に画面に顔が並ぶ新アプリを開発！、⑱一一月二〇日　受験生の父、「自分をホテルに自己隔離」して子を守っているが鬱憤も増大、⑲一二月二四日　今度の正月は集まれないなと親戚でリモート会話していると、お年玉は銀行に振り込んでね、と甥。

©Shiriagari Kotobuki 2021

図3

ひとくちに「距離化」といっても、さまざまなパタンがあることが炙りだされている。これらを人間関係上・社会関係上の種別の違い、という観点から整理してみよう。〈ゲマインシャフト的関係／

©Shiriagari Kotobuki 2021

図4

ゲゼルシャフト的関係〉といった古典的なものから、〈血縁／地縁／社縁／趣味縁〉などまでさまざまな分類が可能だが、ここでは米山俊直（一九七六：三八）による「身内」「仲間」「世間」「同胞」図式を援用して諸事例を整理しておく。

・ミウチ系：C②（家族）、⑥（夫婦）、⑯（夫婦）、⑱（親子）、⑲（親族）
・ナカマ系Ⅰ（職場）：C③（社員）、⑤（のろしコミュニケーション）、⑰（リモート画面の序列化）＋B⑫
・ナカマ系Ⅱ（それ以外）：C④（町内会）、⑫（知人）、⑬（生徒と教師）
・セケン系Ⅰ（客）：C①（蕎麦屋）、⑪（客同士の相互隔離）、⑭（馴染みのスナック）
・セケン系Ⅱ（それ以外のタニン）：C⑨（スーパー内の目）、⑩（無人の街）、⑮（接触確認アプリ）
・ハラカラ：C③（世界を救う）

このような整理をすると、この漫画がさまざまな人間関係や社会関係に広く目配りしていることが改めて確認できる。

ではこれらの作品からなにがわかるのだろうか。表面的にみると、コロナ禍があらゆる関係を全般的に距離化したというひとつの方向性だけが目に付きやすい。それは決して間違っていないが、よりきめ細かく観察すると、人々のあいだの〈距離〉をめぐって大きく次の三つのベクトルが読み取れる。

大半のものがあてはまるのは、a〈近かったものが離れる〉パタンである。家族間で相互に距離を取り合い（C②⑥⑱等）、町内の花見もぎくしゃくし（C④）、喫茶店の客の間に仕切りが入る（C⑪）。

しかし逆に、b〈離れていたものが近づく〉パタンもある。その象徴が「接触確認アプリ」だといえるだろう[2]（C⑮、図4）。セケンⅡに属する他者は、通常はゆきずりの相手である。たとえエレベーター内などで物理的に空間を共有しても、一過性の接触に過ぎず、後に尾を引くことのない分離された存在である。しかしもし双方がこのアプリをオンにしていた場合は、交信が生じて双方に記録が残り、どちらかがコロナウイルスに感染していたことが判明した場合は、接触の通知がとどくことになる。これは、ゆきずりのタニンの体内にあったウイルスがいま自分の中にあるかもしれないということであり、遠い存在であったはずのものとの距離が一挙に縮まる体験であるといえるだろう。

もちろん、実際にはこのアプリがあってもなくても接触は生じている。したがってこの技術の特徴は、互いの匿名性は維持しつつ、接触の事実だけを可視化する点にあると言えるだろう。

このように整理したうえで、「ヒトビト」での取り上げられ方を検討しておこう。C⑮の「運命の人」（図4）とは、いわゆる赤い糸で結ばれたような、宿命的な異性との出会いを示唆する表現である。日々のあまたのゆきずりの接触のなかには、非常に確率は低いが、特別の出会いが潜んでいる。それを見逃したくないという切実な思い。これが、目に星を輝かせながら登場人物が漏らす、「運命の人が近づいた時も教えてほしい…」ということばであり、接触確認アプリへの（もちろん漫画的な勘違いをふくんだ）期待である。

ここには、そんな馬鹿なと一笑に付せない興味深い内容がふくまれている。というのも、コロナウイルス感染者との接触の通知と、運命の人との出会いの可知化は、前者がネガティブ（＝起きてほしくない）、後者がポジティブ（＝起きてほしい）という違いがあるが、ともに、不可視なものの可視化という同型の現象だからだ。さらにどちらも、ゆきずりのタニンであったはずのものが突然ミウチ化するという嵌入的な体験に関係している。それは、ごく一部のタニンがこちらの人生に深く関わってくることがありうる、ということの認識である。この認識は、「運命の人」「赤い糸」「疑心暗鬼」、といったフォークカテゴリーによって従来から共有されていたが、今回、「接触確認アプリ」によって、この認識が技術的に実装化されたことになる（＝人生を変えうるタニンとの接触の事実の通知がくる）。その驚きと期待がこの四コマには表現されているのである。

もちろん、接触確認アプリは、上記のａ〈近かったものが離れる〉的側面も有している。それが垣間見えるのがＣ⑯であり、夫婦のどちらかが感染した場合に相手に届くであろう通知をテーマとしている。この夫は、一旦感染したら、自らすすんで従順な一感染者という記号に変身し、まるでタニン同士であるかのように、迂遠にシステムを介して目の前の妻に感染の事実を伝えようとし始めているのである。

まとめておくならば、漫画に登場するヒトビトやわれわれは、接触確認アプリという〈異なるもの〉にどこか既視感を覚えているのだといえるだろう。それはこのテクノロジーが、タニンのミウチ化およびミウチのタニン化という、平時の日常にも実は潜在している変容の二形態を、ふたつながら同時に可視化するものだからである。[3]

ここまで見てきたのは、ａ〈近かったものが離れる〉およびｂ〈離れていたものが近づく〉の二パタンであったが、さらに注目したい第三のパタンがある。

それはｃ〈離れうることの判明と再接近の困難〉である。典型的なのはＣ⑬であり、そこでは、リモート授業が順調なため生徒も教師も学校に行く気持ちを喪失してしまっている。出社せずリモートでもなくのろしによるコミュニケーションで勤務しようとするケース（Ｃ⑤）もこのタイプである。

実はこのｃのパタンは深い意味を含んでいる。「ニューノーマル」をめぐる論のなかで上野千鶴子が、「過去の『ノーマル』をふりかえってみれば、必要のない統制や支配がたくさんあることがわかる」（上野 二〇二一：二六〇）と鋭く指摘しているとおり、これはいわば〈裸の王様現象〉とでも名付けうる事態である。コロナ前のさまざまな状態や制度こそが実は異常な裸の王様であり、コロナ禍で出現した一見〈異なるもの〉（＝ニューノーマル）こそが正常ではないのか……。そのような疑念が広がる時、析出された〈異なるもの〉を単に解消し復旧するのではない、真のオルタナティブが追究されはじめるのだろう。それは、近代社会やさらには後期近代のあり方に疑義をつきつけるものとなる可能性も秘めている。

四　〈異《い》なるもの〉への寛容／非寛容

コロナ禍は、見知らぬタニンだけでなく同僚や家族さえもが距離を取るべき存在になったり、逆に急に近づいてきたり、マスクやリモート会議といった新奇なモノが登場したり、あげくには自分自身までもが異化するような、異様な状況の到来と表象されていることをここまでみてきた。これをふまえて本節では、そのような状況下での寛容／非寛容の様態をみておこう。

非寛容へのスタンス

コロナ禍において生じたあからさまな非寛容事象といえるものは、いわゆる「自粛警察」「マスク警察」といった自警団的活動と、（潜在的な）感染者を忌避するなどのさまざまな誹謗中傷やクレイム的言動である。これらが「ヒトビト」に描かれた例を挙げておこう。

【D：自警団・他罰の言動】①三月七日　デマの拡散や店舗でのクレイマー増加などコロナ絡みの現象について息子が春の自由研究、②四月三〇日　路上で怯え気味の防護服姿の人、医療関係者ではなくパチンコに行く人だった、③五月一一日　自粛期間に営業する店の密告をうけて出動するといった仮想ドラマ『自粛警察』があったら見たいか、いやあまり見たくない（図5）、④五月二七日　ネットで誹謗中傷する人たちを、外

©Shiriagari Kotobuki 2021

図5

見は普通で中身は真っ黒な姿として、子どもは表現（お絵かき）している、⑤八月一七日　コロナのリスクを軽視して騒ぐ若者たちを専用居酒屋に閉じ込めて善導、⑥一二月二一日　高齢のサンタを守りたいと居酒屋を回って訴える子ども自警団にはさすがに従う大人たち

作品のメッセージが明確なのは、他者への理不尽なクレイムや誹謗中傷などの他罰的言動に関するもので（D①や④）、はっきりと異議申し立てが表明されていると読める。

いっぽう、自警団的な行動については、是々非々のスタンスである。まず、自粛警察的監視に怯える人への同情が感じられるものがある（D②）。また、自粛しない店舗へ密告情報に基づき出動する架空のドラマ『自粛警察』は肯定はされないが、明確な拒否ではなく、あまり見たくないという弱い否定にとどめている（図5）。

では何ならよいのか。その代案を呈示しようとするのがD⑤と⑥だといえよう。それは一方的な他罰ではなく、互いに納得できる自重方法をなんとか工夫し、行き過ぎたハメ外しに対してはマイルドな自警的活動によって抑制しようとするものである。[4] 自粛警察という現象を単純に非難や否定せず、どう向き合うべきかを丁寧かつユーモラスに悩み続けるスタンスが、しりあがり寿作品の特徴だといえるだろう。

五　寛容／非寛容を超えて：〈異〉との共在

〈異なるもの〉の出現は、いわば想定外の事態であり、非寛容性が発動されるよりもまず、一般の生活感覚に照らしていかに対応すればよいかの戸惑いが先に立つ。「顔にマスクを描けばコロナウイルスを騙せるだろうか」（A①）などは戯画化はされているが象徴的な例といえるだろう。

つまり、コロナ禍におけるさまざまな〈異なるもの〉は、単純に対峙すべき外部的な存在ではないために、それへの認識上の理解も行動上の対応も、寛容／非寛容といったシンプルな相だけには収まりきらないのである。

表象化のデリケートさは、漫画づくりの題材選択にも見受けられる。二〇二〇年の新聞連載漫画「ヒトビト」にはコロナ感染者そのものが一切登場せず、同じ作家が同時期に月刊誌に連載したストーリー漫画「NEW NORMAL DAYS」（しりあがり寿 二〇二〇b）には感染者が登場するという二重構造があるからだ。月刊誌連載において前面化するモチーフはふたつある。ひとつは擬人化されたウイルスと人間の双方向的なコミュニケーションであり、もうひとつはヨウセイ者の登場だ。後者については次節で取り上げることとし、以下では前者について検討したい。それは、ウイルスを肉眼で見る能力をもつ少女と一個のウイルスとの次のような物語である。

とあるライブハウスの舞台上にいたこのウイルスは、自警団とともに現れたこの少女に金属バットで殴られ、潰し殺された。……かのように見えたが実は生かされており、いまや瓶に入れられてその少女の部屋で暮らしている。ウイルスがつぶやく。「人間の体の中じゃないと生きられないから、なるべく体内でもおとなしくしてるつもり」（しりあがり寿、二〇二〇b［九月号］：三〇五）と。

勧善懲悪的構図でウイルスを一方的な悪と決めつけその出来うる限りの制圧をめざす風潮にたいし、ここでは、人間を害したいわけではなくただ生きたいだけの存在としてのコロナウイルスが描かれている。[5] 最初のうち少女は、「潰さないでやったんだから感謝しろよ」と告げていた。しかし、「キミに感染していい？」「キミまだ若いし、ほぼ迷惑かけないと思う」「そうしないと死んじゃう」「大きな命といっしょになりたい」（同：三一一）というウイルスからの懇請を受けて徐々に考えを変える。そしてついに、瓶の蓋を開けて自らウイルスを飲み込み、感染し、治るまでひたすら自室で眠るのである。

ウイルスは紛れもなく〈異〉なものであり、当初少女はそれをバットで潰して回るという断固とした非寛容性を発揮している。「我々は感染防止のため自粛の足りない人間をこらしめて参りましたが、本来我々の敵は人間ではなく、ウイルスそのものでありまます‼」（同：七月号）という新しい認識に達した自警団と共に行動していたのである。その限りではこの少女は、望ましくない自警行為（＝疑わしい人間をすべて叩く）を、あるべき自警行為（＝ウイルスだけを叩く）へと導く女神ともいえる存在だ。しかしこの女神も、塊りとしてではなく個性を持った一個のウイルスとの会話によって認識が変容し、身を挺するにいたったわけである。

この事例から我々は何を読み取ればよいのか。それは、〈非寛容〉の対極にあってそれを解消するのが〈寛容〉ではなく、第三の道がありうるということではないだろうか。寛容と非寛容は一見、正反対のものに見える。しかし、寛くうけ容れる（＝寛容）にしても忌避・排除する（＝非寛容）にしても、往々にしてその判断は、あらかじめ強者から弱者へのまなざしが成り立っていることを前提としている。

認識上、強い立場にある〈こちら側〉と外部からやってきた〈あちら側〉。前者が後者を、煮て食うか焼いて食うか、さあどうしてくれよう、といった非対称の構図がある時に、寛容／非寛容という選択肢が成り立つのである。しかしこの少女は、一個のウイルスとの対話において強者／弱者の構図を脱し、煮るのでもなく焼くのでもなく、ウイルスを生きたまま飲み込む。この行動は、もはや寛容性の発露の域を超え、犠牲をも厭わぬ〈共在〉のステージに達している。

今の時代、「共在」・「共存」[6]や「共生」といった言葉はすでに大量に流通しており、上記のような読み取りもややもすれば陳腐に見えるかもしれない。しかしここでのポイントは、この語を、〈非寛容／寛容／共在〉という三項図式に置き直す点にある。そして、さしあたり確認できることは次の二点である。

まず一点目は、〈寛容〉が終着点ではないということ。コロナウイルスに対して、「潰さないでやったんだから感謝しろよ」といった〝上から目線〟の寛容が決着なのではなく、その先にこそ、踏むべきステップは待ち受けている。そしてそこに達するには、相手との関係が対等でありうる／対等でなくてはならない、という認識を引き寄せるような、エピファニーとでもいうべき啓示的体験が重要な鍵を握っているようなのである。

そして二点目は、〈覚悟〉ともいうべきフェーズである。つまり、相手を対等だと認識し、一定の棲み分けをするというようなキレイごとだけでは〈共在〉は成立しない。双方の利害や生死がからみ合うような関係における〈共在〉はいかに実現するのだろうか。登場人物の少女が選択したのは、自分の身体を提供してウイルスを生かすといった一種の賭けであり、極端な例だともいえるだろう。

しかしこれをひとつの寓話ととらえるなら、たとえば、ある国がその身体である国土に移民や難民を受け容れるかどうかといった現実問題にも敷衍することができる。「入国させてやったんだから感謝しろよ」といった寛容性の水準ではなく、いかに〈共在〉が可能か、さらに自他の融解はありうるかなどの問題へとつながってくるのである。

共在のためには認識上の啓示的体験だけでなく、アクションを起こすにあたっての〈賭け〉や〈覚悟〉が必要だというメッセージ。それをこのストーリーから読み取ることができるのである。もちろんそれは、自己犠牲や挺身を単純に称揚するようなものであってはならないにしても。

六　現代的ナラティヴの想像力

この共在のモチーフにあわせて、しりあがり寿作品「NEW NORMAL DAYS」で注目すべきものと前節で指摘した〈ヨウセイ者〉とはなにであろうか。

〈ヨウセイ者〉とはストーリー漫画「NEW NORMAL DAYS」のもうひとりの主人公として登場するあるマンガ家の身に起こる出来事のキーワードである。

自室でずっと籠もって仕事をする日々を過ごすうち、このマンガ家は感染したような自覚症状に襲われる。熱にうなされる中で「バイキンだ」「うつるぞ」「死ね」といった周囲の声が聞こえはじめる。「オレが陽性だって、誰とも会わなきゃ、誰にもうつさないし」とひたすら自室に籠もっていると、瓶入りの密ならぬ「蜜」が配達されてくる。それは蝶の蜜である。そしてこれをきっかけにこのマンガ家は陽性にはならず、その代わりに〈妖精〉化し、突然背中に蝶の羽が生えてくる。さらにこのような妖精（者）たちはこのマンガ家だけでなく、全国に発生しはじめている……という展開であり、アゲハチョウのような立派な羽が二枚生えた人間たちの姿が描かれる。

「マジ？　ヨウセイって妖精《こっち》かよ」（同：八月号）とこのマンガ家が吐く台詞もあり、表面的には荒唐無稽なダジャレ的オチだが、以下の考察が可能である。

あの世的存在への変身と解放

まず、被迫害者の〈あの世的存在〉への転換についてであるが、上に示したようにここでキーワードとなるのは「妖精」である。背中に羽の生えた絵姿で表現されていることからも、西欧起源のフェアリー（fairy）が意識されている。このフェアリー概念は、キリスト教以前の民俗的な信仰とキリスト教的な天使概念の混じりあった非常に多義的なものであり、ときには災厄をもたらす場合もないではない。しかし本作品での美しい描画からは、〈神的なものと人間的なものとの中間的存在であり、この世にしばしばポジティブなものをもたらす儚くて小さなもの〉と要約できるような、現代日本のサブカルチャーにおいても概ね受け入れられている最大公約数的なイメージに沿った妖精像が踏襲されているといってよいだろう。

コロナ禍における体調不良の自認は二重の閉塞をもたらす（ものとして描かれる）。ひとつは、「バイキンだ」「うつるぞ」「死ね」といったまなざしをセケンから向けられる（のではないか）という怯えである。そしてもうひとつは、自己隔離であれ法的な隔離であれどこか狭い場所にずっと籠もっていなくてはならないという物理的制約である。

そしてこのふたつの閉塞感を、同時に一気に解消してくれるのが妖精化なのである。現代日本の語感において「妖精」は多くの場合において好ましいものであり、妖精になったということは、「死ね」などと言われる心配のないプラスイメージの存在に変身できたということである。また、妖精化にともなって自室で蝶のサイズまで小さくなったこのマンガ家は、ドアのすきまから外に羽ばたいて出てゆく。閉所から解放され、だれにも迷惑をかけることのない空へと飛んでいくのである。

殺害？

しかしこの「妖精」たちは、なにか善いものを人類にもたらすのではなく、最後には粉砕されてしまう（同：九月号）。物語中の日本は合計五つのクライシスにさらされており、「日本アラート」が発令される。パンデミック（コロナ禍）・自然災害・経済危機・安全保障に加わる五つめのクライシスとは、「なにより警戒すべき」とされる「バッタの大群」である。空中に姿を表した黒雲のような群れは、政府の判断でミサイルによって撃ち落とされる。しかし実はそれはバッタの大群ではなく、マンガ家と同様に解放された多くのひとびとが蝶の羽をもった妖精として空に集まった姿であった。

こうして妖精たちは、なにか善をもたらす前に、羽を焼かれ撃ち落とされてしまうのである。ちょうどその頃、ウイルスを飲み込んだ少女が高熱から回復し、次のコマにあるのは、「変わったような　変わらなかったようなあいまいな日々が　続いている」という大ぶりの文字。背景は、一見なんの変哲もない住宅地の家並みと道路の斜め上からの俯瞰であり、その上には、妖精たちのいないふだんどおりの空が高く広がっている(7)。

ファンタジックで気休めのような解決を避けたエンディングである。コロナ禍からのさまざまな救済の期待がどれも打ち砕かれていく状況を、風刺も込めて描いたものとして、高く評価すべき作品といえよう。以下では、このようなナラティヴをいかに位置づけうるかに触れながら、本稿のむすびとしたい。

七　おわりに

民俗学における異人論が分析対象としてきた伝説・伝承・昔話といったナラティヴと、本稿で取り上げてきたような漫画作品は、当然のことながらかなりの違いがある。前者に比して後者は、まず、①作家性が強く創作者がはっきりとしている。また、②前者では特定の民俗社会や家に起きたこととして出来事が描かれるが、この漫画作品においてはそのような特定性が希薄である。さらに、③この漫画作品群にも殺害的暴力行為（ウイルスをバットで叩き潰す／妖精の粉砕）が登場するが、典型的な異人論的伝承とはその位置づけが異なっている。というのも、〈特定の家の急激な盛衰など共同体内に起きている不可解な変化は、実は、ある家で異人的存在を殺したからなのだ〉、という異人論に典型的な構図に則っていないからだ。さらにいえば、④民俗社会と貨幣経済の接触という特定の状況が背景になっているわけでもない。

とはいえこれらの諸点を順に、〈①創作主体論／②共同体論／③異人の殺害／④貨幣〉と整理するなら、両者の接点もみえてくる。

まず、【①創作主体論】の面で参考になるのは、昔話についての小松の論（小松、一九八五）である。

昔話テキストを貫く「主題」（中略）は、昔話を伝承している民俗社会の人びとの〝現実〟〝人生〟に深く関係している。つまり、昔話テキストを支配する「主題」、昔話テキストを生み出そうとする志向＝意図は、民俗社会（＝社会集団）という〈主体〉に埋め込まれているといえるのである。たしかに、民俗社会の中の誰かがそうした志向＝意図にしたがって現にある昔話テキストを作ったのだが、彼は集団としての〈主体〉の分身・影なのであって、真の〈主体〉は民俗社会なのである。（小松　一九八五：一三七―一三八）

要するに、作者の名がない昔話であっても、最初に語りだした「誰か」は想定できるが、その時、その「誰か」を通して語っていたのは、集合的な主体としての「民俗社会」ではないかというのである。この見解を適用すれば、今回のような作家性の強い漫画作品についても同様のことがいえそうだ。つまり、なんらかの社会的・集合的な志向＝意図といえるものが、実在する作家を通じて顕現するケースもありうる、ということである。

これは、芸術活動の社会的被規定性といった反映論的仮説に通じるものであるが検証はなかなか難しく、そもそも、ある作品の全体がなにかの単純な反映であるといったことはないだろう。しかし、このしりあがり寿作品に描かれた閉塞感はひろく人びとが共有していたものである。また、〈妖精化〉のモチーフは民俗社会の想像力を感じさせるものがあり、それらが作家の独創性と合わさって発露したともいえそうだ。

つぎに、【②共同体論】の面ではどうだろうか。今回の感染症を特定の地域ではなくひとつの国をまるごと襲った災害だと考えれば、日本全体がひとつの（想像の）共同体であることを、人びとが強く意識せざるをえない事案が今回のコロナ禍だったといえよう。その隅々まで届く全国紙上で展開された四コマ漫画「ヒトビト」は、本稿で詳しく見てきたように、〈異なるもの〉をめぐる経験の共有化や共感の喚起によって、日本全体がひとつの共同体であることを確認し、同時にその共同性を構築するような位置にあった。

読者共同体という観点からは、ストーリー漫画「NEW NORMAL DAYS」が、新聞連載漫画よりも狭く深い愛読者層がいる月刊誌に掲載されたことも興味深い[8]。そこでは、ワンルームマンションにこもってアニメやVRコンテンツの制作に励む者たちが主人公である。居住形態は単身生活型ではあるが、ネットやリモート会議をつうじた共同性は存在しており、読者たちにとっても、身につまされるような共感を生む場面設定である。全国紙四コマ漫画の世界とは異なる、より濃密な描写である。それは、リアルであれヴァーチャルであれ、そこに住んだことのある者だけがはっきり理解できるような擬似的民俗社会の世界だともいえるだろう。ウイルスをバットで叩き潰す・身を挺してウイルスと共在する・陽性者が妖精化する・結局は殺される・富士山が大噴火する、といったモチーフも、この濃密さや民俗性に起因する想像力の産物といえるのではないだろうか。

これを【③異人の殺害】の問題圏域にひきつければ、たしかに妖精の殺害はコロナ禍そのものの原因の説明にはなっていないとしても、突然起こった納得し難い事象への説明を試みようとするものではないだろうか。その事象とは、ひとことで表現するならやはり〈閉塞感〉である。感染を回避する確実な方法がひたすら閉じこもることであったり、感染（しそうな）者への忌避感情がもたらす相互監視的な閉塞感の存在。これに対して描かれたのは、疑似的な解放の無効性（＝たとえ妖精化しても誤爆死させられる）であった[9]。このナラティヴは、閉塞感の原因を説明するタイプのものではない。しかし、閉塞が容易には打破されないものであるという現実をつきつけ、場合によってはやるせない諦めを促す。その意味でしりあがり寿作品は、異人論的な原因呈示型ではない別種の理解装置になっているといえるだろう。

最後は【④貨幣】である。異人論における異人は、富を所持して来訪することで、民俗社会に貨幣をもたらしたり、貨幣の価値をすでに知っている民俗社会の秩序を揺るがすきっかけとなるものであった。いっぽう、コロナウイルスやコロナ禍は、そのような富を招来するものではない。

しかしながらコロナウイルスと貨幣は、次の二つの点において類似性がある。[10] その一つは、外部性である。初期の民俗社会が貨幣と接触した際に蒙ったとされる経験と同様に、いやそれ以上に、今回の新型コロナウイルスは、日本社会というひとつの想像の共同体にとって、外部から到来した想定外のものであった。外界でそれが流通している様子にも照らしつつ、急遽、対応が必要となったのである。

二つ目の類似は、平準化と差異化の同時的成立である。貨幣の特徴は、ジンメルもいうように（『貨幣の哲学』）、人を選ばない点にある。貨幣は、入手の手段はさまざまであるが、万人が所持しうるものであり、所有者には区別なく同等の経済的権能が発生する。お客様はみなカミサマ、なのである。同じくウイルスも人を選ばず取り付き、罹患者は非人格化されてひとしく感染者という記号的存在になる。そして同時に、それを有しているどうかで社会的な処遇が大きく異なるという点も同じである。

つまり、コロナウイルスと貨幣との類似性をまとめるならば、正負は逆だが両者とも、共同体に外部から挿入された強力な平準化装置である（＝持っているかいないか以外の属性は度外視して等しく人間を処遇する）とともに、強力な差異化装置でもある（＝それを持っているか否かで、決定的な差がもたらされる）ということになる。

コロナウイルスという新しい貨幣の到来によって、村八分（自粛警察）さえ生じるような民俗的共同体性が噴出した日本という想像の共同体。これを舞台に、さまざまな〈異なるもの〉を描き出した四コマ漫画や、ストーリー漫画「NEW NORMAL DAY」。それは、このウイルスという新しい通貨がもたらした社会の全制的な転換、すなわち〈新しい日常〉の現出や閉塞感をなんとか理解し、共在の可能性にも賭けつつ非寛容の暴走を食い止めようとする内発的・自生的なナラティヴ実践だったといえるのではないだろうか。しかしそれはたやすい道ではない。

本稿の冒頭に登場したコロナ禍における芽衣は、「Technobreak」の終盤で「一体何をもって生と言うのか、何をもって死というのか、もうさっぱり分からなかった」（金原 二〇二一：二八四）とつぶやきつつ、誰にも迷惑のかからないひとりだけの行為に耽るのである。

（1）諸対策の動向や世情を時系列で克明に記録・考察したものとしては、原田泰（二〇二一）や西田亮介（二〇二〇）を参照のこと。

（2）厚生労働省の説明によると、接触確認アプリとは、「本人の同意を前提に、スマートフォンの近接通信機能（ブルートゥース）を利用して、互いに分からないようプライバシーを確保して、新型コロナウイルス感染症の陽性者と接触した可能性について通知を受けることができ」るものである（厚生労働省ＨＰ内 https://www.mhlw.go.jp/stf/seisakunitsuite/bunya/cocoa_00138.html［2022/9/6最終閲覧］）。

（3）テレビ番組のスタジオ（「徹子の部屋」など）で、夫婦やきょうだいでの出演者間にアクリル板を設置するかどうかしないなど、観察に値する興味深い現象も生じている。なお、親密な者同士がコロナ禍においてどのように線引されているかについては、中森弘樹も論じている（中森 二〇二〇）。

（4）自粛要請の例としては「基本的には緊急事態宣言の下では不要不急の外出自粛をお願いしたいと思います」（西村内閣府特命担当大臣記者会見要旨　令和三年三月一六日）や、各自治体発出のものがある。住友陽文は自粛要請を歴史的文脈に位置づける論（住友 二〇二〇）を展開しており、自粛警察については「マイナスの日本文化」という観点から論じた鳥越皓之の分析がある（鳥越 二〇二二）。よりひろく自由の制限のあり方について論じたものとしては広瀬巌（二〇二一：一〇七以下）がある。

（5）ウイルスの宿主細胞への感染・増殖のしくみなどについては宮坂昌之（二〇二〇：四〇以下）など参照。

（6）ウイルスとの「共存」については、生物学者福岡伸一の論（福岡 二〇二〇）も参照のこと。

（7）このあと連載の最終回である一〇月号では、東京オリンピック延期という状況下で、地震が群発したあと現実の富士山が大噴火し、同時にＶＲ上の富士山が完成するという結末が示される。

（8）当時ちょうど通巻三〇〇号を迎えていた。

（9）コロナ禍における「解放」をめぐっては、スラヴォイ・ジジェクが「予期しない〈解放の見通し（emancipatory vision）〉」に言及し（ジジェク 二〇二〇：四七）、ジャン＝リュック・ナンシーは「人類の解放―あらゆる依存関係を克服した人類―が、近代の途方もない幻想であると意識され始めている」（二〇二〇年五月開催のオンライン講演記録）としている（ナンシー 二〇二一：五七―五八）。

（10）　貨幣ではなく「資本」とウィルスとの類似性と相違については酒井隆史（二〇二〇）が論じている。疫病と貨幣との歴史上の直接的なつながりを論じたものとしては村上麻佑子（二〇二〇）の論がある。コロナ禍にともなう貨幣決済のキャッシュレス化加速については深田淳太郎（二〇二〇）が独創的な論を展開している。

参考文献

上野千鶴子　一九八五「異人・まれびと・外来王」、「異常の通文化的分析」『構造主義の冒険』勁草書房、六六―一〇二、一〇三―一三七頁。
――――　二〇二一「補論―コロナ禍のもとで」樫田美雄・小川伸彦編『〈当事者宣言〉の社会学―言葉とカテゴリー』東信堂、二六〇―二六一頁。
金原ひとみ　二〇二一「Technobreak」『アンソーシャル ディスタンス』新潮社、二三三―二八四頁。
小松和彦　一九八五『異人論―民俗社会の心性』青土社。
――――　一九九五「異人論―「異人」から「他者」へ」井上俊ほか編『岩波講座　現代社会学〈3〉他者・関係・コミュニケーション』岩波書店、一七五―二〇〇頁。
小松和彦・上野千鶴子　一九九〇「権力のディスコースと〈外部性〉の民俗学」小松和彦編『逸脱の精神誌―小松和彦対話集』青弓社、一二三―一七〇頁。
酒井隆史　二〇二〇「パンデミック、あるいは〈資本〉とその宿主」大澤真幸ほか『思想としての〈新型コロナウイルス禍〉』河出書房新社、一〇一―一〇七頁。
ジジェク、スラヴォイ（中林敦子訳）二〇二〇『パンデミック―世界をゆるがした新型コロナウイルス』Pヴァイン。
しりあがり寿　二〇二〇a「地球防衛家のヒトビト」『朝日新聞』夕刊連載。
――――　二〇二〇b「NEW NORMAL DAYS」『月刊コミックビーム』七月号―一〇月号連載。
――――　二〇二一『くる日もくる日もコロナのマンガ』KADOKAWA。
住友陽文　二〇二〇「コロナ禍の『自粛要請』とその受容の精神史」小路田泰直編『疫病と日本史―「コロナ禍」のなかから』（奈良女子大学叢書6）敬文舎、六九―九四頁。
鳥越皓之　二〇二二「人権侵害の社会的要因」鳥越皓之・足立重和・谷村要編『コロナ時代の仕事・家族・コミュニティ―兵庫県民の声からみるウィズ／ポストコロナ社会の展望』ミネルヴァ書房、二一三―二三〇頁。
中森弘樹　二〇二〇「『密』への要求に抗して」『現代思想』八月号（第四八巻一〇号）：六五―七二頁。
ナンシー、ジャン＝リュック　二〇二一「自由を解放するために」『あまりに人間的なウイルス―COVID-19の哲学』（伊藤潤一郎訳）勁草書房、五一―六五頁。
西田亮介　二〇二〇『コロナ危機の社会学―感染したのはウイルスか、不安か』朝日新聞出版。
原田泰　二〇二一『コロナ政策の費用対効果』筑摩書房。
広瀬巌　二〇二一『パンデミックの倫理学―緊急時対応の倫理原則と新型コロナウイルス感染症』勁草書房。
深田淳太郎　二〇二〇「除菌と除霊とキャッシュレス―貨幣と霊の経済人類学」『現代思想（特集 コロナと暮らし）』八月号：一八〇―一八五頁。
福岡伸一　二〇二〇「ウイルスとは共存するしかない」月刊文藝春秋特別編集『コロナと日本人―私たちはどう生きるか』文藝春秋：一三六―一三九頁。
宮坂昌之　二〇二〇『新型コロナ7つの謎―最新免疫学からわかった病原体の正体』講談社。
村上麻佑子　二〇二〇「飢餓・疫病と農業・貨幣の誕生」小路田泰直編『疫病と日本史―「コロナ禍」のなかから』（奈良女子大学叢書6）敬文舎、二五三―三〇四頁。
山泰幸・小松和彦編　二〇一五『異人論とは何か―ストレンジャーの時代を生きる』ミネルヴァ書房。
米山俊直　一九七六『日本人の仲間意識』講談社。

第十一章　迷惑・異人・自己責任

――「不寛容の時代」とその起源――

岩本通弥

一　はじめに――二つの判決で前景化する迷惑規範

二〇二一年一二月二日、二つのいわゆる介護殺人に対する判決が、東京と仙台の地裁でそれぞれ言い渡された。同日の晩のテレビニュースや、翌日の朝刊では、社会面トップの扱いで、大々的にこれらを報じた。

一つは寝たきり状態の姉（八四）を殺害したとして、殺人罪に問われた妹（八二）の裁判員裁判で、東京地裁は二日、懲役三年執行猶予五年（求刑・懲役五年）の判決を言い渡した。朝日新聞は三日の朝刊の社会面トップで、これを「老老介護『他人のお金で生きるのは…』／生活保護拒み姉に手かけた／東京地裁で執行猶予判決／年金月一〇万円　施設入る余裕なく／対象世帯受給は二～四割」と題して、大きく報道した。

被告は一人で姉を介護する「老老介護」の状態で、生活保護を受給して姉を施設に預ける提案を受けていたが、「税金をもらって生きるのは他人に迷惑をかける」などと考えて受給せず殺害に至った、と、朝日は報じている。産経新聞も同日の朝刊に、社会面トップの扱いで「『人様に迷惑かけない』親の教えに縛られ孤立深める／八四歳姉殺害八二歳に猶予判決／東京地裁」と題して、これを報じた。

一方、同じ日、自宅で介護していた八五歳の夫を殺害したとして、殺人の罪に問われた八四歳の妻に対して、仙台地裁は懲役三年、執行猶予五年の判決を言い渡した。フジテレビ系列の仙台放送では、「仙台市の八〇代夫婦の『老老介護』殺人／助けを求めなかった妻に『同情できる』と執行猶予判決」と題して、またＦＮＮプライムニュースでは「八〇代夫婦の老老介護殺人／『私がもっと頑張れば…』周囲に助け求めず追い込まれた妻／裁判で語ったことは【宮城発】」と題して、これを詳しく報道した。

いずれの報道でも、見出しなどに踊っているのは、「（他人に）迷惑をかけてはならない」という社会規範であり、それが前景化しているのは言うまでもない。

本稿では、「不寛容社会」もしくは「不寛容の時代」[1]などと称されるようになった、現代の日本社会において、謝罪会見等にも頻出し、慣用句あるいは一種の呪文のように使われる、この「迷惑をかけてはならない」[2]という社会規範の発生と展開から、日本社会における非寛容性の深まりについて考えてみたい。これに加えて、二〇〇四年のイラク人質事件以降問われることの多くなったとされる「自己責任」という社会規範との関係性についても論じるが、現代の日本社会を覆っている「迷惑」という言葉の自己束縛的な原理と、それが現在に至っている歴史的プロセスを、日常化の過程およびナラティヴ・ポリティクスとして民俗学的に分析する。

ここでいう民俗学的とは、柳田國男の定義した「事象そのものを現象として、ありのままに凝視し、『わかっている』『当たり前だ』といわれているその奥を洞察すること」（柳田 一九九〇〔一九三四〕：三二八）という文脈で用いている。筆者は民俗学を、「普通の人びと」の身辺卑近な生活世界の自明性に対し、「わかっている」「当たり前だ」として、思考を停止させてきた素朴な態度や判断を、一旦留保させ、内省的行為を促す「自己内省」の学だと第一に理解している（岩本 二〇二一：一八八）。

これを前提とした上で、第二に、筆者は民俗学を、ドイツ民俗学会が一九七〇年に再定義した、ファルケンシュタイン原則にしたがって、客体的表出と主体的表出との関係性を、文化「伝達」の観点から分析する学問だと理解している。[3]民俗学が研究を集中させてきたのは、その蓄積からもわかるように、博物館に収集してきたモノ（物質文化）や規約といった客体的な対象に加えて、昔話や伝説といった語り（ナラティヴ）のほか、態度や意見などの主体的表出であって、そこから両者の関係性を問題にしてきたのが、民俗学の特性だと考えている。言い換えると、民俗学とは、客体（つまり対象）を主体である人間がどう意味づけているのか、あるいは認識してきたのかを論点に、「普通の人びと」の当たり前や日常の暮らしが、どのような文化の「伝達」のもとで構成されているかを問うディシプリンだといえる。

事実とリアリティ（事実らしさ）との関係性を捉えることこそ、民俗学の方法的な特徴であって、その関心は、事実をいかに認識し、解釈、表現するか（あるいはしてきたのか）に集約されている。本稿でも以上のように民俗学を規定して、「迷惑」という規範の日常化（異質なものを当たり前化する過程）を論じるとともに、「迷惑」や「自己責任」という自己規律的な倫理を介して、「見も知らぬ他者」すなわち異人を過剰に攻撃する「不寛容社会」や「不寛容の時代」の起源（その発生プロセス）についても迫ってみたい。

二　「迷惑」に囲繞される社会

まずは、日本に暮らす私たちを、「迷惑」が、どのように、またどの程度、縛っているのか、その現況を確認しておこう。今日、私たちは「迷惑」という言葉やその規範に囲繞された社会生活を送っているので、「当たり前」すぎて、もはやそれが尋常でないとは感じられなくなっている。冒頭に挙げた二つの介護殺人事件の判決をめぐる報道には、「迷惑」規範が全面的に打ち出され、顕在化された形で、記事化されているので、これを用いたが、例えば後者の事件に関する読売新聞の記事の見出しは、「介護の夫を殺害、車いすの被告に猶予判決…『支援求めなかったこと非難できない』」であって、迷惑規範を臭わせながらも、本文中にもそれを前面に据えた議論はしていない。記事本文の後半部分を、少し引いてみよう（なお、以下、記事引用は、固有名詞を伏せるなど、一部加工してある）。

事例一　裁判長は「被告を信頼して生活してきた夫の命を奪った結果は重大」と述べた。一方で「自宅での介護負担は重かったにもかかわらず、周囲から十分な支援を受けていなかった。突発的に犯行に及んだ経緯は同情できる。被告の辛抱強い性格、置かれた境遇からすると、周囲に協力を求めなかったことを非難できない」とした。

最後に「自分の力ではどうにもならない困難に直面した時、周りに助けを求めるのは普通のことです。事件を振り返り、冥福（冥福）を祈ってください」と語りかけた。車いす姿の被告は、小さな体を動かさずに聞いていた。

判決によると、被告は一月二一日夜、自宅で寝ている夫（当時八五歳）の首と腹を包丁で刺して殺害した。被告は三日前に腰椎と胸椎の圧迫骨折と診断され、「自分が介護できなければ夫も大変だろう」と悲観し、夫を殺害して自らも死のうと決意した。

辛抱強い性格で周囲に助けを求めなかったこと、本人も車椅子生活であること、圧迫骨折で介護が十分にできずに悲観したことなど、読者の同情を誘うような表現も用いているが、先にみた朝日や産経の記事とは違い、「迷惑」規範が主因であるとは特定していない。いわば価値中立的である。これらに対し、例えばFNNプライムニュースでは「介護必要な夫（当時八五歳）に殺害、八四歳の女に有罪判決〈仙台市〉」とか、日テレNEWS24でも「宮城／老老介護で夫を殺害／八四歳妻に執行猶予付き有罪判決」といったように[4]、妻の行為に対して一貫して強く否定的に報じる論調も当然存在する。この場合も、妻の迷惑規範の内在化の問題などは、一切触れてはいない（しかしながら、これらも結局のところ、迷惑規範を伝達していると本稿では考える）。

事件（事実）に対して、いかに語るか、そして読者（情報の受け手）はいかにリアリティ（事実らしさ）を構築しているのかが問題なのであり、「ニュースは情報ではなく、ドラマであり、物語である」（Carey 1989: 15–21）とジェームズ・W・ケアリーが説いたように、読者が受け取るのは、ジャーナリストが正確に提示しようとした「事実」や「名前」「人物」といった純粋な情報ではない。ニュースとは、世界の中で相争っている諸価値の描写であり、また繰り返し語られることによって、神話やフォークロアのように、読み手に文化的価値のモデル、善悪や好悪、美醜などの定義を提供している（Bird and Dardenne 1988: 69-70）。

ニュース（主体的表出）は、以上で見てきたように、たとえ「事実」に基づいていたとしても、それをいかようにも語ることができる。重要なのは「事実」の背後にある象徴的システム（文化的諸価値の体系）なのであり、ニュースの本質的な機能は、繰り返されるそうした神話的な語り（mythological narrative）によって文化的諸価値を「伝達」するところにある。本稿もそうした分析枠組の下、ニュースを神話的な語りとして分析する。

三　なぜ二つの判決報道は迷惑規範を前景化したか

では、なぜ、この二つの事件は、メディアの中で、大きな扱いになったのか？　数多い介護殺人／心中事件のうち、社会面のトップになるのはわずかである中で、そのニュースバリューはどこにあったのだろうか。いわゆる介護殺人／心中に公的な統計データは存在しない。新聞記事を用い量的に分析した先行研究によれば、一九九〇年代末より増加し（羽根 二〇〇六）、今日、二週間に一件程度の頻度で類似の事件が起こっている。[5]にも拘わらず、二つの事件がズームアップされた第一の理由は、記事の叙述の仕方にあったろう。事件の語り方であり、そこから、内実に迫ってみよう。

冒頭で挙げた二例のうち、前者の事件に関して、出来事を淡々と記述するだけのスタイルを採用しているのは、読売新聞である。同情を交えない、中立的叙述であり、見出しも「寝たきりの姉の鼻と口にティッシュ、手でふさいで殺害…八二歳に執行猶予刑」とあり、出来事（犯行や判決という事実の経過）に忠実な叙述スタイルを採っている。みてみよう。

事例二　東京都北区赤羽台の自宅で介護していた寝たきりの姉を殺害したとして、殺人罪に問われた無職の被告（八二）の裁判員裁判で、東京地裁は二日、懲役三年、執行猶予五年（求刑・懲役五年）の判決を言い渡した。裁判長は「被害者を確実にあやめようという強い意図はあったが、犯行直後に自首しており執行猶予が相当だ」と述べた。

判決によると、被告は今年三月二〇日朝、自宅のベッドで横たわっていた姉（当時八四歳）の鼻と口にウェットティッシュを置き、手でふさいで窒息死させた。

裁判長は、被告が姉を一人きりで介護する中、生活保護の受給や特別養護老人施設への入所を周囲から勧められていたことにふれ「第三者に助けを求めることが容易かつ可能だった」と指摘。一方で「他人に迷惑をかけてはいけない。生活保護を受けてまで生活したくない」と追い詰められたことが犯行の動機になったとし、「絶望的な状況下での犯行で、十分同情できる」と述べた。

出来事の経過を、淡々と時系列に並べた叙述スタイルで、この種の報道においては短報で多用される、ニュートラルな叙述であり、先にみた情緒的な描写の多い事例一と比べると、その感情を抑えた中立性は際立っている。見方によっては冷徹で、口にティッシュなどの記述は、むしろ冷たい印象を与え、残忍さも感じさせる。これに対し、同じ事件を朝日新聞の記事では、どのように表現しているのか。冒頭で紹介したように、見出しは、大きなポイントで記された事件と裁判の経過を表わす表現のほか、中段以降に「年金月一〇万円施設入る余裕なく／対象世帯受給は二～四割」というポイントを落とした見出しもあり、この事件や判決を素材に、生活保護に制度の問題点に敷衍して、その一般論が語られてゆく。

事例三　　約六〇年前に福岡県から上京した姉妹は二人で暮らし、親しい親戚や知人はいなかった。姉は約五年前に介護が必要になり、約二年前から寝たきり状態に。二人の収入は一カ月あたり約一〇万円の年金だけだった。姉を特別養護老人施設に入れるため生活保護の受給申請をケアマネジャーから提案されても、被告は拒み、一人で介護を続けた。

生活保護を受けなかった理由について、被告は法廷や供述調書で「税金からお金をもらうのは他人のお金で生きることで迷惑をかける」「親にも、他人に迷惑をかけないように言われて育った」と説明。殺害の動機は、姉の体調が悪化し「これ以上介護できない。迷惑をかけないためには終わらせるしかない」と考えたためで、殺害後は自ら一一〇番通報した。

動機を含め、極めて情緒的に、再現的な描写が施されている。これに続けて、記事の後半では、この事件の背景を分析的に数値なども示しながら、生活保護制度の問題点が展開される。「生活保護を受給しているのは全国で約一六四万世帯」あるもの、「国民生活基礎調査（二〇一六年）をもとにした国の推計では、保護を受ける水準にある低所得世帯のうち、実際に受給しているのは約二～四割にとどまって」おり、「受給の割合が低い背景の一つに、今回の事件のように『他人に迷惑をかけたくない』『世間体が気になる』との考えがあり、高齢になるほどその傾向が強まるという」と論じている。

産経の記事はこうした一般論には還元させないものの、約六〇年前の姉妹が上京したところから事件に至る経緯が、貯金の尽きたことも含めて、叙事的に語られ、最後の部分を次のようにまとめている。

事例四　「親から教えられ、長年にわたる二人きりの生活の中で培われた『他人に迷惑をかけてはいけない』という考えから抜け出せなくなっていた。被告には、周囲の助けを得て生活を続けていくという選択肢はなかった」。裁判長は、量刑理由の中でこう言及した。被告は時折うつむきながら、判決を受け止めていた。

親からのしつけを主要因にした記述は、後者の事件でも、仙台放送が「要介護者と同居介護者の年齢組み合わせの割合」の増加という「老老介護」の一般論に敷衍した中で、論及される。「国民生活基礎調査」（二〇一九年）

から、自宅で介護を受けている高齢者のうち、介護者も六五歳以上である「老老介護」の割合が全体の五九・七％を占め、七五歳以上同士の「老老介護」の割合も三三・一％となったことを紹介し、これを挟んで次のように論は展開される。

事例五　「被告の辛抱強い性格とその置かれた境遇や立場からすると、介護保険制度の内容を十分理解できず、制度に大きく頼ろうとしなかったことはやむを得ず、子供たちが父親の介護のことをあまり気にかけていなかった状況からすると、被告が周囲に協力を求めなかったことを取り立てて非難することはできない」などとして被告に執行猶予五年のついた有罪判決を言い渡した。

これに加えて、仙台市の高齢者福祉の担当者の「七五歳以上の世代は、我慢や忍耐を善とする世代で、他人の助けを潔しとしない傾向がある」という発言を紹介するほか、「『こういう制度を利用できますよ』とサポートしようとしても『家のことは自分でできるから必要ない』と言われれば、それ以上の介入はできない。入浴や排せつなどデリケートなケアだけでなく食事や掃除の支援についても、第三者に任せたくないと抵抗感を示す高齢者は少なくない」とも付け加えられる。

さらに続けて、最後のまとめとして、「事件から約一〇カ月。しかし一〇カ月経った今も、裁判で気持ちを聞かれた被告が『誰かに助けを求めればよかった』ではなく、『私がもっと頑張ればよかった』と述べたことに、老老介護の問題の根深さがある気がしてならない。誰のための介護保険制度なのか。今回の事件が社会に突き付けた課題は大きい」と結んでいる。その叙述は、事件を踏まえているものの、事件を越えて、政治ないしは社会に対するプロテストが主たる主張になっているとも評せるだろう(6)。

四　迷惑規範は高齢者だけの規範なのか

前節を小括しておけば、第一は、老老介護の問題点として、明示的に迷惑規範を介護殺人／心中の主要因と見なす議論が登場してきたことである。高齢者介護やケアの現場において、しばしば漏れ聞こえる「迷惑」という呟きに着目し、そこに本質を見出そうとする研究は、古村和恵・森田達也・赤澤輝和ほか 二〇一二「迷惑をかけてつらいと訴える終末期がん患者への緩和ケア」『Palliative Care Research』七巻一号や、大島操 二〇一四「高齢者が『迷惑』と表現する状況に関する考察」『熊本大学社会文化研究』一二号以来、蓄積しつつあったが、これらがマスメディアにも反映したものと見ることができる。

第二は、第一のように明示的ではないにせよ、事例一のような迷惑規範を暗示的に示した記事が、少なからず存在することである。こうした報道が繰り返し語られることによって、迷惑規範が、神話的な語りとして機能することになるが、メディア報道が迷惑規範を涵養し、強化する土壌となってゆく可能性を示している。個々人への内面化も促される。

第三は、事例二のような出来事を淡々と列記する叙事的なスタイルより、迷惑規範が強調されるのは、むしろ事例三のような事件から敷衍した一般論においてであること、その前提部分で、より叙情的な記述スタイルが採用されやすい傾向にあることである。他人事ではなく、私たちの問題として引き込む上での修辞的技法だとも、それはいえる。

第四は、事例四でもみるように、親からのしつけ等によって培われた迷惑規範が、その後の人生を貫くほどの規範として強固に働く可能性である。特に日常においては善とされ、正義とされる「人様に迷惑をかけてはならない」という規範が、介護心中という非常時においても、強い規範となって発現すると見なすことができる。介護心中自体は非日常的なものであるが、日常的な生活実践の中で築き上げられた日常の価値規範が突出的、尖端的に現われた現象だと筆者などは考えている。

第五は、事例五でもみるように、迷惑規範は自ら助けを求めることを自制する、禁忌的な不活動の規範として発現するが、家内事を第三者に介入されたくないといった抵抗感など、非顕示的に発露するため、表面的には見極めにくいことである。事例三の注釈部分で述べたように、生活保護の権利のある貧困世帯のうち受給している世帯割合（補足率という）が八割に超えるイギリスなどに比べ、日本が二〜四割という低水準にあるのは、その規範が非顕示的な性質であることとも関わっている。

第六に、迷惑規範は事例五にもあるように、他人の助けを潔しとせず、我慢や忍耐を善とする意識と関わる、その規範は高齢者世代に強く、高齢者ほど濃厚に内在化しているという指摘であり、その蓋然性である。事例三でも「高齢者になるほどその傾向が強まる」と語られるが、こうした観察に基づいたであろう指摘の有効性が問われることとなる。

以上の、小括のうち、ここでは最後の仮説的な指摘の妥当性、すなわち迷惑規範は高齢者にのみに顕著な社会規範であるのかを検討してみたい。なぜなら、筆者もそのような仮説の妥当性を以前考えたことがあったからである。

筆者はこれまでいわゆる親子心中の民俗学的研究を行ってきたが、大正末年に激増し、一九八〇年代までは年間三、四〇〇件発生していた親子心中（岩本　一九八九：八三〜一〇八）は、二〇〇〇年代には年間三〇〜五〇件程度に激減する。規模が十分の一程度に縮小し（長尾・川﨑　二〇一三）、さらに二〇一七年には年間八件、二〇一八年には一三件、二〇一九年には一六件、二〇二〇年には一九件、二〇二一年には一八件、二〇二二年には一一件と、約五〇分の一規模にまで縮小している。(7) ここでいう親子心中とは、およそ三〇〜四〇代の若い親が未成年の子どもを、特に乳幼児を殺害後、自殺する道連れ現象を指しているが、こうした年少型親子心中が激減するのと反比例するかのように、一九九〇年代末よりは介護殺人／心中が増加してゆく。

一方、介護心中は、老老心中とも呼ばれるように、親子とも高齢者の、いわば老年型親子心中である。筆者は大正末期から激増する年少型親子心中の現象化には、家族以外の「他人に迷惑をかけてはならない」とする心情に関わっていると想定してきた。よって、一九九〇年代以降の年少型親子心中の激減には、その可能性の一つとして、若年の親たちの世代に、迷惑規範が弱体化しているのではないかと考え、若い世代に迷惑規範がどの程度内在化しているのかについて検証する、以下のような調査を行った。

二〇二〇年に東京大学教養学部の一、二年生を対象としたONLINE授業で、携帯電話の車内通話に関して、賛成か反対かを答えさせた上で、二つの質問をしてフリーテキスト形式の二つの短いナラティヴを集め、それをドイツの民俗学者アルブレヒト・レーマン（Albrecht Lehmann）のいう「参与（Engagement）」という概念を使って、民俗学的に分析してみた。「参与」とは「それが自分にとってどうであるかを問題とするような、ある出来事に対するいわば主観的な態度」（レーマン 二〇二〇〔二〇〇七〕：六〇）であって、自身の賛成か反対に対して、いかに対象（事象）に対して、いかなる言葉や言い回しを用いて、説明づけているのかを分析した。

設問の前提として、「電車やバス車内での携帯電話（スマートフォン）の『通話』に関しての質問です」と断った上で、「Ｗｉ－Ｆｉ環境が拡充し、優先席付近での電源オフも『混雑時には電源をお切りください』と大幅に緩和されたにも拘らず、車内における『通話』は、『マナーモードに設定の上、通話はご遠慮ください』といったように、なかば禁じられているといえます」と状況を示したのち、フリーテキスト形式で、二つの設問を課した[8]。

設問一では「車内での会話は禁じられていないのに、携帯『通話』は、なぜいけないのでしょう、どう思いますか？」とし、設問二では「例えば今後、車内『通話』の解禁の議論が起きたとき、あなたは、それに賛成しますか、反対しますか？　その賛否と、理由を簡単に述べてください」とした。賛成・反対を計量的に捉えるアンケートが目的なのではなく、賛成・反対を、いかなる言い方で説明づけているか？　その語り方を見ようとした。

二〇七人の回答のうち、賛成・反対の如何に拘わらず（賛成が八二名、反対が一二二名、中立が三名）、「迷惑」という言葉を用いて説明した者が五五名（賛成が二〇名、反対が三四名、中立が一名）あり、それに付随する感情である「不快」という言い回しで説明した者が四四名、類義語といえる「配慮」を用いた者が三〇名、同じく類義語といえる「マナー」が三八名であり、実に八割方（八〇・七％）の学生が、迷惑及び類義した語を説明原理に使用していることが判明した。「迷悪」という語に限定しても、二七％もの学生が、こちら側がその語を全く用いてもいないのに拘わらず、「迷惑」という言葉や原理を用いて、自らの主観的態度に対する説明に用いたのである。驚きである。

具体的にその一部を示しておこう。「電車の車内は公共空間なので、音声が他の人の迷惑になる通話はするべきではないから」「混雑した車内では逃げ場がなく、他人の通話を否応なく聞かされる者にとっては迷惑この上ないことだから」「やはりどうしても会話に比べて声が大きくなってしまい周囲に迷惑になるだろうから」「電車の走行音やその他の雑音があるため、車内での通話は大声になりやすく迷惑になりやすいから」といった反対意見に用いられるのは、ある程度想定していたものの、賛成側の意見にも、例えば「私自身通話をそこまで迷惑と考えないし、客観的にみても実害が少ない」「緊急的な連絡も多いし、小声で話している分には、他の乗客の迷惑になるとは考えられないから」「迷惑だと考える人が存在するから」「実際に電車で通話をするほとんどの人が小声でしており迷惑になることもほぼない」「会話くらいの声の大きさの通話なら誰にも迷惑がかからないから」といった形で「迷惑」という語や言い回しが使われたのである。少なくとも公共空間における振る舞いの行動基準として、迷惑規範が今も若者たちにおいて強く作用していることは確かだろう。

以上から言えることとして、日本で暮らす場合、若い世代の者たちにも迷惑規範は厳然として内在化しており、弱体化してはいないこと、また迷惑規範の強弱からだけでは親子心中の減少を説明できないことが明らかになったといえる。これに加えて、上記ナラティヴ調査の感触では、若年層に迷惑規範は弱まっているどころか、むしろ迷惑規範は強化されているのではないかとさえ思えたことも付記しておく。

五　複数の世相に見え隠れする迷惑規範

二〇二一年一二月は、ニュースの中に、見え隠れはするものの、筆者の眼からすると、迷惑規範が実に溢れ返ったひと月だったといえる。その筆頭は一七日に大阪北新地で起こったビル放火殺人事件であり、迷惑千万な行いの極致に対し、震撼とした日本人は多かったろう。「拡大自殺」（片田 二〇一七）という精神医学の専門用語も、流行語のように流通した。

報道が過熱化するのは、容疑者が自爆テロのように、人を巻き込んだ大量殺人であることが明らかになってからだった。脱出しようとした犠牲者の経路を塞ぐように体当たりをしていたことや、自宅から先行する放火殺人事件に関する新聞の切り抜きなどが発見され、その計画性が明らかになっていった。事件から二日後、事案の重大性から異例の措置として、意識不明で重体のまま、入院中の容疑者の氏名が公表されると、その異様な過去がメディアによって暴かれてゆく。特に、注目されたのは、二〇一一年にも家族を道連れにしようとした心中未遂事件を起こしたことであった。[9]その裁判記録から明らかにされたのは、働かずに元妻に「迷惑をかけている」長男を道連れにしようとしたこと、また家族は一緒でなければならないから、元妻や次男も道連れにしようと考えたという、迷惑規範に固執した極めて片寄った動機群（動機に関する言説）であった。

容疑者は何も語らないまま、死亡し、迷宮入りしたものの、捜査に当たった捜査幹部が、ビル放火も親切にしてくれた心療内科の院長に、優しくしてくれたから一緒に死んで欲しいといった心情ではなかったかと発言するなど、[10]転倒した猟奇性も浮かび上がった。あくまで推定動機であって、その真意は測り知れないが、世間への歪んだ復讐心は、日本社会が最も嫌う、世間に迷惑をかけることを逆に選択させた可能性も疑ってみるべきだろう。

この一件がほぼ連日、一面および社会面を賑わせる一方、年末の一二月はその一年を回顧する月でもある。越年したコロナ禍で、突如日本のみ激減していった第五波のミステリーによって、マスクの着用や自粛警察、あるいは同調圧力や相互監視などを例にした、いわば日本特殊論が繰り返し提示され、出揃っていったが、[11]そのような状況の中、一二月一四日に初めて報じられた、次のような新省庁「こども家庭庁」への名称変更に関する報道も、一見明示的ではないものの、迷惑規範と深く関わるものだった。

最初の報道は見出しも、「こども庁➡こども家庭庁へ名称変更を調整『親も含めた支援が必要』」（朝日新聞、一二月一五日朝刊）という穏当な表現であったが[12]、次第にその政治性が顕わにされてゆく。表向きは子どもを中心に据えた「社会の新たな司令塔」を謳ったものの、土壇場で保守派に配慮し「家庭」という二文字が加えられた結果、子どもの命や人権を最優先にするという当初の構想から逸脱し、「子どもは家庭を基盤に成長する」と、家庭の役割を強調したものに傾いた[13]。出遅れ気味だった朝日も、二二日の「耕論／こども『家庭』庁は映す」では、山崎ナオコーラ「個が束ねられ消えたよう」を載せるなど、批判に転じ、伝統的家族観を重視する自民党内右派の言動を非難する論調が強まってゆく。

家庭がない子、家庭に問題がある子、さらには家庭が地獄であるという子どもなど、すべての子どもを扱うという「こども庁」の理念は薄められ、「子どもは家庭でお母さんが育てるもの。家庭の文字が入るのは当然だ」とする保守派の意見が支配的になる中[14]、保守派が依拠した施策的な根拠となったのが、近頃まで官邸ホームページに掲載されていた二〇〇〇年七月七日の教育改革国民会議第一分科会の資料「一人一人が取り組む人間性教育の具体策」という提言であり、それとの関連がネット上などでは騒がれていった[15]。

ネチズンらが指摘し騒動になったのは、同資料に記録された「子どもを厳しく『飼い馴らす』必要があることを国民にアピールして覚悟してもらう」という文言であった。しかしながら、筆者が注目するのは、同提言のうち「教育の原点で何をすべきか」で「家庭が行うこと」とされた「しつけの三原則」の提案の方である。「しつけの三原則」とは、「甘えるな」「他人に迷惑をかけるな」「生かされて生きていることを自覚せよ」であり、ここに他者への迷惑が入り込んでいることが、実に示唆的であり、興味深い。

政治がこのように家庭教育に介入するのは、初めてのことではない。ある意味、それは歴史的必然である。「他人に迷惑をかけるな」という規範は、親の自発的なしつけの中に、自生的に芽生えた自然法的な尺度のような響きを持つが、実は上からの強要の中で醸成される、その所産であった。

近世の儒教的な通俗道徳にも、明治の地方改良運動の徳目の中にも、迷惑規範は認められない。安丸良夫は民衆個々人が自省的な意識を持って実践する、勤勉、倹約、謙虚、孝行といった徳目からなる生活規範を、「通俗道徳」と名付け、一八世紀末以降、商品経済の急激な発展の中で農民層分解が進み、荒廃した村々が出現するなど、現実化した没落の危機感によって、自己規律的な倫理実践が「全民族的な規模」[16]にまで浸透したと説いた（安丸 一九九九（一九七四）：二五―二八）。規範的道徳が内面化されることで、通俗道徳は自明の当為として自己を律する実践倫理となって機能したが、松沢裕作はこれを敷衍して、大日本帝国憲法が制定された翌一八九〇年の第一回帝国議会において、政府の提出した「窮民救助法案」が衆院で否決された理由の一つが、困窮に陥ったのは当人が働き、貯蓄する努力を怠った結果だと捉える考え方、すなわち「貧困は自己責任であって、社会の責任ではない」という責任論が場を支配したからだとする（松沢 二〇一八：五三―五六）。この当時、「自己責任」という語の使用があったか否かは確認できないが、通俗道徳はより正当化・制度化され、公衆・公共性を帯びた「迷惑」まで、あと一歩手前にまで迫っていたと評せよう。畢竟、迷惑とは、第一次世界大戦後、都市に急増してくる俸給生活者という新たな都市住民層を対象に想定した、民力涵養運動（岩本 二〇〇八：二六五―三二二）と生活改善運動の中に結実してくる、新たな通俗倫理、公衆道徳、公共マナーとして、それは初めて誕生する[17]。

六　公衆道徳としての迷惑規範の起源

公衆的公共的な迷惑規範の発生に関しては、すでに何度か論及したことがあるので（岩本 二〇一九：一五―三一：岩本 二〇二一：二三―三三）、簡単に要点を紹介するが、迷い戸惑うさまを意味した迷惑が、人のしたことで不快になったり困ったりするさま／ことに転じるのは、そう古いことではない。一八九四年の辻本三省が著した『修身少年美談　家庭教育』積善館には、「烏の迷惑」と題し、次のような話が載せられている。

事例六　豆の畑に百姓は暑い天気を冒して種を蒔きつけまするど、一と群れの鳩は此の畑に寄集ひ、人の見ぬ間にと急いで豆をほぢくり残り少なく食ひました（皆サン此鳩ノ所為ハ善ト思ヒマスカ）。そこで百姓は大きに腹を立て、ある日鳩の暁らぬやう一筋の網を張つて待設けて居ますと、鳩共は夫とも知らず「御馳走さま」とも何とも云はず又々此豆畑に群集ひました。トコロが此鳩群の中に一羽の烏が雑つて居ましたが、烏はもとから豆をすきませぬから只側に見て居ました。百姓は此処ぞと思ひ急に縄を曳きますと網はバツサリ是はと仰天した鳩共の身は早や動くともならず其儘生捕られました。（諸子鳩ノ生ケ捕ラル、所以及ビ烏ノ生捕ラル、所以ヲ語レ）（辻本　一八九四：三一四）

鳩のせいで烏も生け捕りにされたという内容であり、ここでの迷惑は、「とばっちりを食らう」とか「巻き添えを食う」という意味であって、迷惑であるのも鳩にではなく、烏に掛かっている点にも注意したい。

そのようないわば二者関係的な迷惑が、今日的な公共マナーや公徳心に関わる規範に転換するのには、第一次世界大戦後、大都市への人口集中が進み、産業構造も転換し、新中間層が激増する中においてであった。私鉄沿線が伸張し、郊外には文化住宅が立ち並び、都市ガスが普及するなどの、近代的な都市特有の時空間が形成された結果、時間厳守とともに、他人様に迷惑をかけないことが、一種の都市的社交の範型として、新たな暮らしの公共マナー（街頭作法）として形を整えてゆく。

このようにして形成された、迷惑とは、二人以上の、ある集団の構成員が、あるいはその場に居合わせた者（すなわち一時的、疑似的な集団の構成員）が、他の構成員の不快感を惹起しないよう、雰囲気を察知し、不必要な競争や揉め事を避ける、雰囲気を形にかえてなされる所作や振る舞いのことだとして定義できる。ある集団には、電車の車内から世間あるいは日本にまで伸縮可能なものだと補足すれば、かなり汎用性の高い定義だといえる。大正末期から一九九〇年代まで頻発した年少型親子心中は、家族以外の世間には迷惑はかけられないという心情によって支えられていた（岩本　一九八九）。

いかと思われる。

七　個的な自立規範としての迷惑への転換

ところが、冒頭で例示した二つの介護殺人事件をはじめ、今日の介護殺人／心中にみられる「迷惑」とは、この定義から、「ある集団」とした部分を削除あるいは修正しなければならないほど、変質してしまったのではないかと思われる。

事例一で引いた、裁判長の言葉「自分の力ではどうにもならない困難に直面した時、周りに助けを求めるのは普通のこと」は、今ではそれは普通のことではなくなったし、事例五に「子供たちが父親の介護のことをあまり気にかけていなかった」とあるように、ほかに家族がいても彼らに助けを求めることは遠慮し、回避される。伸縮自在であった「ある集団」の範囲が、かつての家族以外の者から、今や家族そのものを対象にするものに縮小してしまったのだ。別言すれば、「他人に迷惑をかけない」の他人が、自己以外の家族も含む他者となり、個的な自立規範（自立を志向する実践的な自己規律）に転換したといえるだろう。

二〇一一年一二月現在、テレビＣＭや新聞広告で「家族に迷惑をかけてはならない」とか「子どもたちに迷惑かけられないものね」といった迷惑を謳い文句にした宣伝は、六社にのぼる。生命保険やサプリメントのＣＭに多い。こうしたキャッチフレーズに「家族に迷惑をかけたくない」を含んだ広告は、管見の限り、二〇一三年春から健康食品のそれに見出せるが、ある会社は「子供や家族に迷惑をかけたくない！／中高年に広がるピンピンコロリ願望」を、ある会社は「探し物が増えたら要注意⁉／家族に迷惑をかけたくない‼」を大見出しに使用している。たぶんこの頃から、迷惑の用法は漸次、個的な自立規範が支配的になる傾向にあったと思われるが、筆者は転換の大きな要因の一つが、介護保険制度の矛盾が、実感として体感されるようになったことではないかと推定している。

二〇〇〇年四月に開始された介護保険制度では、家族が無償で担うものとされてきた「介護の社会化」が目的だったにも拘わらず、現行制度では急速に広がっている老老介護の現実に即しているとは言い難い。家事援助などのサービスは原則、同居家族がいる場合は利用できないなど、制約的である一方、サービスを受けられる「要支援」や「介護」の認定を受けていても、当事者が「自分で何とかする」「赤の他人に迷惑は掛けられない」と支援を求めることを拒むなど、制度が活かされておらず、そうした矛盾が露呈した表現が「家族に迷惑かけたくない」という言い回しなのだと思われる。一九七二年に出版された有吉佐和子の『恍惚の人』を弾みに、全国に広がったポックリ信仰の普及とも相通じる感覚に支えられている。

八　非寛容社会の生成過程——自己責任論との重畳性と時代的変化

テレビＣＭのみならず、謝罪会見[18]などで繰り返される迷惑規範に、異常さや時代的変化を覚えるのは、筆者だけに限らない。朝日新聞の二〇二一年一二月一六日の「声」に欄には、六七歳男性の「『お互いさま』」の世の中がいい」と題した文章が寄せられている。

事例七　子どもの頃、学校でも家庭でも「親切にしなさい」とよく言われた。困っている人がいたら手をさしのべる。お互い助け合わなければいけない。そんな思いが世の中にあふれていたのかもしれない。

その後、「親切にしよう」という言葉はあまり聞かなくなった。しかし、「他人に迷惑をかけるな」の声は年を追うごとに強くなったように思える。他人に助けを求めることがはばかられ、「公助」に頼るのではなく、まず「自助・共助」。こうして何があっても「自己責任」という風潮が世の中に定着したようだ。

「迷惑をかけるな」「自己責任だ」の声に押され、「公助」に頼ることを良しとしない表れの一つが生活保護申請の少なさなのだろう。申請条件に該当しても申請しない。「まず自分で何とかしろ」という圧力が世の中にしっかりと根づいてしまったのかもしれない。

前述した事例三の補足で触れた、生活保護の補足率が低率だという報道に対する投書なのであろう。筆者が論じたかった日常化のプロセスはほとんど言い尽くされているが、「自己責任」に関して補充的な議論をしておこう。

様々な国際比較調査において、日本は諸外国と比較し、貧困対策を政府の責任（公的責任）と考える者が少ない一方、自己責任で対処すべきだと考える者が多いという特徴を持っていると指摘されている（村田 二〇一九：九〇―一〇一）。「自己責任」を強調することが、世界的な潮流である新自由主義の下にあるとは理解していながらも、現代日本社会に蔓延する自己責任論は、どことなく日本に特有の問題かのように語られてきた。ジャーナリストの齋藤雅俊が分析するように、二〇〇四年のイラクの人質事件が転機であったことも確かなことだろう。当時の福田康夫官房長官は次のように述べた（ただしその発頭人は福田ではない）。

事例八　（イラクに）行く人が自分の責任で行ったとしても、いったん、こういうことが起こると、どれだけの迷惑がかかるものか、考えてもらいたい。もう少し常識で判断してほしい。（東京新聞二〇〇四年四月一五日夕刊）

齋藤はこの責任には、三つの責任が綯い交ぜになっているとする。①退避勧告の出ている危険なところに入ったことへの責任、②救済のために国や多くの人たちに迷惑をかけたことへの責任、③ひとりの不心得者の救済に税金が使われたことへの責任の三つであるとする。①は自業自得的であり、②は直接的に被害を蒙っている者の直接的な負担であるが、③は当事者でもなく、何の迷惑を蒙ってもいないはずの第三者が声高に自己責任を求めるタイプであり、齋藤は③のような自己責任の求められ方が日本の特徴だと論じる（齋藤 二〇二〇：一二〇）。

ルース・ベネディクトが日本人の徳として評価した、「身から出た錆は自分で始末する」で言い表わせる自己責任の態度は、①に相当する。帯刀する人間が「刀の煌々たる輝きを保つ責任がある」のと同様に、各々の「自己の行為の結果に対して、責任を取らなければならない」するものである（ベネディクト 一九九七：三四三～三四四）。②は村請制であった近世村落が、貧困に直面した没落戸の年貢不納分を、直ちに村全体で立て替えるのではなく、親族や子孫に負担させる「自己責任」的選択肢を持っていたことを、近世史家の木下光生は析出している（木村 二〇一七）。自己責任という言葉は使用されないものの、こうした責任のありようは近世にも存在したこととなる。

その点で、まさに③は、国民国家という想像の共同体が成立することによって、初めて姿を現わしたものだといえる。見も知らぬ同胞から、（想像の共同体の）ルールを無視し、（想像の共同体に対して）迷惑をかけたのだから、責めを負うのは当然とするような跳躍は、ある種の集団性や公共性を介在させないと理解できない。暗黙であることの多い規範を犯し、失敗をしたりすれば、懲罰を与えるのは当然だとして、直接関係のない人たちからも容赦のない制裁に曝されるのは、この種の集団的共同性が前提となっている。

ただし、この語が新語・流行語大賞のトップテンに入賞したのは二〇〇四年であるが、④小泉政権以降の新自由主義下での自己責任の強化も、このような歴史の中で重畳的に累積されてきた、それまでの多層的な自己責任規範の延長に過ぎないものだといえる。「不寛容の時代」の象徴といえる⑤SNSでの激しい攻撃、見知らぬ他者（異人）に、過剰な正義感を振りかざすここ一〇年来の現象も（山口 二〇二〇）、基本的には③を増幅したもので、自己責任論は歴史的には①〜⑤の順で重畳していったものだと理解している。

ただし、自己責任論の流行は何も日本だけに限らない。欧米でも同様であることを、ヤシャ・モンクが説いている。大西洋の両岸で、戦後の哲学や社会学における静かな変容に始まり、一九八〇年代初頭の保守革命の主要要素となったばかりか、左翼政党もこれに追随していったプロセスを跡付け、それが社会保障制度の弱者の粗探しを強いてきた過程も描き出す（モンク 二〇一九（二〇一七））。マイケル・サンデルも努力と成果がものをいう能力主義（メリトクラシー）の陥穽が、格差と分断をより深刻なものにしているとして、その原理と倫理を描出してみせた。能力主義の夢は残酷な自己責任論と表裏一体であり、行き過ぎた学歴偏重社会の背後にある能力主義に由来し、貧しさを努力が足りないとして、自己責任のせいにする観念の淵源を析出している（サンデル 二〇二一

（二〇二〇））。なお、橘玲もほぼ同様の議論をしている（橘 二〇二一）。

以上、迷惑規範と自己責任、不寛容との関係性を総括すれば、それらは歴史的に重畳性の中で折り重なって累積されてきた「行掛り」（岩本 二〇二四）だと考える。言葉こそないものの、近世から既に「身から出た錆」的な身の処し方や、村請制度において没落戸の処理に対する自己責任感は存在した。通俗道徳の自律性が浸潤し、その上に大都市が伸張してくる一九二〇年代頃より、同じ車中に乗り合わせたような一時的な集団や不特定多数の同胞に対する「迷惑」という観念が覆いかぶさるようになり、それに加えて、二〇〇〇年代以降の新自由主義の台頭が、さらにはSNSなどイノベーションの劇的な発達とも相俟って、見知らぬ他者（異人）を容赦せずに攻撃し、謝罪に追い込むような非寛容化をもたらしたといえるのではないか、そのように歴史的プロセスを考えている。別言するなら、迷惑の範囲（迷惑をかけるとして気遣いする対象）が身の回りの世間から、家族も他者化される一方で、日本社会というナショナルな見知らぬ他者（異人）が前景化するという、両極化してゆくプロセスを垣間見せているということもできる。

（1）「不寛容の時代」あるいは「不寛容な時代」という表現は、管見の限り、大江健三郎のエッセイが最も古いが（大江 一九八八）、いくつもの書籍名や論文名で、その名が多用されてくるのは、二〇一〇年代後半以降のことであり、本稿では歴史用語として、この語を括弧付きで表記する。

（2）この言い回しは、特に「他人様へ迷惑をかけない」となると、他者への配慮や優しさを示したマナーとして、一見、他者に対する不寛容性とは正反対の、内面的な金言性を帯びてくる。しかしながら、発生史的に捉えてみると、例えば明治三五年の『女子容儀作法』という指南書には、「乗車乗船の作法」の項に、「我が国の風習として、相識る者の間にては、礼儀作法は厚けれども、知らざる者に対しては、甚だ薄き所ありて…無作法も亦甚し」と論じる一方、「西洋の文明国にては、殊に公徳に厚くして…乗合ふときは先づ…乗合人一同に挨拶」するなど譲り合い協調し合うのを見倣って、「先を争ひて人を押退け、争ふ等の事なきよ」う心がけ、「其の他すべて人の迷惑にならざる様注意をすべし」（女子誘掖会 一九〇二：二〇～二三）と説かれている。二〇〇四～五年から一〇年ほど一世を風靡した「江戸しぐさ」は全くの創作であったが、「迷惑をかけてはならない」も、歴史的には通俗道徳・公衆マナー（当時の表現では、「街頭作法」「公衆作法」など）として強制的に導入されたものであり、相互譲歩や他者への気遣い気配りを示す言葉だとしても、それは容易に過度な相互監視や非寛容な相互干渉に転換する。

（3）一九七〇年にドイツ民俗学会が再定義した「民俗学」は、「客体及び主体に表われた文化的価値ある伝達（及びそれを規定する原因とそれに付随する過程）を分析する。この分析の出発点は、一般に社会文化的な諸問題であり、その目的は社会文化的な諸問題の解決に寄与することにある」（坂井洲二 一九七一：五五、一部改変）と規定された。ファルケンシュタイン原則（Falkenstein Fomula）と呼ばれて、その後の民俗学の指針となっている。

（4）テレビニュースには映像表現が加わるが、本稿では語り方に重点を置いたので、一律に文字テキストとして扱う。

（5）ＮＨＫスペシャル取材班『「母親に、死んで欲しい」―介護殺人・当事者たちの告白』新潮社、二〇一七年（ＮＨＫスペシャル「私は家族を殺した―介護殺人当事者たちの告白」は二〇一六年七月三日放送）があげている数値。

（6）ちなみに、普段家族に関する問題を積極的に報じる毎日新聞は、この両事件はともに報じず、三日後の朝刊で、一面トップでヤングケアラーの問題を大きく特集した。

（7）二〇一七～二〇二二年の数値は、厚生労働省の社会保障審議会児童部会児童虐待等要保護事例の検証に関する専門委員会による「子ども虐待による死亡事例等の検証結果等について」第一五次～二〇次報告でカウントされた、「心中による虐待死」の数値。なお、同専門委員会は、新庁発足に伴い、第一九次はこども家庭審議会に改組。

（8）これに加えて、生年、性別、賛成／反対、使う頻度を、選択方式で答えさせた。調査は二〇二〇年一一月二四日に行われた。回答に際して、あまり考えこまず、五分程度で答えるようにも指示した。

（9）「文春オンライン」特捜班「《二四人死亡　北新地ビル放火》注目を集める〝紙袋を置いた男〟の正体「離婚後に孤独感から息子の頭部を包丁で何度も指し、逮捕された過去が…」」二〇二一年一二月一八日、文春オンライン。報道ランナー取材班「北新地ビル放火殺人容疑者を駆り立てたものは…他人を巻き込み自殺する『拡大自殺』の疑いも、一〇年前にも長男への殺人未遂で実刑判決」二〇二一年一二月二三日放送、関西テレビ。

（10）ＡＢＣテレビ大阪府警担当「『優しくしてくれたからこそ、一緒に死んで欲しい』と捜査幹部は分析／大阪・北新地クリニック放火殺人事件から一ヵ月」ＡＢＣニュース（朝日放送）、二〇二二年一月一七日放送。

（11）例えば、本谷有希子「コロナ禍、社会と密になった／無自覚にムードつくる大多数の一部に」『朝日新聞』二〇二一年一二月二七日、年を越すが、きたやまおさむ「あれから何処へ①日本人は特殊？　コロナ禍で見えた光と陰」『朝日新聞』二〇二二年一月八日など。

（12）共同通信は最初から、「伝統的家族観を重視する自民党内保守派に配慮する」と指摘していた（二〇二一年一二月一四日）

（13）「自民保守派に配慮？『こども庁』を『こども家庭庁』に変更／与党が新官庁の基本方針了承」『東京新聞』一二月一六日朝刊。

（14）「『家庭』にこだわる子ども政策／『お母さんが育てるもの』？　新庁名の背景は」『朝日新聞』二〇二一年一二月二四日。

（15）https://togetter.com/li/1816483（最終閲覧二〇二二年三月三〇日）。改稿した八月三一日現在、首相官邸ＨＰの更新履歴にはタイトルは残されているが、辿り着けなくなっている。国立国会図書館のＷＡＲＰ（インターネット資料収集保存事業）に議事録は保管されているものの、参考にした「資料」は見つけることはできない。

(16) ただし、のちに安丸は地方の村落支配層に受容された通俗道徳が、地方改良運動などを介し、明治末年頃からは下層の民衆にまで浸透していったと捉え直している（安丸 二〇一五：三一二、三五二―三五五）。

(17) その前史として文部省の学校作法教育において、一九一〇年の「小学校作法教授要項」や一九一一年の「師範学校中学校作法教授要項」の中に、「迷惑」という語が登場しはじめていた（甫守 一九一六、一九四〇）。

(18) 梁英聖は「ご迷惑をおかけした」「不愉快な思いをさせた」といった謝罪を、日本型謝罪と呼び、「事実とルールによる判断を下さないまま、世間や相手の心情に謝罪する」もので、謝るが非を認めず、同じ過ちを繰り返す自由を残していると指摘する。「耕論／その謝罪何のために」の「謝るが認めない『日本型』」『朝日新聞』二〇二一年一〇月六日。

参考文献

岩本通弥　一九八九「血縁幻想の病理―近代家族と親子心中」岩本通弥・倉石忠彦・小林忠雄編『都市民俗学へのいざないⅠ―混沌と生成』雄山閣、八三―一〇八頁。

――――　二〇〇八「可視化される習俗―民力涵養運動期における『国民儀礼』の創出」『国立歴史民俗博物館研究報告』一四一集、二六五―三二二頁。

――――　二〇一九「日本の生活改善運動と民俗学―モダニゼーションと〈日常〉研究」『日常と文化』七号、一五―三一頁。

――――　二〇二一ａ「日常」岩本通弥・門田岳久・及川祥平・田村和彦・川松あかり『民俗学の思考法―〈いま・ここ〉の日常と文化を捉える』慶應義塾大学出版会、一八八―一八九頁。

――――　二〇二一ｂ「過去に縛られながら未来に向かう―世相と歴史」岩本通弥・門田岳久・及川祥平・田村和彦・川松あかり編『民俗学の思考法―〈いま・ここ〉の日常と文化を捉える』慶應義塾大学出版会、一二二―一三三頁。

――――　二〇二四「『仕来りと行掛り』の民俗学―ナショナル・エスノロジーとしての『世相篇』」『日常と文化』一二号、五―二〇頁。

大江健三郎　一九八八「不寛容の時代に―『寛容について』」『世界』岩波書店、五一六号、四一―五頁。

片田珠美　二〇一七『拡大自殺―大量殺人・自爆テロ・無理心中』ＫＡＤＯＫＡＷＡ。

木村光生　二〇一七『貧困と自己責任の近世日本史』人文書院。

齋藤雅俊　二〇二〇『自己責任という暴力―コロナ禍にみる日本という国の怖さ』未來社。

坂井洲二　一九七一年「西ドイツの民俗学における新しい動向」『日本民俗学』七七号、五四―六一頁。

サンデル、マイケル　二〇二一（二〇二〇）『実力も運のうち―能力主義は正義か？』（鬼澤忍訳）早川書房。
女子誘掖会　一九〇二『女子容儀作法』武田交盛館。
橘玲　二〇二一『無理ゲー社会』小学館。
辻本三省　一八九四『修身少年美談　家庭教育』積善館。
長尾真理子・川崎二三彦　二〇一三「『親子心中』の実態について―二〇〇〇年代に新聞報道された事例の分析」『子どもの虐待とネグレクト』一五巻二号、一六四―一七二頁。
羽根文　二〇〇六「介護殺人・心中事件にみる家族介護の困難とジェンダー要因―介護者が夫・息子の事例から」『家族社会学研究』日本家族社会学会、一八巻一号、二七―三九頁。
ベネディクト、ルース　一九六七（一九四六）『菊と刀―日本文化の型』（長谷川松治訳）社会思想社。
甫守謹吾　一九一六『国民作法要義』金港堂書籍。
――　一九四〇『現代国民礼法の常識』帝国教育会出版部。
松沢裕作　二〇一八『生きづらい明治社会―不安と競争の時代』岩波書店。
村田ひろ子　二〇一九「日本人が政府に期待するもの―ＩＳＳＰ国際比較調査『政府の役割』から」ＮＨＫ放送文化研究所『放送研究と調査』六九巻七号、九〇―一〇一頁。
モンク、ヤシャ　二〇一九（二〇一七）『自己責任の時代―その先に構想する、支えあう福祉国家』（那須耕介・栗村亜寿香訳）、みすず書房。
安丸良夫　一九九九（一九七四）『日本の近代化と民衆思想』平凡社。
――　二〇一五『安丸良夫集第1巻　民衆思想史の立場』岩波書店。
柳田國男　一九九〇（一九三四）「民間伝承論」『柳田國男全集』二八巻、筑摩書房。
山口真一　二〇二〇『正義を振りかざす「極端な人」の正体』光文社。
レーマン、アルブレヒト　二〇二〇（二〇〇七）「民俗学の方法としての意識分析」（及川祥平訳）岩本通弥編『方法としての〈語り〉―民俗学をこえて』ミネルヴァ書房、四一―六七頁。
Bird, Elizabeth S. and Dardenne, Robert W.　1988　"Myth, chronicle and story : Exploring the narrative qualities of news" in Jemes W.Carey (ed), *Media,Myths and Narratives:Television and the Press*, Newbury Park, London, New Delhi : Sage.
Carey, James W.　1989　*Communication as Culture:Essays on Media and Society*, Boston : Unwin Hyman.

第四部　ナラティヴ・ポリティクスを超えて

第十二章　異人としてのろう者との架け橋としての手話民話語り

――ろう文化と聴文化、二文化共生社会を目指して――

鵜野祐介

一　二つの映画作品と手話

二〇二二年三月二七日、第五四回アカデミー賞が発表され、外国長編映画賞に濱口竜介監督「ドライブ・マイ・カー」が、作品賞にシアン・ヘダー監督「コーダ　あいのうた」がそれぞれ選ばれた。二つの作品に共通するのはともに手話が重要な役割を果たしている点である。

前者の終盤近く、チェーホフの「ワーニャ伯父さん」が舞台で上演される。その最後のシーンでソーニャ役の韓国人女優パク・ユリムが、以下のような台詞を韓国手話で語る。「しかたがないわ、生きてかなければね！（間）わたしたちは、ワーニャおじさん、生きて行きましょうよ。長い長い日々を、いつまでもつづく夜を生きて行きましょうよ。運命の試練にじっと耐えて行きましょうよ」(1)。娘と妻を亡くし、後悔の念にさいなまれて日常を送る主人公の演出家・俳優と、やはり突然に母親を災害で亡くし、彼の専属ドライバーを務める女性の心境が、ソーニャのこの独白に重ね合わされる。何故この台詞が韓国手話で語られるのかは、映画を観てのお愉しみということにして、ここには、パク・ユリムの手話語りが他の何ものにも代えがたい輝きを放ち、観る者の心と身体に浸みわたる〈声〉を持っていたことを書き留めておきたい。

一方、「コーダ　あいのうた」の作品舞台は米国マサチューセッツ州グロスター。父フランク、母ジャッキー、そして兄レオとの四人家族の中で唯一耳が聞こえる高校生のルビー・ロッシは、家族のために通訳となり、家業の漁業を手伝う日々を送っている。新学期のある日、所属する合唱クラブの顧問教師が彼女の歌の才能に気づき、都会の名門音楽大学への受験を強く勧めるが、両親は家業の方が大事だと反対し、ルビーは葛藤する——。

聞こえない・聞こえにくい親を持つルビーのような子どものことを「コーダ（CODA: Children of Deaf Adult/s）」と呼ぶ。この作品のクライマックスの一つは、音楽大学の実技試験の場面でルビーが"Both Sides, Now"（邦題「青春の光と影」）を、手話を交えて歌う場面だろう。(2) 三人の試験官以外誰もいない試験会場のホールの二階席に、ろう者の両親と兄が紛れ込み、その姿を認めたルビーは、手話という〈声〉を用いてこの歌を彼らに届けようとする。

もう一つは、高校の音楽祭でルビーの歌声に他の観客が聞き惚れ、大歓声を挙げる様子を目にした父親が、その夜、同じ歌を自分のために歌ってほしいとルビーに頼み、彼女の喉に両手を当てて〈声〉を聞こうとする場面である。〈声〉は決して口から耳へと届けられるだけのものではなく、身体を使い、身体を通して、身体から身体へと届けられるものだと気づかされる。

二つの作品は、手話という言語を用いて生きる「ろう者の社会（ろう社会）」が創造し伝承してきた「ろう文化」の世界への扉を開いてくれる。本章では、耳の聞こえる人（聴者）が圧倒的多数を占める社会において「異人（ストレンジャー）」と見なされ、また後述するように自らそう宣言もしてきたろう者やコーダたちが、今日までにおこなってきた「ろう文化」としての手話による民話語りの調査研究を通じて、その語りがろう者同士の心をつなぐだけでなく、聴者にとっても「異人」としてのろう者との架け橋となる可能性について、また、ろう文化と聴文化、異なる二つの文化が共生する社会を実現させるために必要な条件について考えてみたい。

二　手話による語り文化の研究に取り組むきっかけ

筆者がこの研究に取り組むきっかけは二つの出会いにある。一つ目は二〇一六年六月下旬、英国スコットランドのエディンバラでおこなった、スコティッシュ・ストーリーテリング・センター所長ドナルド・スミス［Donald Smith］へのインタビューである。この中で彼は、同センターの課題として「文化的ダイバーシティ［cultural diversity］」と「文化的エコロジー［cultural ecology］」という二つのキーワードを挙げた。

将来に向けて、センターが取り組むべき課題の一つが、マイノリティや移民・難民への支援です。そこで重要となる考え方が「文化的ダイバーシティ」です。スコットランドには古くから移動生活民［traveling people］がおり、彼らの所有する伝統文化を尊重してきた歴史があります。一方で、アングロサクソン文化によってゲール語文化を駆逐しようとした負の歴史もあります。文化的ダイバーシティの精神を生かし、互いにシェアし、互いを理解しようと努めることが今後ますます求められるでしょう。また、異なる文化を持つ他の社会の人びとに敬意を払い、異なる文化とつながりあって自分たちの文化があるということを認めること、そうした考え方を「文化的エコロジー」と呼んでいますが、「文化的エコロジー」は歌や語りの文化を考える上でも重要な概念となるでしょう（鵜野　二〇一六：三）。

今日「ダイバーシティ」という言葉は日本でも日常的に使われるようになっているが、当時はまだ筆者の周りではあまり耳にする機会がなかった。またこれと同様に、今日では流行語とさえ言える「エコロジー」だが、「文化的エコロジー」として、歌や語りの文化を考える上でも重要だという認識は当時持ち合わせていなかったため、とても新鮮だった。

それから約一週間後の七月上旬、アバディーン大学で開催された「民俗学・民族学・民族音楽学二〇一六年度研究大会」で、エディンバラ大学大学院生エラ・リース［Ella Leith］の研究発表「聴くことの喪失—ろう者の世界における非ろう者フィールドワーカー—［On losing my 'Hearing': a Non-Deaf Fieldworker in the Deafworld］」を聴いた。この時、「口承文芸とは音声言語によって伝達された文芸である」という既成概念を打ち砕く斬新な内容と、ろう者の世界に飛び込んでフィールドワークを手がけた真摯な研究姿勢、何よりも身ぶり手ぶりを交えた発表者の豊かな表現力に圧倒された。そしてこの発表は、一週間前に聞いたスミスの挙げた「文化的ダイバーシティ」と「文化的エコロジー」の課題に向き合った事例研究に他ならないことに気づいた。と同時に、《日本でもこうした研究はおこなわれているのだろうか？　まだおこなわれていないとすれば、自分が手掛けてみることはできないだろうか？》との想いが湧き起こった。

それから今日までの間に、以下のような取り組みをおこなってきた。①リースの博士論文の紹介（日本口承文芸学会『口承文芸研究』第四〇号「海外研究動向紹介」、二〇一七年）と博論翻訳（斉藤渡との共同作業。下訳をほぼ完了、刊行未定）、②フィールドワークとインタビュー（京都府立聾学校、奈良県立ろう学校、NPO法人「大阪ろう難聴就労支援センター」理事長・前田浩、「人の輪と心を育むひまわり教室～聴覚障がい児者支援室～」坂本久美と西村則子、「手話うたパフォーマー」藤岡扶美、「手話民話の語り部」半澤啓子、他）、③学会や研究会での口頭発表やシンポジウム企画開催、④論文「手話を用いた語りの研究序論―文化的ダイバーシティ・文化的エコロジーと説話伝承―」の発表（日本口承文芸学会『口承文芸研究』第四三号、二〇二〇年）、⑤エッセイの執筆（対人援助学会「対人援助学マガジン」に連載中の「うたとかたりの対人援助学」第七～一〇、一九、二一、二二、二六回として掲載）、等。

現在の主な関心は次の二点にある。第一に、身体的・口頭的にして視覚的な言語である手話は、「ストーリーテリング」や「素話（すばなし）」とも呼ばれる民話語りに適した特性を持っているのではないかとの仮説を言語学的・身体論的に実証していくこと、そして第二に、日本手話（手話言語）を創造し伝承してきたろう者を、他の言語を第一言語や母語とする在日外国人（移民・難民を含む）やアイヌ民族などと同様に、日本における「言語的少数者」すなわち「異人」と捉えた上で、「異人」としてのろう者の語り文化である手話による民話語りが、ろう社会と聴社会とを繋ぐ架け橋として機能し、二文化（バイカルチャー）共生社会の実現に向けて一歩前に進むための装置（ディバイス）として起動する可能性を探ることである。

三　「聴者」「ろう者」「ダイバーシティ」「文化的エコロジー」とは

本題に入る前に、基本概念の意味と用法を確認しておこう。はじめに「聴者」と「ろう者」について。まず「聴者」とは「耳の聞こえる人」を指し、かつては「健聴者」とも言っていたが、「健聴者」には「健康な人」の意味合いがあり、これに対比される「耳の聞こえない人」は「健康ではない人」を連想させることから、近年では「聴者」と呼ぶことが多い。次に「ろう者」について、『広辞苑　第六版』には「ろうしゃ［聾者］耳の聞こえない人。特に手話を日常言語として用いる人を言う」とある。一方、亀井伸孝は次のように定義する。「世界各地で、耳の聞こえない人たちの集まりが、手指や顔の表情を用いた視覚的な言語を話していることが知られている。この諸言語を『手話（手話言語）』と総称し、この人びとを『ろう者』と呼ぶ」（亀井 二〇〇九：二二六）。つまり、「聴覚障がい者」と総称される耳の聞こえない人や聞こえづらい人のうち、手話を用いる人を「ろう者」と呼ぶ。聴覚障がい者の中にも、補聴器を使い音声言語を話すことを選ぶ「難聴者」や、聴者として生まれ育ち、人生の途中で耳が聞こえなくなったために、急に手話という新しい言葉を話せることにはならず、引き続き音声言語を話す「中途失聴者」もいる。つまり、聴覚障がい者は、音声言語を第一言語としている「難聴者」や「中途失聴者」と、手話を第一言語とする「ろう者」との二つのグループに分かれるというのが亀井の見解である（同前二二八―二二九）。

本章では、原則として「ろう者」を「手話を第一言語とする者」という意味で用いることとし、「難聴者」や「中途失聴者」も含める場合には、「ろう者・難聴者・中途失聴者（略して「ろうなん」）」と呼ぶことにする。また「手話」を「日本語」や「英語」と同等の自然言語としての「手話言語（sign language）」の意味で用いる。そして、「手話」を第一言語とする「ろう者」を主な構成員とする社会を「ろう社会（Deaf community）」と呼び、この「ろう社会」の中で創造・共有・伝承されてきた文化を「ろう文化（Deaf culture）」と呼ぶ。本章における考察の対象である「手話による民話語り」は、代表的な「ろう文化」の一つと言える。一方、「聴者」によって構成される社会を「聴社会」と呼び、その中で創造・共有・伝承されてきた文化を「聴文化」と呼ぶ。

次に、「ダイバーシティ」について。藤田由美子によれば、これは「人間社会における性別・人種・民族・宗教などの多様性を受容し、互いに認め合おうとする考え方」（藤田・谷田川 二〇一九：i）と規定されるが、特に「文化的ダイバーシティ」について考える上で、「社会的少数者・弱者」と見なされてきた、あるいは現在も見なされている人びとが創造し伝承してきた文化に焦点を当て、その価値や意義を認め、尊重しようとする姿勢が求められる。口承文芸研究の対象としても、貧困層や社会階層的下層部、被差別部落民、少数民族、（移民・難民を含む）外国につながる人びと、障がい者、性的マイノリティといった、社会的少数者・弱者の集団が保持してきた独自的な口承文芸が具体的に想起される。現時点では推測の域を出ないが、こうした社会的少数者・弱者の口承文芸に共通する特性として、社会的多数者・強者の側からの少数者・弱者への畏怖や侮蔑の入り混じった眼差しに対する、反骨心や批判精神が見出せるのではないかと考えられる。この点については後ほど論じたい。

一方、「文化的エコロジー」とは、特定の社会集団によって継承されてきた特定の文化は異なる社会集団における異なる文化との相互連関の中で共存しているとする発想を指すものであり、「文化的ダイバーシティ」の発想が内包する「他者性」が、「異人」や「異文化」に対する違和感や不信感と結びつき差別・排除へと向かっていくことを防ぐための一種の安全弁、補完装置として機能する。つまり、異なる個性を持った多様な文化が、孤立し排斥し合う形ではなく、相互に連関し合い、共存しているが故に尊重し合おうとすることが、「文化的エコロジー」の発想であると言える。

四　「異人」としてのろう者

本書の編者であり民博共同研究プロジェクトの企画者でもある山泰幸は、「異人」について本プロジェクトの「研究計画」の中で以下のように述べている。

文化人類学及び民俗学の学問的伝統においては、外部から訪れる他者、すなわち「異人」に対する歓待や排除、蔑視あるいは畏怖や憧れなどの観念や行動をめぐって、「異人論」と称される研究の蓄積がある。本研究では、「異人論」という視点や方法を再考し、鍛えなおすことで、人文科学の立場から現代的問題の解決の糸口を探ることを目的とする。……異人論は、広い意味での他者表象や他者認識に関する学的議論の一部を構成するものであるが、これらと一線を画しているのは、「異人」とは、つねに揺れ動き、不確定かつ不可解であり、「他者」に対する「自己」のような対比すべき概念のない、いわば明確に「自己」の像が結びえないような状況においてイメージされるような「他者」、すなわち「異人」を扱っている点である。また、「異人」は人間以外の存在である「異類」（動物や神霊・妖怪など超自然的存在を含む）と重ね合わされながら観念される点に特徴があり、異人をめぐる畏怖や蔑視の背景にはこのような観念と関係がある（山 二〇一八）。

「聴社会」における「ろう者」の表象は、山の規定する「異人」イメージに一定程度当てはまると言える。例えば、混みあう電車の中で、手話を使って〈会話する〉人びとを目撃した際、周囲の聴者たちの中に「歓待と排除、蔑視あるいは畏怖や憧れなどの観念」を伴う違和感が喚起されることは、二、三〇年前までの日本社会においてごく自然な現象だったと言って間違いない。吉開章によれば、一九六〇年代まで「手話」を意味する言葉として「手真似」という表現が使われていたが（吉開 二〇二一：七六）、この表現は「考えもなく、むやみに他人の真似をすること」を意味する「猿真似」を連想させるものであり、そこには「人間以外の存在である『異類』と重ね合わされながら観念される」「異人」としてのろう者に対する畏怖と蔑視が窺える。

その一方で、「明確に『自己』の像が結びえないような状況においてイメージされるような『他者』」という点に関しては、手話を使うろう者は、手話を使えない聴者にとっての明確な「他者」と言え、「異人」としての要件には当てはまらない。但し、白杖を突いて歩行する視覚障がい者や、車椅子で通行する肢体障がい者が、他者性を明確に表出させているのに対して、ろう者は手話を使わない限り、あるいは音声刺激に反応しない様子を見せない、つまり聞こえないことに気づかれない限り、他者性を表出させることはない。ろう者の他者性は、思いがけず不意に立ち現れる。これもまた、ろう者の「異人」としての要件と言えるだろう。

木村晴美によれば、「日本手話を母語として獲得したろう者（＝日本手話を第一言語とするろう者：筆者注）は推定六万人で、日本の人口の約〇・〇五％にあたり、数字だけみてもマイノリティ（言語的少数者）であることがわかる」（木村 二〇〇七：四）。この数量的事実を踏まえて、ろう者である木村は「ろうの民族誌」を記述することを期してメルマガを発行し、その内容を再構成して『日本手話とろう文化』（二〇〇七）にまとめたが、同書のサブタイトルは「ろう者はストレンジャー」である。同書「まえがき」の最後に記された以下のような木村の願いは、ろう者やろう文化を「異人論」として考察することの意義を的確に言い表していよう。

本書を通じて、自文化中心に陥ることなく、また、日本手話を話せなくてもよいから、ろう文化を尊重してくれる、ろう者の良き隣人となる聴者がひとりでも増えることを願ってやまない（同前五）。

なお、小松和彦が規定した「異人の四類型」で言えば、ろう者は第三群の「共同体がその内部から特定の成員を差別・排除する形で生まれてくる」異人に相当し、「異人としての特徴づけを受けつつも共同体に留まっている者と見なせる（小松 一九九五：一七七―一七八）。[4]

五　ろう文化の民話

本題の、手話による民話語りの活動事例に言及する前に、ろう社会においてどんな物語が語られてきたのかを、ろう文化の民話として二編、どちらもアメリカ発祥のようだが日本に暮らす者にもよく理解できる話なので、ここに紹介しておきたい。なお、本章では「民話」という言葉を「民衆の間で語られてきた物語」という意味で用いる。つまり、民俗学における一般的な定義としての「昔話・伝説・世間話の総体としての民間説話の略称」という意味にとどまらず、松谷みよ子や日本民話の会が「現代民話」として収集してきた、近現代における戦争や自然災害などにまつわる話や、日常生活において体験されたユーモラスな話や不思議な話、怖い話なども含む広い意味で用いる。

「アラーム時計」

ある小さな町工場で、三五年以上も熟練工として働いている男の頭には、白いものが混じり、心臓の調子も最近よくない。そして、ついに心臓発作を起こし、救急車で病院に運ばれてしまった。命はとりとめたものの、男は薬が手放せなくなった。

この薬はちょっと厄介である。六時間おきに服用しなければならない。しかし、この男は仕事に熱中すると時間を忘れてしまいがちで、うっかりすると朝から晩まで一錠も薬を飲めなかったりする。そういう日の夜は、やはりからだの具合が悪く、そのたびに男は薬を忘れずにちゃんと飲もうと決意するのだ。けれども、男はなかなか時間通りに薬を飲めない。男は仕事に夢中になるあまり、気づいたときはとうに二、三時間が過ぎているのだ。

日曜日、男は町の時計屋に足を運び、店員にたずねた。「アラームでふるえる腕時計はありますか？」店員は男の書いたメモに首を傾げ、ペンを手に取り、答えた。「当店には、アラームで音の鳴る腕時計は多数ございますが、ふるえるものはございません」。男はしばらく考えたのちに、一番大きな音でアラームが鳴る腕時計を買い、腕時計の入った小箱を大切そうに抱え込んで家に帰った。

翌日、男はいつもと同じように仕事をしていた。昨日買ったばかりの腕時計を着けて。町工場に突如として鳴り響いた大きな「ピー」「ピー」という音に、数人の行員がびっくりし、音の出所を確認するためにキョロキョロしていると、事務室から工場長が出てきて、発信していそうな機器をあわてて点検し始めた。

工場長のそんな慌しい動きに、工場長のすぐそばにいた男は顔を上げた。何が起きているのかをすぐに察し、男はゆっくりと腕時計のアラームを止めた。そして、男は手話でこう言った。「薬を飲む時間になったようだ。いつも忘れてしまうのでね、アラームで音の鳴る腕時計を買ったんだ。おかげさまでこれからはしっかり薬を飲めそうだ」（木村 二〇〇七：一八九―一九〇）。

編者の木村は次のようにコメントしている。「この小噺は、聴者仕様のアラーム時計を使い、聴者の反応によって、決まった時間に薬を飲むという目的を達するというところに、ある種の痛快さを感じるのである。ところで、いろいろなところで発信されている、デフ・ジョークや、ろう小噺。ほとんどは手話で語られ、文字として残されることは少ない」（木村 二〇〇七：一九二）。

「モーテル・ジョーク」

ある、ろうの夫婦がモーテルにチェックインした。彼らは早く床についた。深夜になって、妻が夫を起こして、頭痛がするから車のところに行ってグローブ・ボックスからアスピリンを取ってきてと頼んだ。眠くてふらついていたが、夫はなんとか起きて、ローブを羽織ると部屋を出て車に向かった。そしてアスピリンを見つけ、その瓶をもってモーテルに戻ろうとした。しかし自分の部屋がどこだったか思い出せない。ちょっと考えた後、夫は車に戻って、クラクションを押し、そして待った。すぐにモーテルの部屋中に明かりがついたが、一室だけはつかなかった。もちろんそれが妻の部屋である。夫は車の鍵を閉めて、明かりがついていない部屋に向かった（パッデン＆ハンフリーズ二〇一六：一八八―一八九）。

パッデン＆ハンフリーズは次のようにコメントする。「こうしたジョークは聴者とろう者の主客転倒をもたらし、音がろう者にとって得となるような世界をつくり出すのだ。よくできた物語の場合、聴者がその不合理な考え方のために後悔するはめになる世界をろう者がかいま見られるように、ろうの語り部は一連の出来事をうまく配置する」（パッデン＆ハンフリーズ二〇一六：一九〇）。

「アラーム時計」の話と同様、ここには聴社会に対する痛烈な皮肉がユーモアとともに発せられている。そしてこれらの笑話は「佐治谷話」として知られる、鳥取県佐治村（現在の鳥取市佐治）とその周辺地域で語られていた愚か村話の一つである「雉《きじ》がらす」（稲田浩二『日本昔話通観』二八「昔話タイプインデックス」に六二三「雉烏」と登録された話型）を想起させる。

佐治と用瀬の対照的な話ですけど。それこそ節季の大市《おおいち》にな、佐治のもんが天びん棒かついでな、後ろの大きな袋にからすをいっぱい入れて、天秤棒の前にきれいな雉をぶらさげて、用瀬の市の前からな、「からす、からすや」っちって言いよったがな。

ほしたら、「また佐治のあほうが知らんもんじゃけぇ、大きなきれいな雉を『からす、からすだ』言うて持って出たが」「本当にみんなあそこの後ろの籠はきれいな雉が入っとるだらあで」「確かそれだけぇ、安い値段で買あたれ」と思って、「ううん、よしよし。佐治の親爺、わしが買うたるけぇ」って、「先に銭だ」って、銭出して、銭もらって、それを開けたところが、みんなからすだった。「おめえは嘘こいたがねえがや。おめえが『からすだ、からすだ』、これは前についとるのは雉だらあがな」と言ったら、「これは雉だがな。用瀬のもんは、からすを雉だっちゅうだかいや。お前の方がよっぽどあほうじゃ」「佐治のもんは雉だっちゅうだに」「だからちゃんと売ったのは、からすだが」。（稲田・鵜野一九八九：一〇五）

今から約三五年前（一九八七～八八年）、稲田浩二を代表とする京都女子大学説話文学研究会の一員として筆者も四回にわたって佐治村を訪れ、口承文芸総合調査をおこなった際、最も多くの方が語られたのがこの「雉がらす」だった。稲田は次のように解説する。「当村の伝承はこのタイプの最も生彩に富んだ伝承地で、今回の調査でも延べ二六人の方が語っている。平素田舎者としてばかにされている佐治の者が、用瀬の町人を逆にへこませる、という筋はすべて一致している。愚かにみられている点を逆手にとって町の者に勝つというテーマは、佐治の村民に共通する心情といえる」（稲田・鵜野　一九八九：三一六―三一七）。

異人からの逆襲、勝敗の逆転という構図において、先に紹介した二つの「ろう文化の民話」との共通性が見出される。逆転のポイントは、ろう文化の場合には「音」、佐治谷話の場合には「世間知（社会常識）」であると言えようか。

六　手話による民話語りの活動

日本における歴史と現状

まず、前述した前田へのインタビュー（二〇一九年一二月実施）を元に、日本における手話による民話語りの活動の歴史と現状について概観しておきたい。

おそらく近代以前より、手話による民話語りはおこなわれていたはずだが、記録として残っているのは、大正の終わり頃、大阪市立聾学校の高橋潔校長が絵本を使って手話で子どもたちに読み聞かせをしたというものである。「桃太郎」「安寿と厨子王」などの昔話や伝説が好んで語られたという[5]。その後、高橋の後継者の何人かがおこなっていた可能性はあるが、きちんとした記録はなく伝聞の域を出ない。

一九八〇年代、奈良県立ろう学校において、「分かりやすい授業作り」の上で手話が必要との認識が高まる中で、手話による、民話を含む絵本の読み聞かせの取り組みが始まった。他の数校のろう学校も取り入れたという意味でも先進的なものである。全国で初めて幼稚部にろう者の教諭・吉本努を採用し、絵本の読み聞かせも含めて、手話による教育を積極的に取り入れ、継続しておこなっている。それ以降、同様の実践をおこなう学校は増えつつあるが、全てのろう学校・聴覚支援学校で取り組まれているわけではない。

今日の実践例として前田が把握しているもののリストを挙げておく。

〈個人〉

・大阪府吹田市　坂本久美（ろう者）：「人の輪と心を育む　ひまわり教室」主宰、乳幼児の親子コミュニケーション支援活動の中でおこなう。

・吹田市　藤岡扶美（難聴者）：てのひら講師・手話うたパフォーマー。

・物井明子（元ろう学校教師、精神保健福祉士）：大阪市乳幼児支援「こめっこ」、京都市乳幼児支援「にじっこ」の活動の中でおこなう。

〈学校〉

・埼玉県立特別支援学校大宮ろう学園および坂戸ろう学園

・東京　私立明晴学園

・山梨県立ろう学校

・奈良県立ろう学校

・徳島県立徳島聴覚支援学校

奈良県立ろう学校における手話による絵本読み聞かせ

次に、奈良県立ろう学校における、手話による絵本読み聞かせに関する三つの活動、①吉本努、②「ろう読会」、③「おはなしタイム」を紹介する。

まず、ろう者の同校教諭・吉本は一九九六年、幼稚部に配属されると、五歳児に手話を使って『しあわせの王子』『かぐや姫』『ブレーメンの音楽隊』などの絵本の読み聞かせを始めた。開始当初の様子を吉本は以下のように記す。「子どもたちは競うようにして、その本を借りて帰り、家の人に読んでもらったり、絵本の内容を遊びに反映させたりするようになった。食い入るように手話を見つめ、『しあわせの王子』『ごんぎつね』の絵本を読んでもらいながら泣き出す子もいた。明らかに子どもの気持ちは絵本の内容によって動かされていた。また、読み聞かせを楽しんだあとで、二度、三度と自分で繰り返して読む姿も見られた」（吉本 二〇〇二）。

吉本は、子どもにとっての絵本の意味を以下の四点にまとめる。⑴絵本そのものを共感しながら楽しむことで心を安定させる。⑵遊びやコミュニケーションのきっかけになる。⑶経験したことを整理・拡張し、想像の世界を楽しむ。⑷知識を広げる。また、手話を使った読み聞かせの留意点をやはり四点挙げている。⑴絵本を載せる台を使う。両手を充分動かせるように、絵本は譜面台などに載せて高さも調整する。⑵子どもたちとの距離を考える。近づきすぎても遠すぎても見づらいので、絵本も手話表現も見やすい距離をとる。⑶子どもたちが見やすい環境にする。⑷内容によって絵本を動かして使う。例えば「七匹の子やぎ」では、狼が子やぎを食べる寸前に絵本を動かして、狼が飛び出すような感じに見せる。また「三匹の子ぶた」の、家が飛ばされる場面では、絵本を揺り動かすとイメージしやすい。

以上の留意点より気づくのは、手話を使った絵本の読み聞かせは、紙芝居の上演と似ていることである。⑴の、譜面台などを使うのは、紙芝居における木枠の舞台に対応するし、⑷は、紙芝居において画を抜く速度を変えたり揺らしたりしておこなう「抜き」の技法に対応する。一方、紙芝居と手話による絵本読み聞かせとの違いは、言うまでもなく音声言語の有無である。手話の場合、紙芝居のように、声の強弱や声色の変化によって聞く者の心の集中や弛緩を導くことができないため、その部分を手話と身ぶりの表現で補っていかなければならない。吉本の報告の中で、「表現を切り替えるタイミングを考える」「手話・身ぶりの位置、方向、移動をはっきりする」「視線の方向に注意する」「喜怒哀楽をはっきりと表現する」といった指示がなされているのも肯ける。

吉本はさらに、「手話による読み聞かせを家で、家族と一緒に楽しみたい」という保護者の希望により、「お話ビデオ」を作成し、「三匹の子ぶた」「かさじぞう」「ガリバーの冒険」など一〇作品を収録して配布した。これは家庭でのコミュニケーションのきっかけになり、保護者の手話学習にも効果的だという。

二〇一九年七月七日、大阪市立大学（現大阪公立大学）杉本キャンパスで開催された日本昔話学会二〇一九年度大会のシンポジウム「昔話とダイバーシティ（文化的多様性）」（筆者企画）の中で、前田による話題提供「手話による民話絵本のかたり」の後、吉本が昔話絵本「三枚のお札」を手話で語った。絵本の文章を声に出して読みながら同時に手話で語る。後半の小僧が山姥に追いかけられる場面は特にダイナミックでエネルギッシュな〈語り〉であり、まさに「ナラティヴ・パフォーマンス」だった。聴者の参加者にとって、絵本を音声で読んでもらったのでは決して味わえない「ろう文化」との接触による新たな発見があったに違いない。その独自性・固有性の内容については後ほど考察する。

第二に、奈良県立ろう学校小学部において保護者有志によって結成された「ろう読会」について説明する。二〇一八年九月下旬、見学させていただいた。二〇一八年現在一〇名が会員登録し、練習と本番を月一回ずつおこなっているという。昼食後の昼休みの時間を利用した約一五分のプログラムで、この日は小学部一年生から六年生までの約二〇名が一室に集まり、三名のメンバー（全員女性、一名がろう者、二名が聴者）が三冊の絵本の読み聞かせをおこなった。一冊目と二冊目は聴者のIとKが読んだ。そして三冊目は『狂言えほん　くさびら』（もとしたいづみ文、竹内通雅絵、講談社）で、ろう者のYが読んだ。二人の聴者の読み方は、絵本に書かれた文章を誠実に手話に翻訳して伝えているという感じできっちりとした印象を受けたが、ろう者のYは実にダイナミックで躍動的な、翻訳ではないネイティブの語りだった。そしてその圧倒的な迫力に引き寄せられるように、子どもたちも明確な音声言語ではない〈声〉と、手話や身振りで自らの感情をエネルギッシュに表現していた。そのやりとりは、実際には音声言語ではないにもかかわらず、語りの場に互いの〈声〉が飛び交い、手話で〈対話〉しながら読み進めていると感じられた。

第三に、保護者による「ろう読会」の活動の他に、同校には前述の吉本によって幼稚部で始められた「おはなしタイム」があり、毎週水曜日午後一時から二〇〜二五分、幼稚部の教師が担当している。現在この活動を中心となって進めているろう者の教師・小林由季によれば、「ろう読会」が絵本を「読む」楽しさを主眼としているのに対して、「おはなしタイム」の方は楽しさだけでなく言語指導という教育目的も併せ持った活動だという。

こちらの活動もぜひ見せていただきたいとお願いして、同年一〇月下旬、再び同校を訪れた。年長の「あお一組」の教室に幼稚部の児童一九名全員と六～七名の教師が集合し、午後一時一五分、おはなしタイムが始まった。この日のプログラムは次の通り。

①手遊び「一本指」：「一本指　一本指　鬼になっちゃった／二本指　二本指　とんぼになっちゃった／…／五本指　五本指　おばけになっちゃった」……この後、「五本指でできるものって他に何がある？」と先生が質問すると、「クモ」「蝶々」「ペンギン」「ひょっこり覗く」「投げる」「あとで」などの答えが次々と子どもたちから発せられた。「ひょっこり覗く」や「あとで」といった答えはろう者の子どもならではだろう。

②「絵本の歌」：「えほん　えほん　ぱちぱちぱちぱち　うれしいおはなし　かなしいおはなし　しーしーしー　しずかにききましょう」。毎回はじめにこの歌を全員で歌う。

③絵本『グリム童話集より　金のがちょう』（読み：聴者のI先生）：手話と口話の両方で語られたが、がちょうに触った者の手が離れなくなり、次々とつながっていく場面は、特に大きなジェスチャーを交えて語られ、子どもたちも笑い転げながら「聞いて」いた。読み終えるとI先生は子どもたちに感想を求めた。皆の前に進み出て一人ずつ発言する。「行列が長くなったところが面白かった」「金のがちょう、大きくなったなあ」等。口話が聞き取りにくい子は先生が補助を務め、ほぼ全員が手話や口話で発言した。

二〇一八年度四月～一二月におこなう二〇回の「おはなしタイム」で読む絵本のリストを見ると、全一五冊中、日本の昔話が六冊、ヨーロッパの昔話が八冊あった。[6] メールで質問したところ、小林は次のように回答した。

Q．昔話を積極的に選んでいる理由は？

A．昔話に親しんでほしい、知っていてほしいという教師側の意図によるものです。例えば、聞こえない子どもたちが大人になった時に「桃太郎がね～」という話題になった時に、話題を共有できるようになってほしいという理由からです。また、書店には最近の絵本が出ていることが多く、保護者の方もそれを選ぶ傾向があるので、学校ではそうでないものを意図的に読もうということもあります。

Q．おはなしタイムの活動をしてきてよかったと思うことは？

A．絵本を楽しみにしてくれる子どもが増えてきて、給食の時に「今日はお話しタイムがあるね」と話しかけると、「誰が読んでくれるの？」「どんなお話？」と聞いてくれるようになりました。

以上、保護者と教師がそれぞれの立場で、手話を使った絵本の読み聞かせをおこなっていること、昔話をはじめとする民話が手話を学ぶための格好の教材となっていること、また読み手や他の聞き手と一緒に楽しむための最適の道具となることが確認された。

なお、奈良県立ろう学校高等部は、二〇一四年一一月に第一回大会が開かれ、以来毎年秋に鳥取県で開催されている「全国高校生手話パフォーマンス甲子園」(7)において、四回の優勝をはじめ常に好成績を収めていることを付け加えておく(8)。

半澤啓子の手話語り

奈良県立ろう学校の実践は絵本を使った手話による読み聞かせであり、何も使わないで語る、いわゆる素話ではない。英国スコットランドには「サイン・アーティスト」と呼ばれる素話の手話語り部が何人もいて、前述のスコティッシュ・ストーリーテリング・センターにも登録されており、全国各地で公演活動をおこなっている。日本にも素話の手話語り部はいないだろうかと探していたところ、二〇二二年三月ようやく見つけることができた。それが半澤啓子である(9)。

半澤は宮城県仙台市在住の手話通訳士。「一九六八年より手話通訳活動、宮城県手話通訳主任相談員を経て、一九九二年より仙台医療福祉専門学校勤務、キワニス賞受賞。本業の福祉専門学校、短大、大学での非常勤講師の傍ら、手話で語る昔話の語り部としても一九九九年より全国公演を続けています。耳の聞こえない両親の下で育った聞こえる子供《（ママ）》（コーダ）の立場で、聞こえない両親から身についた手話を生かし、手話による昔話を楽しんでもらう公演活動を続けています。その全身で表現される手話は、『頭の中で日本語に置き換えることなくダイレクトに頭に入ってくる』『心地よい』『長く見ても一向に疲れることがない』と、ろう者だけではなく、聞こえる手話の初心者も引き付けられる〝手話の語り部〟、ろう者の良き理解者として、現在も活動を続けています」[10]。

半澤の名前は、前述した木村の著書にも次のように登場する。「半澤さんの手話を見たとき、私は衝撃を受けた。……メッセージがそのまま頭に入り、しかも心地よい。疲れない。……半澤さんは、日本で唯一、日本手話で通訳ができる人です」（木村 二〇〇七：五四―五五）。半澤はまた、NHK-Eテレにも出演しており、また手話語りのDVDも出している[11]。筆者はまだ半澤の手話語りを会場で直接体験してはいないが、動画配信サイトYouTubeで「創作手話語り　てんでんこてんでんこ」を視聴した[12]。穀田千賀子の音声語り、半澤の手話語り、字幕スーパー付きで、五分二八秒の映像である。そのあらすじを紹介する。

海の近くに暮らす「私」には優しい姉がおり、幼い頃は何でも姉に任せっきりだった。津波の防災訓練があった。その時も姉と一緒に参加していたが、ふざけているうちに姉とはぐれてしまい、皆より遅れて高台へ到着する。その一部始終を見ていた母親に厳しく叱られる。そして「てんでんこ」の意味と大切さを諭される。歳月が経ち、この言葉を忘れていたが、今回の地震はとんでもなく大きかったので、絶対に大きな津波が来るぞと思っていると、「津波はてんでんこ。後ろは見るな。がんばれ。生きろ！」という、既に亡くなっている母と姉の声が聞こえてきて、年老いた体で一生懸命高台へと上がることができる。「生かされました。二人に会えるのはしばらく後になりそうです」。

この動画は、ろう者はもちろん聴者も楽しめるように制作されている。宮城県の土地言葉による穀田の音声語りを聴きつつ、半澤の手話を観ることによって、物語の世界により深く入り込むことができる。先に述べた吉本の手話絵本読み聞かせと同様に、半澤の手話語りもまた力強くエネルギッシュだ。手話とは、手だけではなく顔の表情や全身を使って表現される身体的言語であるということがよく分かる。手話を知らない聴者にとって、字幕や音声語りがなければもちろん正確な意味は理解できない。だが、字幕を読み、音声語りを聞いただけでは伝わらない、この物語に込められた意味や核心が、半澤の手話語りによってはじめて伝わってくる気がする。

但し、このような主観的で印象論的な感想ではなく、もっと客観的で論理的な説得力を持った批評とするためには手話の言語学的特徴を押さえておく必要がある。次節において試みたい。

七　ろう文化の独自性、聴文化との不連続性

半澤と同じく、長年にわたって「サイン・アーティスト」として活躍しているろう者の米内山明宏は、手話語りに代表されるろう文化の独自性を、ろう社会におけるコミュニケーションの取り方と結び付けて以下のように述べ、聴文化との対照性や不連続性を指摘している。

言葉よりも空間です。空間をどのように自分と結び付けるかを考える。自然と身体が引き込まれるような……どう説明して良いか難しいところですが、言葉ではない。例えば、親に怒られる・何か言われる・友人との付き合い・会話など、ろう者の様々なコミュニケーションは、顔の微妙な動かし方によって反応しています。聴こえる人は顔の表情は変えず、内なる顔、隠れた言葉で考え、頭の中にある回路を音声言語に変えて、どのように伝えるか考えながら話すと思います。ろう者の場合は、見たそのままをストレートな形ではっきり伝えますから、そういう言葉のはきだし方のようなものに違いがあるのではないかと、双方を見て

思います。聴こえる人は、声で話すことで十分に済ませることができる。ろう者は声よりも、何か行動に移さなければ、身体で伝えなければならない。その辺りが違うのではないかと思います（米内山・多木 二〇〇〇：二二〇）。

これに関連して、木村は「『察する・察してもらう』というのが聴文化の基本とすると、『察しない・言語化する』というのがろう文化の基本……」（木村 二〇〇七：一三八）と述べ、また「ろう者は『合理性優先』の文化、聴者は『場・関係優先』の文化」（木村 二〇〇七：二一五）とも指摘する。

このように、手話を第一言語とするろう文化は空間的・身体的・直接的・合理的といった特性を持つことが二人のろう者によって表明されているが、こうした特性の多くが手話の言語学的特徴と緊密に結びついていると予想される。

前述したリースによれば、手話言語［sign language］は五つの音韻論的パラメーター（媒介変数）を持っている。

①手の形［handshape］
②手話話者の身体［signer's body］に対する手話［sign］の位置
③手のひらの向き（つまり手のひらの面の方向［the direction the palm faces］）
④手話の動く経路［movement path of the sign］
⑤非手指的要素［non-manual features］（例：頭や肩の動き、顔の表情、唇の型）

（Leith 2016: 47（日本語訳は斉藤渡・鵜野））

リース博論の共訳者・斉藤渡によれば、⑤は、日本では「非手指動作［non-manual markers］」と呼ばれることが一般的とされ、この⑤こそ、手話に馴染みのない聴者が抱きがちな手話に対する誤解、つまり「手話＝手指

（だけ）で表現する言葉」という認識に対して、これを正す重要な要素となるという。この点について斉藤道雄は次のように指摘する。

……手話というのはたんなる「手のことば」ではないと、つくづく思うようになる。ＮＭＭ（Non-Manual Markers、非手指動作）という、手の動き以外の指標、すなわち口の形であったり、視線の使い方、眉の動き、顔の上げ下げやうなずき、ついには上体の傾け方にいたるまで、そのすべてが手話の文法的なしくみとして重要な働きをしていると捉えられるようになる。「だから手で表わされているのはほんとうに、極端にいえば半分以下の情報ですね、文法上の。手話は、手だけ見ていたらたしかにこれは文法の足りない言語だと思ってもしかたがない。それ以外のものを聴者は見過ごしているんですね。音声語はＮＭＭなんて使いませんから」（松岡和美）……音声語は「音」という一次元の情報でしか伝わらないのに対し、手話は三次元の空間で同時に多くの「映像」情報を伝えるからだ。この桁ちがいの情報量の前で、音声語になじんだ聴者はあちこちで必要な情報を見落としているにちがいない（斉藤道雄　二〇一六：一九九―二〇〇）。

ここから、手話という言語の特徴が空間的・身体的・直接的であることが理解されよう。一方、「合理的」という点については、木村晴美と市田泰弘が「一見ジェスチャーの寄せ集め」のように見える手話と、単なるジェスチャーとの決定的な違いとして、手の位置、形、運動（前述したリースの指摘する五つのパラメーターに対応）の限られた種類（約一〇〇種類）とその組み合わせによって構成される「音韻構造」が手話にもあることを挙げ、「手話は音声言語と対等の、複雑で洗練された構造をもつ言語」と規定していることが関連する（木村・市田　一九九五：一〇―一二）。

以上のような手話の言語学的特徴は、この言語が持つ発信力・感染力・説得力・対話力といった諸特性（諸力の強さ）と結び付いているように思われる。吉本やろう者のＹ、そして半澤の手話語りに共通する、「生命力の奔流」とでも表現したくなるようなダイナミックでエネルギッシュな語りは、ろう者と聴者の区別なく、〈聞く〉者の心を打つと感じられる。この点にこそ、ろう文化と聴文化のバイカルチャー性、すなわち二つの文化の共生への道を拓く、架け橋としての手話語りの可能性が見出せるのではなかろうか。

八　手話語りに見られる聴文化との共通性・連続性

それでは、ろう文化としての手話語りに見られる聴文化との共通性や連続性を、コンテンツ（内容）、プロソディ（語り口）、コンテクスト（語りの場・文脈）、以上三つの観点から考えてみよう。まずコンテンツについては、前述したように「愚か村話」の中の「狡知譚」において特徴的に見られる、社会的少数者や弱者の側からの多数者や強者に対する風刺や反撃、立場の逆転という主題が、「デフ・ジョーク」と呼ばれるろう文化にも共通して見られることが挙げられる。

次に、プロソディに関して指摘されるのが、奈良県立ろう学校小学部での「ろう読会」で目撃した、絵本の読み手（語り手）と聞き手とのやりとりである。語り手の圧倒的な迫力に引き寄せられるように、子どもたちも明確な音声言語ではない〈声〉と、手話や身振りで自らの感情をエネルギッシュに表現して応答し、両者は手話でダイナミックに〈対話〉しながら進行していた。これは管見の限り、聴者の子どもたちへの絵本読み聞かせではあまり見られないものであるが、この時の、語り手と聞き手のダイナミックな〈対話〉により進行する民話語りに似た光景を、筆者は東日本大震災から三年後の二〇一四年八月、宮城県丸森町で開催された「第八回みやぎ民話の学校」において目撃した。一〇〇人余りの聞き手を前に、福島県出身で、震災に伴う原発事故の後、仮設住宅に閉じこもって暮らしているという八〇代の女性が、笑い話「屁こき嫁」を語った時のことである。この日、聞き手の大多数が中高年の女性であったが、みんな何度も大笑いしながら聞いていた。その笑い声に後押しされるように女性の語り口もどんどん滑らかで力強くなり、次の爆笑へと誘った。語り手も聞き手も元気になっていく、それがろう文化と聴文化に共通する民話語りの特徴であろう（鵜野 二〇一五：一〇九）。

そして、コンテクストにおける共通性として指摘されるのが、語り手と聞き手の〈対話〉を成立させるための語りの場、空間の力である。手話言語であれ音声言語であれ、この話を相手に伝えたい、共有したいと願う語り手と、その話を受けとめたい、共有したいと願う聞き手が一緒になって作り出すのが語りの場であり、そこにろう文化と聴文化の違いはなく、文化的な葛藤やあつれきを乗り越えることもできるはずだ。そう考えるとき、手話による民話語りは、異人としてのろう社会と聴社会との架け橋となるものであり、ろう文化と聴文化の二文化共生社会、ひいては多文化共生社会の実現に向けて一歩前へと踏みだす可能性を持つものと思われる。

九　結びに代えて　――異人に寛容な社会の実現と手話による民話語り――

本章では、ろう者による手話言語を用いた民話語りに着目し、それが異人とされる側の生きる知恵、あるいは二文化共生社会に向けての知恵が詰まったナラティヴ・ポリティクスの実践として捉えられることを考察してきた。

佐々木倫子は、「多文化共生はろう者と聴者の連携と協働によってのみ、実現できる」（佐々木 二〇一二：xvii）とした上で、以下のように主張する。「マイノリティの視点から出発して、その文化的出自は問わずに、すべての構成員の基本的人権が守られる社会こそが真の『多文化共生』社会であろう。それはそれほど容易に実現できることではない。しかし、その覚悟なくしてトップダウンで唱えられる『多文化共生』は単なる美辞麗句でしかなく、逆に実際の問題群を隠蔽する役割しか果たさないであろうといえる」（同前二五四）。

これを、ろう文化と聴文化の二文化共生ということに絞り込んで言えば、①ろう者と聴者が異なる文化を持っていることを互いに、特に聴者の方がしっかりと認識すること、②二文化共生社会の実現は、ろう者と聴者の連携と協働によってのみ可能となること、③異人であり、マイノリティであるろう者の視点から出発すべきであること、④ろう者も聴者も共に基本的人権が守られる社会を目指すべきであること、以上四点に集約される。一言にまとめるなら、異人としてのろう者に寛容な社会を目指していくことがマジョリティとしての聴者の側に求められる。

そしてこの時、具体的に必要となる姿勢とは、相手の文化を知ろうとすることであり、そのためには、相手に〈語りかけ〉、その〈声〉に耳を傾けること、相手に問いかけ、その〈声〉に応答すること、つまり〈対話〉することである。またその根底にあるのは、相手を自分と同じ人格を持った個人として認め、互いの主体性を尊重するという姿勢である。このような対話的・相互主体的な関係性を築き上げていく上で、手話による民話語りは大きな役割を果たすものと思われる。

聴者にとって、ろう文化の持つ独自性や特徴と、聴文化との共通性や連続性を実感できると同時に、文化の境界を超えた「生命力の奔流」をシャワーのように浴びることができる体験はきわめて貴重なものとなる。また、長嶋愛が指摘するように、そうした体験をろう者と共有すること、同じ時間と空間をただ共に過ごすというのではなく、互いの「違いを超えた先にある、伝えようとする力や、新しい発想を生み出す醍醐味、達成感、喜び、悔しさなど、『同じ思い』を一緒に味わえること」によって、「相互のズレに勝っていく」（長嶋 二〇二一：二〇三）ことも、この体験を通じて可能となるに違いない。何よりも、手話による民話語りを通じて、ろう文化の豊かさとその存在意義を学び取ることができる。そしてそれは、以下の文章が示すように、ろう者と聴者を問わず、人間がこれまでに創造し伝承してきたあらゆる言語文化の豊かさと存在意義を確認することであるとともに、多文化共生社会の実現に向けての第一歩に繋がるはずだ。

ろう文化は、人間存在の奥深い要求と深い可能性とを示す力強い証拠である。何世代もの手話者たちが、人間の言語を求める闘いから、詩や物語を取り出すことができるまでに手話を豊かなものにした。彼らは世界を解釈し、了解する闘いから、どのようにして世界における自分たちの位置を理解するのかを説明する意味体系をつくり出した。これを伝えていく糸がとぎれとぎれであったり、弱かったりしても、また社会的条件が世代を経るうちに変化したとしても、ろう者の文化がもちこたえてきたということは、言語と象徴を求める人間の基本的要求の持久力を証明している（パッデン＆ハンフリーズ二〇一六：二一九）。

最後に、コーダとして、ろう者と聴者の架け橋となって手話で民話を語ってきた半澤の言葉を引用し、本章を締めくくることにしたい。

手話は語るだけではなくて、想像したり、考えたり、夢があったり、今だったらビデオもあるから記録して残すこともできます。こういう素晴らしい言語を失くさないように、大切にしていきたいのです。手話は素晴らしいんだということを皆に理解してもらえるようにしたい。
今は人工内耳ができるようになって、手話よりも口話の方に力が入っています。でも私は、手話の素晴らしさを、両親から受け継いで一番よく知っています。手話はろう者にとって、ありのままの自分で生きていける、唯一の言語だと思っています。だから、一人でも多くの人に、「ああ、ろう者は素晴らしい言語を持っているんだ」ということを知ってもらいたい。「ああ、障がい者」「かわいそうな人」と見るのではなくて、「一人の、耳は聞こえないかもしれないけれども、違う言語を持っていらっしゃる人格者」「少数言語者」という感覚で見てもらえるように、これからも働きかけていきたいと思っています（鵜野　二〇二一：二〇三）。

（1）　松下裕訳『チェーホフ全集11』ちくま文庫版より引用。
（2）　"Both Side, Now" が選曲されたことには次のようなメッセージが込められているのかもしれない。あらゆる物事には内と外、表と裏、光と影があり、その両側（both sides）を見ることや、今自分が見えている世界の向う側に、もう一つ別の世界があるかもしれないと想像することが大切だ。コーダはろう者の世界と聴者の世界、両方の世界を知り、二つの世界をつなぐことができる存在になれる——。

（3）亀井によれば、約六万人というのはろう学校の卒業生の数を手がかりに推計したものとされ、ろう学校に通わないろう者もいるので、この数はやや少ないと言え、約八〜九万人という推計もあるという（亀井 二〇〇九：三二）。

（4）小松による「異人の四類型」は以下の通り。第1群：ある共同体に一時的に滞在するが、所用をすませばすぐに共同体を立ち去っていく「異人」たち。第2群：共同体の外部から共同体にやってきて、そこに定着するようになった「異人」たち。第3群：共同体がその内部から特定の成員を差別・排除する形で生まれてくる「異人」たち。第4群：空間的にははるか彼方に存在しているために間接的にしか知らない、したがって想像の中で関係を結んでいるにすぎない「異人」たち。

（5）高橋の生涯については山本おさむ『わが指のオーケストラ』全四巻、秋田書店、一九九一—一九九三年に詳しい。また、その生涯を描いた映画『ヒゲの校長』が二〇二二年秋より全国各地で上映されている。

（6）作品名は次の通り。日本の昔話：「猿地蔵」「一寸法師」「舌切り雀」「浦島太郎」「おむすびころりん」「かもとりごんべえ」計六冊、ヨーロッパの昔話：「赤ずきん」「うさぎとかめ」「金のがちょう」「大きなかぶ」「狼と七匹の子やぎ」「ブレーメンの音楽隊」「小人と靴屋」「白雪姫」計八冊。

（7）優勝したのは第二回、第四回、第七回、第八回、計4回。

（8）「全国高校生手話パフォーマンス甲子園」の開催目的は次のように示される。「ろう者と聞こえる人が互いを理解し共生することができる社会を築くため全国初の「手話言語条例」を制定した鳥取県において「手話パフォーマンス甲子園」を開催し、全国の高校生が手話を使って様々なパフォーマンスを繰り広げる場をつくり発信することにより、多くの人に手話を身近なものとして理解してもらうとともに、手話とパフォーマンスを通じた交流の推進及び地域の活性化に寄与することを目的とする」（大会HPより）。

（9）その後、半澤から、手話民話の語り部として他に、小泉文子、南田政浩、砂田アトム、牧山定義、河合祐子、米内山明宏、森田明、川島清、井崎哲也等が活動していることを教わった。

（10）流山市デフ協会主催「第2回 流山手話フェスタ2021」二〇二一年二月二〇日開催の案内チラシより。なお、半澤と穀田が自身の活動を回想した「東北民話・手話語り」（1）（2）も参照されたい（半澤・穀田 二〇二〇、二〇二一）。

（11）「日本手話と民話のコラボレーション　唐桑《からくわ》民話へ誘《いざな》い」（日本手話：半澤啓子、語り部：穀田千賀子、企画・制作：仙台egg、発売年不明）、「朗読と手話で語る「怪談」」（朗読：穀田千賀子、手話：五十嵐由美子、田中清、半澤啓子、菊川れん、佐藤八寿子、制作：デフライフジャパン、二〇一八年）

（12）二〇二二年三月三一日視聴。2016/04/01 配信開始と記されているが、画像情報より、この日以前にNHK-Eテレで放映されたもののようである。なお、同年五月二〇日、半澤にオンラインZoomでインタビューをおこなった。その内容については鵜野（二〇二二）を参照されたい。

参考文献

庵功雄　二〇一六『やさしい日本語　―多文化共生社会へ』岩波新書。
五十嵐大　二〇二一『ろうの両親から生まれたぼくが聴こえる世界と聴こえない世界を行き来して考えた30のこと』幻冬舎。
――　二〇二三『聴こえない母に訊きにいく』柏書房。
イギル、ボラ　二〇二〇『きらめく拍手の音　手で話す人々とともに生きる』矢澤浩子訳、リトルモア。
稲田浩二　一九八八『日本昔話通観』二八「昔話タイプインデックス」同朋舎出版。
稲田浩二・鵜野祐介　一九八九『佐治の民話と唄・遊び』手帖舎。
鵜野祐介　二〇一五『昔話の人間学　いのちとたましいの伝え方』ナカニシヤ出版。
――　二〇一六「うたとかたりのネットワーク通信」第七号（二〇一六年八月一日配信）。
――　二〇一七「海外研究動向紹介　スコットランドの聾者社会におけるストーリーテリングの研究」、日本口承文芸学会『口承文芸研究』第四〇号。
――　二〇二〇「手話を用いた語りの研究序論―文化的ダイバーシティ・文化的エコロジーと説話伝承―」、日本口承文芸学会『口承文芸研究』第四三号。
――　二〇二二「うたとかたりの対人援助学　第二二回　手話民話の語り部　半澤啓子さん」、対人援助学会『対人援助マガジン』第四九号。
――　二〇二三「うたとかたりの対人援助学　第二六回　高齢ろう者の人形劇『浦島太郎』を観る」、対人援助学会『対人援助学マガジン』第五四号。
岡典栄・赤堀仁美　二〇一一『文法が基礎からわかる日本手話のしくみ』大修館書店。
亀井伸孝　二〇〇九『手話の世界を訪ねよう』岩波ジュニア新書。
木村晴美・市田泰弘　一九九五『はじめての手話』日本文芸社。
木村晴美　二〇〇七『日本手話とろう文化　ろう者はストレンジャー』生活書院。
クァク、ジョンナン　二〇一七『日本手話とろう教育　日本語能力主義をこえて』生活書院。
グロース、ノーラ・エレン　二〇二二『みんなが手話で話した島』佐野正信訳、早川書房。
現代思想編集部編　二〇〇〇『ろう文化』青土社。

小松和彦　一九九五「異人論」井上俊ほか編『岩波講座現代社会学3　他者・関係・コミュニケーション』岩波書店。
齋藤陽道　二〇一八『声めぐり』晶文社。
斉藤道雄　二〇一六『手話を生きる』みすず書房。
佐々木倫子編　二〇一二『ろう者から見た「多文化共生」　もうひとつの言語的マイノリティ』ココ出版。
澁谷智子　二〇〇九『コーダの世界　手話の文化と声の文化』医学書院。
全日本ろうあ連盟　二〇〇七『新手話ハンドブック』三省堂。
全日本ろうあ連盟編　二〇一九『手話言語白書　多様な言語の共生社会をめざして』明石書店。
長嶋愛　二〇二一『手話の学校と難聴のディレクター』ちくま新書。
パッデン&ハンフリーズ　二〇一六『新版「ろう文化」案内』森壮也・森亜美訳、明石書店（原書出版一九九〇）。
半澤啓子・穀田千賀子　二〇二〇「東北民話・手話語り」（1）、日本手話研究所編『手話・言語・コミュニケーション』No.9、文理閣。
半澤啓子・穀田千賀子　二〇二二「東北民話・手話語り」（2）、日本手話研究所編『手話・言語・コミュニケーション』No.10、文理閣。
藤田由美子・谷田川ルミ編　二〇一八『ダイバーシティ時代の教育の原理　多様性と新たなるつながりの地平へ』学文社。
松岡和美　二〇一五『日本手話で学ぶ手話言語学の基礎』くろしお出版。
山泰幸　二〇一八「民博共同研究プロジェクト申請書」より「研究計画」。
山泰幸・小松和彦編　二〇一五『異人論とは何か　―ストレンジャーの時代を生きる―』ミネルヴァ書房。
吉開章　二〇二一『ろうと手話　やさしい日本語がひらく未来』筑摩書房。
吉本努　二〇〇二「絵本の読み聞かせを考える」、聾教育研究会『聴覚障害』五七―五。
――――　二〇二四「手話表現がはずむ絵本の読み聞かせ」、日本演劇教育連盟編『演劇と教育』No739、晩成書房。
米内山明宏・多木浩二　二〇〇〇「〔対談〕ろう演劇と言葉」現代思想編集部編『ろう文化』青土社。
レイン、ハーラン　二〇一八『手話の歴史』（上・下）斉藤渡訳、築地書館（原書出版一九八四）。
Leith, Ella 2016 "MOVING BEYOND WORDS IN SCOTLAND' S CORP-ORAL TRADITIONS: BRITISH SIGN LANGUAGE STORYTELLING MEETS THE 'DEAF PUBLIC VOICE'." submitted for the degree of Doctor of Philosophy, in the Faculty of Humanities and Social Science, GRADUATE SCHOOL of LITERATURES, LANGUAGES, and CULTURES, the University of Edinburgh, UK

第十三章　異人同士のナラティヴ

――発達障害の当事者同士が文学について語りあう――

横道　誠

一　はじめに

赤坂憲雄は『異人論序説』で、異人を（1）サンカ、遊女などの漂泊民、（2）行商人、巡礼者などの来訪者、（3）亡命者、新生児などの移住者、（4）精神病者、障害者、犯罪者などのマージナル・マン、（5）帰国する長期海外滞在者、復員兵などの帰郷者、（6）アイヌ、土蜘蛛、鬼、河童などのバルバロスの六種類に分類している（赤坂 一九九二：一八―一九）。本稿は、このうち（4）に属する発達障害者を扱う。

いわゆる発達障害は、現在の正式な名を神経発達症群という。先天的な神経発達の特性が多数派と異なっているために発生し、生育環境によって生まれる後天的な障害ではない。

独特なコミュニケーション、強烈なこだわり、研ぎすまされた感覚などの特性を持つ自閉スペクトラム症（以下、ASD）や、関心の分散、思考や振舞いの多動、衝動性などの特性を持つ注意欠如・多動症（以下、ADHD）などが、典型的な発達障害として知られている。

発達障害は、その特性を持っているだけでは障害として診断されない。歴史上の人物で言えば、トーマス・エジソン、フィンセント・ファン・ゴッホ、パブロ・ピカソ、アルベルト・アインシュタイン、スティーヴ・ジョブズ、イチローなどの言動からは、発達障害の特性があると頻繁に指摘されてきた。だが環境に恵まれて特別な才能を開花させることができれば、発達障害者として、つまり精神疾患者として診断する必要がなくなる。そのため、発達特性と環境の不適合によって、鬱病、双極性障害（以下、旧称の躁鬱病）、適応障害などの二次障害が発生したときに、多くの「発達障害者予備軍」は初めて発達障害を診断される。

発達障害のこうした特性に鑑みて、この障害を「脳の多様性」（ニューロダイバーシティ）として捉えなおす動きが高まりつつある。平均とは異なる神経発達の特性を持った人々は、環境さえ整備すれば、その能力を発揮できるようになる。逆に言えば、障害を作りだしているのは環境の側にほかならず、個人の側ではないと言うことができる。この考え方は、障害学で言う「社会モデル」に一致している。村中直人は、発達障害のない「定型発達者」をWindows、発達障害者をMacになぞらえ、WindowsにできてMacにできないことがあっても、それは欠如や障害とは言えないと説明している（村中 二〇二〇：四九）。

本稿では、この脳の多様性を生きる女性の当事者、中崎さん（仮名）を一方の「異人」として位置づけ、その感受性のあり方をインタビューし、エスノグラフィーにまとめる。中崎さんはＡＳＤ、ＡＤＨＤ、躁鬱病と診断されている。躁鬱病は、発達障害にとって、先に述べたとおり基本的には二次障害なのだが、その完治の難しさから、これ自体を「脳の多様性」と考える論者もいる。

本稿では他方、筆者自身をもうひとりの「異人」として位置づける。筆者はＡＳＤとＡＤＨＤを診断されている。診断は受けていないが、複雑性ＰＴＳＤ（複雑性心的外傷後トラウマ障害）でも苦しんでいる。本稿ではこのふたりの「異人」同士の対話の様相を、エスノグラフィーとして提示したい。

私たちは対話のための話題として文学作品を選んだ。中崎さんは多くの文学作品を読み、自分自身が作家志望者としてさまざまな文学賞に応募してきた経歴を持つ。筆者の専門は文学研究であり、公私ともに文学作品が身近にある。

従来、ＡＳＤ者は文学作品を理解できないという通念が流布していたが、近年ではそれを否定する刊行物が相次いでいる（横道 二〇二一ｂ：サヴァリーズ 二〇二一）。情報密度が高いメディアとしての文学作品を媒介とすることで、ふたりの「異人」の対話の現場に適切に迫ることができるだろう。

本稿は、民俗学、精神医学、文学研究をまたいだ学際的な研究として提出される。従来の異人研究は、「私たち」とは異なる相に生きる者たちとして、客体化された仕方で研究されてきた。冒頭に引いた赤坂憲雄の『異人論序説』でも、ほかの多くの民俗学的研究でもそれは変わらない。だが、これからは「私」を「異人」として対象化できる研究者が、「異人同士」の研究を試みても良いのではないだろうか。本稿は、その新しい可能性への里程標として書かれる。

二　中崎さんについて

中崎さん（仮名）は四〇代、大阪在住。初めＡＤＨＤと二次障害の鬱病を診断されたが、別の病院で再検査した結果、ＡＤＨＤだけではなくＡＳＤが併発しており、鬱病ではなく躁鬱病との診断に変わった。

中崎さんは、友だちができにくい子ども時代を過ごした。思ったことをオブラートに包まず言ってしまう。そのため人の輪に入れない。保育園を途中でやめ、幼稚園に入りなおして、祖母になだめすかされながら通っていた。小学生のときに状況は悪化する。「どちらかというといじめられていました」と語る。

自宅ではコンピューターゲームが禁止され、テレビも推奨されていなかった。友だちがいないため、読書に没頭することになる。図書館で興味を引いた本を順に読んでいったが、特に印象に残っているのは、森忠明の『ぼくが弟だったとき』。父親は浮気中、母親は宗教にハマっているという家庭で、主人公の姉は脳腫瘍に罹って死んでしまう。作者の実体験に基づいた重い内容だ。中崎さんは、読者が子どもでも侮らない、重いテーマを受けとめられると信じてくれたと感じ、心に込みあげるものがあったという。

「両親は活字の本なら教育に良いものと信じていて、小説ならなんでも買ってくれたんです」。そのため、中崎さんは小学五年生にして山田詠美、村上春樹、村上龍など、当時の若手人気作家のセックスと暴力のめくるめく世界に入門することになった。

中学生のころには教科書に乗っているような往年の小説家の作品を読みはじめた。カルト的なマンガを掲載した雑誌『ガロ』の愛読者になった。「マンガは両親に禁止されていたので、こっそり買って読んでいました」。近藤ようこの作品が好きだった。サブカル誌としての性質も持っていたこの雑誌から、荒木経惟を知った。荒木の写真集『センチメンタルな旅・冬の旅』は、中崎さんの宝物だ。東京のミニコミ誌専門店「模索舎」に関する情報を得て、アンダーグラウンドな世界に興味をもった。ほかに、好きなマンガ家として萩尾望都や山岸凉子などがいた。

高校生になると、次第に他人との接し方を学びはじめたが、相変わらず「変わった子」のままだった。フェミニズムに入門し、特に上野千鶴子と小倉千加子から多くを学んだ。谷崎潤一郎の『細雪』が愛読書になった。「いやらしいことを書いていなくても、文章から色気が漂ってくる」作品群。坂口安吾の『堕落論』と「桜の森の満開の下」、三島由紀夫の『金閣寺』と『美徳のよろめき』にも影響を受けた。

小さいころから歌うのが好きで、二歳くらいの記憶として、ピンク・レディーを真似して歌っていた自分がいる。児童合唱団にも入っていた。中学校では合唱部に入部。合唱部は「右寄り」だったらしく、「君が代」を熱心に歌わされたことが記憶に残っている。高校在学中に音楽志望を固め、大学は音楽専攻にした。するとついに、周りが変わった人だらけという環境になった。自分はもう「浮いていない」。

決まった時間に大学に行き、また帰ってくるルーチンワークが得意だった。学芸員の資格のために楽器博物館に実習に行き、楽しんだ。大学生活のうちに、ジャズとの出会いがあった。アメリカの黒人ヴォーカリスト、サラ・ヴォーンや、フランス出身のイタリア系ジャズ・ピアニスト、ミシェル・ペトルチアーニに夢中になった。作家では、姫野カオルコの作品が大好きになった。関西から東京に出かけて、模索舎やタコシェでミニコミ誌を漁った。井上章一の『つくられた桂離宮神話』や『愛の空間』に興奮し、「常識を疑ってかかる視点」をはぐくんだ。

大学院に進み、「生涯学習にとっての音楽の役割」を研究テーマとして選んだが、諸事情から中退。一〇年近く働いて、そのあいだに結婚した。退職後は職業訓練校で、建築内装を習う。建築史に開眼し、ル・コルビュジエの作品に心が昂揚した。しかし建築の仕事につくことはなかった。

中崎さんが選んだのは、教育者への道。教員免許取得者を対象とした大学の専攻科に入り、特別支援教育の教員免許を取得した。障害とは何かを研究したくて、医学的に障害と認定されていなくても、社会的に障害になりえるものがあると考え、顔に痣などの特徴がある人の「見た目問題」を扱い、彼らが生きる上で抱えている苦労に焦点を当てた。インタビューを実施し、考察に勤しむ。資格を取ることにも励み、結果として現在の中崎さんは、教員免許（中学、高校、特別支援学校）、司書教諭、学芸員など一五個の資格を持っている。なかには「パーソナルカラーアドバイザー」や「フォークリフト運転技能講習修了」の資格もある。最近は公認心理士の資格試験を受験し、見事に合格した。

特別支援学校で九年ほど働いたものの、休職してしまい、やがて退職。「やっぱり自分には、考えに考えて選んだ仕事すらできないんだ」と苦悩した。初めは適応障害と診断された。その後、鬱病、さらに双極性障害へと診断名が変わった。

発達障害に対する固定観念に関して、何か主張したいことはありますか、と尋ねると、中崎さんは答えてくれた。「ＡＳＤの人には想像力が欠如しているとよく言われますけれど、私たちには独特な世界観があるだけで、想像力が欠けているというのではないと思うんですよね」。

以上の記述は、以前別途おこなったインタビューを加筆訂正したものだ（横道　二〇二一ａ）。

三　『美徳のよろめき』

筆者は中崎さんと相談して、三島由紀夫の『美徳のよろめき』を読むことにした。この作品の梗概を示しておこう。

倉越節子は、しつけのきびしい名門の家に生まれ育った二八歳の女性である。生まれついて官能の天賦にめぐまれていた節子は、倉越一郎と結婚、一児をもうけたが、夫に隠れて、結婚前にただ一度だけ接吻を交わしたことのある青年・土屋との逢瀬を重ねることになる。一郎とのあいだできた子供を秘密裏に堕胎したのち、節子は土屋と関係を結ぶ。次第に肉体的にも快楽をおぼえ、妊娠と中絶をくりかえしてしまう。やがて、人格者である父を思い、土屋との別離を決意する。以前の日常にもどり、〈反響のない世界〉の住人となった節子は、最後に土屋に長い手紙を書くが、書いたあと破って捨てる（紅野 二〇〇〇：三〇三―三〇四）。

中崎さんの考えでは、この梗概では作品の説明不足だと指摘する。「非常に人工的な登場人物たちです。三島由紀夫が丁寧に作りこんだ優雅さに、特徴があると思います」。

『美徳のよろめき』は一九五七年に文芸誌『群像』に連載され、単行本が同年六月に大日本雄弁会講談社より刊行された。この年のベストセラー一位は、原田康子の『挽歌』だったが、『美徳のよろめき』も二位の位置を射止めた。中崎さんは言う。「なかなかに眼の超えた読者が多かったんだなという印象です。いま刊行されても、ベストセラーにはならないと思う。純文学に力があって、読者にも読む力があった、その重なりの結果だと思います」。中崎さんには没落史観があるのだろうか。

中元さおりは、「『美徳のよろめき』に描かれた恋愛の風景はディティールまで凝っており、まるで女性誌のグラビアのようなカタログ的な側面がある。細かく書き込まれた節子のエレガントなファッションと、横にたたずむロマンチックな青年。彼らが海岸や避暑地のホテルで人目を避けて逢瀬を重ねる姿は、女性読者にとってありありと目に浮かぶものであっただろう」、「節子の恋愛は過酷なものではあったが、全体的にはエレガントな物語として受け止められ、だからこそ節子の〈よろめき〉行為は、女性たちの願望の投影として描かれているのだ」と述べている（中元 二〇一二：一〇〇―一〇一）。

中崎さんは言う。「節子は人工的な存在であると同時に、この物語のなかで土屋と不貞行為をします。しかしそれは優雅な出来事として描かれます。エレガントです。でも女性の願望の投影とは思いません。女性の読者は節子に感情移入したのでしょうか。少なくとも自分は感情移入しなかった。非常に美しい人工物に触れたという読書体験でした」。

節子は作品冒頭で「いきなり慎みのない話題からはじめることはどうかと思はれるが、倉越夫人はまだ二八歳でありながら、まことに官能の天賦にめぐまれていた」と説明されている（三島 二〇〇一：四九三）。また「すぐる年の夏、節子は心ゆくばかり自然と和解してゐた。あの海、空の雲、風、すべては節子の体内に自由に入って来て、自由に呼吸して、節子の肉慾と一つのものになってゐた」（三島 二〇〇一：六二一）という記述がある。ここから「官能」という語には五感などの感受性が優れているということと、性的官能に敏感だということのふたつの意味が交差していると考えられる。

中崎さんは語る。「自然との合一性、全能的な感覚を官能と取るか、私には難しいです。高い階層の人々が住む温室、綺麗な造形物をイメージしています。人工性と官能性は通じるところもあるかもしれませんが、同一のものかどうかはわかりません」。私は五感などの感受性が優れていることと性的官能の敏感に敏感だということは重なっているという発想が欧米にあって——たとえば英語の〈sensual〉は、「五感が優れている」こともさすが、それ以上に「性的官能が高い」ことを意味する——、それが神秘主義的な全能感や宗教的法悦に通じることは、一九世紀から二〇世紀にかけてのヨーロッパの絵画、たとえばポール・セザンヌやグスタフ・クリムトの作品によく現れていると思う、と意見を述べた。

日本では一九四八年に優生保護法が施行された。戦後の出産数の増加を背景として、優生と母体保護のために、不妊手術、人工妊娠中絶、優生結婚に関する相談などについて規定した。この法律によって、刑法には堕胎罪が残されたまま、実質的には罪に問われないという現在まで続く制度が生まれた。優生保護法は優生思想にもとづく障害者差別を含んでいると批判され、一九九六年にいたって、母体保護法へと名称が変更された。優生保護法によって、一九五〇年代には妊娠中絶が当たり前という時代が到来し、「妊娠小説」がブームになったことを斎藤美奈子が指摘している（斎藤　一九九四：三〇―三三）。

　優生保護法は、子宮の掻爬による堕胎という、母体に対する別の危険を生みだすことになった。『美徳のよろめき』で、節子は掻爬を三度も体験する。三度目は、母体が弱っているという理由で麻酔なしの手術という展開になる。三島は書く。


　節子を待ち構へてゐた地獄がここに在つたのを節子は知つた。横たはつた彼女は手足を固く縛られた。手術のはじまる前から、その掌には冷たい汗がしとどになつた。／きつと私は死ぬだらう。汚名の中で、不名誉の只中で、私は死ぬだらうと節子は思つた（三島　二〇〇一：六二五）。


　中崎さんは言う。「これはやりすぎだと思いました。堕胎によって物語を盛りあげている。エレガントな作品ではあると思うが、流石にちょっとやりすぎだなと思うんです」。

　そこで私は、この「地獄」には、三島らしさが現れていることを示唆した。『美徳のよろめき』には「苦痛の明晰さには、何か魂に有益なものがある。どんな思想も、またどんな感覚も、烈しい苦痛ほどの明晰さに達することはできない」、「あとになって思ふと、節子はこれほどの苦痛に耐へる力を、徐々に育ててゐたわけであるが、こんな苦痛により、又それに耐へることにより、節子は自分の久しい悩みの凡庸な性格を払拭して、非凡な女になつたのだつた」、「節子は苦痛のはての、極度の苦味がもはや甘味としか感じられぬやうな、感覚の尺度を失つた状態で聞いた」、「苦痛とそれに耐へてゐる自分との関係は、何か光りかがやくほど充実してゐて、それがそのまま死の虚脱へつづいてゐるとは思へなかつた。節子がゐて、苦痛がある。それだけで世界は充たされてゐる」（三島　二〇〇一：六二六―六二七）という記述がある。

　中崎さんは言う。「表現としてはありなんでしょうけれど、女性の視点から見ると、そういう問題ではないだろうと思うんですね。作品としては成りたっているけれど。ジェンダー論を持ちだすのはためらいがあるんですが、違和感がある。私は堕胎を経験したことはありませんが、違うだろう、現実離れしていると感じます」。私が「悪い意味で男性的ということですか？」と尋ねると、「男性的というよりは、三島由紀夫的です」と答える。私は「つまり観念的で空想的？」と問う。中崎さんは「そうです。そういうところは、ついていけない感じです」と言う。

そこで私は、『美徳のよろめき』が――商業的成功は別として――三島の作品のなかで高く評価されてこなかったことを話題にした。小笠原賢二は、その上でつぎのように書いている。「『美徳のよろめき』自体は傑作と呼ぶことは出来ないのみならず、成功作と言うにもはばかりがあるけれども、三島美学の中核をなす〝存在の革命〟のまことに過激な実験の場として考えた時に、看過しがたい意味合いを持つことは明らかだと思う」（小笠原二〇〇一：二五九）。小笠原によると、生体解剖、心中、切腹などに執着する三島は「存在の革命」のための「究極的で不可避の行程」を歩んでいた作家で、『美徳のよろめき』の堕胎もその流れのなかにある（小笠原二〇〇一：二五三）。

中崎さんは発言した。「この作品のことは非常に好きです。代表作ではないと感じますが、でも作品として手を抜いたのではないと思うんです。三島の特徴が如実に出ている。節子の人工的なエレガントさが物語を引っぱっていく。三島が好む人工的な美を、神の視点から物語っていく。神の視点だなと感じるところが、ところどころに出てきます。そういう手法も含めて、三島なりの挑戦や美意識が出ていると思うんです」。

中崎さんに『美徳のよろめき』でほかに気になったことはあるかと尋ねた。彼女は土屋の外見の描写を挙げた。「彼の頰の剃り跡は大そう青かった。初冬のことで、彼は仕立のよい服に身を包んでゐたが、アレキサンドリヤ石のカフス釦をつけたカフスからあらはれてゐる手の甲の毛が、その腕の毛深さや、おそらく全身の毛深さについての、昔の夏の印象をよびおこし、節子はなぜ土屋について顕著なこの印象を永らく忘れてゐたのかと訝った」（三島二〇〇一：五〇二）。中崎さんは、「男性作家が男性を描くときにはこういう描写が少ない印象があります。こういうものが美しいのだという確固たる信念が感じられるところが好ましい」と言う。私が「さすが三島的というか、ゲイ感覚ですよね」と言うと、中崎さんは「直接的ではない官能性があります。この作品は冒頭からテンポも良くって、美しくって、この文章っていうのは、三島の作品のなかでも美しいんですけれども、この作品でそれが生きているって感じます」と言った。

私は率直に言えば、中崎さんに型通りのＡＳＤの特徴を見ていた。『精神疾患の診断・統計マニュアル』第五版（DSM-5）では、ＡＳＤの診断基準として、コミュニケーションが一方的なことや、こだわりの強さが指摘されている（APA, 49）。中崎さんが『美徳のよろめき』に対して語る内容は、私が語る内容と相互作用し、新しい結晶を生みだすという働きを示さず、ただ中崎さんの口から水道の水のように流れ、地面に吸いこまれていくだけのように見えた。加えて、私もＡＳＤの診断を受けているから、事態はさらに深刻だ。私も中崎さんも、一方的な自分のこだわりを相手にぶつけあっている——キャッチボールでなく、ドッジボールで相手に球を当てあっている——ような感じだと私は思った。私はどうしようか思案しつつ、次回の会合までに何かしら打開策を考えようと決めた。

私は内海健の『金閣を焼かねばならぬ』を話題にした。内海は、一九五〇年に金閣寺放火事件を起こした林養賢が統合失調症を罹患したのに対して、三島は「離隔」の精神病理を持ち、統合失調症とは異質な作家だと見なしている（内海 二〇二〇：一六五）。内海が言う「離隔」はＡＳＤ的と解釈できるのと考える。つまり、三島は統合失調症にもとづいた金閣寺消失事件を『金閣寺』でＡＳＤ化したわけだ。この考え方を中崎さんに話すと、彼女は答えた。

私も『金閣寺』は統合失調症的な感じはしなくて、自閉的だと思います。思い込みの激しさ。金閣寺がこの世でいちばん美しいと思って、美の象徴としてあって、揺るがないんですけれども、そのためにそのために世界を揺るがせてしまう、放火に至る。その思い込みの激しさが自閉症っぽいと感じます。

「三島の作品は一般的にASD的でしょうか」と問うと、彼女は語った。

作品全体が自閉的なんじゃないかと感じます。外に開かれていない。ひとつの作品のなかで精緻に作られていて、そのなかで勝負する。『美徳のよろめき』も節子に感情移入しながら書いたわけではないと思うんですね。作家にもいろんなタイプがいると思うんですけれど、乗りうつったように書く作家もいると思うんですけど、三島の場合はそういうのではなくて、あくまで人工的に作りあげていくということに拘ったんじゃないかと思うんです。自閉的なところを強く感じます。

私も三島の作品はASD的だと感じるため、彼女の発言は印象に残った。

四　『親指Pの修業時代』

私は前回の反省を踏まえて、中崎さんに今回から思うところをもっと詳細に語ってほしいと依頼した。私たちが読んだ二冊目の小説は、松浦理英子の『親指Pの修業時代』だった。この作品は一九九一年から一九九三年まで『文藝』に掲載され、一九九三年に単行本が上下巻で刊行された。作品はベストセラーになったほか、同年に三島由紀夫賞の候補作になり、一九九四年に女流文学賞を受賞した。梗概を筆者なりにまとめておこう。

真野一実は大学を休学して、親友の彩沢遙子と会社経営をしていた。しかし親友は自殺し、その四十九日が過ぎると、午睡から目覚めた一実の右足の親指がペニスにそっくりに変貌していた。排泄機能はないが、性的な感度を持っている。一実は、この親指を切りおとそうとした婚約者の正夫から逃げ、盲目の音楽家で男女を問わず求められるまま親睦のために性交渉する春志との恋愛関係に入り、婚約する。

一実は見世物一座「フラワー・ショー」に同行する。この一座には、男性の体を性別適合手術で女性の体に変えて、かつ女性を恋愛対象とする綾瀬政美、ペニスの付け根に突起がある須和繁樹、他者の体液に触れると全身に赤い花のような湿疹が現れる桜井亜依子、ヴァギナに歯がある木野田幸江、射精すると眼球が飛びだしてしまう田辺庸平、シャム双生児で、ペニスのほとんどが体内に埋もれている児玉保などが属している。

一実は一座のメンバーと交流を深め、ステージにも立つようになる。同性愛の傾向はなかったはずの一実は、保の恋人だった映子に愛撫されて惹かれ、恋人関係になる。アングラ演劇の脚本家で演出家の宇多川謹也は男根主義や支配者的欲望を隠さず、一実たちは対立する。一実が全身の愛撫を重視するのに対して、映子は性器結合を重視し、ふたりの心はすれちがっていく。一実は春志と、映子は保と元の鞘に収まる。一実は作家Mに一連の経緯を語る。一実は自殺した遥子がかけがえのない友人だったことに思いいたる。

中崎さんはこの小説がとても好きだと述べたため、私はあえて不満点を尋ねてみた。すると彼女はエピローグに言及した。

一実は来月からまた大学に通うと言う。一緒に暮らし始めた春志は、コンピューターによる作曲をマスターするため目下奮闘中らしい。／繁樹と亜衣子は念願のコーヒー屋を六月に開店する。政美は神戸に移り住み、自分がオーナーであるゲイ・バーの経営に専念している。幸江は七つ年下の愛人と正式に結婚した。庸平はイラストレーターになろうとして作品を持って出版社をまわり、ぼつぼつ仕事を依頼されるようになった。保は実家の家業である電気屋を手伝い、映子は外国語の専門学校への入学を決めた。〈フラワー・ショー〉のメンバー以外では、チサトと晴彦が別れる別れないですったもんだしたあげく、やはり別れることに決まった（松浦　一九九三下：三一七―三一八）。

中崎さんは語る。「私はどうも、いくらなんでもあんまりだなと思いました。せっかくいい気持ちで読んでたのに、これはないんじゃないかと。急ぎ足で話をまとめようとしているのが、どうも私は引っかかったというか、こういうのは良くないなと思いました」。たしかに、このくだりはいかにも「お粗末」という印象がある。だが、作者はあえてこのようにしているのかもしれない。つまりドタバタ劇が尻すぼみのようにして終わっていくのを意識的にパロディにしたのではないか。

松浦はエッセイ「性器からの解放を」で述べている。

弱いことは悲しい。どうにもならない弱さならしかたがないが、わざわざ弱さを選ぶのは悲しい。男であろうと女であろうと、弱いよりは強い方が十全に生きられるに決まっている。もういい加減に、女は性器から自由になって強くなっていい。／性器から自由になるとは、性器経験を性経験の本質と捉えず、性器を武器だとか男と女の親しさの度合を測る道具に仕立てたりせず、別に男に向かって開かれているのでもない何ら特別ではない器官として意識する、というほどの意味である（松浦　一九九四：七八―七九）。

中崎さんは感想を述べた。「これには私も、そうですねと同意したい部分があります。と言うのも、性器結合だけがセックスではないというのは、女の人のあいだでもわりかしポピュラーな意見だと思うんですね。性器結合から離れていこうとする松浦の姿勢はわかる部分があります。私は「同意見です。松浦さんは熱弁を奮っているけれど、実は女性のあいだではありがちな意見なんですよね。松浦の問題意識はつまらないということでしょうか」と鎌をかけてみた。中崎さんは語った。「つまらないということではないんです。ふだん考えないでいると、自分が感じる違和感に名前を与えることができないですよね。松浦理英子が言っていることや小説のなかの描写を知って、自分たちの違和感に言葉を与えられる。だから松浦さんのやっていることは女性にとって気づかせることが多いんです」。これを聞いて、松浦文学の女性読者に対する効用とでも言うべきものに、私はようやく思いいたった。

小説で最終的に一実が春志を選び、映子は保を選ぶという表層上の「ハッピーエンド」について、黒澤は「スタティックすぎる」（黒澤　一九九七：三〇八）と批判している。中崎さんは答える。「私が思ったのは、一実は両方を選びたかったんだけど、それを映子は許さなかったから、一実は春志を選んだという話なんではないかなと」。私は一実は春志の影響を受けてポリアモリー化していたわけですねと指摘すると、中崎さんは「はい。映子にはそれについていけないところがあったのではないかと思います」と述べた。この意見に対して、私は述べた。「松浦は、むしろレズビアンにとってうれしい結末を選ぶことを避けた、つまりこれは安易さの回避ではないでしょうか。春志にしても、私は男性という設定になっているだけでレズビアン的な印象を受けました。レズビアンだと「いつもどおりの松浦作品」になってしまうから、男性にしたという印象があります」と語ると、中崎さんは「たしかに」と答え、言った。「私が思うには、作品として見たときに、一実と映子が手をつないでふたりの世界に入っていくというような話にすると、異性愛よりも同性愛のほうが上級だというメッセージになるのを恐れたのではないかという気がします」。

私は、個々の作品がどれほど作者自身から離れて自律しているかがいつも気にかかる。ミハイル・バフチンはドストエフスキーの小説に関して、特定の登場人物が作者の代弁者となる、あるいは複数の登場人物が協力しながら作者の意見を代弁するという構図が避けられており、そこでは理想的なポリフォニー（多声性）が実現していると主張した（Бахтин 2002: 10）。そのようなポリフォニーが、『親指Pの修業時代』にも備わっているだろうか。中川成美は――バフチンの名やポリフォニーという用語には言及していないが――つぎのように述べている。


無意識に身体に隠匿された「身体感覚」の忘れてしまった「記憶」を、『親指Pの修業時代』の登場人物は再演して語っていく。そしてそのテクスト内の語りは読者が〈声〉に再演することで、すぐに所与の「私」という規定された準拠枠に回収される危険を回避するのだ。テクストの内と外で試みられるであろう〈声〉

の聞き取り、そして呼びかけはセクシュアリティのより根源的な空間へと降りていくための入り口であり、その模索のスタート・ボタンともなっている。このボタンを押すことが、セックスやジェンダーにどんな変化をもたらしていくかという予測図を今私たちは持たない。しかし、このテクストによってボタンは押された。／その〈声〉を注意深く聞く身体を獲得するしか無いではないか（中川　一九九九：一八三）。

中川の考えでは、『親指Pの修業時代』の多声的な自己完結性が、身体性をつうじて読者の変容を促すのだ。中崎さんは戸惑いながら意見を述べる。「この小説の入れ子構造というか、作家のMが一実から聞きとった話を小説にしているという作りですが、それはある意味ではたしかに機能しているとは思います。でもエピローグに至っては、この小説の構造自体がそれで良かったのかなという印象を持ったんですね。つまり作家Mがいなくて、一実が書いた作品ということだったらどうなっていたのかと思うんですけど」。

考えをまとめるのに苦労しているようだから、私は口を挟んだ。「バフチンが論じるドストエフスキー作品のように、作者の声は充分に相対化されているのでしょうか」。すると。中崎さんは答えた。「いいえ。作者の主張は明らかだと思います。その実例として、中崎さんは一実と映子の性交渉の場面を挙げた。

正夫との性行為も春志との性行為も、その時々で発見もあれば感動もあり、大いに愉しんで来たのだけれども、素肌を合わせたいという欲望が起こってからそれを満たすまでの行程を完全に経験するのは、やはり今回が初めてなのだ。性行為の回数だけは重ねながら、今の今までそのような性の基本的な行程を経験していなかった、と知って私はがっかりせずにはいられなかった（松浦　一九九三下：一一七）。

中崎さんは言う。「これは松浦さんの声を主人公がそのまま反映していると思うんですね。もちろん、そういう場面はここだけではないです。地の文で、一実を使って作者が持説を主張しているんです」。私は中崎さんの主張に同意するほかなかった。

中崎さんの応答はほとんど一貫して、いわゆる良識を感じさせるものだった。しかし、その常識人としての振る舞いは、定型発達者を基準とした社会規範に発達障害者が過剰適応し、「普通の人」を擬態しているものと言えるのではないだろうか。私はそのような疑念を抱きながら、中崎さんに対する今回のインタビューを進めていた。

この理由のために、中崎さんが好きな場面として、一実たちが「動物版のスナッフビデオ」を見る場面を挙げていることに、強く関心を引かれた。

　私たち女三人は返事をしなかった。映像に気を取られていたのである。画面の猫いじめはエスカレートしている。むごたらしい。怒りも湧く。何よりも怖いし、信じられないともう。だが、怖さに捉えられてかえって身動きできない。決して観続けたくないのに、眼を逸らすことができない。悪夢の真只中にいるかのようである（松浦　一九九三：三〇七）。

　フィルムは猫がぴくりとも動かなくなった後も十分ほど続いた。屍体にも手をかけるのである。男のマスターベーション・シーンすらない、徹頭徹尾残酷なフィルムだった。画面が暗転すると溜息が出た。私とともに最後まで観ていた映子が、青ざめ硬張った顔で私を振り返る。彼女も不快感と恐怖感で麻痺していたに違いない（松浦　一九九三：三〇八）。

私は中崎さんにこの場面のどこか魅力的なのかと尋ねた。その返答はこうだった。

動物虐待と性愛の関係を追求しているところは、性愛に果敢に攻めいっている感じがするんですよね。そういうのを好んで見る人たちがいる。ある種の異常な性愛がある、ということにも触れているところが好ましいんです。松浦さんの場合、自分がどう感じるかというところに焦点があると思うんです。フラワーショーの公演も一実がどう感じているのが重要で、それに触れていると一実の感覚が変わっていくのがおもしろい。そういう揺らぎがおもしろいですね。揺らいで変容していくところです。

「中崎さんもそういう作品を読んで、揺らいで変容するのを体験していますか」と尋ねると、「そうです」という返答が返ってきた。私は次回は、この「揺らぎ」について探究しようと決めた。

五　『O嬢の物語』

ポーリーヌ・レアージュの『O嬢の物語』は、一九五四年にハンス・ベルメールのリトグラフをつけて出版された。一九五五年にドゥ・マゴ賞を受賞したが、フランスの当局は猥褻文書頒布の罪で訴訟を起こした。一九六七年に至って、広告禁止の措置が解かれた。

レアージュの正体が誰かということは、長年の話題の種だった。序文を書いた有力評論家ジャン・ポーランの単独作、ポーランと編集者ドミニク・オーリーの合作、思想面に共通性があるジョルジュ・バタイユ、『城のなかのイギリス人』などのエロティシズム小説で知られるアンドレ・ピエール・ド・マンディアルグなどが正体として噂された。

一九九四年、八六歳になっていたオーリーが、『O嬢の物語』は、自分が四〇代のときに愛人だった六〇代のポーランの気を引くために書いた単独作だということを、アメリカの文芸誌『ザ・ニューヨーカー』で告白した。インタビュアーのジョン・ジョルは、「彼女は宝石をひとつだけ身につけていて、それはポーランから贈られたものだった。スカラベの形をした重い金の指輪で、彼女はそれを結婚式の指輪のようにして嵌めていた」と報告している（Jorre 1994: 42)。

『O嬢の物語』の梗概を筆者なりにまとめておこう。

女流のファッション写真家のOは、ある日恋人ルネに見知らぬ城館へ連れていかれ、数名の男たちの性的共有物にされてしまう。彼女はふだんは雑用に携わるが、求められれば鞭打たれ、膣、口腔、肛門、ほかいかなる場所でも開かれたままにするように調教される。一か月ほどのち城館を後にしたOは、ルネによって、彼の異父兄でイギリス人のスティーヴン卿に譲りわたされる。Oは卿からたびたび呼びだされ、凌辱される。Oはさらに同性愛の素質を持つアンヌ＝マリーに引きわたされ、尻に焼印を押され、性器に鉄の輪と鎖を付けられる。卿の別荘で夜会が開かれ、Oは全裸のまま梟の仮面を被せられ、一堂の視線に晒される。

私は前回の思いを踏まえて、中崎さんが作品を読んで、「揺らいで変容する」のを感じた箇所について尋ねた。すると中崎さんは次の箇所を挙げた。

毎日、半ば習慣のように、唾液と精液、自身の汗と混じり合う男たちの汗に汚されて、Oは自分が文字通り、聖書にいう汚穢溜りか掃溜めになったと感じた。だがOには、絶えず穢され、いっそう過激になった肉体の部分が――誰ともわからぬ男の性器を何度も頬張った口も、つねに手でぎゅっとつままれた乳房の先を、開かれた太腿のあいだに穿たれた二つの通路、思うさま開拓された道も――同時に前より美しく、あたかも高貴なものになったかのように思われたのである。売春行為を強要されることで、Oは驚くべき品位を獲得していた。ここで重要なのは品位ということである。Oは品位によって内部から輝いていたし、足どりには落ち着きが、表情には僧院の修道女のまなざしに見られるような平静さとかすかに感じとれる内面の微笑が窺われた（レアージュ　二〇〇九：七一）。

中崎さんは語る。「男性的な価値観からするとOは汚されただけと見なされそうなのに、品位を獲得したと書かれている。この小説の独特な価値観に惹かれます」。私は「それはこの作品が、女性賛歌になっているということでしょうか。一種のフェミニズム小説なのでしょうか」と尋ねた。中崎さんは答えた。「この作品のなかでの価値観として、何かを投げうった先にあるものが品位だったという新しい考え方があるんじゃないかという気がします。自分が持っている価値観がぐらぐらするようなところがあったんです」。

私は澁澤龍彥とその妻だった矢川澄子のことを話題にした。中崎さんは澁澤と矢川のあいだに起きた問題を知らないようだった。澁澤は一九二八年、矢川は一九三〇年に生まれ、一九五九年に結婚した。ふたりは一九六八年に離婚したが、澁澤は矢川に財産分与を拒んだ。一九八七年、澁澤が頸動脈瘤の破裂により五九歳で死去。二〇〇二年、矢川は七一歳で首を吊って死んだ。

ふたりの夫婦生活について、澁澤は丸山明宏（のちの美輪明宏）との対談で一端を語っている。

澁澤　一番長くつづいたのは、最近別れた女房との関係ですよ。一〇年つづいたから。その間、もちろんいろんなことがありましたけどね。だから、ずいぶん、女房は苦労しました。

丸山　どういう面で?

澁澤　いろいろ浮気というのか何というのか……女を家に連れてきて、女房と三人で寝たりなんかするというのが好きだったんです。そういう点で僕はサディスティックかもしれない。

丸山　やっぱりそうかしら。苦しむということや何かというのは、ある程度それを意識しても、三人で寝るということの快楽に対する期待のほうが大きくて、そういう意識というのは通り過ぎちゃうんじゃないかしら。

澁澤　だから女房は、完全にぼくが仕立てた共犯者でした。仕立てたつもりでいたんだけれども、やっぱりそうじゃなかったんじゃないかしら……。先天的にそこまでいける女といけない女といるわけよ。

丸山　いける女がいますよね。ノーマルな男性ばっかりフォー・セールしている店があるんですけど、夫婦で男の子を買いにくるんです。初め奥さんが男の子を選ぶわけです。ダンナは女房の好きなタイプの男の子と交渉させておいて、自分がある程度それを見ていていざということになったら、「お前、どけ」といって自分がやっちゃう。その男の子はあと、どうしたらいいんだかわからないわけですよ。それでカッとなるわけです。それで今度は男の子のほうが黙っていなくて、ダンナを突き飛ばしちゃう。ダンナは恐くなっているけれども、やめられないから、奥さんの口の中に自分のを入れておいて、下のほうを若い男の子に譲ったりしちゃったりして、しているらしいんですよ。

澁澤　そういうふうにいきゃいいんですね。そうすると三人うまくつながる（笑）。僕はそれは、とってもおもしろいと思う。（澁澤　一九九五：七〇―七一）

澁澤は現実に『O嬢の物語』の世界観を持ちこもうとしていたようだ。中崎さんは「私がまえに書いた小説に寝取られマニアの男性が出てくるものがあるんですけど、三人で何かするのが好きっていう人は一定数いるって思うんですよね。私はあるとき、そういう願望がある男性と話をして、それを小説にしました。一般的ではないんですけど、需要があるとは思う」と述べた。しかし私には、ひとつの疑問があった。澁澤がやっていたのは男ひとりに女ふたりだから、彼にあったのは寝取られ願望ではなく、父権主義的あるいは男根主義的な女性支配のためのハレム願望ではないだろうか。

中絶手術、つまり子宮の掻爬を矢川は澁澤との婚姻中に四度も体験した。池田香代子、山下悦子との鼎談で、こんな一節がある。

山下　三回も四回もという感じで妻に負担を背負わせてるというのは絶対納得できない。

矢川　山下さんの世代になるとそういえるんでしょうけれども。いままでの社会ではそういう話も出てこなかったしね。大体、パイプカットという単語さえありませんでした。（矢川／池田／山下　一九九七：二四一）

同じ鼎談で、矢川は澁澤訳の『O嬢の物語』について、ひとつの秘密を明らかにした。

矢川　仏文の方で、今度河出の翻訳全集に収められるようだけど、なかには私が下訳をして手を入れたというのはありますよ。澁澤の訳業として出てるものでね。
山下　さしつかえなければどの作品か教えていただけますか。
矢川　たとえば、『O嬢の物語』（六六年初版）ね。澁澤が引き受けたものの、「時間が足りないから、お前ともかく全部訳しといてよ」ということで（笑い）。訳しておいて、後で澁澤が……。六四、五年くらいじゃないかしら。
池田　その頃はサド裁判をバックに、澁澤龍彦という表現者が、自分の立場をジャーナリズムの中で確立していく時期ですよね、目覚ましく。「訳しといてよ」といわれて、矢川さんは「あ、いいわよ」という感じでしたか。
矢川　そうよ。だって私は彼の専属だったもの（笑い）。彼によろこんでもらえることをやってればいいんで。
池田　幸せ。
矢川　幸せだった。
池田　彼にそこまで信頼されて。
矢川　それはそうよ。向こうに役立ててもらえる、私の能力をのこりなく発揮して、それで役立ってあげられる。あらゆる意味で満足しきってた。そのために生まれたとさえ思ってた。（矢川／池田／山下　一九九七：二四八）

私は「これは『O嬢の物語』を現実で生きようとするとどうなるか」ということではないかと見解を述べた。私は矢川に感情移入して、自分の声に涙が混じっていることを悟られないように努めた。中崎さんは述べた。

「これは、私は『O嬢』とは真逆の世界だと思うんです。私からすると、『O嬢』は女性の妄想を描いた作品であるのに対して、澁澤がやっていたのは、澁澤の妄想を現実に持ちこんで、現実の女性を自分のいいようにしていたことですね。現実では澁澤の男根主義的な世界が支配していたということですから、澁澤がいやになりました」。

中崎さんの「揺らぎ」について探究するはずが、ほとんど私のASD的「こだわり」を提示する回になってしまった。

六　おわりに

私は中崎さんに「文学作品の読書は障害に対して何か役立っているんでしょうか」と尋ねた。中崎さんは言った。「ひとつの目安にはなるかなと思うんですが、双極には鬱と躁があるんですけど、鬱だと眼がすべって読めないんです。でも躁になりすぎても頭のなかが、とっちらかって読めない。スラスラ読めていることは安定しているということです。文学は息抜きとも言えますし、栄養というか、食べ物、摂取しなければならないと思うんです。文学作品がなかったら自分の人生は困ると思うんです」。

中崎さんが私と読むことにした小説は三作とも官能性の高いものだった。中崎さんは「三作それぞれ官能性が高いけど、味わいが違っていて、異なる読書体験ができて、官能性と言ってもいろいろあるんだなと改めて感じました」と語る。まったく同感だ。しかし、趣味のこの明け透けな開示は、どこから来るのだろうか。中崎さんは「発達障害があると報酬系が弱く、環境からストレスを受けがちです。刺激的なものに寄っていくから、読む小説の傾向にも現れていると思う」と言った。「発達障害によく指摘される明け透けなコミュニケーションということでしょうか」と問うと、「そうだと思います」との返答だった。

私が好む文学作品は、ほとんどの場合、私に覚醒をもたらすものだ（横道 二〇二一b：五一）。しかし中崎さんの場合はそうではないと語る。「『美徳のよろめき』は完成形のおもちゃをじっくり見せてもらう感じでした。『親指P』と『O嬢』は、いい夢を見せてもらいたいという気持ちで読みましたけど、ワクワクドキドキしながら読んでいたので、夢を綺麗に終わらせて欲しいという願望が読者としてはありますけど」。中崎さんは『親指P』のエピローグと同様、『O嬢』の第二部——別の作者が書いたのではないかと指摘される作品——も腹に据えかねたと言っていた。しかし私は「文学作品は「いい夢」を見せないからこそ価値があります」と主張してみた。中崎さんは「私はどちらかというと、現実と切りはなされたものとして楽しんだんですね。現実感がないからこそ、夢を見られる。現実から眼を背けたいのでもないですけど、現実を忘れさせてくれるものとして楽しみたいです」と答える。私は「なぜ夢を見たいのですか。現実がつらすぎるでしょうか」と尋ねると、中崎さんが「せっかく本を読むんだったら、私は没入したいんですね。中途半端な作品だったらおもしろくなって、没入できないんですよ。やっぱりいい作品を読んで、いい気持ちになりたいんです」と言う。私は「中崎さんにとって文学作品はアルコールやドラッグに近い？」と尋ねると、中崎さんは「近いかもしれません」と答えた。

私にとっては、文学作品は現実の往々して悲惨な実相との関係がつねに問われるべきものだ。そこで私は、『美徳のよろめき』に関してはヒロインの三回の掻爬を、『O嬢の物語』に関しては澁澤訳の下訳をした矢川の四回の掻爬を話題にした。しかし、このような読み方は中崎さんにはそぐわないかもしれない。中崎さんは言う。「読書は自由なものですから、どのように読んでもいいとは思うんですけれど、読み方っていうのは読み手の人間性が出るものだから、何かが投影されているのかなとは感じます」。私は「私の場合だったらPTSDの傾向でしょうか」と尋ねると、中崎さんは「かもしれません」と慎重に答えた。だが、実際には私の「こだわり」が中崎さんの「こだわり」と共鳴しなかったという、異人対異人が互いの刃を振りあって、凌ぎを削っていた過程だったと解釈するのが妥当だろう。

中崎さんと三つの作品を読む作業をつうじて、互いの「歯に衣（きぬ）着せぬ」語り口が、私には明瞭に「脳の多様性」を表現していると感じた。中崎さんの生育歴に関して記したが、オブラートに包まない語り口は発達障害の典型的な事例だ。だが、それは「脳の多様性」の少数派同士が実現できる魂の対話とも言える。そして、この異人対異人の語りは、部分的には「普通の人」、つまり定型発達者を模倣しようとあがく知的水準の高いふたりの人間の語りでもあった。

私は中崎さんに「文学の影響を現実に持ちこんで、もう少しデタラメな生き方、冒険をしてみたいと思いませんか」と尋ねた。中崎さんは最後まで明晰に答えた。「私としては、学校の先生をやったのも冒険だったと思っています。大学に入りなおして免許を取りなおしましたから。現実では小説を書くことで、妄想の世界を昇華しています」。私は「これかも擬態を続けていくのでしょうか」と問うた。それに対して中崎さんは「それに関しては先のことなのでわかりませんが、そうかもしれません」と締めくくった。

以上で、民俗学、精神医学、文学研究をまたいだ学際的研究としての本稿を閉じる。読者が異人同士の対話に関するエスノグラフィーに関心を持ち、自分自身に「異人」を見る研究者が続いていただければ、異人論の分野にも新しい地平が開けていくだろう。私自身も、この分野をさらに探求していきたいと考える。

本研究では、既存のナラティヴ環境のうちでは随意に語ることが難しい人たちが、「異人同士の語りあいの場」という新たな環境を得ることで、随意な語りが可能になるということを示した。それは逆に言えば、通常のナラティヴ環境に備わったコミュニケーション空間の閉鎖性と排除性を可視化するということでもある。その意味で、本論文はナラティヴ・ポリティクスの実践にあたると言えよう。

【謝辞】本研究は科研費ＪＰ２３Ｋ００４６０の助成を受けている。

参考文献

赤坂憲雄　一九九二『異人論序説』筑摩書房。
内海健　二〇二〇『金閣を焼かなければならぬ―林養賢と三島由紀夫』河出書房新社。
小笠原賢二　二〇〇一「「幸福」という存在論―『美徳とよろめき』を中心に」松本徹、佐藤秀明、井上隆史（編）『三島由紀夫の時

代（三島由紀夫論集Ⅰ）』勉誠出版、二三九―二六〇頁。
黒澤亜里子　一九九七「親指Pとの対話―「優しい去勢」をめぐって」『群像』一九九七年五月号、二九二―三〇九頁。
紅野謙介　二〇〇〇「美徳のよろめき」松本徹、佐藤秀明、井上隆史（編）『三島由紀夫事典』勉誠出版、三〇三―三〇五頁。
斎藤美奈子　一九九四『妊娠小説』筑摩書房。
サヴァリーズ、ラルフ・ジェームズ　二〇二一『嗅ぐ文学、動く言葉、感じる読書―自閉症者と小説を読む』岩坂彰（訳）、みすず書房。
澁澤龍彦　一九九五『澁澤龍彦全集　別館2』河出書房新社。
中川成美　一九九九『語りかける記憶―文学とジェンダー・スタディーズ』小沢書店。
中元さおり　二〇一二「三島由紀夫「美徳のよろめき」論―〈よろめき〉ブームから読む」『広島大学大学院文学研究科論集』72号、九三―一一〇頁。
松浦理英子　一九九三『親指Pの修業時代』上下巻、河出書房新社。
――　一九九四『優しい去勢のために』筑摩書房。
三島由紀夫　二〇〇一『決定版　三島由紀夫全集　第六巻　長編小説六』新潮社。
村中直人　二〇二〇『ニューロダイバーシティの教科書―多様性尊重社会へのキーワード』金子書房。
矢川澄子／池田香代子／山下悦子　一九九七「没後10年・素顔の澁澤龍彦――架空の庭のおにいちゃん」『正論』一九九七年二月号、二三六―二五五頁。
横道誠　二〇二一a「ひとつの事態が多彩な真実を孕んでいるのかもしれません」、「発達界隈通信！」、『かんかん！』。（igs-kankan.com/article/2021/07/001333/）※公開修了
――　二〇二一b『みんな水の中―「発達障害」自助グループの文学研究者はどんな世界に棲んでいるか』医学書院。
レアージュ、ポーリーヌ　二〇〇九『完訳Oの物語』高遠弘美（訳）、学習研究社。
[APA] American Psychiatric Association（編）　2014『DSM-5　精神疾患の診断・統計マニュアル』、日本精神神経学会（日本語版用語監修）、高橋三郎／大野裕（監訳）、医学書院。
Jorre, John De St.　1994　"The Unmasking of O", *The New Yorker*, 1 August 1994, pp. 42-43.
Mandiargues, André Pieyre de.　1958　*Le Cadran lunaire*. Paris: Laffont.
Бахтин, М. М., *Собрание сочинений*. Т. 6 (Проблемы поэтики Достоевского", 1963: Работы 1960-х-1970-х гг). Редакторы тома, С.Г. Бочаров и Л.А. Гоготишвили. Москва (Русские словари / Языки славянской культуры), 2002.

第十四章　炭坑夫の「異人化」と「人間化」
――筑豊における炭鉱労働者をめぐる「寛容のナラティヴ」の考察――

川松あかり

一　はじめに：課題と目的

本稿は、異人をある場面で神聖視し歓待する「寛容のナラティヴ」に着想を得て、福岡県の旧産炭地筑豊で語られる、炭鉱労働者を理想的な人間として見出していくナラティヴの意義を考察するものである。

地下での過酷な肉体労働を要するものの、近代日本の基幹エネルギーの生産現場であった炭鉱は、労働力として各地から多種多様な人々を集めた。そうして形成された炭鉱町は、いわば互いに異なる多様な異人によって形成された町であったと言える。このような炭鉱の歴史に影響を受けて、筑豊では複雑に入り組んだ差別／被差別の構造が生み出された。よって、産炭地をめぐる社会関係を異人論の視角から理解するには、既存の地域共同体と異人としての炭鉱労働者の関係だけでなく、異人とされた炭鉱労働者内部の複層的な関係も読み解く必要がある。しかし、これまでの異人論では異人相互の関係は問題にされてこなかった。

筆者は、二〇一三年以来、筑豊をフィールドとして調査を行っている。筑豊の炭坑夫については、作家や運動家、学者らによって書き残されたものが数多くある。しかし、一〇年ほど筑豊に通っても、筆者は未だにそこに描かれているような炭坑夫―これを〝本当の〟炭坑夫とでも呼びたい―に直接出会えたことがないと感じている。もっとも、筑豊最後の炭鉱が閉山してから半世紀が経とうとしているのだから、当然のことではあろう。半世紀を経て何とか〝本当の〟炭坑夫にアクセスするのには、やみくもに旧産炭地となった筑豊に足を運ぶだけではだめだったのだ。

しかし、筆者が抱えるこの「〝本当の〟炭坑夫には出会えていない」という感触を「寛容のナラティヴ」という観点からとらえ直してみると、炭坑夫をめぐるナラティヴ・ポリティクスの一側面が見えてくるように思われる。「炭坑夫」という存在は、しばしば元炭坑夫自身によって他者として語られ、しかもその語りにおいてこそ、人間として最も尊い存在・理想的な人間として語られるのである。このような語り方は、並みの人間と見なされてこなかった炭坑夫の評価を反転させるものだ。文献上にも、フィールドワーク中に出会った人からも、このような語りは見出せた。筆者が出会えていないと感じる〝本当の〟炭坑夫とは、このようなある種の型を見出せるような語りの中に異人として登場させられる炭坑夫なのである。とはいえ、理想的な人間として位置づけられている個々の具体的な炭鉱労働者は、各語り手の経験と立場性に基づいて少しずつ異なっていた。そして、炭鉱労働者を理想の人間として語ることの効果も少しずつ異なっているように思われた。

このようなナラティヴの意義を考察するため、本稿では、戦後の炭鉱で働いた経験を持つ四名の人物が炭坑夫を他者として語るナラティヴを取り上げ、その類似するナラティヴの同型性と、そのナラティヴが果たすパフォーマティヴな効果の相違点を検討していく。民俗学・文化人類学的な異人論の掛け金は、人々が異人をただ現実に存在する他者と捉えるのではなく、その対象に想像上の、人にあらざる性質を見出す点にあるとされてきた。しかし、現実に生きた人間である他者が、どのような背景の下、どのようにして現実から離床した想像上の異人になっていくのかが、異人を語る個々の人々のナラティヴに即して具体的に検討されてきたわけではない。炭鉱閉山から約半世紀が経ち、現代の筑豊において炭鉱は「記憶」（成田 二〇二〇）の領域に入りつつある。他者としての炭坑夫を理想的な人間像を体現する人物として語るナラティヴが、それぞれの語りの場面で持つパフォーマティヴな効果の微妙な違いを検討することで、実在した人びとが「記憶」という現実から離床した存在になる過程を具体的に明らかにし得ると考える。他方、本稿はその異人化の過程が炭坑夫の人間化・復権としてこそ進行しているという相矛盾する事実も強調する。異人論の観点から消えた炭坑夫をめぐる現代の筑豊地域住民の語りを考察することで、将来的には、炭鉱と筑豊をめぐって形成されてきた複雑で重層的な差別のありようと、現在の筑豊全体を覆っている被差別的な意識を共に解きほぐし理解していくための手掛りが得られるのではないかと考えている。

二　分析の視点：「異人」としての炭坑夫

まず、これまでの異人論の議論に、二つのポイントで筑豊の炭鉱労働者の問題を接続しておきたい。

小松和彦は山泰幸との対談（小松・山 二〇一五）において、徹頭徹尾人間同士の関係論であるという他者論と異人論を区別し、異人論の掛け金は「人という認識と同時に人間にあらざるもの、まさに神が人間に化けているというものをちょっと含んだ、コスモロジカルな他者論」（小松・山 二〇一五：三〇四―三〇五）だという点にあると述べる。ここでまず思い起こされるのは、鉱山労働者にとっての「人間」と「人間にあらざるもの」の区別の切実さである。炭鉱における初期の労働運動の担い手を論じた社会学者の玉野和志は、足尾銅山で一九〇二年に結成された労働至誠会の活動方針を引用しながら、初期の労働運動に込められた願いを次のように解釈している。

労働者としての品位を保ち、ひとかどの人間として遇されることを仲間とともに求めるという願いである。実はこれこそが階級闘争や革命などよりも先に、労働運動に込められていた基本的な要求ではなかったか。この要求が踏みにじられたところに、日本の労働運動の悲劇があり、現在の混迷があるのではないか（玉野 二〇一八：一三七）。

ここに述べられる「ひとかどの人間として遇される」という願いは、筑豊の炭鉱労働者たちにとっても切実なものであったと想像される。筑豊には、「坑夫と馬車引きが喧嘩をして、人間が止めた」という言い回しさえ伝わる。地域において炭鉱労働者たちは、その現役時代、まさに「ひとかどの人間」―調査中特に筆者の耳に残った用語法を用いれば、「当たり前の」人間―ではないものとして、「非寛容のナラティヴ」に晒され排除される異人であった。

一方、現代の筑豊に生きる人々にとって、炭鉱労働者はもう一つ別の意味でも異人であると言えそうだ。それは、今日誰にとっても、炭坑夫とは記憶や歴史の中の、まさにナラティヴの中の存在でしかありえないという意味においてである。小松（一九九五）は、直接会ったことのない人々や異界に住む善／悪双方を含む「神」のような、「空間的にははるか彼方に存在しているために間接的にしか知らない、したがって想像のなかで関係を結んでいるにすぎない」（小松　一九九五：一七八）、共同体にとって観念・知識の中の存在である異人こそが、人類学的・民俗学的異人論の関心の要であるとも主張する。この意味で、過去に生きた人間は、人類学的・民俗学的異人論の対象として、ふさわしい。筑豊の炭坑夫の場合、炭鉱が閉山して炭鉱労働者が地域から去って行き、彼（女）らが記憶や歴史という想像・観念・知識上の存在になるにしたがって、次第に、かつて人間未満の異人として排除されたのとは反対に、炭坑夫を語るナラティヴは、今度は歓待されるべき異人としての炭坑夫像を生み出しつつあるように思われる。以下、本稿はこの炭鉱労働者をあくまで人間として語ろうとする中で生まれる、異人に対する「寛容のナラティヴ」の様態について論じていく。

三　近代筑豊炭鉱史の概略――炭鉱労働者の来訪と退去

個別のナラティヴの分析に先立って、本節では石炭産業を主産業とする近代の筑豊地域が、多くのよそ者、すなわち異人によって形成された地域であると言える歴史的経緯を概観する。

筑豊は、現在では福岡県を四つの広域圏に区分した際の一地区である。ただし、元々この地名は、明治時代に旧筑前四郡と豊前一郡に渡る炭田地帯を指して使われ始めた呼称である。したがって、筑豊はその名称の起源からして炭鉱と切っても切り離せない関係でつながっていると言える。

筑豊炭田が広がる遠賀川流域は、古来豊かな稲作地帯であった。いくつかの伝承が伝えるところによれば、筑豊で最初に石炭が発見されたのは、一五〇〇～一七〇〇年頃のことである。これらの伝承はいずれも、その地域の農夫や樵、旅僧、落武者が、焚火をしている最中に、周囲の石が燃え出し、偶然に石炭を発見したのだと伝えている（森崎 一九九六：六八―六九）。当初は農閑期を利用した地表近くでの採掘程度だったと考えられるが、元禄年間（一六八四―一七〇三）には、「賤民」による採掘の記録がみられるようになる（永末 一九八九：七八）[1]。製塩に石炭が用いられるようになると、福岡藩・小倉藩がその流通を統制するようになった。明治二（一八六九）年、鉱山解放令が出されて石炭採掘は自由化される。さらに、明治六（一八七三）年には日本坑法が制定され（筑豊石炭礦業史年表編纂委員会 一九七三：一九）、国家管理の下炭鉱開発の借区は激増した。この時期には、被差別部落近隣に坑口を設けて開坑される例が多かったという。地元の被差別部落住民たちは炭鉱開坑によって土地を奪われたうえ、炭鉱でも坑内地下水の排水や運搬といった低賃金の職種に回された。明治期以降、従来の身分制度は廃止されたにもかかわらず、筑豊では石炭産業の発展に伴い被差別部落数が増加する。また、初期の炭鉱では、筑豊では少数だったものの囚人労働も行われた。さらに、機械化以前の炭鉱は夫婦や親子、兄妹で坑内で働く形態が一般的であり、男性に劣らない肉体労働を担った女性たちも、男性中心の社会秩序にしたがわねばならなかった。

明治二〇年代になると、中央財閥、地場資本が炭鉱経営に乗り出し、これらの炭鉱企業では明治三〇年代に大竪坑が建設されて、採炭や運搬の機械化がすすめられた。この時代は「赤い煙突目指していけば、白いまんまが暴れ食い」とうたわれたほどで、継ぐ土地のない農家の次男三男が、数多く新天地を求めて筑豊に向かった。大阪地方職業紹介事務局による『筑豊炭山労働事情』（一九二六）を見ると、炭鉱労働者の出身地は、福岡県内に次いで、九州各県・四国・中国地方、鞍手郡の三菱新入炭鉱では朝鮮出身者も多い。前職の最多は坑夫だったが、二位は農業（小作人）であった。

第二次世界大戦中は石炭産業の国家統制が行われた。日本は一九二〇年代から朝鮮半島の労働者の炭鉱への受け入れを模索していたが（佐川 二〇二一）、一九三九年以降には国家的な動員が行われた。同年には、一九三三年に国際情勢を踏まえて禁止されていた女性の坑内労働も再び解禁される。一九三九～四五年の間の筑豊鉱山への朝鮮人徴用数は約一五万人に上るとされる。

戦後は、日本復興のためGHQにより傾斜生産方式による石炭優遇政策がとられ、衣食住を求めて、戦争で家や職を失った人や外地から引き揚げてきた人々が数多く炭鉱にやってきた。だが、一九四九年に石炭の国家統制は終わり、一九五〇年代に入ると筑豊の小炭鉱は不況に見舞われ、中小炭鉱から順に閉山の憂き目にあうことになった。

以上のような歴史概略を辿る筑豊炭田の特徴は、狭い範囲に中央資本・地場大手資本に加えて、中小様々な炭鉱（小ヤマ）がひしめき合っていた点にあるという（福岡県田川市総務部総合政策課編 二〇一〇：四）。当時近代産業の最先端だった大炭鉱の社員と零細炭鉱労働者では、その労働環境に雲泥の差があった。一方、産業構造の面から見れば、大炭鉱と小ヤマは「補充と寄生の関係」（正田 一九六〇：二三三）にあったという。筑豊では、優良鉱区を独占する大炭鉱の周りを、採掘権のみを借りる中小零細炭鉱が取り囲んだ。優良鉱区を得ている大手炭鉱は、筑豊ではさほど労働条件をよくしなくても労働者を得て利益を上げることができた。大炭鉱で傷病を抱え働けなくなった坑夫は中小零細炭鉱が引き受ける。こうして筑豊の炭鉱では、前近代的な労働・労務管理が温存されたのだという（正田 一九六〇、高橋編 一九六二：二四一―二七）。

一九五五年、石炭鉱業合理化臨時特別措置法が制定され、いわゆるスクラップ・アンド・ビルド政策が始まると、合理化が遅れていた筑豊ではもっぱら「スクラップ」が進んで深刻な不況に見舞われた。特に賃金未払いや遅配が起き、失業者への補償もなかった小ヤマの状況は悲惨だった。この時期の筑豊は「黒い飢餓の谷間」（上野 一九六〇：二四四）などとも称され、筑豊の失業地帯に対する暗いイメージが全国に広まる。一方、閉山に伴い広域就職斡旋や中卒者の集団就職なども行われ、地域人口は最盛期の半分ほどにまで減少していく（高橋 二〇〇二）。炭鉱が閉山すると、石炭産業史の過程で各地から筑豊にやってきた炭鉱労働者の多くは筑豊を去っていったのである。なお、最も苦境に置かれた人びとは、新しい職を得ることもできないまま地域内に留まった

（高橋　二〇〇二）。

四　炭鉱労働者をめぐる「非寛容のナラティヴ」

以上、炭鉱にかかわる人々同士の間には、大炭鉱と中小炭鉱の格差、会社内での「職員」と「鉱員」の処遇の違いなどの雇用形態や職種による格差、男女格差、朝鮮人や被差別部落出身者への差別といった、多様な格差・差別が生じた。そしてさらに、「炭鉱」なるものとそれにかかわる人々全体が、炭鉱以前から続く地域社会の側からは「よそ者」とみなされた。炭鉱労働者たちは地域内において「炭鉱太郎」、「炭坑者（たんこんもん）」などと呼ばれて侮蔑されたのである。明治・大正・昭和の閉山期まで筑豊の炭鉱労働者として働いた炭坑絵師の山本作兵衛は、明治時代の炭坑夫について「当時は（中略）坑夫をとらえてホリコ、スミドリまたはゲザイニン（下罪人）、イシヤマトウ（石山党）というていた。一般社会の人達から野蛮人視されていたのである。それは地下の作業をするからばかりではなく、すべての人とはいえないが、世の食潰し者や前科者の蝟集せしところとて、殺伐性にとんでいるからであって、ヤマの人といえばバクチ、サケノミ、ケンカ、これを必ず実演する無頼漢と決めて一般社会人からつまはじきを《ママ》されていたのである」（山本　一九七七：一六）と述べている。

前節に「坑夫と馬車引きが喧嘩をして人間が止めた」という一節を引用したが、炭坑夫を「人間」以下の「異人」とみなす「非寛容のナラティヴ」は、いたるところに記録されている。例えば、一八九八年に刊行された高野江基太郎による『筑豊炭礦誌』は、地の底に働く炭鉱労働者の様子を「若し夫れ始めて坑内に入れは襤褸僅に身を掩ひ（甚しきは裸躰となる）全身瓦斯に燻ほりて眞つ黒なるものヒョコ〳〵として飛び來る状殆と人間業とは受け取られす」（高野江　一九七五：七六）と記している。

さらに、「非寛容のナラティヴ」は、炭鉱労働者自身によっても語られた。「異人」視された炭鉱労働者たちが歴史を通じて生み出した精神性を論じた詩人・作家の森崎和江は、先に引用した山本作兵衛の著作『筑豊炭坑絵巻』（一九七七）に記された記述に目を止める。

大師伝説には坑夫たちの痛切な所感もともなって語り伝えられた。少年時代から坑内労働をしてこられた現在八一歳になられる福岡県田川市在住の山本作兵衛さんは『筑豊炭坑絵巻』に次のようにその一端を書きとめておられる。「今から千百余年前の昔、名僧空海は地下に宝物がある、将来これを掘出すであろうと予言した。又それを掘り出す者は此の世の余り者が掘り出すであろうと予言したと言う。流石は弘法大師だけあって、よくもよくも先見明瞭に確言、適中したものである」（中略）私にはこうした所感と表裏することなく大師伝説が流布したとは思えないものがある。そしてこれら新しい石炭発見伝説を生んだ人々の、言外の痛みを思う（森崎　一九九六：七一―七二）。

「この世の余り者」が石炭を掘り出すという弘法大師の予言を「よくもよくも先見明瞭に確言、的中した」という炭坑夫山本の自嘲的なセリフには、確かに坑夫たちの「言外の痛み」を感じ取れる。森崎と共に筑豊で炭鉱労働者の文化運動を先導した記録文学作家、上野英信は、このような坑夫たちの自嘲的・自虐的な自己認識を説明する際、坑夫たちが自らを「下罪人」と呼んでいたことを強調する（上野　一九六〇：七八―八〇、一九七二）。「ゲザイ」はもともと金属鉱山で山師・堀師を指す言葉だったらしく、「下罪」の字も当て字に過ぎないが、炭坑夫たちは「ゲザイ人とは罪を負うた人間のことである」（上野　一九七二：一〇）と主張するのだという。上野は、このイメージは明治時代に日本人の間で広がった炭鉱＝囚人労働というイメージと無関係ではなく、囚人労働の印象こそは「炭鉱は犯罪者の働く所という偏見が長らく世人を支配しつづけた」（上野　一九七二：一一）要因であるとする。しかし、上野は「良民」坑夫たちにとっても「囚徒」坑夫の印象は深刻であったが、「下罪人」意識は「囚徒」坑夫とは別物なのだと言う。ある老坑夫は上野に「お上の罰は解けることがあるが、親の罰は解けることがない」と語ったのだ（上野　一九七二：一二）。ここで上野が引用する「七つ八つからカンテラ下げて坑内さがるも親の罰」という有名な坑内唄も示す通り、炭坑夫たちにとって彼（女）ら自身とは、まさに親の代からの解き放たれ得ない因縁を背負った一般人に非ざる存在と認識されていた。

農家の次男三男が多数筑豊に来たことに示されているように、炭鉱社会は人々に既存の農村社会中心の秩序を離れた別の社会関係の中で生きていくことを可能にする場所でもあった。しかしそれは、炭鉱周辺の農村地域や故郷の親戚・知人から、まともな人間に非ざる者として軽蔑されることを引き受けて初めて可能になるものであった。炭鉱に生きた人々はこの意味で、真っ当な人間とはみなされない「非寛容のナラティヴ」に晒される異人だったのである。

五　炭鉱労働者をめぐる対抗的な「寛容のナラティヴ」の成立

それゆえにこそ、炭鉱労働者は既存の社会に対する「叛逆」（池田 二〇一二：一九）の象徴にもなり得た。サバルタンとして炭鉱労働者の表象を分析した奥村華子（二〇一七）は、下層労働者として負のイメージを付与されてきた炭鉱労働者たちが、プロレタリア文学においては荒々しく死を恐れない人々と捉えられ、「負のイメージが反転した死を伴う闘争を率いる前衛として」（奥村 二〇一七：三七二）描かれたと論じる。炭鉱が資本家や国家権力に対する叛逆と抵抗の象徴と見なされたのは、世界共通であると言えよう。筑豊は、戦後の日本で全国的に花開いたサークル文化運動史においても象徴的な場となった。一九五九年から六一年の間、評論家・詩人の谷川雁らによる『サークル村』という前衛的な文化運動が筑豊を拠点に展開したのである。こうしたプロレタリア運動や戦後の文化サークル運動の文脈では、炭鉱労働者を一般の人間と同等に見なさない「非寛容なナラティヴ」があったからこそ、既存権力に対する抵抗の主体としてこれらの人物を評価する、対抗的な「寛容のナラティヴ」が生み出されたのだと評価することができる。

ところが、第三節で論じた通り戦後の筑豊炭鉱史は長くはなかった。多くの炭鉱労働者たちは、新しい職を求めて筑豊を去って行った。筑豊は失業と貧困、犯罪と生活保護の町として、地域全体が新たな別の「非寛容のナラティィヴ」に晒される地域となった（Allen 1994）。炭鉱は地域の「負の遺産」などといわれるようになり、炭鉱閉山後の筑豊では「旧産炭地」のイメージからの脱却がめざされた。次節で取り上げる服部団次郎による炭坑夫の「復権」という理念は、こうした閉山期以降の地域課題に向きあう中で生み出されたものだ。

さらに、筆者がフィールドワークを始めた二〇一〇年代中ごろには、「近代化産業遺産」への関心が高まり、炭鉱にこれまでとは別様の関心が注がれるようにもなっていた[2]。炭鉱は日本の近代化を支えた重要産業であり、その歴史には光のみならず影もあったにもせよ、炭鉱労働者を日本の発展を支えた人物として肯定的に位置づけていこうというナラティヴが顕在化するようになった（有馬 二〇一四）。このように石炭産業の見直しが進む過程で積極的に聞き取られるようになった炭鉱労働者に関するナラティヴは、「旧産炭地」に注がれてきた「負の遺産」としてのイメージに対抗するという意味で、やはり対抗的な「寛容のナラティヴ」と位置づけることができよう。ただし、以下本稿で論じる「寛容のナラティヴ」と、この新しい「寛容のナラティヴ」は別様のものとして考え、そのうえで両者の連続性と断絶を問い直す立場をとりたい。

当然ながら、現在現役の炭鉱が存在しない筑豊に、現役の炭鉱労働者は一人もいない。今日語られる筑豊の炭鉱労働者とは、その語り手が誰であれ、過去の、歴史上の、あるいは記憶上の存在である。そして、おそらく二度と再び筑豊に現役の炭鉱労働者は現れないだろう。今日筑豊の炭坑夫とは記憶上・想像上・観念上の存在としてしかこの世にあり得ないのである。筆者の調査時には、筑豊にとどまった元炭鉱労働者たちもほとんど八〇代以上の高齢者となっていた。第七・八節では、筆者自身のフィールドワークで得られた元炭鉱労働者のナラティヴについて論じる。ここで注意したい点は、現在に至るまで筑豊地域に留まっており、さらに筆者のような外部から訪れた調査者に対して炭鉱時代を語る人びとは、基本的には地域内での再就職に成功した人や帰郷する場所が筑豊にあった人、及びその子どもたちであるという点である。それらの人々は、厳しい状況に置かれたことはあったにもせよ、閉山後この地域で新たな収入の糧を得ることができた、比較的余裕のあった人々であるとも言える。筆者は炭鉱労働者の中でも最底辺に位置づけられてきた人々からは直接話を聞けない立場にあるということ、とはいえ、上述のような人々が筆者に炭鉱労働者について語ってくださったということは、本稿の議論を位置付けるうえで重要である。

六　炭鉱労働経験者による炭坑夫をめぐる「寛容のナラティヴ」の分析
――上野英信と服部団次郎の場合

以上の議論を踏まえ、以下本稿で具体的に検討するのは、戦後になって炭鉱に来た炭鉱労働経験者が語る、炭坑夫についてのナラティヴである。ここではまず、閉山後の筑豊で地域活動の指導者としての役割を担った上野英信と服部団次郎という二名の人物を取り上げ、彼らが共通して引用するエピソードを通して、彼らが自分ではない炭坑夫を理想の人間として語ることを説明する。

上野英信（一九二三―八七）は、先にも触れた『サークル村』の中心人物の一人である。広島の被爆者である上野は、「広島の地獄を見、広島の地獄を生きた人間の一人として、私は終世、人間そのものとしての地獄を生きるよりほかに、地獄から逃れる途はないのだと思った」（上野　一九八五：二一）と語っている。この時、筑豊の炭鉱の光景を思い出して、京都大学を中退。一九四八年に筑豊の小ヤマに採用されたのを皮切りに、一九五三年に解雇されるまでの間、筑豊と長崎の計四坑で働いた。

上野は、炭鉱労働者を人間以下と見なす「非寛容のナラティヴ」に対して、炭坑夫こそが〝本当の〟人間であることを鮮烈な筆致で綴った。例えば、炭鉱を解雇されて間もない一九五四年に炭鉱労働者向けの作品として刊行された、えばなし『せんぷりせんじが笑つた！』で、上野は読者となるべき「ヤマのなかまたち」に向けて、いかに自分が彼ら「ヤマのなかまたち」によって「人間」に目覚めさせられたかを熱く語っている(3)。ある日、上野が坑内でけがをしてしまうと、上野の昇坑を許さない職制に彼の先山がくってかかって大げんかとなった。腹

を立てた先山は、上野を背負い、なんと歩いて昇坑してくれたという。上野はこのエピソードを紹介しながら、

ああ、病院……それはあのとおい坑外にあるのではなくて、このふかい海の底をあえぎあえぎのぼってゆくわかい先山の背にあるのでした。二十二才のこのわかものの背で、どんなにお金をつんでもはいれないほどりっぱな病院にはいっているのでした。そこでぼくのプチブル性の皮がはがれ、個人主義のくさったほねがけずりとられてゆくのでした。人間の美しさをみることのできるほんとの目が、海の底のくらやみの坑道でひらかれてゆくのでした（上野・千田　一九五五：一三）

と語る。そうして、

はたらくなかまたちは、つまりどんな金もちよりも、えらい学者よりも、生きるということのとおとさをしっており、人間というものが美しい大切なものであることをしっているからだということにきづきました。あのふかい愛情も、ゆたかな人間性も、なにものも恐れないあのお〻しいたたかいの力も、すべてがそこから泉のようにつきることなくわきでるのであることにきづきました（中略）ぼくのあたまもこころも、みんなの愛情にいだかれたぬくもりのなかで、あたらしい思想と感情が芽ばえようとしていきました（上野・千田　一九五五：一五）。

と語る。

上野は、人間として生きたままに地獄を生きるため、という発想で目指した炭鉱に、人間の本当の美しさを知った、美しい人間がいることに気が付いてしまった。上野の語りにおいては、上野自身もそこに含まれる、プチブル性や学者や金持ちといった様々な既存の枠組みの殻に閉じこもっている人間に対して、最底辺として見下

されてきた炭坑夫こそが尊く美しい人間であるとして、既存の価値観は反転されるのである。上野は後に筑豊鞍手町の廃坑部落の一角に居を構え、生涯を筑豊の炭坑夫と共にしようとした。

上野が書き残し、今日も地元で語り継がれているエピソードはいくつもあるが、この中に「一番たいせつなお客さん」と呼ばれるエピソードがある。「あるたくましい労働者」が、上野を訪ねてきて語ったものだという（上野 一九六七：三四—三六）。語り手は炭鉱に隣り合う農村に生まれるが、犯罪を犯し村では生きられなくなった末、炭鉱労働者となる。農村出身の彼にとってこれは屈辱の極みであり、「俺はきさまたちのようなタンコタレではないぞ、という意識だけが、かろうじて彼の屈辱感をまぎらわせてくれた」という。しかし、その価値観が反転する日が来る。昨日来たばかりの身元不明の坑夫が落盤事故で死んでしまったときのことである。

誰か身内の引取り人をさがしだすまで、遺体を安置しておかなければならぬ。蒲団がのべられようとするとき、その家のあるじがとがめた。その蒲団ではない。一番いいのを出せ。みなはためらった。どこの馬の骨かもしれない渡り坑夫の、それもぐしゃぐしゃにつぶれた、血まみれ炭塵まみれの死体である。破れ蒲団でも勿体ないくらいだ、と彼も思った。すると、あるじは声を大きくして叱った。なにをぐずぐずしておるか。いいか、一番たいせつなお客さんだぞ。俺たち炭鉱の人間にとって、これ以上たいせつなお客さんはいないんだぞ。がたがたいわずに、はやく一番いい蒲団を出すんだ！　彼はその声で目がさめた。ちがう世界が突然彼のまえにひらけた。とっておきの客蒲団に「一番たいせつなお客さん」として眠る、どこの誰かもわからない、つぶれて血まみれの坑夫のまえに手をあわせながら、彼は死ぬまでこの世界から去るまいと決心をした（上野 一九六七：三四—三五）

彼は救助の際に三輪車についた血を「俺の腐った性根を洗いきよめてくれた血ばい」と言い、洗わないままにしておいたとも、上野は書いている。上野自身の体験談ではないが、『せんぷりせんじが笑つた！』に上野が綴った語りと同様、社会の凝り固まった価値観を内面化した者が炭鉱労働者となり、先輩坑夫の言動に触れて価値観が大転換して、自分の堕落した精神を叩き直してくれる先覚者として炭坑夫が位置付けられるのである。上野はこのエピソードを、炭坑夫の「絶体絶命の『死の連帯』感覚」（上野 一九六七：三六）として説明している。

さて、「一番たいせつなお客さん」は、隣町の牧師である服部団次郎も、語り手当人から聞き取ったとして書き残している（服部 二〇〇四：一一一―一一二）。上野が「若いたくましい労働者」から聞いたというのに対し、服部は「古老の方から聞いた、若い時の思い出話」（服部 一九七九：一一九）だとしている。既に過去のものとなった炭鉱時代の思い出話としてこのエピソードを聞いた服部は、「この話の中に差別者と被差別者の間にある断層を連帯に、反発を共感にまで昇華する創造的行為の秘密があるということに気付かしめられ」（服部 一九七九：一一九）炭鉱犠牲者「復権の塔」という慰霊塔建立運動の理念として語り直していく。

服部団次郎（一九〇三―一九八九）は、島根県生まれのキリスト教徒である。東京神学社神学校を卒業後、一九三三年に那覇教会に就任、沖縄で初めての国立ハンセン病療養所の建設などに尽力し、一九四四年に九州疎開の沖縄県引率者となって島根県に戻る。敗戦後、沖縄の玉砕を思って「沖縄の人々との苦難に連帯するという、そこから逃避してはならない」（服部 一九七九：七九）という思いにかられ、筑豊の炭坑夫になることを決心。宮田町の地場大手資本貝島炭鉱の鉱員として採用され、坑内労働者として働いた。その後、当時町内に一つもなかった幼児保育所の設立を担うことになり、一九五〇年からは炭鉱の保育所で働く。炭鉱閉山後も宮田町で教会と保育所を営み続けた服部は、鞍手町・宮田町の元炭鉱労働者たちと小さなグループを作り、失業者の生きていく術を模索するが、結局大半のメンバーが生活保護に依存することになってしまう（服部 一九七九：一二二）。このような中で、「坑内で死んだ友、傷つき倒れた仲間の者達のその生涯を通じての不幸」（服部 一九七九：一二二―一二三）が思い起こされた服部は、自分たちがこの世を去った後もこうした仲間たちが忘れられないようにと、炭鉱犠牲者慰霊碑の建立運動を始めたという。

服部と共に炭鉱犠牲者慰霊碑建立の発起人となったN氏は、自身が圧制炭鉱で被った酷い経験を語り(4)、親の代から「私達炭鉱の労働者は人権をうばわれ、法によって守られていな」（服部 一九七九：一二八）かったと訴えて、この塔を単なる「記念塔」ではなく、どうしても「復権の塔」としてほしいと訴えた。N氏の思いに添わねばならないと考えた服部らは、一〇年以上の運動の末、一九八二年に炭鉱犠牲者復権の塔を完成させる。服部やN氏ら塔の発起人たちは、炭鉱労働者への「非寛容」の歴史を深く自覚し、そのうえで、（炭鉱会社等からの資金援助を得られなくなることを覚悟のうえで）「復権」を慰霊碑の名称として掲げたのである。

そして服部は、「復権の塔」の理念を説明する際に、「一番たいせつなお客さん」を「復権」の理念を体現するナラティヴとして物語ることで、炭坑夫の生きた「炭住社会の隣りづきあいの愛情のこまやかさ」にこそ、「外のどこの社会にも見出すことのできないような『本もの』があった」（服部 一九七九：一一九）ことを示そうとしたのであった。「復権の塔」とその理念は、その後一九九八年に刊行された福岡県人権同和教育副読本『かがやき』中学校用に教材の一つとして掲載され、ここにも「一番たいせつなお客さん」のエピソードが書き込まれた。「一番たいせつなお客さん」は現在に至るまで筑豊地域の人権教育活動に関わる教員の中で、炭坑夫について物語る典型的なナラティヴとして語り継がれるようになっている[5]のである。

以上、上野と服部の生い立ちとその後の足取りを概観してきたが、両者にはいくつもの共通点が見られる。二人は共に学歴の高い知識人階層の人間であったが、第二次世界大戦で多数の犠牲者を出した現場とのつながりを実感し、そこから逃れられないと考える中で、共に一見何のつながりもない炭鉱で働くことを決意する。それは、彼らが炭鉱に行く以前から、炭鉱は「人間」以下の者が行くところであるという「非寛容のナラティヴ」を内面化しており、自分も生きながらにしてこの世ならぬ場所で生きなければならないと考えたからであろう。しかし、上野はこの世の地獄の炭鉱で、けが人や死者を何よりも大切にする絶体絶命の「死の連帯」を自覚して生きる炭鉱労働者に出会い、彼らこそは本当に美しい人間であると気が付き、炭鉱においてこそ自分も本当の人間として生きていく道をつかみ得るのだと考えるようになる。服部は、閉山後の筑豊で「復権の塔」の建立を目指す中で、元炭鉱労働者の古老から聞いた「一番たいせつなお客さん」の話に感動し、それを自らの理念として塔建設に余生を注ぐことになる。元々社会的に炭坑夫とは程遠い高い位置にいたはずの彼らは、敢えて炭坑夫の中に下がっていくことで価値感が反転してしまい、炭坑夫こそあるべき本当の人間だと感じて、それらの人々と連帯し共に生きようとした。そして、その生きざまを貫いたのである。

ただし、ここで語られる理想の人間像を体現する炭坑夫は、意地の悪い見方をすれば、それでも依然として語り手にとって他者である。上野の息子が指摘するように、少なくとも上野の場合、このことは深刻に自覚されていたと思われる。上野自身がどんなに小ヤマの一坑夫の位置に立とうと廃鉱部落の中に暮らしても、彼は最後まで「近所のおいちゃん」にはれず、近所の人たちにとっては「先生」でしかありえなかった（上野朱　二〇〇〇：一六六）。上野の文学や「一番たいせつなお客さん」という「寛容のナラティヴ」は、〝本当の〟炭坑夫になりきれない人物たちによってこそ見いだされた炭坑夫に理想の人間像を見出す語りであり、語られた〝本当の〟炭坑夫自身が具体性を持った個人として語り手の座に顔を表すことはないのである。

七　消えた炭鉱労働者をめぐる「寛容のナラティヴ」とその「異人化」の機能
――大手炭鉱採炭夫・しょうちゃんの場合

前節では、炭鉱労働経験も持ちつつ、筑豊で思想家としても指導的な役割を果たしたやや特殊な人物を取り上げてきた。しかし、これと近似する型を持つ語りぶりは、上野や服部とは全く異なる思想を持つであろう、別の炭鉱労働者の語りにも見出せる。本節では、筆者が偶然話を聞くに至った大手炭鉱の元採炭夫・しょうちゃんの語りから、炭坑夫への「寛容のナラティヴ」が伝えるメッセージの二面性を検討する。

しょうちゃん（一九二七～二〇二四）は、空襲で東京の職場と家を失い、戦後筑豊に職を求めて移り住んで、炭鉱閉山まで二〇年にわたり大手炭鉱の採炭夫として働いた人物である。筑豊出身の女性と結婚し、炭鉱閉山後も故郷に帰らずに福岡県内で再就職先を見つけ、二〇二四年に九七歳で亡くなるまで筑豊に暮らし続けた。たまたま筆者の調査の様子がテレビに映ったのを見たしょうちゃんが手紙をくださったことから、二〇一七年に交流が始まった。話を聞きに行ってみると、しょうちゃんの語りは、自分は炭鉱は嫌いで、これまで炭鉱のことは話したこともないというところから始まった。以下は、それから二年以上経った二〇一九年九月二五日にしょうちゃんから届いたワープロ打ちの資料からの引用である。

「どうして九州（炭鉱）へ行ったの？」
この質問に答えるのは難しい、昭和二〇年八月戦争が終わる前後の様子を知らないと理解できないし当時には戻れないからである。「どうして九州なんかに行ってしまうのか」と一一月二一日東京を離れる二日前、ハガキをみて駆けつけてきた神奈川の庄吉叔父が最初に口からでた言葉である。父は一言「仕方がないだろう」と言った。この言葉のなかにあらゆる意味が含まれていたと思う。晩年文子叔母が[6]「しょうさんどうして九州なんかに行ってしまったの、東京にいてくれたら良かったのに」と、私も父の言葉をくりかえした。九州に行くと言うことこれは当時父が考えた最善の方法だったと思うし他にどんな方法があっただろうか。

親戚から反対されながら、嫌でも炭鉱を目指すより他になかったというしょうちゃんは、後には「炭坑者《たんこんもん》」としていじめられたともいう。だから「炭鉱は嫌い」なのである。

その区域は炭坑で働き全てを賄う生活の場なのにそれを外部の人たちが「炭坑もん」と言う言葉で評価するわけです。これは消えたようですがいまだ通用する言葉で昇坑時の姿を「汚れ腐った姿」と表現した人もいました。（二〇一九／一〇／一五　筆者宛ての手紙より）

周辺の商店も農家も炭鉱労働者を商売相手として生活を賄ってきたというのに、それらの人々は炭鉱労働者を低く評価していたという。このように地域社会は炭鉱を見下げ続けてきたのにも関わらず、最近になって突然「遺産」だなどといってもてはやす風潮が広がっている。だから、「近代化産業遺産」としての価値づけなどと共に現れてきた新しい「寛容のナラティヴ」は受け入れがたいというのが、しょうちゃんの主張であった。

ところが、しょうちゃんのもとに繰り返し通って話を聞くうちに、その語りに変化が起きた。以下は、二〇一八年二月、筆者が三回目にしょうちゃんを訪れた際の会話である。戦後に炭鉱に入ったしょうちゃんの先山は、戦前から炭鉱で働いていた比較的年寄りの坑夫たちであった。筆者が炭鉱で面白い話はなかったかと質問し、これにこたえていくつかエピソードを話しているうちに、しょうちゃんはふと次のように語りだした。それまで炭鉱は嫌いだ、いじめられた、と言っていたのとは正反対であった。(7)

—うちはね、あのやめた先山たちね。もう一回〔一緒に〕仕事したいねぇ。

＊本当ですか⁉　へえー。

—うん。やっぱしねえ、素朴でねえ、あの、エッチな話が好きでねえ、のみゃ踊るしね（笑）、やっぱしねえ、あの人たちはいい人やったねー、炭鉱の人は。

続けてしょうちゃんが話したところによると、彼の先山は、四国・宮崎・鹿児島の農家の次男三男のような人々だった。なお、後日聞いた話によれば、この先山たちは一九五三年の合理化の際、希望退職者として田舎に帰ってしまった人たちが多かったという。しょうちゃんは、先山たちが空き地があればお茶を植えたり、山から採ってきたものを漬物にして分けてくれたりしたと語り、彼らを「人間がいいねえー」と評価した。一方、却って炭鉱に後から来た人は「えばっちょったな」とのこと。「おれはこんな炭鉱に来る男やねえんやけど、昔はいろいろしちょったけ」などという態度が見られたという。そのような思い出話をしながら、もう一度しょうちゃんは言った。

—あーやっぱもう一回したい！　ほんと仕事を。
＊へえー、それはすごいですねえ！
—すごいよ、ほんと！
＊仕事はだってきつかったんじゃないんですか。
—きつかったけどね、もうあの人たちならしたいね（笑）。も一回。危ない目に遭うても。うん。それは忘れられないんだ、やっぱあ。例えばうちが捻挫した時に、しょうちゃんおれんとこに来い、帰りに寄れっちゅうけ、「はい」っちゅって寄ったら、すぐにあのー、焼酎に、卵の白身をまぜてね、包帯にしてこう巻いて。そしたら治ったもんねえ。やっぱしねえ、すごいなあー。うーん、面白いとも面白い。

こうしてしょうちゃんは、さらに、先山たちの様々な面白いエピソードを語ってくれた。

さて、この日を契機に、しょうちゃんは筆者に対して理想的な人間として先山を語りだした。二〇一八年一一月、筆者が「人権教育研修会」の講師の依頼を受けたため、この場でしょうちゃんから聞いた話をしてもよいかと尋ねたところ、しょうちゃんはその前日、わずかの時間筆者を呼んで録音機を回させると、次のように話した。

うちも、東京から、炭鉱に来て、いろいろ一八からね、一二月三日やけね、七三年前の。採炭で働いて、先山達の〔後に〕入ったわけ。で採炭しか知らんわけ、閉山まで。そで炭鉱を辞めて初めて「炭坑者《もん》」っちゅうのを—あんたはもう言わんでも知っちょうけど—なったわけやろ？(8)　そしたら「炭坑者《もん》」っていうのはどんな人かっていうと。（中略）面白いんだ。スケベでね、面白くてね。あっけらかんとしてね。作兵衛さんの絵の通り、そで芝居げがあってね。うん。「俺が」って芝居げがあった。そういう人たちと付き合って。で、閉山になる前に全部やめちょろ？　やっぱ年齢的にそうなっちょう。だからうちが言いたいとは、東京から来て習慣や言葉の違う九州の炭鉱の、坑内に入って。怒られたり、可愛がられたり、そういうことが、未だに忘れられないから、うちは、「しょうちゃんも立派な先山になったんじゃないね」って言われたらうちは勲章もらうよりうれしいばい？　うん。だからね、そういうことを強調したらいい。

人権研修会で語られることを意識して筆者に贈られたこのしょうちゃんのメッセージは、とりわけよく完成された炭坑夫をめぐる「寛容のナラティヴ」である。このナラティヴも、上野の文学や「一番たいせつなお客さん」と同じ展開で炭坑夫への否定的な価値づけを反転し、「炭坑者」と言って見下げられた人達は、本当は誰よりも良い人間だったのだと主張する。だから、「しょうちゃんも立派な先山になったんやないね」と評価されることは、公に誉れの高い「勲章」をもらうよりもずっと嬉しいというのである。

ただ、この語りにおいても、〝本当の〟炭坑夫たる「先山」は、語り手である元炭鉱労働者のしょうちゃん自身ではない。「しょうちゃんも立派な先山になったね」と言われたら嬉しいと話すしょうちゃんは、自分は「先山」とは違う存在だということも筆者に伝えている。別の日には、以下のようにこのことを明確に語っている。

それ〔最近の近代化産業遺産としての炭鉱ブーム〕に便乗して、いろんなもんが、俺も〔炭鉱に〕おった、俺もおったっちゅう、そういう区別が難しいとたいね。だから、一番大事なことは、戦争が終わる前におった先山たち、どんな人がおったか。戦争終わってから、いろいろ、満州から引き揚げた人。ね。集団帰農から、ケツわった人。(9)そっからうちみたいに、東京で戦災受けて住むとこない、会社潰れた。炭鉱にいかなつまらんとこで、自然に見知らぬとこで炭鉱に来た。そういう人たちが戦後つくった炭鉱っていうことを、やっぱ区別してもらわんとね。

閉山後炭鉱労働者だったことで様々な差別にもあってきたしょうちゃんは、自身も「炭坑者」と名指される立場にいたことを意識している。一方、戦後の時代背景の中でやむなくやってきた労働者たちは〝本当の〟炭坑夫とは違うと主張する。しょうちゃんも戦後にやってきた炭鉱労働者の一員なわけだが、しょうちゃんにとっては、戦前からいていち早く炭鉱を去ってしまった「先山」こそ、素朴で、面白く、やさしい純朴な、理想の人間なのであった。しょうちゃんは、〝本当の〟坑夫に自分は一生なれない―あるいは、自分は〝本当の〟「炭坑者」とは違うと主張したい部分もあるかもしれない―という認識のもと、自分より先に消えてしまった炭鉱労働者という他者について「寛容のナラティヴ」を語るのである。

八　消えた炭鉱労働者をめぐる「非寛容のナラティヴ」と炭坑夫への共同意識
――中小炭鉱労働者・立石さんの場合

最後に、ここまで取り上げてきた自分ではない炭坑夫をこそ理想的な人間として語る「寛容のナラティヴ」との比較材料として、小ヤマの坑内夫・立石徳昭さん（一九二九―二〇一八）のナラティヴを紹介しておきたい。父が戦死した立石さんは、一年間のシベリア抑留から帰ってきた後、家族の生活を支えるために鞍手町の中小炭鉱で、閉山期まで一〇年以上働いた。次の語りは、二〇一六年一二月、地元の教員が教材づくりの過程で立石さんに炭鉱労働経験に関する聞き取りを行った際、同席の許可を得て録音したものである。この日、「恐ろしい事故等もあったのになぜ炭鉱を辞めなかったのか」という教員たちの問いかけに、そのライフヒストリー全体を語りながら答えようとしていた立石さんは、話を進める中で、同僚の坑夫達について、次のように述べた。

　生活が先やらゆうとね、私今でも考えるんだけどもね…あの坑夫たちは何を考えて…そのー、仕事しよったんやろかなあーと思うね。

それを知りたいのだと問い返す教員たちに、立石さんは次のようなエピソードを語った。

私がね、坑内夫で一〇年何ぼ働いちょんやけどよ。死んだのは私一人が見たわけやない。みんな見ちょんやからね、助けにも行っとん。助けてくれーって言いながら亡くなったのはなんぼでもおるんやけどよ。そんなんして救助に行っちょってよ。帰ったらよ。地下足袋脱ぐ暇もないでごそごそごそ家を這うていって、水屋の中に入っちょる焼酎を…ほほほ（笑）、こう、入れてよ、座って飲みー（笑）。ちょっとやっぱ（笑）、理解に苦しむと言えば理解に苦しむ（笑）。なあ？　理解に、くふふ（笑）、苦しむ、苦しむですよなあ。（中略）はは（笑）、この人たちは一体何を考えちょるんかなと思って。私は酒飲まんきなあ。そで、そのあくる日にね、そのおじさんにね、「なんとかさんよー」っち、「あんた、焼酎飲むんやったらね、地下足袋でも脱いでよ、風呂から上がって、ゆったり飲んだら良かろうごとあるやない、地下足袋脱ぐ暇もねえな？」って言ったら、「ああーそこがいいとこや」っちゅうわけよね。まるっきりやっぱ、常識外れとうっち言やあ失礼やけどね、わからんのよ、わしも。ホントのところ。でこの人たちもわしとおんなじでよ、今日は人の身明日は我が身と思っちょる。

立石さんは「わしは酒飲まんから」と言いながら、その日に坑内で仲間を亡くしながら、昇降後、地下足袋を脱ぐ暇もなく真っ黒なまま水屋で焼酎を飲む坑夫がいたのだと話す。この坑夫について、立石さんは「くふふ」と言葉を詰まらせ吹き出し笑いをしながら「理解に苦しむ」と言い、何の共感も示さない。立石さんが語る自分より年配の炭坑夫からは、しょうちゃんが語る良い人間としての先山に比べて、はるかに殺伐とした印象を受ける。一方、この語りからは、年配坑夫への立石さんの痛切とでもいうべき共同意識も感じられる。立石さんは最後に、そんな年配坑夫も自分も一方では「おんなじで」、坑内事故で死んだ炭坑夫の身の上を「今日は人の身明日は我が身」と思っていたと言うのだ。酒飲み坑夫のことを笑い話として語った立石さんは、さらに語り続けるうちには、感情を高ぶらせながら、炭鉱社宅（炭住）の人びとの温かさについて力説する場面もあった。

立石さんだけではなくしょうちゃんの語りにも見られる、先輩炭坑夫を面白がり笑いながらその珍エピソードを話す語り方は、炭鉱に関係のない今日の我々からすると「非寛容のナラティヴ」と捉えられよう。しかし、実のところこのナラティヴは、バカにしたような非寛容な形式でこそ語られる、同じ炭坑夫としての共同意識を反映するナラティヴなのではないだろうか。

九　炭坑夫をめぐる「寛容のナラティヴ」における「人間」化と「異人」化の交錯

以上、筑豊における炭鉱労働者をめぐる「寛容のナラティヴ」について、戦後それぞれに異なる事情を抱えながら炭鉱労働者となった四名の人物の語りを例に論じてきた。炭坑夫は、その歴史上外部の人々から異人視され続けてきた。忌避される存在でありながら近代に不可欠なエネルギー産業でもあった炭鉱は、各地から多様な人々を集めた。そして、彼（女）らを「非寛容のナラティヴ」のもとに捉える認識は、戦後日本の石炭優遇政策下で新たに炭鉱労働者となった人々にも、炭鉱に来る前から内面化されていた。

記録文学作家の上野英信やキリスト教伝道者であった服部団次郎は、人間扱いされない底辺の人々が働く場の象徴と捉えていたからこそ、敢えて炭鉱を目指した。ところが、上野が熱い筆致で描き残したように、彼らは、死者の近くに生きる炭坑夫こそが誰よりも人間の尊さや美しさを知っており、「本もの」の人のつながりを知っていること、炭坑夫こそが彼らが連帯し人生を共にすべき理想の人間であるということを知らしめられる。それまで内面化されてきた炭坑夫への「非寛容のナラティヴ」をすっかり反転させてしまう力強い対抗的なナラティヴを、上野と服部はつかみ取るのである。その典型として両者が書き残し、今日の筑豊でも語り継がれているエピソードが、農家出身の炭坑夫が語った「一番たいせつなお客さん」だった。

上野や服部、「一番たいせつなお客さん」の語り手にとって、語りの中に出てくる炭坑夫との出会いは、実際に自身の差別意識やエリート意識をひっくり返してしまうほど衝撃的であったに違いない。彼らの人間観の変革の意義は、疑いようもない。ただし、炭坑夫こそが尊く、美しく、連帯していくべき理想の人間だという気づきを熱く語れば語るほど、逆説的に語り手は、自分自身は〝本当の〟炭坑夫とは別様の存在であることを暴露することになる。彼らの「寛容のナラティヴ」はそのような語りの副次的な効果も生み出すのである。

「一番たいせつなお客さん」と近似する型を持つ炭坑夫をめぐる「寛容のナラティヴ」は、戦後閉山までの二〇年間を大炭鉱の採炭夫として働いたしょうちゃんの語りにも見出せる。しょうちゃんと筆者の対話の過程から、既に半世紀以上前の記憶の存在となった自分自身の炭鉱時代が、他の炭坑夫に関する「寛容のナラティヴ」として語り出される一つの具体的な局面を窺うことができる。特に炭鉱閉山後の就職先で「炭坑者」と言われいじめられた経験を持つしょうちゃんは、ここ一〇年ほどの間にプレゼンスを高めてきた新しい「寛容のナラティヴ」を、ただ流行に便乗する嘘さえ混じった語りとして警戒していた。その中でしょうちゃんが実体験から文句なく「寛容のナラティヴ」として語ることのできた炭坑夫こそは、しょうちゃんに良い思い出を残している先山であった。しょうちゃんは戦前から炭鉱にいた先山達こそが、本当の炭鉱の人だと語る。しょうちゃんが再就職先で「炭坑者」と言っていじめられたことを思い起こせば、戦後外部からやってきたしょうちゃんに分け隔てなく親切に接してくれた先山たちともう一度一緒に働きたい、立派な先山になりたいとしょうちゃんが語ることに、それほど誇張はないと思われる。しかし、先山たちは炭鉱の合理化によっていち早く炭鉱を去ってしまい、しょうちゃんがその人たちと同じ立場に立つチャンスは永遠になくなった。しょうちゃんは実際、戦前から炭鉱にいた先山たち本当の炭坑夫と、自分たち戦後の炭坑夫を別物として区別する必要性を、筆者に明確に説いている。

すなわち、上野や、服部や、農家出身坑夫やしょうちゃんの語りの中で理想の人間として語られる〝本当の〟炭坑夫は、その語り手が自分もそんな風になりたい（＝よって、現在はなれていない）理想的な人間性を持つとされるがゆえに、改めて「異人」化されるのである。しかも、実は彼らの語りに見られる理想的な人間としての〝本物の〟炭坑夫は、長い間「非寛容のナラティヴ」において語られてきた典型的な炭坑夫イメージにも一致している。上野をおぶって坑外に連れ出してくれた先山は上司に食って掛かって喧嘩したうえ、指示に従わないで徒歩で坑外に上がってしまうほど荒々しくけんかっ早いし、しょうちゃんが語る先山はスケベで面白く、やはりけんかっ早かったという。

一方、小ヤマの労働者だった立石さんのような、底辺を生きる人々としてイメージされる〝本当の〟炭坑夫により近い立場にある人の語りほど、典型的な炭坑夫像と自分を区別しようとする「他者」としての意識が、語りの中でより前面に立ち現れてくる。立石さんは真っ黒なまま焼酎を飲む坑夫を「理解に苦しむ」、「非常識」であるとさえ言っている。にもかかわらず、立石さんの語りには「今日は人の身明日は我が身」としてその坑夫に共鳴していく切実な共同意識も、同時にうかがえるのである。

十　おわりに――人間としての復権と異人化のはざまで

本稿では、異人論の観点から、戦後の炭鉱労働経験者が自分以外の炭坑夫を理想的な人間として語る「寛容のナラティヴ」の意義を考察してきた。戦後になって炭鉱に入ってきた彼らは、炭坑夫を異人視して侮蔑する一般社会における「非寛容のナラティヴ」を内面化してから筑豊にやってきていた。そして、だからこそその異人たちにこそ〝本当の〟人間の尊さや美しさ、「本もの」のつながりや人間らしさを見出し、自身の炭坑夫のイメージが反転されることで、既存の「非寛容のナラティヴ」に対抗する力強い「寛容のナラティヴ」を生み出していた。しかしこの語りはその語りの副産物として、語り手自身は炭鉱労働者になってもなお、未だに〝本当の〟炭坑夫になりきれていないということ、すなわち、語られる〝本当の〟炭坑夫をやはり自分とは異質の他者と見なしているということも伝えていた。

さらに、炭鉱閉山から約半世紀が経過した今日の筑豊において、かつて実際に地域共同体の外から職を求めてやってきて、人間扱いされずに地域共同体から排除された異人としての炭鉱労働者は、歴史と記憶の中の存在になっている。このような中で、例えば学校教育や人権運動を行う人々の中で「一番たいせつなお客さん」のような「寛容のナラティヴ」が語り継がれることで、今日、炭鉱労働者は現実から離床したナラティヴ上の、すなわち想像上の異人として立ち上がりつつあるように思われる。炭坑夫に関する「寛容のナラティヴ」を語るほど、〝本当の〟炭坑夫はますます私たちから遠ざかっていく。なぜなら、それらの炭坑夫たちは、その「寛容のナラティヴ」の成立時から、他者として語られた存在だったからである。そのように考えるとき、上野や農村出身坑夫、そしてしょうちゃんが、炭坑夫の一員となった自分自身が内面化してきた炭坑夫への「非寛容のナラティヴ」を反転させる強烈な実体験を伴って語りだしたこの「寛容のナラティヴ」を、「非寛容のナラティヴ」への実感がない人々が語り継いでいくことには、危うさがあるように思われる。

しかし、それでも本稿は、筑豊の住民による「寛容のナラティヴ」の限界を批判することを意図しはしない。むしろこれら炭坑夫への「寛容のナラティヴ」は、今日の筑豊においても重要な意義を持つことを主張したい。それは、一つには、復権の塔だけでなく、炭鉱犠牲者を供養・慰霊する様々な場で活動する筑豊の地域住民は、自分たちも産炭地筑豊に歴史的に形成されてきた複雑な差別構造の中で、地域に生きるある種の人々を異人視し、差別してきたのではないかと問い続ける中でこそ、炭坑夫を理想の人間像として反転するナラティヴを生み出した上野や服部の理念に共鳴してきたからである。「一番たいせつなお客さん」の語り手である農村出身坑夫に顕著にみられるように、炭坑夫を理想的な人間と位置付ける「寛容のナラティヴ」を語った人々は、実は自分自身が炭坑夫を差別してきたのだということへの深い自覚と反省があり、そして、語っている時点でもまだ差別者としての自分の認識を組み替えていく必要があると感じているからこそ、同じナラティヴを繰り返し語るのだと考えられる。私たちはおそらく、自分たちが見下し侮蔑してきた他者のほうが自分よりもずっと人間らしい人びとである、という気付きに現実に直面してこそ、本気で差別者の側にある自分を問い直し、本気で異人であったはずの被差別者の側に共に位置したいと願う。自分たちも、炭鉱でより底辺に置かれ、より死の近くに置かれた人たちを排除した側ではなかったかと繰り返し問いかけながら、それらの人々の生きざまにこそ本来の理想の人間を見、不可能であるがゆえにこそそれらの人々と同じ位置に立とうとして生きる人々は、「人はみな異人」（小松一九九五：一九七）なる時代を先取りしているとさえ言い得るのではないか。

また、もう一つには、今日特に学校教育現場で炭鉱労働者への「寛容のナラティヴ」が語り継がれるのは、教師たちが、筑豊の児童・生徒たちが筑豊に生まれ育ったというだけで、依然として筑豊の外で「悲寛容のナラティヴ」に晒される異人となりうることを知っているからだと理解できるからである。田川市石炭・歴史博物館の館長を務め、学校教員でもあった安蘇龍生は、筑豊炭鉱と部落差別の関係を論じた文章の結論において、地域史の展開にともなって「ふるさと田川（筑豊）を誇れない現状への忌避観の醸成が浸透」（安蘇 二〇一六：一四）したと指摘している。現在の筑豊地域住民の間にも、地域外の人から、例えば「筑豊は治安が悪い」などといった形で「非寛容のナラティヴ」を浴びせられることで、漠然と地域を肯定的にとらえられない意識が浸透しているのである。このような外部から現に筑豊に向けられ続けている「非寛容のナラティヴ」をはねのける力を地域の子どもたちにつけるうえで、多くの教員は炭坑夫についての「寛容のナラティヴ」を伝えることに意義があると考えているようだ。本稿では詳細に取りあげなかった、近代化産業遺産として炭鉱を日本の近代化というナショナルな物語に結び付けるナラティヴも、「非寛容のナラティヴ」に晒されてきた旧産炭地の人々の復権のナラティヴとして語りだされてきた経緯がある。

第二・三節で論じてきた、異人としての炭坑夫という視点や、異人によって形成された町としての炭鉱町の歴史を振り返る時、私たちの社会が「ひとかど」の、「当たり前」の、「一人前」の、あるいは「普通」の「人間」としてきた人々の範囲は、実はとてつもなく狭かったのではないかと思えてくる。そして、その狭い狭い「人間」の枠内に入れなかった多数の人々を都合よく「異人化」することで、社会はこの問題に正面から向き合うことを避け続けてきたのかもしれない。異人論は、これまで、他者化された人々が超越的な存在として見出される様態を豊かに描き出し、論じてきたが、いったん超越的な存在として異人化された他者がいかにして同じ地平を生きる「人間」としてとり戻されていくのかという問題は、ナラティヴのうえでも、現実の問題としても、残されたままであると言えよう。本稿で紹介してきた上野やしょうちゃんの「寛容のナラティヴ」からは、並みの人間とみなされてこなかった者を福分をもたらす人外の神として歓待するのではなく、あくまでも「人間」として最高の地位を与えること、そのうえで自分たちも彼らのような「人間」になろうとすることの可能性と限界が見えてくる。これらの「寛容のナラティヴ」は、自分と一緒に働く坑夫に「非寛容のナラティヴ」を向けながらも、同時にその坑夫も自分も共に「今日は人の身明日は我が身」であるという絶望的な共同意識を表明する立石さんの中にある、自虐的・自嘲的な自己認識と表裏一体である。しょうちゃんは、炭坑夫への非寛容のナラティヴを内面化すると同時に、それが自分自身に向けられることの痛みも知っていた。その中でこそ、炭坑夫をこそ一番人間らしい理想的な人間であったとしつつも、それを他者化するナラティヴは生み出されている。そして、炭鉱労働者の「人間」としての復権は、当事者が既に消え、人びとにとって想像上・あるいは記憶上の存在、すなわち「人間にあらざるもの」になりつつ中でようやく実現しつつあるという矛盾を抱えている。

さらに、今日筑豊に生きる人たちも、未だに誰かによって「筑豊」が語られるとき、自分自身に向けられた「非寛容」を受け取ることがある。そのような現状を踏まえたうえで、理想的な「人間」として理念化された炭坑夫が「寛容のナラティヴ」のもとに異人化されている様相を捉えることで、筑豊の、どこまで行ってもさらにその下の人びとが見えてきてしまうような複雑な差別構造の現実と、その結果として現在の筑豊地域住民全体を覆っている被差別的な意識を同時に見つめる方途を拓きうると考えている。そのナラティヴの背景を明らかにしようとする時本当に問われているのは、「筑豊」を他者として生きる者たちの側である。

【謝辞】

本稿の元となった調査は、日本学術振興会科学研究費補助金による特別研究員奨励費（課題番号15J07759）およびトヨタ財団二〇一七年度研究助成プログラム「社会の新たな価値の創出をめざして」（助成番号D17-R-0780）の助成を受けて行われた。お一人お一人の名前を挙げることは差し控えるが、本研究に多くの有意義なご批判をくださった共同研究会や筑豊の諸先生方にもこの場を借りて御礼申し上げる。ご批判に十分に応えられなかった点は今後の課題としたい。最後に、しょうちゃんとご家族の皆様、立石徳昭さんとご家族の皆様の長年のご厚意に深く御礼申し上げるとともに、しょうちゃん、立石さんのご冥福をお祈りします。

（1）以下、本段落は主に永末（一九八九）を参照して記述した。
（2）この時期の炭鉱労働者についての「寛容のナラティヴ」が抱える問題については奥村（二〇一七）の議論が参考になる。
（3）かつての炭鉱では、先山＝男性が鶴嘴で石炭を掘り、後山＝女性がそれを運搬するという分業体制が確立していたが、機械化によって採炭方法が変わった後も現場の指揮を執る熟練坑夫を「先山」、これに従って働く補助坑夫を「後山」という言い方が残った。
（4）N氏の被った酷い炭鉱経営者の仕打ちについては、上野の代表作『追われゆく坑夫たち』（一九六〇）の一番最後にも詳細に論じられている。
（5）筆者は、この話を、これまでに少なくとも二名の筑豊の学校教員から語り聞かせられたことがある。うち一人は上野の書き残したエピソードとして、もう一人は服部のエピソードとして語ってくれた。
（6）実際の文章にはしょうちゃんの本名が漢字で書かれている。
（7）「―」はしょうちゃんの発言、「＊」は筆者の発言である。〔　〕内は筆者による注。
（8）炭鉱をやめてから再就職の際に「炭坑者」と言われて排除されたりいじめられたりしたことについて述べていると考えられる。
（9）「ケツをわる」は筑豊炭鉱で逃亡することを意味した（上野　一九六七）。

参考文献

安蘇龍生　二〇一六「田川の近代化産業遺産と部落問題」『リベラシオン：人権研究ふくおか』（一六三）：一二―一四頁。
有馬学　二〇一四「消滅した〈近代〉と記憶遺産：いま作兵衛画の何を問題にすべきか」有馬学・マイケル・ピアソン・福本寛・田中直樹・菊畑茂久馬『山本作兵衛と日本の近代』弦書房、五―二四頁。
池田浩士　二〇一二『石炭の文学史』インパクト出版会。
上野朱　二〇〇〇『蕨の家：上野英信と晴子』海鳥社。
上野英信・千田梅二　一九五五『せんぷりせんじが笑った！―ポルタージュ日本の証言　七』柏林書房。
上野英信　一九六〇『追われゆく坑夫たち』岩波書店。
――――　一九六七『地の底の笑い話』岩波書店。
――――　一九七一「新たなる闘いの門出の弔旗として：解説・鉱夫の世界」上野英信編『近代民衆の記録二　鉱夫』新人物往来社、

九―二七頁。
――　一九八五「廃鉱譜」『上野英信集四　闇を砦として』径書房、七―一七七頁。
大阪職業紹介事務局編　一九二六『筑豊炭山労働事情』大阪地方職業紹介事務局。
奥村華子　二〇一七「廃墟をめぐるナラティブ：代弁する炭鉱とされる炭鉱」『日本語文學』七七：三五七―三八〇頁。
高野江基太郎　一九七五『筑豊炭礦誌：附、三池炭礦誌復刻版』文献出版。
小松和彦　一九九五「異人論：「異人」から「他者」へ」井上俊・上野千鶴子・大澤真幸・見田宗介・吉見俊哉編『岩波講座現代社会学　第三巻　他者・関係・コミュニケーション』岩波書店、一七五―二〇〇頁。
小松和彦・山泰幸　二〇一五「補論　異人論の時代」山泰幸・小松和彦編『異人論とは何か―ストレンジャーの時代を生きる』ミネルヴァ書房、二八九―三〇九頁。
佐川享平　二〇二一『筑豊の朝鮮人鉱夫一九一〇～三〇年代：労働・生活・社会とその管理』世織書房。
正田誠一　一九六〇「日本の中小炭鉱とその労働者たち」上野英信『追われゆく坑夫たち』岩波書店、二三一―二四二頁。
高橋伸一編著　二〇〇二『移動社会と生活ネットワーク：元炭鉱労働者の生活史研究』高菅出版。
高橋正雄編　一九六二『変わりゆく筑豊：石炭問題の解明』光文館。
玉野和志　二〇一八「炭鉱と労働運動―何を大事にすべきなのか」中澤秀雄・嶋﨑尚子編『炭鉱と「日本の奇跡」―石炭の多面性を掘り直す』青弓社、一三五―一五八頁。
筑豊石炭礦業史年表編纂委員会編　一九七三『筑豊石炭礦業史年表』西日本文化協会。
永末十四雄　一九八九「石炭鉱業と部落問題」福岡部落史研究会編『福岡の部落解放史：下』海鳥社、六九―一〇五頁。
成田龍一　二〇二〇『増補「戦争経験」の戦後史：語られた体験／証言／記憶』岩波書店。
服部団次郎　一九七九『沖縄から筑豊へ：その谷に塔を立てよ』葦書房。
――　二〇〇四「復権の塔を考える」部落解放鞍手郡共闘会議編『復権の塔を考える（改訂版）』部落解放鞍手郡共闘会議、三―一九頁。
福岡県田川市総務部総合政策課編　二〇一〇「筑豊炭田を探る」『広報たがわ』一二九六、二―七頁。
森崎和江　一九九六『奈落の神々：炭坑労働精神史』平凡社。
山本作兵衛　一九七七『筑豊炭坑絵巻　上：ヤマの仕事』葦書房。
Allen, Matthew 1994 *Undermining the Japanese Miracle: Work and Conflict in a Coalmining Community*, Cambridge University Press.

補論二　異人論の過去・現在・未来

小松和彦（語り手）、西尾哲夫・山　泰幸（聞き手）

山　今日はお忙しいなか、お集まりいただきまして、ありがとうございます。

　国立民族学博物館の共同研究班「グローバル時代における「寛容性／非寛容性」をめぐるナラティヴ・ポリティクス」を組織して、二〇一八年一〇月から、数年間にわたって共同研究を行ってきました。グローバル化が進み、情報が増えていくと、いわゆる差別とか偏見という問題は次第に解決されていくのではないか、つまり、知識不足が差別や偏見を助長しているのではないかと考えられてきましたが、しかし、むしろ逆にグローバル化が進み情報が増えるにつれて、差別や偏見が激しくなっているように思います。この共同研究は、このような状況を、グローバル時代における「寛容性／非寛容性」をめぐるナラティヴ・ポリティクスの問題として捉えることができるのではないか、という着想に基づいて出発しています。その際に手がかりにしたのが、「異人論」と称される研究領域です。

　ご存知のように、異人論は人類学や民俗学の世界では長い伝統がある研究領域ですが、これをもう一度、鍛え直して現代社会の問題に対応できないか、その潜在的な可能性を引き出せないかという趣旨のもと、数年間にわたって共同研究を行ってきました。

　今日は、共同研究の研究成果の一環として、共同研究会のメンバーでもあり、また異人論の第一人者である小松和彦先生にお越しいただきまして、お話をお伺いしたいと思います。私は関西学院大学の山泰幸と申します。共同研究の研究代表者ということで、聞き手を兼ねて司会をさせていただきます。よろしくお願いいたします。

　それからもう一人の聞き手として、副班長の国立民族学博物館の西尾哲夫先生にもお越しいただいております。西尾先生はご存知のように異人論というタイトルをもったご著書、『アラブ・イスラム社会の異人論』や『ヴェニスの商人の異人論』などを出版されておりますように、異人論の専門家としてご活躍されています。西尾先生には、言語学やアラブ・イスラーム研究の立場から、小松先生に質問していただければと思います。

西尾　国立民族学博物館の西尾です。よろしくお願いいたします。

山　ではまずは最初に、小松先生が文化人類学や民俗学という研究分野に出会われて、それから異人論というテーマに取り組まれるようになるまでについて、お話をお伺いできればと思います。

小松　異人論をテーマにした研究プロジェクトというのは、私が取り組む以前から、東京外国語大学の山口昌男さんが、異人という名前がついたプロジェクトを進められていたと思います。まだ私が大学院の頃だと思いますが、「象徴と世界観」というプロジェクトがあり、学際的というのでしょうか、分野を超えて人が集まっていました。タイトルはわかりませんが、その「象徴と世界観」のプロジェクトの前のプロジェクトだったのではないかと思います。私は出たことがないのですが、長島信弘さんなどの人類学者が参加していたと思います。その核にあったのは、かなり古い論文ですが、人類学者の岡正雄さんが「異人その他」という論文を書いていて、それを元にその後の展開というものを考えようとしていたのだろうと思います。

特に山口昌男さんの場合にはよく言われるように「中心と周縁」というテーマが、彼の大きな枠組みとして後に知られるようになるのですが、中心ではなくて周縁部分にいる人間、中心を脅かす存在としてどのような人間がいるのかということ、象徴物と言ったらいいでしょうか、について考えていたのです。その当時は、山口さんは、まだトリックスターだとか、あるいは道化といったような問題を前面に出していなかったと思います。「文化の中の知識人像」とかいった論文の中で、知識人は周縁的な存在として大きな意味を持つということで、自らもいろいろな学問世界の中の、いわば周縁的な役割を担って、周縁から中心を攻撃する。あるいは茶化す。そういったようなことを考えて、知識人という問題も考えていたので、その中で異人というようなタームが山口さんの中で出てきたのだろうと思うのです。

ただその後、山口さんの場合には異人という言葉よりも、むしろ道化とかトリックスターについて、たとえば、道化が儀礼的・演劇的存在であるとすれば、トリックスターは説話的・神話的存在といってよいでしょうか、道化に対応するものとして、物語の中におけるトリックスターがセットで論じられるようになって、それが「中心と周縁」理論と結びついていったと思います。

ただその中には、異人論という問題が山口さんの中にはあって、私は山口さんの異人論の研究会には出たことがなかったのでわかりませんけれども、その後に出された『文化と両義性』という本では、異人という言葉が頻繁に出てくるようになったのです。

山口さんがどの程度異人論の先行研究を理解していたのかはわからないのですけれども、少なくとも岡正雄さんの異人論というのは、私が考えている異人論とは違って、括弧つきの未開社会ではありますけれども、沈黙交易みたいな異なった集団との間でどのようなコミュニケーションをとり、どのような交易をするのかということを念頭におきながら異人というものを考えていたのだろうと思うのです。

山口さんの場合には、それを更に知識人的存在に論理的に引き付けていって、トリックスターと道化、さらには周縁というような問題になっていったのです。

私の場合、こういう問題に対して興味を引かれるようになった背景は、自分自身の育ち方も関係しているだろうと思います。多くの公務員、事務系の公務員というのは、三年ぐらいで転勤していきますよね。公務員であった私の父も二〜三年で転勤を重ねましたので、私はそれに伴って住む場所、あるいは学校を移っていきまして、そこで新たに形成される友達や人間関係、学校あるいは近隣の友達との関係で、かなり苦労した記憶があります。それが一つです。

その中でも特に私は東京生まれの東京育ちだったので、父が函館の検疫所勤務になったときに、今ではありがたい経験なのですが、やはり地元の子どもたちからさんざんいじめられたという経験があります。しゃべっている言葉自体で笑われ、着ているものを笑われ、そして学校に登校すれば本当にひどいいじめを受けるという経験をしました。

とりわけ最初の頃は自分がしゃべっている言葉が、何で悪いだろうかと思いました。彼らが使っている言葉は自分もよくわからない。自分から見ても、彼らが何か自分とは違うという意識をもっていましたから、学校へ行って紹介されるときは「何々からやってきた何々さんです。仲良くやってください」と言われながら、いつも「自分はよそ者なんだ」と、何度も思う経験をしてきました。そういうふうに育ちました。

ところがさらにもう一つ、自分自身が、これは異人というよりも、自分自身のコンプレックスに結びついたものですが、中学一年生の時に、父が亡くなったのです。母子家庭になりました。母子家庭になって母が働くことになったのですけれども、最初は小さな会社の寮の寮母をやり、続いてブラザーミシンかなにかの販売員をやり、次に保険会社の外交員をやるという中で、今までの生活とは違うようになった。今までは函館にいっても、その後は羽田の検疫所に移りましたが、父は課長だったので、課長さんと言われてですね、母も課長夫人の専業主婦で、それなりに恵まれた主婦生活をしていたと思うのです。しかし、子どもを育てなきゃいけないということで、結構苦労したのですね。貧しい生活を経験しました。母子家庭だということは、社会学でいう欠損家族、今はどう表現しているのか知りませんけれども、核家族の中でも母や父がいないと欠損家族と言われるのです。「欠損している家族なんだ」というふうな認識をずっと持って、両親または安定した収入のある人の生活に対して、羨ましい思いをずっと抱いておりました。このためなんとなく彼らとは違うというコンプレックスをもっていました。彼らから見れば可哀想な家庭、それで差別されているんじゃないかというような思いがありました。

それと、今でも残っているかもしれませんが、私は中学まで軽い吃音でした。まだ普段しゃべっていても、ちょっと呂律がまわらなくなるときがあるのです。早口は全く駄目です。先生なんかにあてられると、一所懸命練習していても真っ白になってしまい、最初の言葉が出ないのです。ある部分の音が出しにくいということもあって、ずいぶん苦しみました。これも自分自身の内面の中で、自分は他の人たちとは違うという思い、コンプレックスとなって苦しみました。吃音に関しては、中学校時代に先生から「とにかく慌てないで一呼吸して、周りから遅いと思われてもいいから一字一句ゆっくりしゃべりなさい」と言われて、だいぶ治ったのです。

そういうようないくつかの条件があって、自分自身が長い間、異人、よそ者として、あるいはなんとなく排除されているというか、周縁的と言ったらいいのか、そういうふうに育ったのだな、生活をしてきたのだな、という思いを、ずっと抱いていたのです。

それを乗り越えるために大学に行って、学校の先生になって本でも読んで過ごせればいいなと。あまり人と関わらないで済むと思ったのですが、そういうことそれ自体を考えさせてくれるような学問として人類学を知ったのですね。

一番ありがたかったのは、人類学というのはフィールドワークをして、「エスノロジスト　アズ　ストレンジャー」という論文もあったと思うのですけれども、基本的にその対象社会に対して、ストレンジャーなんだということでした。人類学者はその調査地で長い時間をかけて、ある意味では、最初は異人としてその社会の中に適応していく。しかし適応すればするほど同時にストレンジャーという意識が内面の中に成長する。人類学者はストレンジャーなのだ。人類学という学問はそのことを宿命として背負っているということを、学部時代にすでに教えてもらいました。

ですから、山口昌男さんたちが異人論というものをやっていることに大変興味をもって参加したいなと思ったのですが、残念ながら参加できませんでしたし、その研究会の成果も発表されていませんね。報告書は出ていないですよね。ですから、一体どういう話をしたのかは、AA研の彙報みたいなものにも研究会の中身は出てないと思います。あの頃からずっと異人論については興味を持ちました。そして論文も人類学者がどういう異人論を書いているのか、あるいは社会学者がどういう論文を書いているのかなと思って、ゲオルク・ジンメルやアルフレッド・シュッツだとか、何人か論文を書いていたので、その辺の論文を読みながら、私なりの異人論を論じるということを考えたのです。

その当時の自分の経験と人類学というのがぴったりの学問で、自分の生き方や経験を生かしながら調査をするのが宿命ですから、私としてはありがたい学問だったと思います。ただ研究テーマに結びつくかはまた別だったと思います。自分の経験をふまえて、それを研究テーマにしてみたいと思っていたのが大学院でした。勉強はしていましたが、しかし、具体的に研究を整理してこうだああだとか、山口さんはこうだああだとか、岡正雄さんの異人論はどこが違うかとか論じてもあまり面白くもないので、自分のテーマというものが、具体的になっていったのは、しばらく後のことです。ただ資料自体は、すでに大学院の頃に出会っていました。異人殺し伝説です。

その頃、同じような関心を持っていたのは、人類学だけではなくて網野善彦さんとか、どちらかというと周縁的な人々に光をあてる研究、自由、無縁の者たちへの眼差しで歴史学を考える人たちもいましたし、阿部謹也さんみたいな、いわゆる「ハーメルンの笛吹き男」のようなヨーロッパの伝説の研究を通じて、やはり差別や賤民の問題とか、そんなことを考えている人もいました。あるいは文学では廣末保さんのような人が、遊行する人たちの役割について、定着している人びとに対して影響を与える遊行民について論じていましたので、そういうような研究とも繋がりもあるなということを私自身は考えていました。言葉としては異人ではないですけれども、山口さんのいう周縁性との関係性で考えていました。

同じような問題を考えていたのが赤坂憲雄さんでした。赤坂さんは周辺・境界・排除の問題に興味を持っていました。たしか『日本文学』だったでしょうか、網野さんや廣末さんの影響が強かったと思うのですけれども、その当時の国文学の関心である、遊行する芸能者、宗教者の役割に着目して、彼の場合には琵琶法師だったと思うのですが、連載していました。それがまとめられて、本になると『異人論序説』というタイトルになったのです。そういうことがあって、同世代的にも異人排除の問題に連なる諸現象への関心というのがあったと私は思っています。異人という言葉は使っていませんでしたが、異人に置き換えられるような周縁的な人々がもたらす意味というものについての関心は、いろいろな分野で熟していたのではないかと、私は思っています。

ですから異人論という言葉で議論したときに、廣川勝美さんとか、内田隆三さんだとか、そういう人たちが扱っている素材は別なんですが、それぞれの分野から関心を持ってくれたのだと思います。

総論的に論じるのではなく、自分なりに各論を意識して、具体的な新しい分析ができると考えたのは、素材があった結果です。素材がなければ、総論的に、あれも異人これも異人で全部異人になってしまいます。異人にはいろいろなレベルがあるはずなんですが、みんな異人にしちゃったらどうするのと、赤坂さんには言ったことはあります。あるときは異人で、あるときは異人ではないです。レベル設定しそのときどきの状況の中で異人を考えないと、みんな異人になってしまうと思います。

山　先生が人類学に出会われて、幼少期のご経験と、人類学という学問とが結びついて、その後の異人論に結晶していくまでの経緯と、当時の学問状況についてお伺いいたしました。

当時、異人というキーワードが入った本がいくつも出てきたと思いますが、異人論が一つのブームのようになって、当時の現代思想を席巻したような印象がありますが、先生と同世代、あるいは次の世代の人たちが、かなり影響を受けたと思います。この辺りのことについて、どのような影響を受けられたのか、西尾先生からお話いただけますか。

西尾　私は山口昌男先生がＡＡ研の所長になられたころに助手として入っています。すでにトリックスターということをおっしゃっていて、「象徴と世界観」の次の研究会と思いますが、何回か出させていただいて、大江健三郎先生が前で発表しているのを、「すごいなぁ」と思って聞いていた、そういう思い出があります。

確かに人類学というのは、先生がおっしゃったように、どの社会でもいいのですが、自分が他者でありながら、その社会の人たちの視点も獲得していかないといけない。さらに、その視点を獲得したうえで、もういっぺん離れてみるという作業を繰り返しいくことになるんだろうと思います。それができる人とできない人がいて、良い民族誌が書けるか書けないかが決まると思うのです。

人間が言語を獲得して、言語を通した世界の見方でもって、個々の人間が繋がってコミュニケーションしているとすると、やはり言語を基にした世界観の研究は必要に違いないのです。そのときに私はシナイ半島で遊牧民の研究に入りました。理由は単純で、自然環境が日本とは全然違うところに行ってみたいというものでした。その部族が面白い部族でした。六世紀に聖カトリーヌ修道院が創建されたときに、セルビアのあたりから連れてこられた二〇〇人くらいの奴隷がその部族の人びとの祖先です。イスラームが勢力を伸ばすにつれて少しずつイスラーム化して、また一方でアラブ系の部族として遊牧民にもなったりということで、その過程が私たちが知っているアラブの系図学とかとも、歴史的に全く相反する現象でした。それがまずなぜかということが知りたかったのです。

非常に閉じた社会でしたが、たまたま知り合っただけなのに非常に深く入っていけたのです。最後は「嫁さんを連れて帰るか」とかそういうふうな話が出るくらいまでに内側の社会に入っていけたのは、それなぜかという問題もありました。砂漠に暮らす民であるアラブ遊牧民はみんな非常に閉鎖的であって、戦いばかりしているというか、砂漠は危険だというアラブの都市民の持つイメージがありますが、それはもちろん偏見でもあるし、それがヨーロッパの人たちにも入り込み、砂漠の民、そしてアラブ世界全体に対する偏見ともなっていきます。それは聖書以来ずっとあるのです。それとは全く違う彼らの人間関係というか、集団システムを持っているのをなんとなく肌で感じて、それを私の仕事としては言葉の問題として解いていきたいと思いました。

それを解くために社会人類学的な調査もしましたし、なかでも聖者を研究しました。こういうときに出会った小松先生の本を読ませていただいて、人間関係を基にした集団関係がどういうふうに再編成されるのか、そのメカニズムを解く一つの鍵になるのではないかと考えて、ずっと読ませていただいています。

話をすこし戻すと、私たち言語学者の仕事というのは、言葉の仕組みの解明の手順として音韻論をやって、形態論をやって、そういう作業のためにまず五〇〇ほどの基礎語彙を聞き取ります。その次にやはり統語論というか、いわゆる文法を書きたいのですが、いろいろな会話を聞くだけでは必要なデータはなかなか集まりません。それで民話などの長い文章を集めることになります。だから言語学者の仕事というか成果としての文法記述の本には、大体資料として大量の民話テキストがついているわけです。言語学をしている人の中には結構、民話研究をしている人が多いのは、ある意味で必然的なことなのです。

小松　なるほど。特に子どもも聞けるような文章というか語りですね。

西尾　そうです。おそらく一つのコーパスになるので、もちろん普通の会話とは違うのですけれども。そうやってひとつの民話に出会いました。それがシェイクスピアのヴェニスの商人と同じだったことが非常にショックでした。あの民話を聞き取ったときのことは今でもよく憶えています。しかし、その民話がヴェニスの商人と本当に関係あるかどうか、その時はわかりませんでした。確かにその部族というのは、聖カトリーヌ修道院を中心とした南シナイ地域の部族関係の中で、ユダヤ人的な存在なんだということがわかってきました。差別はされているのですけれども、自分たちは選民だと思っている。ヨーロッパにおけるユダヤ人（ユダヤ民族）とパラレルなものが紡ぎ出される社会環境、もっと言えばその背景にある自然環境と関係しているのかいないのかという問題が、私の関心になっていきます。

小松　さっき言ったように、異人論について、いろいろな人が論じているのはわかったのですが、またそれを整理して、そのことは『岩波講座現代社会学』に書きましたけれども、でもそれをもとにして、おそらく西尾さんもそうだと思うけれども、どうやって学んできたことを自分の素材で分析できるか。そこから何が見えるのかというところが、ある意味では人類学者、民俗学者の基本的な仕事だと思うんですね。何かの理論を整理して、AさんとBさんが同じことを言っている、いやどこどこが違う、折口がどうだああだとか言ったところで、それ自体は整理にはなるけれども、自分自身の領域を新たに切り開いていったわけではない。つまり「自分自身の素材で」が大事だと思うのです。素材がないと分析ができないし、素材があってもの視点がなければ、あるいは先行研究や参考資料がなければなかなか分析はできない。そこを苦しんでいたわけで、ぼんやりといろいろなものを読みながら、これも似てるな、これも利用できるなと思いながら、自分ではなかなか分析ができなかったのです。

異人論執筆のきっかけになったのは、中沢新一さんの論文「斬り殺された異人」です。あれは私が主宰していた小さな研究会で、植島啓司さんや関一敏さんなど同輩たちを誘って始めたのですが、そこで中沢さんが甑島の資料を紹介してくれたのです。大変面白かったので、その後『伝統と現代』という雑誌にそれをまとめて書いてもらいました。

そのときに私は自分が若いときに長野で学生たちと民俗調査したことを思い出しました。最初は大学院のときです。後藤総一郎さんの故郷で南信濃村の村史の民俗編というのを、宮田登さんが引き受けて、当時宮田登さんは東京学芸大学の先生で、そこの民俗研究会を使って調査したのです。そのときに私が親しくしていた宮本袈裟雄さんや、当時学芸大学の院生で後に長らく文化庁に勤めていた菊池健策さんと一緒に調査を手伝ったのです。そのときに異人論の分析の素材である旅人が殺されるというような話を聞いて、一緒になって調べたのです。その話と中沢さんが甑島の資料でやった話は非常によく似ていたので、これは異人論という問題として論じられると考えたのです。

異人という言葉にしたのは、あっちでもこっちでも同じような話があるので、異人という言葉でくることによって比較研究が可能になった。そこが大事だったのです。異人という言葉を中沢さんは使ってくれましたし、異人という言葉で六部殺しであろうと、山伏殺しであろうと、巡礼殺しであろうと、あるいは国を越えてでも問題は議論ができるようになるわけです。つまり、学術用語・分析概念、比較のための人類学用語として異人という言葉を使おうと思ったのです。

しかしながら、異人という言葉を使ったとき、民俗学者からものすごい批判を受けました。例えば野村純一さんという昔話の研究者は、「六部殺しであって、異人なんていう言葉は昔話には出てこない」と、すごく怒られた（笑）。「六部殺しである。巡礼殺しである。そうしないと、民俗的コンテクストの中で、その意味がわからない」と言われて怒られたことがありますが、私は異人を用いることで、いろいろなものを比較していくことが大事だと思ったのですね。

もう一つ大事なのは、自分の調査地で、その社会のコンテクストの中で分析するということです。分析をどういう理論や方法でするのか、それを構造主義的に分析するのかどうかといったことはまた別だと思います。

ですから、西尾さんなんかは言語学の素材として、民話をたくさん集めていて、その民話の中にある種の傾向や特徴、あるいは構造が見えてくるかどうかは、それはやはりそういう素養がないとわからないのです。「ヴェニスの商人」と思えるかどうかは、また別だと思います。山さんはどうですか。

山　小松先生のことを知ったのも、先生の異人論に出会ったのが一番最初ですので、それも非常に衝撃を受けて、こういった道で研究してみたいなというふうに思ったのですけれども。その当時はもちろん詳しいことはわかりませんでしたが、とにかく非常にシャープに、民俗社会のメカニズムやカラクリを取り出してくる手法の鮮やかさにすごく魅了されたというのがありました。

いくつか面白いなと思ったポイントがあるのですが、一つは経済の問題です。広い意味で交換と言っていいと思いますけれども、こういった伝説だけ見ていたのではわからないような貨幣経済のシステムの浸透であるとか、そういったような問題と関連付けて説明されようとされた発想は、どこから来てるのかというのが一つ気になりました。

もう一つとしては、不幸の説明です。ある種の不幸な出来事に対してどういうふうに対応していたのかという、そういったものに対する関心は人類学には長くあると思うのですが、そういった研究の蓄積があって接続されたのかなと思うのですけれども、その辺りの経緯について。

あともう一つは、歴史がどうやって作られるかということです。伝説なのですけれども、それが本当に当の人々にとって歴史的事実として受け取られていく、歴史は作られるという視点ですね。主にその三つの観点は非常に興味を持ちましたね。

小松　最初の経済の問題は、私は憑き物の研究が最初だったので、憑き物研究からの延長で異人殺しの問題に目を移していったところがあります。民俗社会の中で狐憑きというものは、狐を使ってあの家は豊かになったというように語られる。しかしそのために誰かが犠牲になっている。埼玉大学時代に川田順造さんや友枝啓泰さんの指導で、須藤健一さんも先輩でいましたけれども、両神村を実習と称して調査しました。その時に土地の人が「あそこはおさき狐が憑く」と語る。「その家で飼っている」と話していたんですね。あの辺りはお蚕を飼っていて、生糸を商人が買いにくる。その生糸が自分の家から盗まれた。きっとそこの狐が持っていった。あるいは商人が来たときに狐憑きの家の生糸が高く売れるように、夜、自分の家の生糸のところに来て小便して使い物にならなくするのだというような、いってみればある家が豊かになるためには、自分の家が犠牲になったり、それが逆転したりするという、いわばゼロサムゲームの理論みたいな考え方があったのです。閉じられた共同体の中で、当然ある家が栄えればある家が没落するみたいな考え方ですね。

これは経済の問題であり、社会経済史の研究者たちも、憑き物について成り上がりに対する悪口なんだ、差別なんだという説明をしていたので、『憑霊信仰論』に書いたように、「限定された富の概念」といった言葉でアメリカの人類学者が表現していましたので、概念だけかもしれないし、実際にそうかもしれないけれど、隔離されて閉じられているというふうに考えて、自分たちの集団というものを閉じて形成していて、内と外を意識しているような社会の中における経済の動きを捉えようとしました。もちろん、外から見れば全然違うと思います。あいつは真面目だし外の情報をよく知ってるから金儲けできたのだということになるだろうと思いますが、集団の内側では、どういうふうに解釈されるかということに関心があったのですね。

先ほどの長野の話に戻るのですが、調査をしていると、ある家の没落を憑き物ではなくて、殺人、外部の人間を殺して金を奪ってそれを元手に儲ける、外から金が入ってきているという話もあったんですね。憑き物と異人殺しでは、外部が持っている役割が全然違うんじゃないかなと思って、貨幣経済の浸透の過程の問題に絡めながら説明しようとしたのです。

ですから、憑き物のときには、内部に異人がいて差別されている、婚姻をしてはいけないとか村八分になったりするような潜在的な排除の対象になる。内部の異人に関連付けて説明をしていくような経済のメカニズム、不幸を説明するメカニズムがある。一方で、外部にある程度、あるいは半分開かれていると言ったらいいのでしょうか、そのような社会にやって来る人は、巡礼だったり、旅人だったり、山伏だったりするわけですけれども、この人たちは金持ちだった（笑）。だから殺される。そこが興味深いでしょう。昔はそんな人たちは金を持っている人たちではなかったけれども、外の経済というものの村人の理解がそうであって、異人殺しの物語が作られていったと思ったのです。

山　ありがとうございます。不幸の説明の仕方に、憑き物タイプと異人を殺すタイプというか、それが経済的に開かれているか開かれていなかったということで説明していただきました。

三つ目として伝説、歴史が作られるという問題、これは考えてみたら非常に新鮮な視点だったと思うのですが、こういった発想は元々どの辺から出てきたのか。フィールドから発見されたのか。

小松　当時、国文学者とよく付き合っていたのですが、彼らの間では物語の始まりは古代のシャーマンの語りであるとよく言われていたのです。もう折口信夫の時代から言われていた。ただし、彼らの考え方は検証できない遠い古代のある時期にシャーマンが語ったのが物語であり、まさにモノは神であり、その神の語りがモノガタリであり、媒介するのが巫女であるというような考え方だったのです。今でもそう説く人がおります。民俗学の福田晃さんのような方とかは「沖縄にはそれがまだある。だから沖縄を調査する。あそこには物語の始まりの時代が今でも残っている」というふうに言っていたのです。

でも私の場合には、ミルチャ・エリアーデがシャーマニズムの論文の中で、英雄叙事詩というのはシャーマンの語りの集成なのだというのです。シャーマンたちは病人の魂を取り戻すために旅立っているのだ。その無数の病に関する経験の説明の語りというのがあって、だから無数の物語が毎日作られている。それをまとめて大きな物語にしたのが英雄叙事詩、いわばシャーマンの病気治しの説明のモデルのようなものが英雄叙事詩なんだとエリアーデは言っていたのです。そうなんだと、私も思いました。

ですから人類学における病気のナラティヴの研究でも、一つ一つの話が非常に大事なんですね。つまり、何か事故や出来事があったときの説明が、物語の始まりと思ったら、古代にいかなくても足元にあるじゃないと思ったのです。それをシャーマンが語るか、我々が語るかではだいぶ違うだろうと思うのですけれども、少なくとも民俗社会では解釈する人がいて、その物語が受け入れられている。嘘の話じゃなくて、「そうなんだ」ということになって物語が物語として定着する。それが歴史になっていく。人びとは今までなかった出来事が、物語が作られることで、人びとの頭の中では共同体の大きな知識として、かつて実際にあった歴史に変わっていく、というふうに思ったのです。物語は今そこで常に発生している。古代なんか行かなくてもいいんだよ、ということです。

山　ありがとうございます。物語に関してですが、西尾先生も物語学という観点から、強い関心を持っておられると思います。いい機会ですので物語に関して、小松先生にぶつけてみたいご質問等がありましたらお願いします。

西尾　小松先生はどこかで、物語学というのは、まだひとつのディシプリンとしては成立していないと書かれていました。確かにナラトロジーという言葉があるけれども、それは個々の物語に関する様々な研究領域の寄せ集めであって人間との関係みたいなものまで遡って、なぜ物語があるのかという研究が、例えば人間と音楽の関係のなかで、音楽学というのが成立するのと同じような関心のあり方としては、物語学というのはまだ成立していないということだと、私は小松先生のお考えを理解しています。

小松　そんなこと書いていた？

西尾　書いていたと思います（笑）。

小松　それは失礼しました（笑）。

西尾　それは非常に印象的で、そのときに私は聖者の研究もはじめていたのだけれども、情報科学の分野を研究している人とモチーフ論をいっぺんやってみたいなと。とりあえずモチーフを全部データベース化することにしました。トンプソンのものを始め、最近はもっといいのがでていますけれども。それを全部データベース化して、著作権の問題があるので公開ができていないのですけれども、それをもとに工学系の人たちと協力して、物語を自動で発生させていくプログラムが作れるのかということに挑戦しました。その試みは認知科学に近いことでもありました。半分成功して半分失敗したようなものです。

成功したと言えるのは、例えば今のゲーム制作の現場だったりに生かされています。そこではモチーフデータベースを使いながら、人間が介入して少しずつ物語をいろいろと展開させていくことで、それを使うとゲームをする人にとっては全然予想外の展開ではなくて、ある程度想定内の物語の展開で、その物語によって自浄作用というか、精神的なエンターテイメントを得られる、そういう効果があるらしいのです。全く違うものに展開すると、やはり人間は受け入れられないということでしょう。それから失敗だったという理由は、モチーフ相互の相関関係を分析するためにデータベース化していくわけなのですが、少なくともモチーフインデックスに登録されてモチーフだと言われているものには、いろいろなレベルのモチーフがあります。それがまず整理されていないことがテクニカルな問題としてありますけど、その相関関係が人間の心のメカニズムにどう関係づけられるのかという視点がなかなかないので、そこがやはりネックになってきています。

そういう研究を一方ではしたいと思っていて、物語論というのはどういう研究の方法があるのかと思いながらいろいろ考えているうちに、私はやはり言語学者なので、言葉によって人間は何をしているかという視点を置いて、その先に、人間にとって物語とは何かという研究領域につなげようとしています。言葉を使って何をしているのかというところまでは、語用論やディコース分析という分野もありますが、言語学の関心の外にある世界なのでなかなか理論化ができません。言語の研究と物語の研究の間にはすごい乖離があります。

小松　ありますね。

西尾　そのときに言葉によって人間がしている事柄として、詩や歌、音楽、物語、いろいろな文学も含めていいと思いますが、そういうものでジャンルを決めて、そのジャンルがなぜ言葉のなかで機能しているのかというのを研究してみようと至りました。情報科学的な視点とか、認知科学的な視点を入れていくと、どういうふうに、今まで別個のものとして扱われたものが一つの枠の中にうまく収まっていくのかなという研究を、ここ五〜六年続けています。

物語の起源にかかわることとして最近、ゴリラの研究で著名な山極先生が人類史の観点から興味深い説を述べています。スティーヴン・ミズンが提唱したことですが、ネアンデルタール人が話していた言語は音楽的であったという説に、非常に影響を受けたらしくて、言語の音楽性に関心を持たれて歌の研究をしているのです。歌のようなものと物語の類似性、人間にとってのあり様から考えていくと、通常の日常的な言語と、物語や歌は全く違う機能があるということがみえてきます。

小松　例えば日本の説話とかああいうものの中には歌がかなり入っていますよね。平家物語にも。ですから歌の機能と普通の語りの機能とセットになっていて、しかし質が違うのです。それで歌人は現在もいるじゃないですか。歌は力を持っている。歌は神や鬼たちの心をも動かす。それは普通の語りではなくて、歌だからできる。そういう意味では歌の機能と普通の物語や語りとは違う。それだけではなくて、今度は音楽や舞もいろいろ入ってくるだろうと思う。ですからその中で語りというものの機能を考えないといけない。

私の妖怪研究で言えば、太平記に藤原千方という妖怪の親分みたいな人が鬼を従えて、乱暴狼藉をしたので、朝廷から派遣された紀朝雄が「草も木も　我が大君の国なれば　いづくか鬼の　棲なるべし」という歌を歌うのです。この歌を聞くと鬼たちは「俺たちは悪いことをしている」と言って抵抗をやめたのです。歌が持っている力というのは古今集ではないですけれども、いろいろなものの心を動かす力を持っていて、それは語りとは違う。それはそれとして、ナラトロジーについては、たくさん聞くのだけれども、ピンとくるようなものはありますか。

西尾　ナラトロジーを構築していくためにはいろいろな問題を設定して、一つ一つ越えていくことだと思います。例えば物語学や民話学でよく言われていることとして、同じようなタイプの物語が世界中に発生するということがあります。いろいろな説明の仕方はあるのだけれども、基本的にその説明は社会が似ているというところに落ち着くようです。もう一歩ふみこんで、説明原理の中に人間の身体性や、人間が暮らす環境もからめながら、モチーフの元になるような、そして世界の見方のもとになるものから物語が発現していくときに、どのようなメカニズムが働いているのかについて考えていくと、その類話がなぜ世界にあるのかが説明ができるようになるでしょう。

そのためには何をしたらいいのか、現在、心というものをある種の情報処理の空間とみなすことがよく言われますが、人文科学では少なくともそういう新たな研究領域、広い意味でのAI研究や認知科学だと思いますが、そういう領域とやり取りできていません。

小松　できていないですね。

西尾　最近の研究のなかで私がとても興味をもったのは、脳科学と物語研究を結びつけるもので、脳に障害を受けた人は、まわりの世界を認識するうえで、どのような物語をつくるのかという問題にアプローチするために、物語性という言葉を使って研究しています。それをうまくやっていくと、このような研究とも協働することで新たな展開が見えてくるのかなと。

もう一つは、梅棹忠夫先生の「文明の生態史観」をもう一度見直そうと思ってシンポジウムをしました。そこでの議論から、梅棹先生の生態史観にはこれまでにもいろいろな批判がもちろんあるのだけれども、一番欠けているのは、こういうことかなと。梅棹先生は初期にオタマジャクシの研究をしていたそうですが、一匹一匹の観察できる動きから全体がもつ集合原理を解析していくという大枠の視点は、基本的に文明の生態史観とも共通しています。生態的な環境との関係で人間の動きを観察する、例えば砂漠的な環境であるとか、そういうものと人間が集団化していく文化的原理を解析し、それと文明の出現や展開とを結び付けたので、細かな具体的歴史事象の解釈には異論もあり割とアバウトなところもちろんあるのだけれども。ただしその議論では、個体としての人間が、心の内によって世界を受け取って、それを考えてそれを共有化していくというところの考察が、完全に欠落していると思います。オタマジャクシにも心があるのかどうかは別として、オタマジャクシと人間が全く違うのは、心を情報処理の空間と見なした場合、チンパンジーだと情報処理の二層までしか相手とやり取りできないのに対して、人間は最高で五層までのやり取りができるらしいです。心の中に複雑な情報処理のシステムを持っていて、そこを参照系として他者との関係を構築しながら社会を作っている。その機構の中で物語というのは非常に重要な役割を果たしているのだろうなというのが、私は言語学から発して積み上げてきた、現時点での見通しです。

小松　フィールドワークをしていて思うのは、自然科学の人は外から見ているだけなのです。相手が「それ違うよ」と言わないのです。オタマジャクシが「そんな解釈ではない」とは言わないのです。チンパンジーもいってくれない。ですから外から人を観察して、一方的に解釈しているだけなのです。エティックというのか。

ところが人類学の対象の人間は、外から見ていろいろ観察できますよね。同時に彼らに「こうだろう」と言ったら「いや違う」というふうな反対意見を述べられる存在なのです。この違いがすごく私には気になる。

それともう一つは個人と集団。我々はなんとなく、個人から集めた情報だけでも集団を念頭において論をするのだけれども、臨床心理学の人は集団をあまり考えない。個人の話を聞いて、その個人史の中でいろいろなことを説明する。それを炙り出すことによって、病気や悩みを解消していくことができると思っている。

西尾　臨床心理学は西洋科学ですよね。社会科学も同じような精神構造をもっていると思うのですけれども。個人を研究すれば、人間という種を研究できる。たぶん西洋科学をもとにした学問には全部あって、梅棹先生はもともと京大の理学部ですよね。梅棹先生の文明の生態史観にもそういうところがあると思います。文明の生態史観のシンポジウムのときに、山極先生はその違うところを伊谷純一郎先生が引き受けたという話をされたことがあります。梅棹先生はそれを当てはめていったときにどういう考えができて、人類学者がやるような本来のものをそこに入れていくと、もう一つ次の段階にいけるはずだというところで梅棹先生の文明の生態史観は終わっています。梅棹先生は後年になって「文明の生態史観はまだ誰にも批判されていない」という言い方をされているのです。そのへんに一つ何かあるのかなという気もします。

それは何なのでしょう？　心理学の河合隼雄先生は、日本文化の中空構造という言葉を使っていますが、臨床心理学の中で個人を人類普遍の高みに持っていく以前の、もう一つ前の段階として、基本的なものはヨーロッパとは違う、ヨーロッパのユングが想定しているものとは違う段階があるというのが直感的にあったのだと思います。それを可視化する目的で、別の意味での物語研究を出されたのだと思います。

小松　そうですね。ユングのような人類に普遍なものもあるのだろうけれども、例えば、河合さんは、それ以前の個別文化、日本は中空構造、母性原理とか、大雑把だけれども他の社会とは違う「日本的なもの」を日本人は共有していると考えた。

ただ異人論に話を戻しますと、その物語を、異人論は一般論で、異人が登場する物語を取り上げる意味はどうなのか。それは語りや演劇、映画でもいいのですが、たとえば折口信夫では異人はプラスの存在で、排除なんてありえないという考え方で、彼の古代社会を描いていたのです。証明はできないのだけれどもね。異質性を常に背負っている存在で、それが物語の中にいろいろな形で表現されている。その物語がさらに排除を作るところもあるのです。排除の物語を語ることによって排除がうまれることがあるのです。

山　時間がせまってきましたので、次の質問をさせていただきます。

物語の役割に関して、臨床心理の話とか、治癒や癒し、病気治しの話とかありました。異人論に引きつけて言えば、異人論は共同体論ということで、外から来たものに対して語り分けをしながら、あるいは歓待をしたり、あるいは排除したり、あるいは実際には排除していたにも関わらず、外部の人間に対しては、歓待として語ったりという問題があります。また、異人と妖怪の関係で言うと、異人を妖怪視することで排除する。あるいは妖怪的なものをリアルに人として語ることによってまた違った対応するとかあると思うのです。

一方で、今回はナラティヴ・ポリティクスというテーマでやっているのですが、異人とされた側の人たちも、そういった物語の圧力に対応しながら生き延びていった部分があると思うのです。旅の宗教者たちも、共同体側の物語に対して、対抗的な物語を語りながら、何とか対応しながら生き延びていく。共同体側から見た異人の問題とは別に、異人の側からどういうふうな語りがあったのかに関して、お伺いできればと思います。

小松　そうですね。山口昌男さんなんかが異人に興味を持ったのは、異人の持っている創造性みたいなものだと思うのです。中央の創造性というのはいろいろな形があるけれども、中心を撃つための様々な言説を異人は持っていて、自らを周縁的に追いやられている役割を演じつつ、創造的な役割も持っているものとして、道化やトリックスターを考えていたのです。実際に異人の側からどういうことを考え述べたのかは必ずしも明らかではないのです。被差別民以外は本当のケースはあまりないのです。多くの場合は、説話の中の異人の事例であって、生身の異人ではないということなのです。私のような自分自身も異人っぽい経験を積んできた側から見ると、薬売りや旅芸人であるといった人たちが共同体とどうコミュニケーションを取り、どういうふうに歓待され、排除されてきたというような、そういう記録を読んでいくと、いろいろ面白いなと思います。

だいぶ前ですけれども、秋田の人形芝居の人たちが村八分になったり、いかに自分たちが苦しい思いをしたのかという、そういう人たちが実際に書いたり語ったりしている本があるのです。書評をしたこともあります。その人たちがそれでもなおかつ芸をしながら、排除や差別をするような者とコミュニケーションをとっていたという記録を読んでいくと、常に適応と排除の二重性を背負っているのがそこからうかがえます。その辺のものをたくさん集めてみると、ある程度見えてくると思います。

山　ありがとうございます。そろそろ最後の話にいきたいと思います。今後の展望ということで、本音ではナラティヴと異人がキーワードになっているのですが、今世界で戦争があったり、様々な状況が起きています。その中で本当か嘘かわからないような話が、それこそナラティヴがせめぎ合う、まさにナラティヴ・ポリティクスの時代になっていると思うのです。こういった状況の中で、物語について研究するとか、あるいはナラティヴや異人について考えるということには、どのような可能性があるのかについて、小松先生のお考えをお伺いしたいと思います。

小松　私の異人論の関心は、村落共同体的なものから近代国家まで、もっとはっきり言えば、天皇制国家の中に人びとを全部まとめていく、天皇制国家という集団の中に統合していく段階・過程にありました。共通の言葉を持ち、同じような人びと、臣民を作り出す。それはある意味では外側に異人をたくさん作っていくことでもあったわけです。だから近代国家は別のレベルでたくさんの異人を作っていったわけです。かつての人類学はそういう異人たちを調査して、彼ら異人をどういうふうに同化するのか、異人でなくするのかということを、一所懸命に手伝った部分もあると思うのです。そういう二面性、包摂と差別をしていた。

現在はグローバルという言葉の中に人間をおさめようとしています。グローバルの外側というのは大体ＵＦＯですよね。地球外のスターウォーズの世界になってしまうわけです。だけれども、この地球というレベルの中でも、均一な文化が浸透して、かっこつきの「未開社会」がどんどんなくなり、英語や限られた言語をしゃべって、どんどん地域的な言語がなくなっていると。場合によっては日本語をなくして、英語にしようというような意見だってあるわけじゃないですか。地球という全てそこまでいくかどうかはわかりませんが、ヨーロッパかアジアか、国家という枠を超えた、ある範囲の共同体というまとまりができていくかもしれません。しかしその陰で異人が排出しているわけですし、またその内と外での富の問題が出てくると思います。

すでに資源や食糧の奪い合いは始まっています。これはどんどん進むと思います。その富をめぐって、異人というより、敵をどんどん作っていくのだろうと思います。地球環境が限られていますので、限られた資源や自然の中から生み出される富は限られていますから。すでにそれは始まっているともいえます。その状況は地球というレベルでの「限定された富」の問題、ゼロサム理論の状況ともいえるでしょう。いかに自分たちが正常で、自分たちがやっていることと反するようなことは間違っているという言説がどんどん生産されていって、あちこちで排除される対象がうまれると思うのです。そのなかで異人という言葉がどういう形で使われるのかは、クエスチョンマークです。

例えばロシアとウクライナの戦争だってそういう面をもっていますよね。富の奪い合いみたいなところがあるわけです。広大な土地や石油を持っているけれども貧しいロシアが、様々な古い物語を使ったりしながら豊饒な地域のウクライナを侵略・領有することを正当化しているわけですからね。ストレンジャーというものが、どういうところにいるのか。それはなかなか難しい。ストレンジャーという言葉はどういうふうに使ったらいいのか。

山　そうですね。以前の小松先生の本の中で、都市化が進んでいったらストレンジャーは消えて、みんな異人になってしまうという話がありましたけれども。そういう状況になるのか。

小松　みんなどんどん豊かになって富も無限に増えるのだったらいいのですけれども、富には限界がある。どうですかね。

山　なるほど。もう一度憑き物みたいな問題が大きなレベルで出てくるかもしれない。

小松　そう、そういう状況ができているような気がします。恐いけれどね。人間というのは想像する動物で、自分たちの不幸や幸せを解釈するのです。解釈しないと満足できないし、自分たちが満足するように解釈しないと満足しない。そうすると常に異人として排除する対象を生み出してしまう。私は差別がどうこうとか、みんな仲良く平和に暮らそうとか、みんな違っていいんだという希望のスローガンとは別に、差別するのが人間だと思っています。周りにたくさんいます。差別された人間がそこから解放されたら、悲しいことに、今度はその人が別の人間を差別していますから。わかっていても差別するのが人間だと思うのです。差別するのが人間、排除したがるのが人間だけれども、そのことを自覚として生きていく。それしかないと思います。「差別なんてありません」という人間は一番危ないと思っています。

異人論は声高にではなくて、自分の経験の中で「そうだよな」という研究・論文を出していく。そして振り返ってもらう、それしかないと。差別なんて絶対になくならない、人間が人間であるかぎりと思っています。しかし、それを直したい、正したいという実践の中にしか救いはないと思います。

山　はい、ありがとうございます。いい時間になってきました。こういった研究に関連して、先生ご自身が関心あることでもいいですし、こういったものをもっとやった方がいいんじゃないかみたいことはございますか。若い人に向けてと言ってもいいと思います。特に、ナラティヴというテーマが問題になっている時代ですので。

小松　例えばロシアとウクライナの間での双方の情報を集めておくだけでも、非常に興味深いと思います。ネット上にあるものはいろいろですから、どこかターゲットを決めて定点観察をして、何が、どういうときに、どういう状況・時代背景の中で、どういう語りが好まれているのか。褒める話は少なくて、ケチをつける話が圧倒的に多い。それはなぜだろうと思います。現代の異人論や排除論については、みなさんが考えればいいだろうと思います。「異人のフォークロア」と同じような構造をもった話、言ってみれば誰が言ったかわからないような話を匿名ならできますね。

山　なるほど、わかりました。

西尾　たぶん現代のグローバル化というのは、グローバル化はデジタル化を伴っているので、その先にあるのは、文字と音声がもう一度、口承と書承がもう一度合体するような世界が、閉じた共同体を超えて作られているのです。その中でもういっぺん同じようなことが、コミュニティというか村落で起こったことが、地理的な境界ではない形で、いわばグローバルデジタル空間の中で常に再生産されていくことになるでしょう。

小松　それでたくさんの情報を見ていますが、実は自分たちの好みの情報しか集めない集団ができているわけでしょう。それがある程度のフォロワー数になると、その仲間だけでの閉じられた社会集団、電子空間の中の村落共同体のようなものが形成される。そこで口頭伝承で世間話のような嘘話が語られていて、それが実体化していく部分もある。

西尾　村落共同体には、「あいつはあそこの家の三男坊で」という親密圏ができています。ところがヴァーチャルなネットワークの中では全く親密圏がないから、一つの言説の確信度が全くわからない。ネット上で検索してそこばかり欲しいなと思って、そこばかり集めてしまうわけですよね。例えば今のワクチンに関するものを集めていくと、そういう自分の欲するような情報しか引っかかってこないこともありえます。

小松　そうですね。情報社会なんだけれども、実は情報の大海の中で知らないうちにすごく小さな共同体に閉じこもっているかもしれない。

西尾　何か噂を三人から聞いて真実だと思っていたら、言い出したのはその中の一人だったりする。それが広い仮想の情報空間で起こっているように感じます。

小松　良い意味でも悪い意味でも仮想空間の中だけで共有しているものを実体化しようとする動きもあるのです。そういうような人たちが集まって研究会をするとか、小さな団体がたくさんできているような気がします。

西尾　歴史的なナラティヴとして常に存在するものには、文化資源という言葉を使っていいかもしれないですが、それを切り離してきて、ブリコラージュ的に再利用するのです。

　だからウクライナの件でも、初期の言説の中でナチズムへの言及がよくありましたけれども、常に再生産されている。専門家によれば歴史的実態は全く違うところにあるみたいですが、一般の人は、そう言われると「そうなんや」と、類型的にあてはめてしまうのです。

小松　情報戦の一環だと言われていますね。研究者だったら「違うよね」とか、知識人だったら「変だね」と言ったけれども、一般のロシアの人たちは受け入れているわけでしょう。その物語を作る人もいるわけです。環境は違うけれども、我々の社会の中にも電子空間が出現しているので、それが非常に大きな意味を持ってきている。そこでどういう情報が国民を動かしているのか、誰が排除され、誰が攻撃されるのか。このことに自覚的になる必要があります。芸能人だって、あなた私だって作られたフェイクストーリーによって「排除される異人」にさせられるかもしれないのですからね。

西尾　インターネット社会がはじまって、いろいろな知識が集まっていたので最初はユートピア的な感じだった。集合知というのは取捨選択されていって、豊かになっていくもの、一種のWikipedia的楽観主義だったと思うのです。現在のWikipediaは知的エリートの人たちが修正を加えているそうですけれど、それはそれで私は幻滅しています。Wikipediaはどうなるんだろうなと思いながら、そういう人が介在するというところに幻滅したのです。

民博でフォーラム型情報ミュージアムという実験的試みをしています。例えば片倉もとこ先生が五〇年前に集めてきた写真資料を、もういっぺん現地へ持っていって「これは何」と聞いてまわって、その情報を全部集めてきました。私たちでも五〇年前に農業で使っていたものを見せられても、何かわかりませんよ。しかし、わかっている人もいるので、そういうのを集めてくると、この時期のその人の情報がわかってきて、それが一つの知識として集まり文化資源として人類文化の地平の中に再配置されて、そこから何か新たなものを創るということにつながり、その行為自体に意味を持つ作業をしていると思います。その過程で、それこそナラティヴ・ポリティクスと言える現象だと思いますけど、相手のナラティヴ・ポリティクスの中に我々博物館が取り込まれていく現象がでてきたのです。例えばどこかの少数民族が日本の国立博物館でそういうことをしていたら、彼らにとってはポリティクスになる。

小松　それは展示する側とされる側の相互関係だから。当然そこには広い意味での政治性が伴いますね。人類学ではこの間ずっと問題になってきたように、政治は政治家たちの世界だけではなく、わたしたちの日常生活の中にも見出されるわけですよね。力をもっていると見なされるような人と親密になると、周りからは政治しているねと言われてしまう。しょうがないよね。それを恥じることはないんですよ。人と付き合うということは、そこに広い意味での政治や経済関係が生じることなのです。大切なことはそのことを自覚していることです。寛容の精神をもって社会関係を眺め、また自分もそこに参加する。そうしないことには孤立してしまうからね。

山　時間となりました。本日は、長時間、ありがとうございました。

（二〇二二年一〇月二八日大阪梅田にて）

あとがき

『ナラティヴ・ポリティクスとしての異人論―不寛容時代の〈他者〉をめぐる物語』とタイトルを付けた本書は、国立民族学博物館の共同研究「グローバル時代における「寛容性／非寛容性」をめぐるナラティヴ・ポリティクス」(二〇一八年一〇月〜二〇二三年三月)の成果をまとめたものである。

私は「異人論」という言葉がタイトルに入った本をこれまでに二冊上梓した。最初の本は、エジプトのシナイ半島南部でアラブ遊牧民(ベドウィン)の社会に入り込んで、彼ら／彼女たちと生活をともにしながら、私が生まれ育った日本、特に瀬戸内地方の温暖な気候とは正反対の砂漠環境という場所において暮らす人たちが、どのような世界観を持っているかに関心をもって書き上げたものだ。そこで本当に偶然に聞き取った民話が私の次の仕事を導いてくれた。二冊目の本は、シェイクスピアを分析するという言葉の紛れもない意味での無謀な挑戦だった。世界中の民話や説話に登場する《ユダヤの商人、シャイロック》たちを眺めながら、少なくともその本のあとがきに述べたようにその時点では、私たちはお互いに理解し合うことは不可能なのではないだろうかという暗澹たる気持ちに陥っていた。そういう中で、本書の元になった共同研究をはじめた。

小松和彦先生に電話して、本共同研究の代表となってくれた山さんと私と三人で、山さんが大阪大学時代にアルバイトをしていたという阪急石橋駅にある行き付けの居酒屋で集まって話した日のことを今でも鮮明におぼえている。二〇一八年の四月四日、春だというのにすこし肌寒い日だった。あれから六年近くがたってしまった。この間に起きた未曽有のコロナ禍を、そのとき誰が予想できたであろうか。異人とはすなわち他者の別名であるとしたら、ナラティヴ(物語)として他者をとりこみながら生きていくということを考えることは、私にとっては人間にとって物語とは何かを考えることへと繋がっていった。

フランス人東洋学者アントワーヌ・ガランによる『千一夜』は一七〇四年から一七一七年にかけて出版された。一七〇四年は日本の元禄時代で、一七〇七年（宝永四年）に富士山の大噴火が起こった。アラビアンナイトでも屈指のアラジンの物語は原典になく、シリア出身のマロン派キリスト教徒ディヤーブが語ったものである。当時の中東では不作と飢饉が続き、一七〇八年にはそれが政治問題化し、フランスの権益代表であるマロン派はフランス国王に庇護を求めた。ディヤーブがパリに赴いたのもそのためであった。パリでも五百年に一度という大寒波（Grand hiver）となり、フランスでは六〇万人の死者がでた。アラジンの物語こそが次の産業革命後の大衆教育のための児童文学を産みだす原動力となり、今や誰もが知る世界文学となった。富士山の大噴火とその翌年から起こった中東やヨーロッパでの気候変動が地球規模の環境変化による一連の出来事だとすると、ディヤーブがパリへ赴くこともガランと出会うこともなかったたし、当然のこととしてアラビアンナイトが世界文学として世に伝わることもなかっただろう。ミクロなレベルのイベントを因果関係の数珠つなぎに並べていけたとしても、マクロな富士山噴火とアラビアンナイトの世界文学化を描き出すことは歴史学においてはもちろんいかなる自然科学や人文科学の領域でも不可能であるし、ミッションとして要請されるものでもなかった。

しかしながら、グローバル化やデジタル化によって人と社会と環境の関係性が個人の内縁から地球社会の外縁へと極大化し、予想を超えて直截的になってしまった現在の状況を目の当たりにするとき、両極にある価値を包摂する人間観や世界観をもつ〈知〉の在り方が希求されているはずであり、そこにこそ人類の未来可能性が潜在している。物語（ナラティヴ）とは、人類が進化の過程で未来に起こりうるリスクを管理するために生み出した、生存戦略としての能力ではないのだろうか。

本書出版にあたり、館外での出版を奨励する国立民族学博物館の制度を利用した。また、編集や校正において、臨川書店の西之原一貴さん、古坂みなみさんのご助力を得た。ここにあらためて記して、国立民族学博物館および関係者の方々に深謝したい。

西尾哲夫

竹原新（タケハラ　シン）

大阪大学大学院人文学研究科教授。専門：イラン民俗学。

『イランの口承文芸―現地調査と研究―』（溪水社、2001)、『現代イランの俗信』（大阪大学出版会、2020)

村井まや子（ムライ　マヤコ）

おとぎ話文化研究者。専門：おとぎ話文化、比較文学。

From Dog Bridegroom to Wolf Girl: Contemporary Japanese Fairy-Tale Adaptations in Conversation with the West, Re-Orienting the Fairy Tale: Contemporary Adaptations across Cultures（Wayne State University Press, 2015, 2020)

横道誠（ヨコミチ　マコト）

京都府立大学文学部国際文化交流学科准教授。専門：文学・当事者研究。

『グリム兄弟とその学問的後継者たち――神話に魂を奪われて』（ミネルヴァ書房、2023)、『村上春樹研究――サンプリング、翻訳、アダプテーション、批評、研究の世界文学』（文学通信、2023)

Cardi Luciana（カルディ・ルチャーナ）

関西大学文学部准教授。専門：比較文学・英米文学・日本文学。

Re-Orienting the Fairy Tale: Contemporary Adaptations across Cultures（共編著、Wayne State University Press, 2020)、"Animal Tricksters from Japanese Folktales in Angela Carter's Work"（*Contemporary Women's Writing* 第16号、2022）

河合洋尚（カワイ　ヒロナオ）

東京都立大学人文社会学部准教授。専門：社会人類学、景観人類学、漢族研究。

『〈客家空間〉の生産――梅県における「原郷」創出の民族誌』（風響社、2020）、『景観で考える――人類学と考古学からのアプローチ』（共編、臨川書店、2023）

川島秀一（カワシマ　シュウイチ）

東北大学災害科学国際研究所シニア研究員。専門：日本民俗学。

『「本読み」の民俗誌―交叉する文字と語り』（勉誠出版、2020）、『春を待つ海―福島の震災前後の漁業民俗』（冨山房インターナショナル、2021）

川松あかり（カワマツ　アカリ）

九州産業大学国際文化学部講師。専門：民俗学・文化人類学。

『生きづらさの民俗学――日常の中の差別・排除を捉える』（共編著、明石書店、2023）、「聞き、書き、話し、あい、語り、継ぐ――民俗学的ナラティヴ研究とその実践性」（『現代思想』第52巻6号、2024）

韓敏（カン　ビン）

人間文化研究機構国立民族学博物館超域フィールド科学研究部教授。専門：文化人類学。

『家族・民族・国家――東アジアの人類学的アプローチ』（風響社、2019）、『記憶と象徴としての毛沢東――民衆のまなざしから』（臨川書店、2022）

君野隆久（キミノ　タカヒサ）

京都芸術大学芸術学部教授。専門：比較文学。

『捨身の仏教：日本における菩薩本生譚』（KADOKAWA、2019）、『ことばで織られた都市：近代の詩と詩人たち』（三元社、2008）

國弘暁子（クニヒロ　アキコ）

早稲田大学文学学術院教授。専門：文化人類学。

Against Taxonomy and Subalternity: Reconsidering the Thirdness and Otherness of Hijras of Gujarat, *South Asia Multidisciplinary Academic Journal* (28), 2022

「クイア」に人類学化するために：『第三』からゼロへの試論」（早稲田大学大学院文学研究科紀要66、2021）

小松和彦（コマツ　カズヒコ）

国際日本文化研究センター名誉教授。専門：文化人類学、民俗学、口承文芸論。

『妖怪文化入門』（角川ソフィア文庫、2012）、『いざなぎ流の研究　歴史のなかのいざなぎ流太夫』（角川学芸出版、2011）

編者・執筆者紹介

【編者】

山　泰幸（ヤマ　ヨシユキ）

関西学院大学人間福祉学部教授。専門：民俗学、思想史、社会文化理論。

『異人論とは何か―ストレンジャーの時代を生きる』（編著、ミネルヴァ書房、2015）、『江戸の思想闘争』（角川選書、2019）

西尾哲夫（ニシオ　テツオ）

人間文化研究機構国立民族学博物館特定教授／名誉教授。専門：言語学・アラブ研究。

『中東・イスラーム世界への 30 の扉』（共編著、ミネルヴァ書房、2021）、『ガラン版千一夜物語』（全六巻、岩波書店、2019〜2020）

【執筆者】（五十音順）

岩本通弥（イワモト　ミチヤ）

東京大学名誉教授。専門：民俗学・家族社会史。

「『仕来りと行掛り』の民俗学―ナショナル・エスノロジーとしての『世相篇』」（『日常と文化』第 12 号、2024）、『民俗学の思考法―〈いま・ここ〉の日常と文化を捉える』（共編著、慶應義塾大学出版会、2021）

鵜野祐介（ウノ　ユウスケ）

立命館大学文学部教授。専門：教育人類学。

『世界子守唄紀行　子守唄の原像をたずねて』（藤原書店、2023）、『うたとかたりの人間学　いのちのバトン』（青土社、2023）

及川祥平（オイカワ　ショウヘイ）

成城大学文芸学部准教授。専門：民俗学。

『偉人崇拝の民俗学』（勉誠出版、2017）、『心霊スポット考』（アーツアンドクラフツ、2023）

小川伸彦（オガワ　ノブヒコ）

奈良女子大学文学部人文社会学科教授。専門：文化社会学。

『〈当事者宣言〉の社会学：言葉とカテゴリー』（共編著、東信堂、2021）、「高松塚古墳のメディア学―発見当時の新聞記事を読む」ほか（『続・大学的奈良ガイド―新しい見どころ 60 編』昭和堂、2022）

ナラティヴ・ポリティクスとしての異人論
不寛容時代の〈他者〉をめぐる物語

二〇二四年十一月二十五日　初版発行

編　者　山　泰幸
　　　　西尾哲夫
発行者　片岡　敦
印刷
製本　創栄図書印刷株式会社

発行所　606-8204 京都市左京区田中下柳町八番地
株式会社　臨川書店
電話(〇七五)七二一-七一一一
郵便振替　〇一〇七〇-二-八〇〇

落丁本・乱丁本はお取替えいたします
定価はカバーに表示してあります

ISBN 978-4-653-04586-1　C0036